Décisions et stratégies Marketing

David HURON

Maître de conférences en Sciences de Gestion à l'Université de Nice-Sophia Antipolis. Il est Directeur de l'IUP Management du Sport et du Master 2 Management des Administrations publiques et Directeur-adjoint du CRIFP.

ISBN 978-2-297-00030-7

David HURON

Décisions et stratégies Marketing

Gualino éditeur

À Sophie, Marie et Alexia

Sommaire

Liste des acronymes et abréviations

ADBUDG :	*Advertising budget*
ANVAR :	Agence Nationale pour la Valorisation de la Recherche
BCG :	Boston Consulting Group
BDD :	Bases de données
B to A :	Business to Administration
B to B :	Business to Business
B to B to C :	Business to Business to Consumer
B to C :	Business to Consumer
B to E :	Business to Employee
BVP :	Bureau de Vérification de la Publicité
CART :	*Classification and regression trees*
CCA :	Centre de Communication Avancée
CHAID :	*Chi squared automatic interaction detection*
CPM :	Coût pour mille
CSP :	Catégories socio-professionnelles
C to C :	Consumer to Consumer
DAS :	Domaine d'activité stratégique
ECR :	*Efficient consumer response*
EDI :	Echange de données informatisées
EDLP :	*Every day low price*
EKB :	Engel, Kollat, Blackwell
ELM :	*Elaboration likelihood model*
ERP :	*Enterprise ressource planning*
FAI :	Fournisseur d'accès à internet
GMS :	Grandes et moyennes surfaces
GPA :	Gestion partagée des approvisionnements
GPO :	Gestion par objectifs
GSS :	Grande surface spécialisée
INPI :	Institut National de la Propriété Industrielle
LCAG :	Learned, Christensen, Andrews, Guth
MDS :	*Multi-dimensional scaling*

ODV :	Occasion de voir
PAM :	Processus d'achat machinal
PGC :	Produits de grande consommation
PGI :	Progiciel de gestion intégrée
PLV :	Publicité sur le lieu de vente
PME :	Petite et moyenne entreprise
PRE :	Prix de référence externe
PRI :	Prix de référence interne
PTC :	Plan de travail créatif
RCP :	Résolution courte du problème
RFM :	Récence, fréquence, montant
RLP :	Résolution longue du problème
ROI :	*Return on investment*
ROME :	*Return on marketing expenditure*
ROMI :	*Return on marketing investment*
SAV :	Service après-vente
SBU :	*Strategic business unit*
SCE :	*Supply chain execution*
SoV :	*Share of voice*
SWOT :	*Strengths, weaknesses, opportunities, threats*
TPE :	Très petite entreprise
TVA :	Taxe sur la valeur ajoutée
USP :	*Unique selling proposition*
VAD :	Vente à distance
VPC :	Vente par correspondance
VRP :	Voyageur représentant placier

Introduction

1. « Mercatique », « marketing » sont des termes qui signifient la même chose – Les auteurs peuvent avoir une lecture différente de l'évolution du marketing et les périodes de transition peuvent ne pas coïncider. Bartels (1988) fait une étude chronologique de l'évolution du concept en différenciant des périodes de dix années alors que Keith (1960), détermine des ères où règnent successivement la production, la vente et le marketing. L'appréciation de l'évolution du concept de marketing reste et restera propre à chaque auteur qui étudie l'histoire du marketing. De fait une multiplicité de regards implique une multiplicité de photographies de la réalité marketing (Jones et Shaw, 2002).

2. **Évolution du marketing** – Même si le découpage en périodes peut apparaître inexact ou réducteur pour certains auteurs (Marion, 1995), il a le mérite de décrire les évolutions historiques et conceptuelles aux non spécialistes (Tableau 1). Ce parti pris pédagogique n'a pas pour objet l'asservissement des autres fonctions de l'entreprise, et ne soutient pas une éventuelle arrogance des « marketeurs » quant à cette spécialité. Si le terme marketing est le plus usité y compris en France, il semble bien que les concepts du marketing trouvent leur origine en France et en Angleterre au XVIIe et au XVIIIe siècle. Il faudra attendre les années 1950 pour qu'émerge une théorie générale « intégrante ». Jusqu'à la fin du XIXe siècle, ce sont les théories économiques qui dominent. Les sociétés se trouvent dans une économie de production où la demande est très importante. Dans ces conditions, la vente n'apparaît pas comme un élément stratégique pour l'offre et la question principale à résoudre est : « comment produire plus ? ». On assiste pourtant bien à la naissance de la fonction commerciale, notamment dans les grandes entreprises comme Pont-à-Mousson en 1877, ou Peugeot vingt ans plus tard, mais il s'agit simplement de prémisses qui n'ont pas valeur de généralisation (Meuleau, 1988). Mais progressivement dans la première moitié du XXe siècle, un nombre croissant de marchés changent la physionomie de l'économie. L'offre plus importante et plus diversifiée va mettre à jour l'importance de la vente. Le problème devient : « comment vendre ? ». Les années 1950-1960 constituent une période charnière entre production et économie de marché. L'idée retenue est que l'on veut vendre plus efficacement.

C'est l'apparition de la pensée marketing bien plus large que la vente. Certains auteurs ont depuis longtemps développé l'idée que le marketing intégrait de multiples fonctions (Drucker, 1954). Les travaux de Kotler illustrent avec le concept de marketing management ce processus de changement. Dès la fin des années 1960 et jusqu'aux années 1990, bon nombre d'entreprises raisonnent en privilégiant le marché et l'opinion des consommateurs. C'est la période où l'on passe d'un marketing de masse à un marketing tourné vers la personne. Parallèlement, les entreprises sont confrontées à la mondialisation de l'économie et à la multiplication de marchés différents. Au niveau de l'Europe, les créations successives de la CEE, et de l'Union Européenne, ne veulent pas dire que l'on appréhende de la même manière les consommateurs à Paris, Berlin ou Madrid. Les spécificités culturelles sont bien évidemment prises en compte dans une logique de consommation. La problématique se tourne alors vers l'adaptation des produits et services aux consommateurs. Pour y arriver la profession développe des moyens de plus en plus sophistiqués pour sonder la clientèle et proposer des produits adaptés. Les mentalités, qu'elles soient individuelles ou non, sont à la fin du XXe siècle formatées pour la société de consommation. Certains n'hésitent pas à qualifier cette situation d'idéologie marketing (Marion, 2004). Il semble que l'importance des technologies de l'information et de la communication, marque une nouvelle période en ce début de XXIe siècle. L'enjeu est important puisque de plus en plus de consommateurs dans le monde n'hésitent plus à faire des achats sur Internet, ce qui génère des sommes importantes. Aux théories marketing, doivent être ajoutées les théories de l'information pour appréhender cette nouvelle période. Le marketing doit aujourd'hui intégrer le comportement du consommateur et ne plus uniquement se focaliser sur l'adaptation des produits à la demande. Cela implique de faire évoluer le marketing vers notamment la notion d'usage.

TABLEAU 1 – L'ÉVOLUTION HISTORIQUE DU MARKETING

	Changements notables	**Situation de marché**	**Théories mobilisées**	**Domaine privilégié**
Jusqu'à la fin du XIXe siècle	Peu de marchés	Économies de production	Économiques	Production
Début du XXe siècle	Nombre croissant de marchés	Débuts de l'économie de marché	Commerciales	Vente
Années 1950-1960	La demande dépasse l'offre	Économie de marché	Pensée marketing	Efficacité de la vente
Années 1960-1990	Prise en compte du consommateur	Globalisation / Économie de marché	Idéologie marketing	Adaptation des produits aux consommateurs
Début du XXIe siècle	Prise en compte des TIC	Économie de l'information	Ajout des théories de l'information	Appréhension du comportement du consommateur

3. **Positionnement du marketing** – Le marketing se fonde sur la priorité donnée à la demande. L'idée est que l'entreprise adapte son offre à la demande, et par là même ses structures et son fonctionnement. L'émergence du marketing a provoqué un bouleversement des structures et des relations de travail au sein des entreprises. Dans un article de 1990, Hunt s'interroge sur la place laissée à la vérité dans le marketing. Il constate que des courants de pensée ont influencé les chercheurs et que le caractère scientifique des recherches en marketing a été successivement marqué par la théorie de la réalité, puis de la relativité. Peu importe finalement le positionnement épistémologique (positivisme ou constructivisme), pourvu que la vérité soit au cœur de la démarche marketing. En première approximation, on peut définir le marketing comme l'ensemble des moyens dont dispose une entreprise pour vendre ses produits ou services à ses clients de manière rentable. De manière plus détaillée, il existe plusieurs conceptions du marketing (Figure 1) :

– une ***conception traditionnelle*** où le marketing est un accessoire par rapport à la production. Il est en outre pris dans son sens étroit du terme. Ainsi le contenu est limité à la vente, à la distribution physique et à la publicité. Son champ d'application se résume à quelques biens de grande consommation ;

– une ***conception moderne*** considère que le marketing est prééminent (c'est-à-dire que l'actif principal d'une entreprise, c'est sa clientèle). Le marketing est ici pris dans un sens beaucoup plus large du terme, non seulement dans le contenu (de la conception du produit jusqu'à l'après-vente), mais aussi dans son champ d'application (parti politique, journaux, biens industriels, etc.) ;

– une ***conception transversale*** envisage le marketing comme rôle pivot dans le fonctionnement de l'entreprise ou de l'organisation. Des allers-retours entre le département marketing et les autres départements (finance, production, stratégie et recherche & développement), sont nécessaires afin de proposer une offre en phase avec la demande des consommateurs. Les grands groupes spécialisés dans l'offre de produits de grande consommation ont compris que l'innovation pouvait être le nerf de la guerre. Chez Unilever, les produits de moins de deux ans représentent entre 20 % et 30 % du chiffre d'affaires. Mais les efforts dans le domaine de la R&D ne sont pas forcément limités à un secteur. Pour développer par exemple la gomme magique de Monsieur Propre, Procter & Gamble s'est inspiré d'une technologie conçue par BASF pour isoler les murs. L'innovation peut donc provenir de l'extérieur d'où l'importance de la veille stratégique[1].

1. « Procter & Gamble ratisse large pour doper ses marques », *Les Échos*, 1er décembre 2004.

Figure 1 – Évolution de la structure d'une entreprise

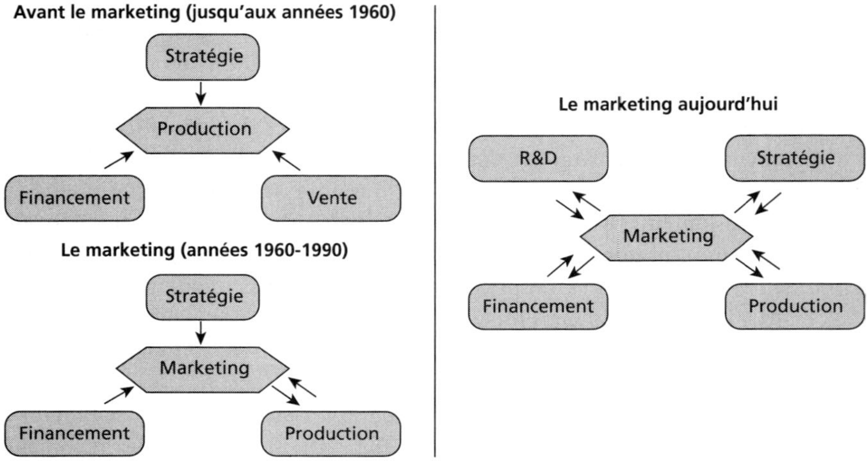

Source : Adapté de Demeure, 1997.

4.* Du marketing de masse au *one to one – Le marketing de masse est né avec l'émergence des marchés de masse des produits de grande consommation à la fin du XIXe siècle aux États-Unis, depuis la Seconde Guerre mondiale en Europe. Trois faits marquants ont permis ce développement. En premier lieu, les études de marché ont permis d'étudier des millions de consommateurs. Les informations issues de ces enquêtes ont permis de diagnostiquer des besoins ou des tendances de consommation. En deuxième lieu, l'émergence de la communication de masse (presse, cinéma, radio, télévision, affichage) a profondément modifié la relation avec le consommateur. Les théories de la consommation ont trouvé des applications importantes, notamment dans le domaine de la publicité de masse. Enfin, la distribution de masse a également bouleversé les habitudes de consommation. Le fait de rendre disponible une multitude de produits sur un seul et même lieu (gains de temps), tout en argumentant sur les prix bas dont bénéficient les consommateurs issus des achats en masse a modifié la géographie urbaine. En France, dès la fin des années 1960 se sont développés, de manière parfois anarchique, des hypermarchés aux périphéries des villes. La grande distribution a rapidement pris le pas sur la distribution traditionnelle non seulement dans les villes, mais également en zone rurale. Les attentes des consommateurs se diversifiant, les entreprises ne se sont plus satisfaites d'un marketing de masse indifférencié. Elles se sont donc mises à segmenter leurs marchés pour mieux servir des consommateurs différents et pour éviter de se battre sur tous les fronts contre la totalité de la concurrence. Ainsi, les années 1980 ont vu le développement de GSS (grandes surfaces spécialisées) dans le bricolage, l'électroménager, les produits du sport, etc. Pour satisfaire pleinement les consommateurs, il convient de faire une offre individualisée c'est-à-dire qui prend en compte l'ensemble des désirs de chaque client. Deux facteurs contribuent au développement du marketing individualisé. D'une part, la croissance du secteur des services représente aujourd'hui une part prépondérante dans les budgets des ménages français. Or la plupart des services nécessitent une relation personnelle avec le client. D'autre part le développement des techniques de marketing direct grâce à l'informatique et aux télécommunications permet d'obtenir un coût continuellement décroissant. Du *business to consumer* (B to C), on passe progressivement au *one to one* ou marketing individualisé (1 to 1). Aujourd'hui la segmentation est développée à l'extrême. Le produit doit non seulement s'adresser à un client, mais aussi à ses humeurs changeantes. Ainsi, la 1007 micro monospace de Peugeot, traduit cette tendance en proposant un habillage de l'habitacle pouvant être modifié au gré des humeurs. Les kits modifient la physionomie des tapis, aérateurs, médaillons des parties de sièges[2].

5. Légitimation du marketing et marketing relationnel – Avec le concept de développement durable, l'entreprise est aujourd'hui obligée de dépasser la simple relation d'échange. Certains auteurs comme Romain Laufer (2000) estiment que « *gérer, c'est légitimer, c'est-à-dire produire une argumentation susceptible de rendre l'action (...) acceptable par toutes les parties prenantes* ». Dans ces conditions, le marketing paraît être une fonction incontournable pour légitimer l'action de l'entreprise. Il peut le faire par l'élaboration conjointe des règles du jeu économico-sociétal, en agissant et faisant connaître l'action dans le cadre des règles du jeu et en développant des systèmes de prévention de crise (Gabriel, 2003). Le marketing implique donc une relation continue, qui ne doit pas apparaître systématiquement commerciale aux yeux des clients (d'où le développement d'un marketing relationnel). Ces derniers changent et désirent vivre la relation d'échange plus comme des partenaires que comme des clients.

Le titre de cet ouvrage « Décision et stratégies marketing » se veut pragmatique et adapté aux préoccupations des décideurs ou futurs décideurs. Ce manuel est une synthèse entre la pratique des entreprises et la théorie développée dans le monde académique. Le marketing a bien souvent une image en décalage avec la réalité. Il souffre soit d'une absence de reconnaissance soit d'un excès de confiance parfois véhiculé par les professionnels du consulting. Le marketing s'articule autour du lien entre l'entreprise, le produit et le consommateur. Une première partie est consacrée aux fondements de stratégies marketing. Seront successivement abordés dans cette partie les éléments nécessaires pour comprendre le fonctionnement du marché, le comportement du consommateur ainsi que les actions mises en œuvre dans le cadre de la rencontre entre le produit et le consommateur. La seconde partie est consacrée au lien entre stratégie et opérationnalité dans une optique de marketing globalisé. Se retrouvent dans cette partie, les éléments du mix marketing ainsi que certains éléments stratégiques spécifiques nécessaires à la décision (figure 2).

2. « L'automobile joue la personnalisation », *Les Échos*, 11 avril 2005.

Figure 2 – Plan de l'ouvrage

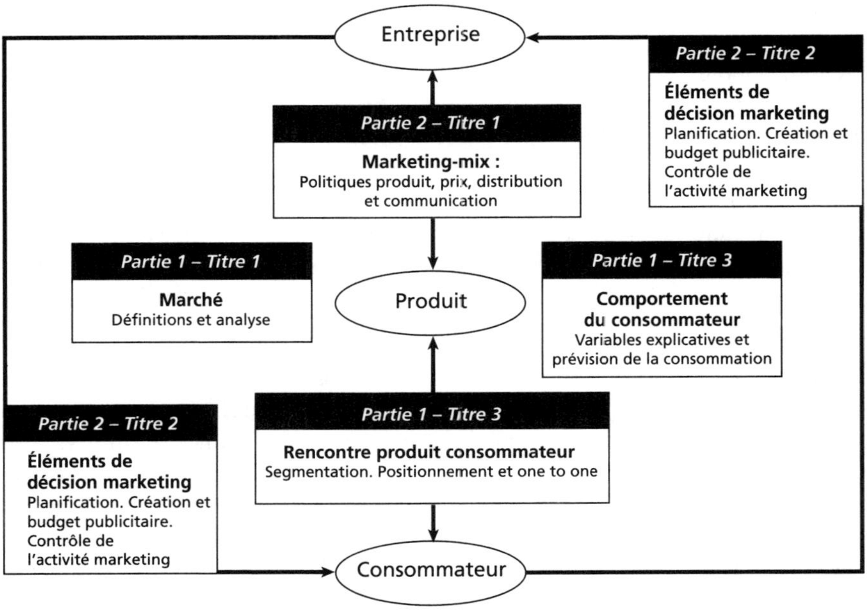

Bibliographie

– R. Bartels, *The history of marketing thought*, 3rd edition, Columbus, Publishing Horizons, 1988.

– C. Demeure, *Marketing*, Paris, Sirey, 1997.

– P. Drucker, *The practice of management*, New-York, Harper and Row, 1954.

– P. Gabriel, « Le marketing comme moyen de légitimation des entreprises dans une perspective de développement durable », *Décisions Marketing*, 29, 37-76, 2003.

– S.D. Hunt, « Truth in marketing theory and research », *Journal of Marketing*, 54, 3, 1-14, 1990.

– D.J.B. Jones, E.H. Shaw, « A history of marketing thought», *in* B.A. Weitz, R. Wensley, (Ed.), *Handbook of marketing*, London, Sage, 39-65, 2002.

– R.J. Keith, « The marketing revolution », *Journal of Marketing*, 24, 3, 35-38, 1960.

– P. Kotler, B. Dubois, *Marketing Management*, 11e édition, Paris, Pearson Education, 2004.

– R. Laufer, « Les institutions du management : légitimité organisation et nouvelle rhétorique », *in* A. David, A. Hatchuel, R. Laufer (Coord.), *Les nouvelles fondations des Sciences de Gestion*, Paris, Vuibert, 45-81, 2000.

– G. Marion, « Le marketing-management en question », *Revue Française de Gestion*, 21, 102, 15-30, 1995.

– G. Marion, *Idéologie marketing*, Paris, Eyrolles, 2004.

– M. Meuleau, « L'introduction du marketing dans l'entreprise en France (1880-1973) », *Revue Française de Gestion*, 14, 70, 58-71, 1988.

Partie

1

Fondements de marketing stratégique

TITRE 1 **Marché, market, marketing**

Chapitre 1 Émergence et définitions du marketing
Chapitre 2 Analyse du marché

TITRE 2 **Le comportement du consommateur**

Chapitre 1 Les variables explicatives du comportement du consommateur
Chapitre 2 Comprendre le consommateur par la modélisation

TITRE 3 **La rencontre entre produits et consommateurs**

Chapitre 1 La segmentation des marchés
Chapitre 2 Le positionnement des produits
Chapitre 3 Le marketing *one to one*

6. La dichotomie traditionnellement observée dans l'entreprise et chez les théoriciens de la gestion, entre marketing et stratégie voit sa pertinence remise en question lorsqu'une approche transversale de la gestion devient nécessaire. Ainsi, les contributions d'auteurs en stratégie comme Ansoff (1976), Drucker (1975) ou Porter (1987) pour ne citer qu'eux, trouvent un écho tout à fait pertinent dans une perspective marketing. Le marketing stratégique dépasse les querelles d'appartenance à l'une ou l'autre des sous disciplines de la gestion que sont la stratégie et le marketing. La prise en compte de l'environnement au sens large devient primordiale dans le cadre de la politique générale et marketing de l'entreprise. Il convient dès lors d'expliciter les concepts de marchés et de remettre en perspective le marketing au regard de la stratégie (Titre 1). En second lieu, dans la mesure où le client est au centre des préoccupations de l'entreprise, il reste important de s'intéresser aux facettes qui déterminent ou influencent son comportement (Titre 2). Enfin, la stratégie marketing se légitime par la nature des décisions mises en œuvre par l'entreprise pour favoriser la rencontre entre les produits ou services qu'elle offre et les consommateurs (Titre 3).

Titre 1

Marché, market, marketing

7. En France, les termes à consonance anglo-saxonne tendent à crédibiliser une action, un produit ou un processus. Le marketing fait partie de ces mots qui sont entrés dans le vocabulaire usuel de non spécialistes du domaine. De fait, chacun peut en avoir une lecture différente. Cette dernière conditionne non seulement la démarche adoptée, mais aussi les ressources mobilisées (en information, en moyens humains, en moyens financiers, etc.). Les travaux de Bartels (1951) ont très tôt considéré le marketing comme pouvant représenter *« une science, une discipline ou un art »*. La référence à l'art s'explique par l'importance de la pratique de terrain. Le qualificatif de discipline se légitime par le côté académique du sujet. Le marketing peut être considéré en outre comme une science dans la mesure où il représente un champ de connaissances associé à des méthodologies, des théories, des lois, des principes et des concepts. Le Chapitre 1 étudiera les différentes conceptions du marketing, tant au niveau des définitions que des applications. Le Second chapitre sera consacré à l'analyse du marché, point de départ des stratégies marketing.

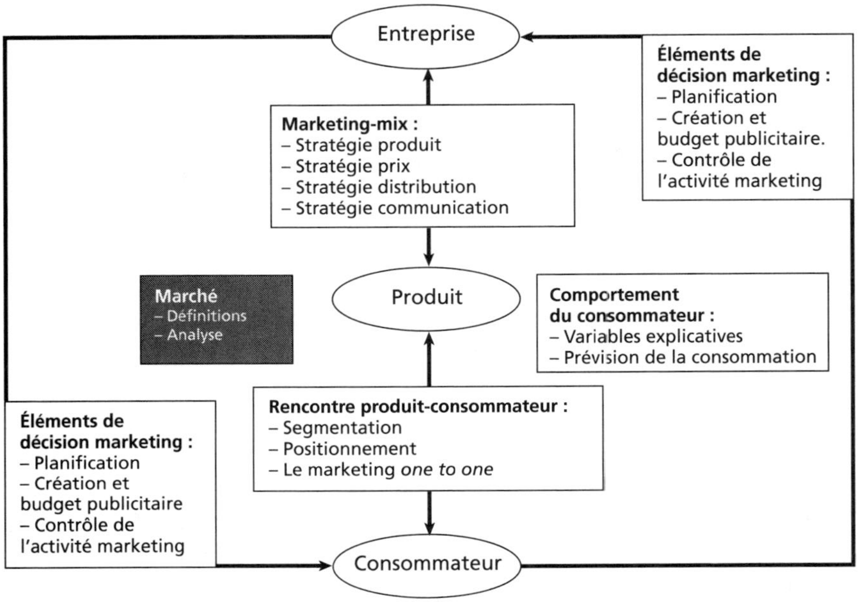
Entreprise
Éléments de décision marketing :
– Planification
– Création et budget publicitaire.
– Contrôle de l'activité marketing
Marketing-mix :
– Stratégie produit
– Stratégie prix
– Stratégie distribution
– Stratégie communication
Marché
– Définitions
– Analyse
Produit
Comportement du consommateur :
– Variables explicatives
– Prévision de la consommation
Éléments de décision marketing :
– Planification
– Création et budget publicitaire
– Contrôle de l'activité marketing
Rencontre produit-consommateur :
– Segmentation
– Positionnement
– Le marketing one to one
Consommateur

Chapitre 1
Émergence et définitions du marketing

Plan du chapitre

Résumé

Le marketing constitue une évolution naturelle de l'activité commerciale des entreprises. Pour autant, il existe différentes acceptions du terme qui impliquent des positions diverses sur la mise en œuvre de celui-ci. Les entreprises n'agissent d'ailleurs pas de manière identique car le marketing peut être considéré comme central ou non dans leur activité. Au sein même des entreprises, un arbitrage doit souvent être effectué entre les différentes fonctions en ce qui concerne l'allocation des ressources. La mise en œuvre du marketing dans les entreprises

8. « Marketing », terme à forte connotation commerciale possède des sens différents et des réalités multiples. Afin d'éviter tout contresens, il est nécessaire d'analyser les éléments permettant de le comprendre (section 1). Par ailleurs, la diversité des approches ainsi que des étapes du marketing implique de faire le point sur les nombreuses conceptions abordées du point de vue professionnel et théorique. Il est légitime de s'interroger sur le bien fondé d'un raisonnement unique autour d'un marketing au singulier. Même si au niveau de la forme, le terme marketing est considéré comme invariable car d'origine anglo-saxonne, le fond impose de le traiter au pluriel (section 2). Cette démarche s'impose d'autant plus, que les champs d'application du marketing sont variés et nombreux (section 3).

Section 1
Pour une compréhension du marketing

9. Le choix des vêtements que l'on portera pendant la journée, la répétition avant un examen oral, la disposition des objets sur un bureau sont autant d'éléments importants du domaine du paraître. Ces choix de la vie quotidienne conditionnés par le rapport aux autres sont souvent assimilés à du marketing. De même, les supports informationnels (fichiers de clients, logiciels de traitement de données, etc.), logistiques (transport, finance, etc.) constituent des éléments de *back office* c'est-à-dire non directement en rapport avec le client, indispensables au processus d'échange sur le marché. Ces éléments font également partie du marketing. Mc Kenna (1991) connu pour sa célèbre formule «*marketing is everything*» considère que le marketing est une manière de conduire les entreprises en s'efforçant de satisfaire les besoins des clients. En premier lieu il convient d'essayer de donner une définition du marketing. Le problème, c'est qu'il existe une multiplicité de définitions.

§ 1. Une diversité de définitions

10. **Définition du marketing axée sur l'interaction produit/marché** – Il est difficile de donner une seule définition du marketing. Plusieurs grands courants vont approcher le concept de manière différente. Un premier courant est représenté par Kotler et Dubois. Pour ces derniers, «*Le marketing est le mécanisme économique et social par lequel individus et groupes satisfont leurs besoins et désirs au moyen de la création et de l'échange de produits et autres entités de valeur pour autrui*» (Kotler et Dubois, 1997). Il est à noter que dans la dernière version du marketing management (2006), le terme mécanisme est remplacé par processus. Ce changement, loin d'être anodin, traduit la volonté de ne plus considérer le marketing comme une suite d'éléments ordonnancés à l'avance. Il s'agit en fait d'une articulation de phénomènes, où l'ensemble a plus d'importance que les éléments pris séparément. Cette définition est plutôt axée sur l'interaction entre marché et produit. Si l'on considère la rencontre entre offre et demande et il n'y a pas supériorité de l'une sur l'autre. Cette vision, assez proche du courant économique a été particulièrement développée dans les années 1970-1980, faisant du «marketing management» la doctrine dominante. Dans cette logique, tout comme les prix résultent naturellement de la rencontre entre offreurs et demandeurs selon certains économistes, le marketing (défini comme visant à satisfaire les besoins des individus), est mis à jour grâce à cette même rencontre. Il ne s'agit pas de maximiser à tout prix le résultat. Ce qui compte c'est le processus par lequel le consommateur est satisfait. Cet objectif peut être commun à d'autres organisations y compris non marchandes. Déjà dans les années 1970, Kotler et Dubois avaient avancé l'idée d'un méta marketing correspondant à un marketing étendu au-delà des produits et services, aux organisations, personnes, lieux et causes (1973). Cette vision du marketing n'est pas unique.

11. **Définition du marketing axée sur l'échange** – «*Le marketing est l'ensemble des méthodes et des moyens dont dispose une organisation pour promouvoir, dans les publics auxquels elle s'intéresse, des comportements favorables à la réalisation de ses propres objectifs*» (Lendrevie et Lindon, 1997 ; Lindon et Jallat, 2002). L'accent est ici porté sur l'influence du produit sur le marché c'est-à-dire l'échange. L'offre est considérée comme pouvant avoir une influence sur la demande. Ainsi, l'offreur peut créer de nouveaux marchés, notamment en utilisant tous les moyens en sa possession pour développer son activité. Cette position proactive passe par une étude systématique du comportement du consommateur. Cela explique que les entreprises qui lancent de nouveaux produits accompagnent leur lancement d'une stratégie marketing essentiellement tournée vers la relation avec le consommateur. Sur le marché français des téléphones portables par exemple, les stratégies marketing de Orange, Bouygues Télécom et SFR-Vodafone misent beaucoup sur l'étude des usages des clients. L'objectif est non seulement de fidéliser, mais également de développer de nouvelles utilisations du téléphone portable engendrant la multiplication de nouveaux services (payants).

12. **Définition axée sur le *feedback* du processus** – D'autres définitions tentent de faire la synthèse. Ainsi, «*Le marketing est l'ensemble des processus mis en œuvre par une organisation pour comprendre et influencer dans le sens de ses objectifs les conditions de l'échange entre elle-même et d'autres entités, individus, groupes ou organisations*» (Dubois et Jolibert, 1998). Cette définition insiste sur le nécessaire *feedback* du processus. Elle insiste sur la dimension processuelle et implique une dynamique issue de la prise en compte du retour d'information. Webster (2002), traduit cette position en considérant que le marketing tient plusieurs rôles dans l'entreprise. Il facilite l'échange, stimule la demande, permet de créer et de gérer des marchés parfois nouveaux et joue un rôle tactique c'est-à-dire opérationnel.

§ 2. Un marketing très critiqué

13. **Le marketing n'existe-t-il que pour influencer le consommateur dans ses choix ?** – Suivant l'optique choisie, l'hypothèse des marketeurs est soit que le client connaît dès le départ ses besoins, soit qu'il les ignore. Les travaux de Carpenter et Nakamoto (1989), prennent en compte cette idée que les consommateurs ne savent pas ce qu'ils veulent. À mesure que la perception du produit évolue, soit sous forme d'offre de nouvelles fonctionnalités du produit ou du service, soit sous forme de nouveaux usages, les besoins évoluent. Les entreprises le savent et essaient de convaincre leurs clients. Lorsque l'on aborde le concept de conviction, il est légitime de s'interroger sur l'essence même du marketing et sur les limites liées à la conviction. Ainsi, il semble qu'un grand nombre de techniques du marketing mix (politiques du produit, du prix, de communication et de distribution) soient utilisées pour imposer au consommateur la vision de l'entreprise. Pour ne se limiter qu'au marketing sensoriel, nombreux sont les exemples où les industriels cherchent par cette technique à influencer leurs clients. Certes, le développement du marketing sensoriel répond officiellement à la soif d'émotions des consommateurs résultant d'une compensation face au développement du monde virtuel[1]. Lorsque Thomson traite ses téléviseurs avec une peinture à base de poudre d'argent imitant le toucher inox, ou lorsque Dior travaille le son de la brosse d'un mascara sortant de son étui, l'effet recherché touchant par définition les sens, vise à influencer le consommateur. Si ce constat peut paraître banal, le fait que l'utilisation de ces techniques ait une influence sur l'inconscient des consommateurs peut par contre poser un problème d'ordre éthique (Clodong, 2006 ; De Barnier et Mouillot, 2002).

TABLEAU 2 – EXEMPLES DE TECHNIQUES UTILISÉES POUR INFLUENCER LE CONSOMMATEUR

Éléments du mix	Exemples de techniques visant à influencer le consommateur dans son processus d'achat
Produit	– Modification des spécifications du produit pour déstabiliser le client dans son processus de décision ; – Technique du *facing* ; – Suremballages.
Prix	– Prix psychologiques ; – Techniques promotionnelles ; – Crédits.
Distribution	– Positionnement dans les rayons ; – Sols inclinés vers les produits ; – Marketing sensoriel ; – *Category management.*
Communication	– Techniques subliminales ; – Techniques behavioristes ; – Techniques d'argumentation.

Source : De Barnier, Mouillot, 2002.

***14.* Une image du marketing peu glorieuse** – On comprend beaucoup mieux les réticences des associations de consommateurs, ainsi que la prudence des pouvoirs publics, notamment lorsqu'il s'agit d'émettre des avis sur des comportements commerciaux. Cela explique également le développement du consumérisme[2]. Certains chercheurs n'hésitent d'ailleurs pas à comparer le marketing à du machiavélisme (Hunt et Chonko, 1984). Par ailleurs cette méfiance s'accompagne de la prise de conscience de la réalité de l'échelle planétaire. Sans pour autant reprendre la théorie du chaos, les firmes ont aujourd'hui une dimension mondiale ce qui pousse leurs dirigeants à rationaliser leurs décisions. Les marchés étant globalisés, les délocalisations se sont multipliées depuis une dizaine d'années. Certains n'hésitent pas à condamner ces actes en considérant qu'il s'agit d'abus venant des grandes

1. « Quand les cinq sens font vendre », *Enjeux*, *Les Échos*, septembre 2002.

2. Mouvement de défense des intérêts des consommateurs qui veille à ce que les produits ou services proposés fassent l'objet d'une information adaptée et qui aide à une rationalisation des comportements d'achat.

sociétés, prenant la forme d'un esclavage moderne. Cette position qui dénonce les effets négatifs du capitalisme, trouve un écho très favorable auprès d'une frange non négligeable de la population, particulièrement militante (Klein, 2001). Malheureusement pour les acteurs du marketing, sa traduction sur le terrain n'est pas flatteuse pour les marques et constitue un obstacle de plus à franchir pour s'imposer et trouver une crédibilité auprès des consommateurs très au fait de l'actualité. Les déboires de Nike sont là pour nous le rappeler. La tentation est alors grande de concevoir des campagnes essentiellement de communication pour redorer le blason de certaines firmes peu scrupuleuses. Ainsi, la course à la générosité à laquelle se livrent les entreprises peut prendre la forme d'une communication orchestrée. Cette solidarité mercantile pose un vrai problème d'éthique communicationnelle pouvant se retourner contre l'entreprise à l'origine d'une action en ce sens[3].

§ 3. Les conflits possibles entre le marketing et les autres fonctions de l'entreprise

15. Le dirigeant d'entreprise a pour mission de veiller à la cohérence et à la bonne articulation entre l'activité des agents qu'il emploie. Toute la difficulté réside dans le fait de rendre compatible les objectifs des services et des grandes fonctions de l'entreprise. Les marketeurs ont à faire face à des luttes avec les autres fonctions du management y compris la vente (Webster, 2002). Le problème de démarcation avec la vente est d'ailleurs probablement un des éléments des plus persistants, qui n'a toujours pas trouvé de réponse. Mais le marketing peut avoir des objectifs divergents avec les autres fonctions de l'entreprise (production, recherche-développement et finance).

***16.* Les conflits entre marketing et production** – Les producteurs visent les grandes séries, alors que les marketeurs sont plutôt attachés aux petites séries pour mieux coller au marché. Le développement dès la fin des années 1980 en France des séries limitées témoigne d'un effort relatif de la production à s'adapter à une demande différenciée. Les producteurs préfèrent la présence de peu de modèles alors que c'est le contraire pour la division marketing qui souhaite de nombreux modèles. L'idéaltype pour un marketeur est que le consommateur puisse choisir les éléments constituant son produit ou son service. Internet demeure en cela une formidable opportunité que les constructeurs automobiles et les voyagistes ont saisi pour faire du consommateur un client interactif. Les producteurs privilégient une production ordonnancée, prévue à l'avance, alors que les marketeurs raisonnent selon une fabrication modulable. Les producteurs fonctionnent selon le régime de stocks réduits alors que les responsables marketing privilégient des stocks importants. Autant les responsables de la production sont plutôt pour incorporer des composants standards dans leurs produits, autant les gens du marketing préfèrent des composants spécifiques sources de valeur ajoutée. Enfin, les producteurs programment leurs achats alors que la division marketing achète

3. « Asie : pourquoi communiquer sur sa générosité », *Les Échos*, 7 et 8 janvier 2005.

immédiatement. Le problème central du désaccord entre la production et le marketing tourne autour de la reconnaissance du produit ou du service par le consommateur. La différence entre les modèles doit être perceptible. Les usines de fabrication des marques Peugeot et Citroën ont intégré le besoin de rationaliser la production tout en différenciant leurs modèles. Les châssis des modèles peuvent être identiques car ces éléments ne sont pas sources de différenciation par les consommateurs (Peugeot 307 et Citroën C4), mais le reste du modèle est différent.

***17.* Les conflits entre chercheurs et marketeurs** – Comme le soulignait Cadix (1980), plusieurs types de dysfonctionnements apparaissent entre la recherche et le marketing. D'abord la temporalité n'est pas la même. La recherche est aléatoire alors que le marketing vise en premier lieu le court terme. Ces distorsions temporelles peuvent créer des tensions entre les départements de l'entreprise. Ceci est d'autant plus préoccupant que le niveau de coopération entre les départements est souvent corrélé à leur niveau d'intégration. Si l'on ajoute la pression d'un monde extérieur sur les structures, il semble bien complexe de pouvoir faire coopérer ces départements. Mais les conflits ne s'arrêtent pas là. Les chercheurs raisonnent sur la qualité intrinsèque du produit alors que les marketeurs raisonnent sur la qualité perçue. La marque Casio dans le secteur des montres, a réussi à changer d'image avec la série G-Shock grâce à son design massif. Cet objet de mode a permis de faire comprendre à Casio qu'il était important d'accorder une place importante aux designers, ce qui n'était pas le cas auparavant[4]. Les chercheurs privilégient la recherche fondamentale alors que les gens du marketing sont intéressés par la recherche appliquée. Enfin les chercheurs soulignent les caractéristiques fonctionnelles d'un produit alors que la division marketing reprend les caractéristiques vendables de ce même produit. La myopie marketing qui consiste à ne pas prendre en compte l'information venant des consommateurs, pour appliquer des innovations technologiques a fait l'objet de critiques importantes (Richard, Womack et Allaway, 1992). Certaines innovations nécessitent une démarche pédagogique auprès des consommateurs visant à expliquer les potentialités des produits issus de cette innovation et pouvant prendre un certain temps.

***18.* Les conflits entre financiers et marketeurs** – Les financiers privilégient une croissance de la rentabilité alors que les marketeurs se réfèrent à la croissance des parts de marché. Les arbitrages sont parfois difficiles dans la mesure où un produit peut mettre plus de temps que prévu pour des raisons conjoncturelles à pénétrer un marché. Les financiers recherchent des prix très supérieurs aux coûts alors que les marketeurs préfèrent raisonner en termes de prix développant les ventes. En ce sens, la fidélisation constitue un concept totalement extérieur aux financiers. L'introduction du «client rentable» dans la relation client montre une évolution du marketing vers des préoccupations traditionnellement plus financières. Enfin, les budgets sont serrés et strictement définis dans une optique financière, alors qu'ils sont adaptables pour suivre la demande dans une optique marketing.

---

4. «La montre G Shock a modifié l'image de Casio», *Les Échos*, 18 janvier 2005.

Section 2
Des marketings ?

19. Nombreux sont les qualificatifs accolés au terme marketing pour préciser l'orientation de celui-ci. Le qualificatif peut traduire des différences d'objet (marketing opérationnel et marketing stratégique) ou des différences de champ théorique (marketing management, marketing holiste).

§ 1. Marketing opérationnel et marketing stratégique

Traditionnellement, il est fait référence à la dichotomie entre marketing opérationnel et marketing stratégique, correspondant à des objectifs fort différents.

20. **Le marketing d'étude** – L'activité qui consiste à connaître le marché, son environnement, la concurrence, à mesurer l'efficacité des politiques marketing correspond à du marketing d'étude. Les techniques utilisées sont multiples : sondages, panels, études de motivations, gestion de fichiers, études macro-économiques et environnementales, analyse des courants socio-culturels, prévision des ventes, analyse de portefeuilles de marques, de produits, d'activités, etc. Les méthodes utilisées pour collecter des informations sont importantes dans la mesure où elles permettent d'anticiper les désirs des consommateurs. À l'image du retour sur investissement (ROI), on peut parler de retour sur consommateur. Il est donc hautement stratégique d'isoler les éléments déterminants pour que le consommateur passe à l'acte.

Figure 3 – Les méthodes pour collecter des informations (Pourcentage des entreprises utilisant la méthode pour collecter des informations)

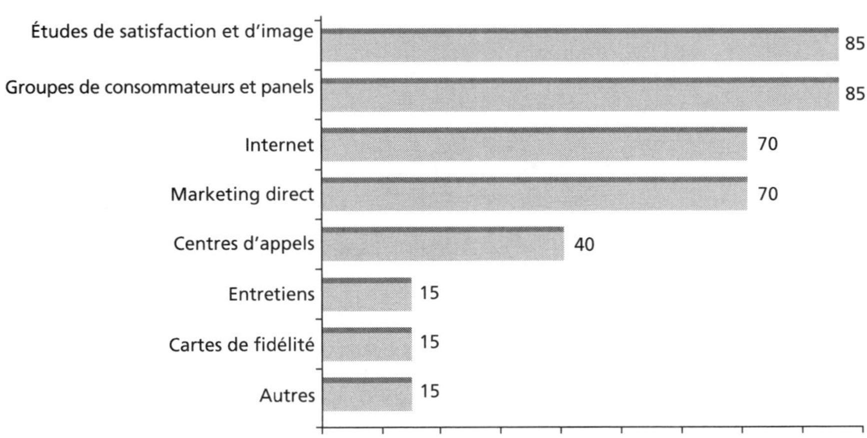

Source Forrester Research, 2005[5].

5. « Le client, une ressource rare à valoriser », *Les Échos*, 19 mai 2005.

21. **Le marketing stratégique** – Le marketing d'étude est souvent par convention intégré au marketing stratégique dans la mesure où il constitue une étape incontournable avant d'envisager une démarche de marketing stratégique. Ce dernier raisonne sur le marché potentiel et sur le long terme. L'objectif est d'analyser systématiquement et de manière permanente les besoins du marché et le développement de concepts de produits performants destinés à des groupes d'acheteurs spécifiques, présentant des qualités distinctives qui les différencient des concurrents immédiats, assurant ainsi au producteur un avantage concurrentiel durable et défendable (Lambin *et alii*, 2005). En d'autres termes, le marketing stratégique consiste à définir les objectifs, les cibles et les moyens pour les atteindre. Les techniques du marketing stratégique sont nombreuses: positionnement, fixation des prix (souvent en fonction de la concurrence), marché tests, modèles de simulation, etc.

22. **Le marketing opérationnel** – Le marketing opérationnel est fondé sur les objectifs de court et moyen terme et raisonne en termes d'objectifs commerciaux. L'objectif est la mise en place de stratégies de mise en marché destinées à faire connaître et à valoriser auprès des clients potentiels les qualités distinctives des produits offerts en réduisant les coûts de prospection des acheteurs. Également appelé marketing terrain, le marketing opérationnel met en œuvre les décisions. Les techniques mobilisées sont diversifiées : *merchandising*, promotion des ventes, management des forces de vente (recrutement, formation, stimulation, etc.), stratégie de communication, etc.

Figure 4 – Comment s'articulent marketing opérationnel et stratégique ?

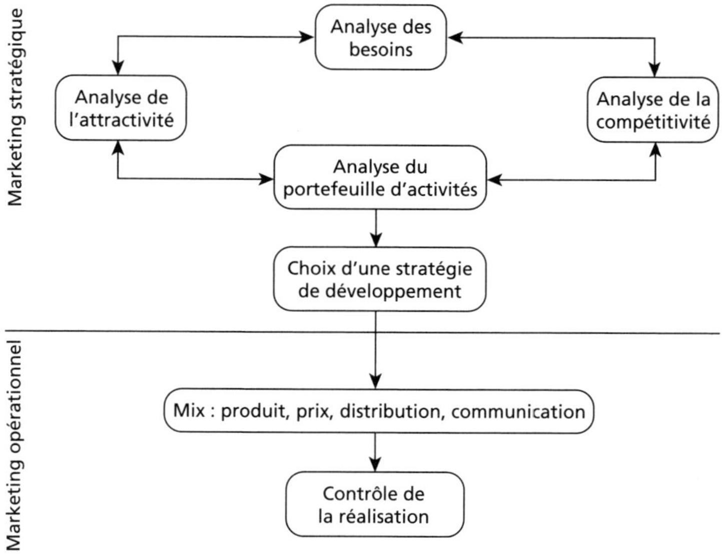

Source : Amerein et alii, 2005.

§ 2. Du marketing management au marketing holiste

23. **Le marketing management** – L'expression marketing management a été utilisée pour la première fois par Howard (1957). Ce dernier définit le marketing management comme un ensemble de décisions relatives au produit, au prix à la distribution et à la publicité, ainsi que d'instruments permettant la mise en œuvre d'un plan de marketing. Cette position est défendue et majoritaire si l'on constate le succès international de l'ouvrage « Marketing management » de Kotler et Dubois. Depuis 1967, pas moins de douze éditions se sont succédé à ce jour. *« Le marketing management est la science et l'art de choisir ses marchés-cibles, d'attirer, de conserver et de développer une clientèle en créant, en délivrant et en communiquant de la valeur »* (Kotler et Dubois, 1997). L'objectif est de générer des profits tout en s'assurant de la satisfaction des clients. Cette vision est essentiellement de court terme, ce qui va à l'encontre de concepts comme le développement durable, la fidélisation ou la valeur à vie consommateur. En effet, le marketing management a pour point de départ les besoins changeants des clients. Il est concevable de raisonner sur une origine différente. Compte tenu des évolutions de la clientèle, il est légitime par exemple de partir des exigences du consommateur individuel. Il est dès lors automatique que les centres d'intérêts, les moyens et les aboutissements soient tout à fait différents.

TABLEAU 3 – DU MARKETING MANAGEMENT AU MARKETING HOLISTE

Nom	Point de départ	Centre d'intérêt	Moyens	Aboutissements
Concept du marketing management	Besoins changeants des clients	Mix approprié de marketing et d'offres	Segmentation du marché, ciblage et positionnement	Profits reposant sur la satisfaction du client
Concept de marketing holiste	Exigences du consommateur individuel	Valeur client, compétence de cœur de métier de l'entreprise et réseau collaboratif	Gestion de bases de données et intégration de la chaîne de valeur reliant les collaborateurs	Croissance profitable reposant sur la capture d'une part client et la valeur à vie consommateur

Source : Adapté de Kotler, Jain et Maesincee, 2002.

24. **Le marketing holiste** – Les derniers travaux de Kotler développent le concept de marketing holiste. Ce dernier consiste à élaborer et mettre en œuvre des programmes, des processus et des actions marketing à large spectre et reliés entre eux (Kotler *et alii*, 2006). Plus large encore que le marketing management, le marketing holiste est relationnel, intégré, omniprésent en interne et responsable socialement. Il est relationnel dans la mesure où il s'agit de construire des relations durables et satisfaisantes pour toutes les parties. La préférence et la relation de confiance à long terme sont recherchées. Il est intégré dans la mesure où tous les éléments du marketing mix se retrouvent dans la définition du marketing. Il est omniprésent en interne parce qu'il joue un rôle de catalyseur d'énergie permettant le développement transversal du marketing. Enfin, il est socialement responsable dans la mesure où il a des conséquences qui vont au-delà de l'entreprise et de ses consommateurs.

Figure 5 – Le marketing holiste

Source : Kotler, et alii, 2006.

25. **Applications du marketing holiste : le cas Unilever** – La nouvelle stratégie marketing du groupe Unilever intitulée « *Vitality for growth* » illustre la tendance du marketing holiste. Ainsi, les produits (dans les secteurs soins de la personne, entretien de la maison, glaces et boissons, sauces et assaisonnements) sont conçus et développés dans une perspective plus large que la consommation du produit. Le marketing devient responsable : recherche de l'épanouissement de l'enfant, lutte contre l'obésité, volonté d'apprendre les règles d'hygiène[6]. Le groupe Unilever se veut devenir marque. Le changement radical d'identité visuelle (par un nouveau logo) ainsi que la volonté d'harmoniser les marques au sein du groupe traduisent la volonté d'un marketing intégré[7]. Les multiples enquêtes menées par le groupe sur la vie quotidienne des français ainsi que les actions de ce groupe vers les distributeurs ou vers les futurs collaborateurs de la marque[8] confirment un marketing relationnel développé, qui a contribué depuis

6. « Quand Unilever couvre ses consommateurs », *Les Échos*, 1er juin 2006.

7. « Unilever ne se cache plus derrière ses marques », *Les Échos*, 28 et 29 mai 2004.

8. Le site internet du groupe communique avec insistance sur les valeurs, la culture, les carrières ainsi que les marques du groupe : http://www.unilever.fr

des années au succès d'Unilever. Par ailleurs, cette démarche consistant à faire monter en puissance la « marque corporate » (Unilever) jusqu'alors en retrait par rapport à ses marques « produits » (comme Lipton ou Skip), semble mue par la volonté de faire « *exister la marque Unilever en externe comme en interne* »[9]. C'est une application d'un marketing omniprésent en interne qui est confirmée par les déclarations des principaux dirigeants du groupe.

§ 3. Critiques du marketing management

26. Néanmoins si le courant « marketing management » est majoritaire, il possède quelques détracteurs. En effet, comme le souligne Marion (1995 ; 1999), les fondements scientifiques du marketing management sont d'une extrême fragilité. Cet auteur analyse à travers les travaux des tenants du marketing management (Drucker, 1957 ; Keith, 1960 ; Levitt, 1960) deux idées essentielles à la base du modèle, qu'il critique.

27. **Les critiques formulées par Marion** – La première idée est que le client détermine la finalité des entreprises. Cet alignement sur la définition de l'économie de marché est en réalité fortement réducteur. En effet, les tenants du marketing management prônent une idéologie marketing tournée vers l'économie de marché sans prendre en considération le fait que l'entreprise évolue dans un système conflictuel socio-politique soumis à des contraintes économiques. En d'autres termes, la première idée est critiquée sur le thème de la non prise en compte des réalités de fonctionnement et de l'environnement par les décideurs. La seconde idée réside dans le fait que toute organisation finira par adopter un tel système, car ne pas le faire la condamne. Ce que critique Marion dans cette position, c'est le double langage des tenants du marketing management qui d'un côté argumentent de l'évolution naturelle historique vers ce modèle, et de l'autre prônent la discontinuité pour l'imposer dans les organisations qui ne l'ont pas encore adopté.

28. **Un marketing management adapté ?** – Dans un article portant sur les paradoxes du marketing (1999), Pras souligne que le fait que le marketing soit au cœur de l'activité des entreprises s'est bien souvent traduit par la centralisation de ce département au siège. Cela remet en question le marketing management qui se veut par nature transversal. D'autres auteurs mettent en évidence le décalage entre la théorie et la pratique du marketing management (Boyer, 1999). En effet, si historiquement le début des années 1960 a consacré les besoins des consommateurs, force est de constater que les décennies suivantes ont privilégiées la conquête des parts de marché et les prises de positions stratégiques. Cette incohérence pratique remet sérieusement en question l'existence de paradigme en marketing. La recherche de la satisfaction des consommateurs ne suffit plus. D'autres éléments, prenant en compte l'évolution de la société et des valeurs que l'on peut qualifier d'idéologiques et de non marchandes, sont à intégrer dans la démarche. Certains se sont

9. « Apprendre à manager par la marque », *Les Échos*, 4 février 2005.

essayés à intégrer des valeurs, par exemple écologiques, dans le marketing mix (Boyer et Poisson, 1992). Plus généralement, les réflexions sur l'évolution du marketing pousse de nombreux auteurs à envisager un marketing éthique, voire socialement responsable.

Section 3
Les domaines d'application du marketing

29. Intuitivement de par le lien avec le marché, le marketing semble s'appliquer en priorité aux entreprises. Mais la réalité du terrain souligne un fait. Les organisations sont multiples et ne fonctionnent pas toutes comme des entreprises. Leur finalité, leur structure et leur objet sont différenciés, ce qui rend difficile toute application du concept à l'état brut. Néanmoins, l'hypothèse de Kotler selon laquelle le marketing peut s'appliquer à tous les secteurs et toutes les organisations trouve ici tout son sens, à condition de procéder à des adaptations, qui parfois peuvent être importantes. Même lorsque l'on s'intéresse aux entreprises, il est communément fait une différence entre les entreprises tournées vers le grand public et celles qui ont pour clients des entreprises. Se différencient alors le B to C (*business to consumer*) et le B to B (*business to business* ou marketing industriel). Le fait que la clientèle potentielle soit réduite, que les produits soient complexes et impliquent un degré supérieur de technologie, que les entreprises fonctionnent sur commande et que la réputation ainsi que les contacts personnels soient essentiels, modifie considérablement l'activité marketing. Le B to B fait l'objet d'une littérature abondante (Blanc, 2003 ; Malaval et Bénaroya, 2005 ; Michel, Salle et Valla, 2001). La spécialisation du marketing peut également se retrouver au niveau des secteurs d'activités. Ainsi, les secteurs bancaire (Tournois, 1999 ; Zollinger et Lamarque, 2004), agroalimentaire (Aurier et Sircloix, 2003), touristique (Barma, 2004) ou sportif (Desbordes, Ohl et Tribou, 2004) font l'objet de contributions utiles aux professionnels. Le secteur d'application du marketing peut même se révéler hyper spécialisé, comme pour le vin (Rouzet, 2006), l'équitation (Henriques Pereira, 2003) ou les biotechnologies (Simon et Kotler, 2005). Mais la transposition des techniques du marketing devient plus hasardeuse lorsque dans le cadre d'une transaction, sont modifiés le rapport aux autres (marketing public), le rapport à l'espace (marketing international) ou le rapport à la nature de l'objet de l'échange (marketing des services). La différenciation est *a fortiori* encore plus marquée lorsque ces trois éléments sont parallèlement modifiés (marketing territorial).

§ 1. Le marketing du non marchand

30. Le secteur du non-marchand est caractérisé par une diversité de situations qui ont pour dénominateur commun des objectifs divergents par rapport aux entreprises. En effet, le but de ces organisations n'est pas de maximiser un profit. La maximisation peut porter sur la satisfaction des usagers (services publics), le nombre d'adhésions ou de dons (secteur associatif), le nombre d'adhésions ou de vote (partis politiques).

31. **Le marketing des services publics** – Le service public est le service rendu aux citoyens. Il recouvre toutes les activités d'intérêt général qui s'exercent sous l'égide des pouvoirs publics (Bartoli, 2005). Dans l'entreprise, le marketing est généralement tourné vers le public, c'est-à-dire le client. Les objectifs de rentabilité sont alors couplés à ceux de la satisfaction de la clientèle. Lorsque l'on aborde les services publics, le public ne se limite pas à satisfaire les usagers. En effet, chaque individu est à la fois client, usager, contribuable et électeur (De Quatrebarbes, 1996; Huron et Spindler, 1998). Cela signifie que chaque citoyen porte un jugement personnel sur le service public en fonction de la pondération de chacune des échelles (service rendu, fiscalité, politique, prix) dans sa construction mentale. Certains préféreront une qualité de services, d'autres préféreront des investissements modérés, etc.

Figure 6 – Les différentes facettes du bénéficiaire du service public

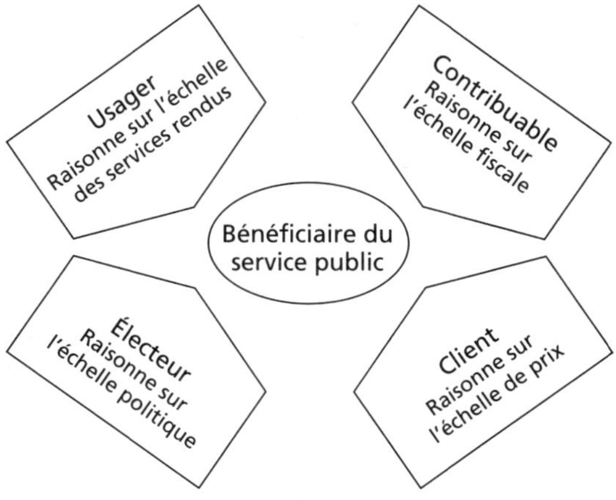

Source : Huron et Spindler, 1998.

32. Quelques éléments caractérisent le marketing dans les services publics. D'abord, le pouvoir politique est incontournable. L'impulsion d'une action marketing passe d'abord par une impulsion politique. Dans le domaine de la santé ou de la sécurité routière par exemple, les campagnes de prévention sont imputables à la volonté politique. Cela ne signifie nullement que le marketing dans les services publics a systématiquement une logique descendante (du politique vers le citoyen). En fait il est nécessaire, comme pour les entreprises, de connaître les besoins des usagers afin de coller à leurs attentes (Bon et Louppe, 1980; Laufer, 1976). D'autres éléments caractérisent le marketing dans les services publics, notamment le fait que la gestion ne soit pas orientée vers le profit et qu'il soit difficile de mesurer l'efficacité des décisions, y compris au niveau du marketing.

Le flou entretenu depuis des années sur l'objectif que doivent suivre les entreprises publiques a eu pour conséquence de mener des politiques marketing souvent hésitantes. L'Europe a apporté une solution dans le sens ou bon nombre de secteurs ont été déréglementés et les entreprises d'État ont souvent été privatisées en partie. Pour ces entreprises, l'objectif est clairement la rentabilité des activités, même si cette dernière va à l'encontre de certaines missions de l'État. Ainsi, la suppression de lignes non rentables à la SNCF, ou la fermeture de bureaux de poste dans certains villages remet clairement en question la politique d'aménagement du territoire. De même, dans les administrations comme les hôpitaux, les tribunaux, ou les universités, la chasse aux coûts peut amener à parler de rentabilité de services, de chambres d'instruction ou de formation. Ces évolutions ont une incidence sur la politique marketing adoptée. Par ailleurs, il est parfois difficile de faire la différence entre l'action personnelle politique et l'action pour le service public.

33. **Le marketing politique** – Plusieurs éléments sont à retenir au niveau du marketing politique. D'abord, l'utilisation massive des sondages montre un souci constant d'avoir une photographie, même partielle des opinions. L'étude de l'électorat est en effet très développée. Néanmoins, il faut rester très prudent et ne pas les utiliser pour faire des projections de résultats de scrutin. Des exemples de résultats contraires aux prévisions effectuées sur la base de sondages ont généré incompréhensions et stupeurs. Par ailleurs, la publicité reste en France très réglementée notamment à la télévision, contrairement aux États-Unis par exemple. Les temps de paroles sont décomptés de sorte à garantir un relatif équilibre, même si le système reste très critiqué. Si la part de la communication est hypertrophiée dans le marketing politique, il n'en reste pas moins qu'une stratégie globale prenant en compte l'ensemble du plan marketing doit être conçue. Les élections présidentielles de 1981 et 1988 ont consacré le rôle de la communication et de la publicité en France, comme élément incontournable de la bataille politique. La campagne électorale pour les élections présidentielles de 2007 a pour la première fois consacré le média Internet. Il ne s'agit pas seulement de pousser les citoyens vers les urnes. Il convient également de s'assurer de la pérennité de la relation avec un marketing relationnel fort (Moulins, 2001). Celui-ci peut d'ailleurs aller jusqu'à une fidélisation potentielle pouvant prendre la forme d'une carte de membre de parti politique.

34. **Le marketing social** – Ce type de marketing est à l'initiative des associations et vise une partie de la population. Le but est de convaincre, d'obtenir une adhésion ou un don. La collecte de fonds est devenue une affaire de professionnels. L'overdose de sollicitations peut avoir un effet extrêmement négatif sur les promesses de dons. D'où un travail sur la fidélité (en segmentant et en proposant des solutions de fidélisation à long terme) et non en multipliant les mailings qui augmentent les coûts de collecte. D'autres moyens sont utilisés pour toucher le donneur en le fidélisant : expositions itinérantes, développements de site web[10], etc.

---

10. « Le don est aussi affaire de marketing », *Les Échos*, 6 décembre 2004.

On assiste par ailleurs à une véritable professionnalisation du marketing associatif. En acceptant d'apposer sa marque sur une brique de jus de fruits, l'association humanitaire Unicef initie une démarche d'un nouveau genre. Le concept établit une toute nouvelle relation entre un industriel et une ONG puisque c'est l'organisation qui est la marque, leader de l'opération. Certains s'inquiètent du risque de banalisation de ce type de démarche[11].

§ 2. Le marketing international

***35.* Éléments de prise de décision pour se lancer à l'étranger** – Le marketing international fait l'objet de nombreuses contributions universitaires (Mayrhofer, 2004; Prime et Usunier, 2004). Issue de l'accélération des communications, des transports et des flux financiers, la mondialisation des marchés implique la plupart du temps de se développer à l'international. Le marketing est la première fonction à s'adapter dans la mesure où il est nécessaire de prendre en considération de nouveaux paramètres en ce qui concerne les conditions économiques, les différences de culture, les niveaux de développement, etc. De nombreux échecs s'expliquent par cette absence d'adaptation. Si la cire pour entretenir les sols a remporté un succès limité au Japon, c'est qu'elle rendait les sols trop glissants. Par ailleurs les japonais ne portent pas de chaussures chez eux. La marque Johnson aurait du prendre en compte cette donnée. En outre, il est primordial de s'adapter aux réglementations différentes. Il est par exemple pratiquement impossible pour une entreprise étrangère de s'implanter en Chine sans procéder à un transfert de technologie. Il est souvent créé une *joint venture* (entreprise détenue par l'entreprise étrangère et par une entreprise locale à hauteur d'un pourcentage de capital défini). Enfin, il est naturel de s'interroger sur les ressources humaines mobilisées dans le cadre de l'internationalisation. Doit-on recourir à des agents spécialisés ou détenir sa propre force de vente? Tout dépend de la surface financière disponible de l'entreprise, du niveau de développement du produit commercialisé et de la perception que les consommateurs de ce nouveau marché ont de l'offre qui est faîte. Bien souvent on commencera modestement en faisant appel à des représentants qui sont déjà présents sur le terrain. Ce n'est que plus tard que l'entreprise aura sa propre force de vente. De manière générale, la question posée par le marketing international est relative au choix entre la globalisation et les particularismes locaux. Pendant de nombreuses années les grands groupes présents internationalement ont défendu une position d'adaptation au marché pouvant être résumée par l'expression «*think global, act local*». Cette position est toujours défendable dans de nombreux domaines, mais les particularismes locaux doublés de la tendance au refus de la mondialisation peuvent remettre en cause les politiques adoptées par ces grandes marques.

11. «L'Unicef s'affiche au rayon produits frais», *Les Échos*, 16 janvier 2006.

***36.* Le processus de décision pour l'implantation à l'international** – La décision de s'internationaliser est un acte fort. Pour continuer à se développer l'entreprise est souvent contrainte de dépasser les frontières pour chercher des marchés ailleurs. Cette décision a des conséquences sur le mode de gestion de l'entreprise. En effet afin d'intégrer les éléments évoqués dans le paragraphe précédent, il est nécessaire de modifier l'organisation de l'entreprise pour posséder les compétences requises. On ne découvre pas par exemple au dernier moment la réglementation dans le pays convoité. Bien entendu cela engendre des surcoûts à prendre en considération avant toute décision d'implantation ou autre action tournée vers l'international. Le choix du marché doit partir d'un diagnostic favorable issu du marketing stratégique, montrant notamment les perspectives du marché convoité (place des concurrents, potentiel de développement, cohérence de l'offre au regard des consommateurs locaux, etc.). Pour Leighton (1970), il convient d'estimer le potentiel actuel, prévoir le potentiel futur, prévoir la part de marché, prévoir les coûts et les bénéfices et estimer la rentabilité des investissements. L'étape suivante dans le processus de décision pour s'implanter à l'international porte sur le choix du mode d'accès (exportation, Internet, cession de licence, *joint venture*, investissement direct). L'élaboration d'un plan marketing est évidemment incontournable, tout comme le choix d'un mode d'organisation intégrant la dimension internationale. L'encadré 1 applique cette logique au secteur du vin.

Encadré 1 – Le marketing international : l'exemple du vin
(Source : « Chamarré, vin au parfum de mondialisation », Les Échos, 28 et 29 avril 2006).

Aux rendez-vous pris pour présenter sa gamme de vins aux enseignes anglo-saxonnes, l'équipe OVS (Opéra Vins et Spiritueux) vient à la manière des Australiens ou des Américains, l'ordinateur portable sous le bras pour faire le point sur le marché potentiel. Mais sans bouteille dans la sacoche, contrairement aux habitudes de bons nombre d'opérateurs français. Elles seront expédiées par la suite pour les dégustations. [...] Dans une conjoncture hexagonale où la filière hexagonale souffre, OVS lance en ce moment aux Royaume-Uni sa marque de vin à vocation clairement internationale. « Nous visons des gens qui apprécient le vin, mais ne se sentent pas connaisseurs et n'aiment pas en acheter. Il faut les décomplexer », relève Pascal Renaudat, Président d'OVS [...]. La démarche marketing a été soigneusement pesée. Tout a démarré par une analyse des attentes des consommateurs et du marché, suivie d'un travail comparatif sur les signes des différentes étiquettes. Des études ont ensuite pris le relais sur les perceptions des anglo-Saxons vis-à-vis de la France et du vin. Le consommateur recherché par l'entreprise y associe les notions de savoir-faire, qualité et culture, mais aussi de complexité et d'arrogance. « Il faut injecter de l'accessibilité, avec des vins prêts à boire, qui ne nécessitent pas de grandes explications. La marque doit être contemporaine, chaleureuse, quotidienne », souligne Pierre Courbon, Directeur international marketing [...]. Au final, 6 directions assorties de 25 noms se sont dégagées du travail mené avec l'agence conseil en stratégie de marque Thebrandcity. Le gagnant à l'issue, notamment d'un test en ligne, est « Chamarré », synonyme d'explosion de couleurs et de goûts. Le nom n'a pourtant rien d'international [...]. Chamarré est une création fondée sur le marketing. Mais le consommateur a besoin de personnification. Le vinificateur de la société signe donc un petit laïus au dos de la bouteille [...]. Lancée le 1er mai au Royaume-Uni, où elle a déjà été choisie par 4 distributeurs et est en discussion avec 3 autres, elle arrivera ensuite en Scandinavie et aux Pays-Bas. Au départ, il n'était pas prévu de la sortir dans l'hexagone. Finalement, répondant à une demande, la gamme y fera quand même ses premiers pas [...].

§ 3. Le marketing des services

37. **Les spécificités des services par rapport aux produits** – « *Un service est une action ou une prestation offerte par une partie à une autre. Bien que le processus puisse être lié à un produit physique, la prestation est transitoire, souvent intangible par nature, et ne résulte pas normalement le la possession de l'un des facteurs de production. Un service est une activité économique qui crée de la valeur et fournit des avantages aux consommateurs à un moment et en un lieu donnés pour apporter le changement désiré, en faveur du bénéficiaire du service* » (Lovelock *et alii*, 2004). À la différence du produit, les clients n'acquièrent pas la propriété des services. Certes les services peuvent viser à mettre à disposition des clients des biens tangibles (chambre d'hôtel, fauteuil dans un avion, automobile, etc.), mais le service ne portera pas sur la propriété de ce bien. Le résultat du service est quant à lui, intangible. Les services sont également caractérisés par la coproduction du client. La nuitée par exemple n'existe qu'à partir du moment où le client prend la décision d'occuper une chambre. C'est une différence fondamentale avec le produit dans la mesure où ce dernier existe indépendamment du client. Par ailleurs, d'autres clients peuvent faire partie de l'expérience de service. Cela implique qu'il convient de prendre en compte l'interaction potentielle entre les clients, voire des éléments extérieurs sur lesquels l'entreprise n'a aucune influence. S'il est possible de jouer sur une amélioration de la qualité des biens tangibles nécessaires au service (cloisons plus efficaces dans les chambres d'hôtel, ergonomie de sièges d'avion permettant une plus grande indépendance lors du voyage, etc.), le ressenti de l'expérience de service n'est pas forcément contrôlable. Par exemple, les spectateurs français du match de la finale de la coupe du monde de football à Berlin le 9 juillet 2006 n'ont pas le même ressenti que les mêmes supporters italiens qui on vu leur équipe remporter la coupe du monde. Dans la mesure où une part du service est consommée en même temps qu'elle est produite, il est plus difficile d'assurer la qualité pour un service. La chose est plus simple pour un produit, ce dernier pouvant être fabriqué bien avant sa consommation. En outre, autant il est aisé d'évaluer les caractéristiques d'un produit qui plaisent au client, autant cette action est complexe dans le cadre d'un service. En effet, les attributs de l'expérience, qui ne peuvent par définition être discernés que pendant ou après la consommation, ont autant d'importance que les attributs de croyance, liés au manque d'expertise du client dans le domaine. Enfin les services sont périssables. Cela implique d'une part qu'il n'y ait pas de stock possible après la production pour la plupart d'entre eux. D'autre part le facteur temps se révèle être primordial, particulièrement pour le client. Le temps dans les services possède une traduction immédiate en termes de prix. Le client est prêt à payer plus cher un service effectué dans un laps de temps plus court, ou un service à effectuer à une date précise. On aboutit à la notion de *yield* management. Ce dernier est l'optimisation de la gestion de la capacité d'offre par une politique flexible de prix, ceux-ci étant adaptés au niveau de la demande, au coup par coup. C'est notamment le cas dans le transport aérien et l'hôtellerie.

38. **Typologie de processus de service** – Il existe une très grande hétérogénéité parmi les services. Pour les appréhender, certains auteurs ont conçu une grille de lecture permettant d'analyser les services en fonction de deux questions (tableau 4) :
– les actions sont-elles tangibles ou intangibles ?;
– le récepteur direct du service est-il une personne ou un bien ?
Le processus de traitement des personnes implique une relation directe en *front office*. Il convient dès lors d'insister sur l'accueil et le suivi du client puisque c'est à ce niveau que peut intervenir l'insatisfaction. Le processus de traitement des biens implique une implication physique du donneur d'ordre forcément moins importante. L'implication du client est généralement dans ce cas limitée à l'apport de l'objet, à sa reprise et au paiement de sa facture. Le service doit dans tous les cas apporter une amélioration concrète du bien. Le processus de stimulation mentale implique une participation active du client. La réussite de ce service est donc conditionnée en partie par la volonté de celui-ci. Enfin, le processus d'information ne nécessite par définition pas de faire se rencontrer clients et fournisseurs de services. Pourtant, c'est bien souvent le contraire qui se passe dans la mesure où notre société n'est pas encore passée à la dématérialisation totale de certains services. C'est, derrière cette démarche, la notion de confiance entre entreprises de services et clients qui est en jeu. Mais l'application du marketing aux services peut parfois apporter ses limites. Dans un secteur comme celui des avocats d'affaires par exemple, le fait qu'il n'y ait pas de démarchage, et pas de marketing direct limite considérablement la portée du concept. Par ailleurs, ce secteur n'est pas encore habitué et l'adéquation entre le métier et le marketing peut aboutir à des tâtonnements (les sites Internet ne sont pas suffisamment interactifs et les actions ne sont pas toujours ciblées correctement, comme les petit-déjeuners d'affaires par exemple)[12].

12. « Les avocats d'affaires convertis au marketing », *Les Échos*, 12 octobre 2004.

TABLEAU 4 – TYPOLOGIE DE CATÉGORIES DE PROCESSUS DE SERVICE

	Qui ou quel est le récepteur direct du service ?	
Quelles est la nature de l'acte de service ?	**Personnes**	**Biens**
Actions tangibles	**Processus de traitement des personnes** Transport de passagers Soins et santé Hébergement Salon de beauté Gymnase/clubs Restaurants/bars Coiffeurs Services funéraires	**Processus de traitement des biens** Transport de marchandises Maintenance et réparation Entrepôt/stockage Services de nettoyage de bureaux Distribution de détail Blanchisserie Ravitaillement/carburant Jardinage Évacuation/assainissement
Action intangibles	**Processus de stimulation mentale** Publicité/relations publiques Arts et divertissements Radio et télévision Conseil en management Formation Services information Concerts Psychothérapie Religion	**Processus d'information** Comptabilité Banque Traitement de données Transmission de données Assurance Services légaux Programmation Recherche/études Investissements de garantie *Consulting* informatique

Source : Lovelock et alii, 2004.

§ 4. Le marketing territorial

***39.* Le marketing territorial tourné vers le développement touristique** – Le développement des collectivités territoriales en France depuis les lois de décentralisation de 1982 a poussé les responsables locaux à se lancer dans le marketing. Appliqué au territoire, ce type de marketing se différencie à la fois aux niveaux du rapport aux autres, de l'espace et de la nature de l'objet de l'échange. Le marketing territorial regroupe l'ensemble des démarches et techniques marketing mises en œuvre par des acteurs individus et/ ou organisations (agissant dans le cadre d'un projet ou non) et dont l'action directe ou indirecte contribue au développement du territoire ou au renforcement de l'identité de celui-ci (Girard, 1999). Afin d'attirer ou de retenir les clients, les stations de ski peuvent utiliser toute une panoplie de mesures relatives à l'attrait du territoire. Ainsi, cinq stations de montagne des Pyrénées se sont réunies sous la bannière N'Py (pour nouvelles Pyrénées) et ont uni leurs forces de marketing pour fidéliser les clients. Cela se traduit par exemple par la mise en place de forfaits prenant la forme de cartes dotées de puce électronique, permettant d'éviter les files d'attente et d'être prélevé directement sur le compte bancaire[13]. Le marketing territorial peut également consister à redécouvrir un patrimoine ou

13. « Les pistes des Pyrénées s'offrent une marque », *Les Échos*, 15 février 2005.

créer l'événement autour d'un personnage marquant. Ainsi pour le centenaire de sa disparition, les villes de Nantes (lieu de naissance) et d'Amiens (lieu de décès) fêtent Jules Vernes. Tout est mis en œuvre pour faire vivre ces endroits au rythme de l'événement : circuits découverte, produits dérivés, spectacles, musées, sites internet, rééditions d'œuvres[14].

***40.* Le marketing territorial, outil de gouvernance** – Si l'attrait de touristes, semble constituer la partie la plus visible des objectifs du marketing territorial, d'autres cibles peuvent être concernées. Ainsi le développement économique du territoire passe par une image positive envoyée aux investisseurs potentiels. Il ne s'agit pas de mettre uniquement à disposition des terrains pour l'implantation de futures nouvelles entreprises sur le territoire. Ce sont toutes les infrastructures, notamment en matière de transport, d'éducation, de santé, de culture, qui retiennent l'attention des investisseurs (Brossard, 1997). Si la démarche marketing vise à attirer dans une optique de développement, elle a également pour vocation de stabiliser sur son sol les entreprises déjà installées. Le marketing territorial concerne également les habitants du territoire, partant du principe que ces derniers doivent être associés à sa promotion (Beuret et Hall, 1998). La mise en place de projet ne doit pas se faire de manière descendante au risque sur un simple malentendu ou un défaut de communication de la rendre impopulaire. La démocratie participative peut permettre de mobiliser les habitants dans une logique de projet collectif. Le marketing territorial peut donc s'inscrire dans une nouvelle forme de gouvernance du territoire.

***41.* Le marketing territorial est souvent réduit à des actions de communication** – La réalité du fonctionnement des collectivités territoriales montre majoritairement une réduction du marketing à la communication. Il existe d'ailleurs très rarement un service marketing dans une commune, un conseil général ou un conseil régional. Par contre le service communication est toujours positionné dans les organigrammes à proximités des dirigeants. C'est que bien souvent marketing territorial et marketing électoral sont indissociables (Flipo et Texier, 1992). Le cycle électoral est depuis des années systématiquement observé : investissements en début de mandat de sorte que les infrastructures soient terminées avant les échéances et qu'elles soient accompagnées d'une diminution des taxes locales. Dans ces conditions, le marketing territorial est souvent politique et ne sert que de faire-valoir du décideur candidat. Même si la loi est venue fortement encadrer cette prime communicationnelle au sortant, il n'en reste pas moins, qu'il est parfois fort complexe de relever officiellement une telle situation.

14. « Nantes et Amiens préemptent Jules Vernes », *Les Échos*, 3 et 4 décembre 2004.

Bibliographie

– S. Albouy, *Marketing et communication politique*, Paris, L'Harmattan, 2000.
– P. Amerein, D. Barczyk, R. Evrard, F. Rohard, B. Sibaud, P. Weber, *Marketing, stratégie et pratiques*, Paris, Armand Colin, 2005.
– I. Ansoff, *Stratégie du développement de l'entreprise*, Paris, Hommes et Techniques, 1975.
– P. Aurier, L. Sircloix, *Le marketing des produits agroalimentaires*, Paris, Dunod, 2003.
– J.-L. Barma, *Marketing du tourisme et de l'hôtellerie*, 3e édition, Paris, Editions d'Organisation, 2004.
– R. Bartels, « Can marketing be a science? », *Journal of Marketing*, 15, 3, 319-328, 1951.
– A. Bartoli, *Le management dans les organisations publiques*, 2e édition, Paris, Dunod, 2005.
– K. Beuret, R. Hall, *Marketing in local government*, London, Pitman Publishing, 1998.
– F. Blanc, *Marketing industriel*, Paris, EMS éditions, 2003.
– J. Bon, A. Louppe, *Marketing des services publics: l'étude des besoins de la population*, Paris, Editions d'Organisation, 1980.
– A. Boyer, « Un marketing sans paradigme ? », *Revue Française de Gestion*, 25, 125, 65-80, 1999.
– A. Boyer, C. Poisson, « Le marketing mix écologique », *Revue Française de Gestion*, 18, 89, 105-116, 1992.
– H. Brossard, *Marketing d'une région et implantation des investissements*, Paris, Economica, 1997.
– C. Cadix, « Le face à face recherche-marketing », *Revue Française de Gestion*, 6, 24, 16-21, 1980.
– G. Carpenter, K. Nakamoto, « Consumer preference formation and pioneering advantage», *Journal of Marketing Research*, 26, 3, 285-298, 1989.
– O. Clodong, *L'horreur marketing*, Paris, Editions d'Organisation, 2006.
– V. De Barnier, P. Mouillot, « L'éthique au service du mix marketing ? », *in* A. Boyer (dir.), *L'impossible éthique des entreprises*, Paris, Editions d'Organisation, 115-127, 2002.
– B. De Quatrebarbes, *Usagers ou clients ? Marketing et qualité dans les services publics*, Paris, Editions d'Organisation, 1996.
– M. Desbordes, F. Ohl, G. Tribou, *Marketing du sport*, 3e édition, Paris, Economica, 2004,
– P. Drucker, *La nouvelle pratique de la direction des entreprises*, Paris, Editions d'Organisation, 1975.
– P.-L. Dubois, A. Jolibert, *Le marketing, fondements et pratique*, Paris, Economica, 1998.

– J.-P. Flipo, L. Texier, « Marketing territorial : de la pratique à la théorie», *Revue Française du Marketing*, 136, 1, 41-52, 1992.

– V. Girard, « Le marketing territorial : quels fondements, quelle définition, quels concepts ? », *in* R. Le Duff, J.-J. Rigal (Éd.), *Maires, entrepreneurs, emplois*, Paris, Dalloz, 521-537, 1999.

– J.-P. Helfert, Orsoni (J.), *Marketing*, 8e édition, Paris, Vuibert, 2003.

– C. Henriques Pereira, *Marketing et management de l'équitation*, Paris, L'Harmattan, 2003.

– J.A. Howard, *Marketing management : analysis and decision*, Homewood, Illinois, Richard D. Irwin Inc., 1957.

– S.D. Hunt, L.B. Chonko, « Marketing and machiavellianism », *Journal of Marketing*, 48, 3, 30-42, 1984.

– D. Huron, J. Spindler, *Le management public local*, Paris, LGDJ, 1998.

– R.-J. Keith, « The marketing revolution », *Journal of Marketing*, 24, 3, 35-38, 1960.

– N. Klein, *No logo, la tyrannie des marques*, Paris, Léméac Editeur – Actes Sud, 2001.

– P. Kotler, B. Dubois, *Marketing Management*, 2e édition, Paris, Publi-Union, 1973.

– P. Kotler, B. Dubois, *Marketing Management*, 11e édition, Paris, Pearson Education, 2004.

– P. Kotler, B. Dubois, K.L. Keller, D. Manceau, *Marketing Management*, 12e édition, Paris, Pearson Education, 2006.

– P. Kotler, D. Jain, S. Maesincee, *Le marketing en mouvement*, Paris, Village Mondial, 2002.

– J.-J. Lambin, R. Chumpitaz, C. De Moerloose, *Marketing stratégique et opérationnel, du marketing à l'orientation marché*, 6e édition, Paris, Dunod, 2005.

– R. Laufer, « Le marketing du service public », *Revue Française de Gestion*, 2, 7, 72-87, 1976.

– J. Lendrevie, D. Lindon, *Mercator, théorie et pratique du marketing*, 5e édition, Paris, Dalloz, 1997.

– T. Levitt, « Marketing Myopia », *Harvard Business Review*, 38, 4, 45-56, 1960.

– D. Lindon, F. Jallat, *Le marketing*, 4e édition, Paris, Dunod, 2002.

– C. Lovelock, J. Wirtz, D. Lapert, *Marketing des services*, 5e édition, Paris, Pearson Education, 2004.

– R. Mc Kenna, « Marketing is everything », *Harvard Business Review*, 69, 1, 65-79, 1991.

– P. Malaval, C. Bénaroya, *Marketing business to business*, 3e édition, Paris, Pearson Education, 2005.

– G. Marion, « Le marketing-management en question », *Revue Française de Gestion*, 21, 102, 15-30, 1995.

– G. Marion, « La nouvelle crise des modèles rationalisateurs du marketing », *Revue Française de Gestion*, 25, 125, 81-90, 1999.

– U. Mayrhofer, *Marketing international*, Economica, 2004.

– D. Michel, R. Salle, J.-P. Valla, *Marketing industriel*, 2e édition, Paris, Economica, 2001.

– J.-L. Moulins, « Démocratie locale : le marketing politique à la recherche de sa citoyenneté », *in* R. Le Duff, J.-J. Rigal, G. Schmidt (Éd.), *Démocratie et management local*, Paris, Dalloz, 143-156, 2001.

– P. Noisette, F. Vallerugo, *Le marketing des villes, un défi pour le développement stratégique*, Paris, Les Editions d'Organisation, 1996.

– M. Porter, *Choix stratégiques et concurrence*, Paris, Economica, 1987.

– B. Pras, « Les paradoxes du marketing », *Revue Française de Gestion*, 25, 125, 99-111, 1999.

– N. Prime, J.-C. Usunier, *Marketing international, développement des marchés et management multiculturel*, Paris, Vuibert, 2004.

– M.D. Richard, J.A. Womack, A.W. Allaway, « An integrated view of marketing myopia », *The Journal of Consumer Marketing*, 9, 3, 65-72, 1992.

– E. Rouzet, *Le marketing du vin. Savoir vendre le vin*, Paris, Dunod, 2006.

– F. Simon, P. Kotler, Le *marketing des biotechnologies*, Paris, Editions Village Mondial, 2005.

– L. Texier, J.-P. Valla, « Le marketing territorial et ses enjeux », *Revue Française de Gestion*, 18, 87, 45-55, 1992.

– N. Tournois, *Marketing bancaire face aux nouvelles technologies*, Paris, Masson, 1999.

– F.E.Jr. Webster, « The role of marketing and the firm », *in* B.A. Weitz, R. Wensley (Ed.), *Handbook of marketing*, London, Sage, 66-82, 2002.

– M. Zollinger, E. Lamarque, *Marketing et stratégie de la banque*, 4e édition, Paris, Dunod, 2004.

qui seront traitées, dès que les sens auront été activés. L'attention joue un rôle de filtre qui contrôle la quantité et la nature de l'information reçue par les individus. Ce filtre vise en premier lieu à protéger le consommateur d'une overdose d'informations, notamment face au développement important de la publicité. Ce filtre constitue en deuxième lieu une aide dans le processus de décision en sélectionnant très rapidement les informations susceptibles de l'aider à régler ses problèmes de consommateur. Enfin, l'attention est encore une aide au consommateur dans la mesure où par la sélection ou la déformation de l'information, elle permet de le conforter dans les croyances, l'expérience et l'attitude qu'il a formées préalablement sur les produits et les marques (Lendrevie et Brochand, 2001). On peut rapprocher cette définition de celle de l'éveil développée par Scitovsky (1978). Pour ce dernier, l'éveil est un degré d'énergie organique mobilisé qui peut avoir une influence importante sur le comportement. Il a ainsi été démontré que l'élévation du niveau d'éveil augmente l'état d'alerte de l'organisme et fournit un terrain favorable au fonctionnement cérébral de type *stimulus*-réponse. Enfin, la signification correspond au traitement des informations et à la sollicitation de la mémoire.

***89.* La perception et le rôle de la mémoire** – La perception, « *c'est le processus par lequel un individu choisit, organise et interprète des éléments d'information externe pour construire une image cohérente du monde qui l'entoure* » (Berelson et Steiner, 1964). La perception semble être la première cause d'intention d'achat pour les nouveaux produits (Roehrich, 2001). On comprend alors l'extrême prudence des marketeurs lors de la sortie de nouveaux produits. La perception d'une marque ne sera pas la même d'un individu à l'autre. Certains facteurs vont jouer un rôle important dans ce différentiel. Par exemple, parmi les facteurs explicatifs des perceptions générationnelles différenciées, il est nécessaire d'identifier aussi les conséquences d'une scolarisation sans cesse plus massive qui contribue à élever le niveau d'abstraction et d'imagination des générations plus jeunes et plus éduquées. Ainsi, si l'on regarde l'évolution du pourcentage de réussite au bac d'une génération, il était de 1,1 % en 1906, 24,2 % en 1970 et 61, 6 % en 2001 (Tréguer et Segati, 2003).

La perception est également un processus de prise de conscience de l'environnement par les sens. Elle se fonde sur l'activité sensorielle et mobilise la mémoire. On distingue classiquement la mémoire épisodique de la mémoire sémantique. La mémoire épisodique s'appuie sur des faits, des événements. Par exemple, le souvenir d'une publicité pour un adoucissant. La mémoire sémantique repose sur une information plus élaborée. Elle nécessite un investissement supplémentaire de la part de l'individu. Par exemple, il s'agira d'identifier les raisons (forcément personnelles) qui poussent à consommer tel produit ou service. Puisque la mémoire permet au consommateur de reconnaître un certain nombre de produits ou de marques, il peut être intéressant de travailler cette notoriété. La notoriété est la capacité d'un client potentiel d'identifier une marque d'une manière suffisamment détaillée pour la proposer, la choisir ou l'utiliser (Lambin *et alii*, 2005). On peut distinguer plusieurs types de notoriétés. Le premier niveau est la notoriété reconnaissance induite où le client reconnaît la marque et réalise qu'il a besoin de cette catégorie de produits. À un niveau supérieur, la notoriété souvenir implique que le client a besoin de la catégorie de produit et évoque spontanément la marque. Enfin la notoriété de premier rang spontané porte sur la marque citée en premier en notoriété souvenir. Le consommateur accorde plus d'importance aux observations ponctuelles qu'aux informations issues d'une distribution statistique. D'où le recours à la notion d'ensemble évoqué. Pour autant, il existe plusieurs conceptions de l'ensemble évoqué. Pour Howard et Sheth (1969), lors de l'achat, le consommateur est confronté à des marques connues (ensemble connu) ou non connues (ensemble non connu). Au sein de l'ensemble connu, il existe là encore une typologie. L'ensemble inepte regroupe les marques connues mais rejetées. L'ensemble évoqué regroupe les marques envisagées pour l'achat. L'ensemble inerte englobe les marques restantes, ni rejetées, ni retenues pour l'achat bien que connues. Certains travaux, notamment dans l'étude des produits de grande consommation, ont montré que l'ensemble évoqué pouvait comprendre trois ou cinq marques (Jarvis et Wilcox, 1977). Pour d'autres auteurs, l'univers du consommateur est constitué d'ensembles organisés comme une collection de poupées russes. L'ensemble universel représente la totalité des marques existant sur le marché pour n'importe quel consommateur en n'importe quelle circonstance. L'ensemble de connaissance regroupe les marques que le consommateur pense appropriées à son but. L'ensemble de considération est relatif aux marques qui correspondent aux attentes pour une situation particulière. Enfin, l'ensemble de choix regroupe les marques considérées en priorité lors de l'acte d'achat (Shocker *et alii*, 1991).

90. **Une perception sélective, déformante et subjective** – L'individu interprète seulement deux types de *stimuli*: ceux qui attirent son attention en s'imposant par leurs qualités (intensité, différence, etc.) et ceux qui correspondent à un état de tension entraînant une recherche d'informations apte à diminuer cette tension. Les publicitaires redoublent ainsi d'ingéniosité pour attirer l'attention des consommateurs potentiels. Mais la capacité d'attention est limitée et l'information hors attention est perdue. C'est en ce sens qu'il est possible d'admettre que la perception est sélective. De surcroît la perception est déformante. En effet, un *stimulus* remarqué ne sera pas forcément correctement interprété. Par exemple, si un individu possède déjà une opinion sur une marque, il pourra interpréter la nouvelle information dans le sens de cette opinion. Cette accommodation cognitive est d'autant plus marquée que l'information à passer est complexe. Enfin, la perception est subjective. L'importance du risque perçu est reliée à l'importance de l'achat à effectuer, à la personnalité du consommateur et aux conditions dans lesquelles il se trouve. Poussée à l'extrême, la subjectivité peut aboutir à l'inconscient, voire au subliminal ce qui peut être dangereux pour la société. La publicité subliminale est interdite en France selon le classique principe de précaution. Bien qu'elle n'ait pas fait l'objet de publication, l'expérience de James Vicory en 1957, a permis d'expérimenter le caractère subliminal de la publicité. Pendant le déroulement d'un film dans un cinéma local, il a projeté sur l'écran les mots «*Hungry. Eat Popcorn*» et «*Drink Coca-Cola*» pendant 1/300e de seconde. Vicory a répété cette expérience tous les jours pairs pendant une certaine période de temps. À la fin, il a observé une hausse des ventes de popcorn de 18 % et de Coca-Cola de 57 %. Était-ce dû au hasard? D'autres scientifiques ont par la suite tenté de refaire l'expérimentation, mais ils ne sont arrivés à aucun résultat significatif. Un *stimulus* est subliminal lorsqu'il est présenté à une intensité ou à une durée juste inférieure à celle où il serait reconnu dans 50 % des cas (Dixon, 1971). Cette définition implique plusieurs éléments selon Kapferer (1986). D'abord les images subliminales peuvent être reconnues dans 49 % des cas. Ensuite le seuil varie selon les individus (selon l'âge ou l'acuité visuelle par exemple). Enfin, le seuil varie suivant les *stimuli*. Plus le *stimulus* est rare, plus son seuil moyen de reconnaissance sera bas. De manière générale, la publicité subliminale reste pour le moment à l'état de rumeur dans la mesure où rien n'a pu être scientifiquement prouvé.

§ 5. Apprentissage, expérience et implication

91. **L'apprentissage** – Les modifications intervenues dans le comportement d'une personne à la suite de ses expériences passées constituent l'apprentissage. L'essentiel du comportement du consommateur, n'est pas inné et se fait par apprentissage. Cela implique que toute action de consommation soit mémorisée et participe au processus de décision de consommer. L'apprentissage se fait généralement par réponse à un *stimulus*. Les nombreux travaux sur le conditionnement sont à l'origine du conditionnement classique, c'est-à-dire de la répétition de *stimuli* qui se transformeront en action *in fine* (positionnement behavioriste). Par exemple, les musiques de Noël qui sont diffusées dans les magasins incitent les consommateurs à acheter des cadeaux. Dans cette optique, Nord et Peter (1980) ont défini une typologie autour de quatre conditionnements :

– le conditionnement *classique* associe une émotion à un comportement réflexe (la voix de l'acteur Daniel Prévost est associée aux publicités radiophoniques des supermarchés et hypermarchés U) ;

– le conditionnement *instrumental* attribue une récompense après un comportement raisonné (les points signalés sur les gondoles des supermarchés Champion sont enregistrés sur la carte Iris lors du passage en caisse) ;

– le conditionnement peut être *grégaire*, c'est-à-dire que l'on insiste sur les conséquences sociales tout en faisant agir par la pression sociale (utilisation de démonstration ou de dégustation) ;

– enfin le conditionnement *environnemental* implique un comportement dicté par l'environnement lors de l'achat comme par exemple la présence de Publicité sur le lieu de vente (PLV) en magasin.

L'apprentissage peut être latent, c'est-à-dire que le consommateur potentiel peut acquérir de l'expérience de manière passive (lèche-vitrines, entrée dans un magasin sans achat, etc.). Le processus de consommation des enfants commence par cet apprentissage latent : ils n'ont pas d'argent à dépenser, mais observent les habitudes de consommation de la cellule familiale. La dimension répétitive n'est pas obligatoire dans l'apprentissage. L'apprentissage peut se faire par signes. En effet, les caractéristiques distinctives d'un produit envoient au consommateur des signes. Se fondant sur les attentes créées par de tels signes, les consommateurs peuvent essayer plusieurs produits ou magasins dans leur tentative d'atteindre un but donné. Le choix final sera fonction de l'image que les consommateurs en ont. Ce type d'apprentissage par le signe est plus vécu comme un apprentissage perceptuel qu'un conditionnement.

***92.* Vers un marketing expérientiel** – L'expérience découle de l'apprentissage et dans une certaine mesure d'un conditionnement préalable. À partir d'un *stimulus* donné, le consommateur répond d'une façon pré-établie en fonction de ses habitudes et de sa connaissance du produit. Pour Vézina (1999), il est possible de formuler quatre propositions non exhaustives caractérisant l'expérience de consommation. En premier lieu, le consommateur n'est pas que le consommateur. En d'autres termes, la fonction consommation des individus est associée à d'autres rôles (électeur, membre d'une communauté et/ ou d'une famille, etc.). Ces rôles ont un impact sur le comportement de consommateur. En deuxième lieu, le consommateur agit à l'intérieur de situations. Ainsi, on ne peut pas effectuer de généralisations, dans la mesure où les variables situationnelles amènent une certaine dose de contingence. Les consommateurs apparaissent selon cette vision comme relativement insaisissables, ce qui amène à relativiser les résultats obtenus par les chercheurs dans le domaine du comportement du consommateur.

En troisième lieu, le consommateur est à la recherche de sens. Ainsi, le rôle symbolique des produits et des marques jouerait pleinement dans la décision de consommer. Cette observation est d'autant plus marquée que les lunettes de l'observation sont ajustées. La fragmentation des marchés implique de s'intéresser à des groupes plus limités (amateurs de sports extrêmes, gais et lesbiennes, motards, etc.). Enfin en dernier lieu, la consommation ne se limite pas à l'achat. Elle englobe aussi l'entretien du produit acheté, son entreposage, la façon d'en disposer, etc.

Ces éléments ont des conséquences sur la manière d'envisager la relation au consommateur. Les distributeurs notamment tentent de modifier cette relation en apportant de nouvelles expériences (essai du produit) ou des gratifications hédoniques (sur stimulation des sens) (Badot, 2003), sources d'implications potentielles de la part du consommateur. Pour certains auteurs (Hetzel, 2002), le marketing expérientiel, constitue une orientation nouvelle du marketing, tranchant avec les orientations traditionnelles vers l'offre et la demande (Tableau 10).

TABLEAU 10 – LE MARKETING EXPÉRIENTIEL : NOUVELLE ORIENTATION DU MARKETING

Entreprise «market driven»	**Entreprise «product driven»**	**Entreprise «interaction driven» Marketing expérientiel**
L'entreprise s'adapte à la demande ↓ On effectue des études de marché ↓ On constitue une offre proche de ce qui existe déjà sur le marché ↓ Le design répond à un cahier des charges très précis ; il est contraint par les études préalables : il est centré sur le sujet	L'entreprise impose une offre ↓ C'est au consommateur de donner du sens à ce qu'on lui met à disposition ↓ On constitue une offre qui «révolutionne» le marché ↓ Le design a pour rôle essentiel d'innover ; il a une grande liberté pour le faire : il est centré sur l'objet	L'entreprise interroge la société ↓ Elle définit une attente universelle ↓ Elle propose une offre qui «révolutionne» le marché mais qui correspond à une attente universelle ↓ Le marketing a pour rôle d'innover en injectant de l'intelligence dans l'offre. Il est centré sur l'interaction sujet/objet

Source : Hetzel, 2002.

93. **L'implication, évolution interactive de l'apprentissage** – «*L'implication est un état non observable de motivation d'excitation ou d'intérêt, créé par un objet ou une situation spécifique et qui entraîne certaines formes de recherche de produits, de traitement de l'information et de prise de décision*» (Houston et Rotschild, 1978). Ainsi, il est désormais devenu courant de trouver des distributeurs ou des producteurs qui utilisent des moyens dérivés pour entrer en contact avec le consommateur sans pour autant entrer dès le départ dans une relation commerciale. L'évolution du comportement des consommateurs peut amener à développer de nouveaux services comme les loisirs créatifs. C'est le résultat de la conjugaison entre la notion de pièce unique et l'appropriation des objets. Cela se traduit par des ateliers de création chez Thierry Mugler, des cours de tricot sur le stand Phildar au Lafayette VO à Paris ou des ateliers de bijoux fantaisie ou de *scrapbooking* (art de mettre en scène des photos) chez Truffaut[8].

8. « La nouvelle manne des loisirs créatifs », *Les Échos*, 21 février 2005.

Section 2
Les variables explicatives sociologiques et psychosociologiques

94. La sociologie est l'étude des phénomènes sociaux humains. La psychosociologie est une science sociale, qui prend l'homme pour objet d'étude en tant qu'être inséré dans un système de relations interindividuelles et sociales. Elle est une discipline charnière entre la psychologie et la sociologie née d'une insatisfaction théorique et pratique: celle de la distinction entre l'influence du collectif et du système rationnel individuel. Selon elle, la dimension psychique et la dimension sociale ne peuvent être dissociées si l'on veut rendre compte de l'intégralité des conduites humaines. Ces deux disciplines sont à l'origine d'apports importants pour expliquer le comportement du consommateur. Ces variables sociologiques et psychosociologiques se retrouvent à travers l'influence du groupe, des classes sociales, de la famille et de la culture.

§ 1. L'influence du groupe sur le comportement de ses membres

95. **Groupes d'appartenance, groupes de référence et leader d'opinion** – Les groupes d'appartenance et de référence auxquels appartient un individu sont ceux qui exercent une influence sur ses attitudes ou sur ses comportements. Lorsque l'individu entretient des relations directes avec les autres membres du groupe, on parle de groupe d'appartenance. Dans les groupes de référence, les individus ne se connaissent pas forcément, mais exercent une influence réciproque sur les comportements et les attitudes de chacun (Darpy et Volle, 2003). Si le groupe a une influence, celle-ci peut être dynamisée par un leader de groupe (Katz et Lazarsfeld, 1955). Le pouvoir de ce dernier peut être fondé sur trois situations. En premier lieu, le leader d'opinion possède une aptitude à personnifier les valeurs. La notoriété de certaines personnes (sportifs, artistes, etc.) pousse par exemple les publicitaires à les utiliser. Cela permet de faire émerger le film publicitaire en se différenciant immédiatement des autres annonces. Cela permet aussi de recourir à la projection, en amenant le rêve ou en provoquant le spectacle (Lendrevie et De Baynast, 2004). En deuxième lieu, le leader d'opinion trouve sa légitimité dans son pouvoir d'expertise. Le fait qu'il soit reconnu pour ses compétences le place d'emblée dans une situation de modèle par rapport aux autres individus demandeurs d'informations. La publicité n'hésitera pas à faire intervenir dans un spot pour un produit diététique un ou une spécialiste inconnu(e) (généralement acteur ou actrice) dont la fonction est d'expliquer qu'en tant que nutritionniste, il ou elle recommande le produit. Enfin, le leader d'opinion peut avoir une position particulière dans un réseau de communication dans un groupe. Il trouve sa légitimité dans sa capacité à réunir et fédérer les personnalités parfois très différentes au sein de son groupe.

***96.* Identifier les leaders d'opinion pour accélérer le bouche à oreille** – Pour un marketeur, le but est de convaincre en premier lieu les leaders d'opinion, ce qui permet de toucher un plus grand nombre d'individus. Pour Le Nagard et Manceau (2005), plusieurs méthodes peuvent permettre d'identifier les leaders d'opinion et de mesurer leur capacité d'influence. En premier lieu, cela peut consister à demander à des consommateurs de désigner qui a influencé leur choix. Cela peut également consister à mesurer dans un milieu donné, quels individus paraissent les plus influents. Compte tenu de la difficulté de mise en œuvre de ces deux propositions, une troisième méthode issue des travaux de Ben Miled et Le Louarn (1994) consiste à interroger les individus sur leur auto perception de leur influence sur leur entourage (Encadré 7).

Encadré 7 – Échelle de mesure du leadership d'opinion : application aux téléphones portables
(Source : adapté de Ben Miled et Le Louarn, 1994).

1 – Je parle très souvent à mes amis et mes voisins de téléphones portables ;
2 – Quand je parle à mes voisins et mes amis de téléphones portables, je leur donne beaucoup d'information ;
3 – Durant les six derniers mois, j'ai parlé à un grand nombre de personnes de téléphone portable ;
4 – Dans une discussion concernant les téléphones portables, le plus probable serait que je parvienne à convaincre mes amis de mes idées ;
5 – Mes amis et mes voisins me considèrent comme étant de bon conseil en ce qui concerne les téléphones portables.

L'illusion de la spontanéité peut permettre de développer le bouche-à-oreille. Celui-ci est aujourd'hui créateur de valeur. Il ne s'agit pas de passer systématiquement par des personnalités connues, mais de détecter les individus situés dans des nœuds de réseau afin qu'ils touchent un maximum de consommateurs plutôt attentifs et non rétifs[9]. Le leader d'opinion a encore plus de poids sur Internet car le bouche-à-oreille est plus efficace compte tenu de la rapidité de la circulation de l'information. Par ailleurs le net voit apparaître de nouvelles techniques de communications interpersonnelles : film viral, carte e-mail, faux sites personnels, etc. L'agrégation de toutes les communications interpersonnelles ayant pour sujet une marque un produit, un service à tout endroit et à tout moment peut être qualifiée de *buzz marketing* (Rosen, 2000). Ce dernier est un fait sociologique important dans la mesure où il va conditionner certains comportements de consommation. Pourtant comme le soulignent Strambouli et Briones (2002), il convient d'être très prudent car le risque est réel de voir un *buzz* négatif se déclencher et se propager à une vitesse impressionnante. Si cette hypothèse se vérifiait, la marque aurait du mal à s'en remettre.

9. « De l'art de confier son marketing aux clients », *Les Échos*, 18 mai 2004.

§ 2. Les classes sociales

97. Les classes sociales correspondent à des groupes relativement homogènes sur le plan, du revenu, de la formation, de la profession et du lieu de résidence. Elles sont mesurées grâce à un faisceau d'indicateurs comme la profession, le revenu, le patrimoine, la zone d'habitat et le niveau d'instruction. La profession apparaît pour certains sociologues comme l'élément principal de la classe sociale, notamment si l'on considère la sociabilité au travail (Halbwachs, 1938), ou les différences en termes d'encadrement (Weber, 1921). D'autres sociologues estiment qu'il faut introduire des éléments supplémentaires pour posséder une vision juste de la classe sociale. Des travaux portant sur le prestige et la considération (Pinçon et Pinçon-Charlot, 2003) ou sur le volume de capital économique et culturel (Bourdieu, 1979) vont dans ce sens. Depuis quelques années, certains auteurs en Angleterre (Giddens et Blair, 1998) et en Allemagne (Beck, 1989), annoncent l'abandon de la classe sociale comme élément pertinent des variables sociologiques. Nées des théories marxistes, les classes sociales auraient des difficultés à rester pertinentes dans nos sociétés changeantes. En réaction à ces écrits, d'autres auteurs affirment le contraire car les inégalités apparaissent marquées et il existe des conditions de vie de groupes sociaux repérables (Chauvel, 2001 ; Chopart et Martin, 2004). Ces débats sont particulièrement disputés dans la mesure où la classe sociale peut impliquer un comportement de consommation. En effet, certains modes de consommation se réfèrent à une position sociale. En réalité certains produits sont plus réceptifs que d'autres à ce type de comportement (automobiles par exemple). Lévy a été l'un des premiers à étudier les effets profonds de la stratification sociale sur le comportement de consommation (Lévy, 1966). Ces comportements de consommation liés à la classe sociale peuvent être illustrés par une consommation ostentatoire. La consommation ostentatoire, c'est l'achat d'un signal social afin d'être assimilé à un certain groupe social ou d'accéder à un groupe plus élevé. Néanmoins, il convient de veiller à ce que la consommation ostentatoire ne devienne pas dominante où la finalité serait la démonstration de la richesse ou du statut social. Outre l'aspect immoral que cette situation peut constituer, il peut s'installer un véritable déséquilibre dans la consommation, illustré par un trop grand fossé entre la situation réelle et la situation désirée par les consommateurs potentiels. Pour contourner le problème de l'ostentation, les marketeurs utilisent fréquemment la notion de *standing*.

§ 3. La famille

***98.* Une modélisation de la consommation familiale** – La cellule familiale met en évidence le fait que les comportements diffèrent suivant l'âge, le mariage et le nombre d'enfants. En effet chaque période de la vie est caractérisée par une activité sociale spécifique impliquant un type de consommation particulier. Les travaux de Gilly et Enis (1982), ont permis de préciser et d'approfondir les critères à prendre en considération dans le cadre du cycle de vie familial. La position au sein du cycle a non seulement des incidences en termes d'allocation budgétaire, mais également de facteurs psychologiques. Les célibataires sont par exemple plus enclins à prendre des risques lors de leurs achats. Selon Ladwein (2003), l'individu passe tout au long de sa vie par des stades différents et connaît des situations familiales changeantes. L'évolution des mœurs a pour conséquence de voir apparaître des trajectoires de vie différentes et complexes. L'individu ne suit plus systématiquement un cheminement linéaire. Le départ tardif du domicile des parents, le développement des foyers recomposés et le célibat sont autant d'éléments susceptibles de modifier le cycle de vie familial traditionnellement envisagé (Figure 18).

Figure 18 – Le cycle de vie familial

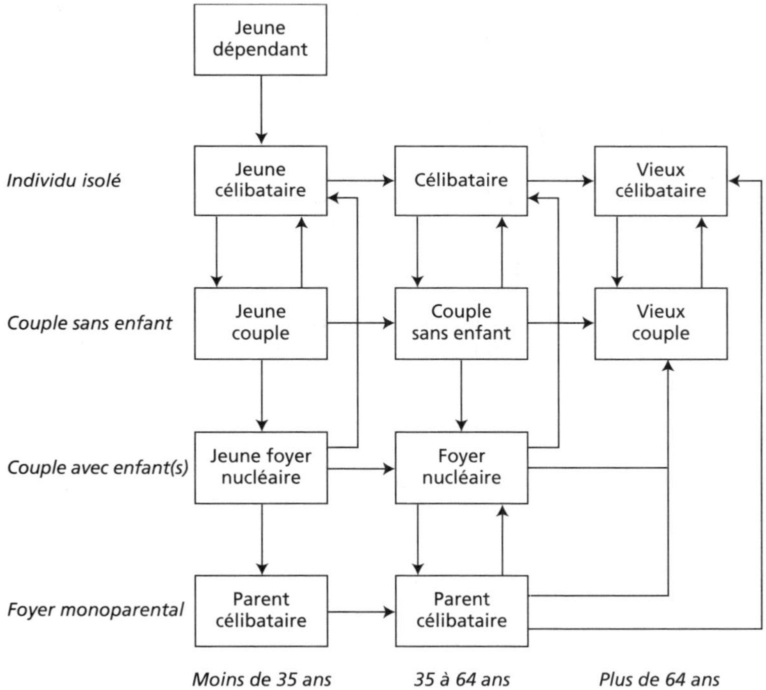

Source : Ladwein, 2003.

***99.* Le rôle des enfants dans le processus d'achat familial** – Les enfants sont des acteurs importants du processus de décision familial, non seulement en ce qui concerne la manière d'appréhender le processus de décision d'achat, mais également en ce qui concerne la nature de la dépense[10]. Les filles ont encore une plus forte influence. Dans la mesure où l'on assiste à une augmentation du nombre de familles monoparentales, il semble que l'influence paternelle dans la décision d'achat, soit

10. « La mère ou l'enfant : qui décide ? », *Le Monde*, 18 janvier 2006.

de plus en plus minorée (Kwai-Choi Lee, Collins, 2000). La délimitation de l'enfance est subjective (Amine, 1999). Si la majorité des écrits font commencer la consommation à l'âge de 7 ans, la fin de l'enfance reste variable : 12 ans pour Brée (1993), 15 ans pour Piaget (1945). Chastellier (2003) distingue quatre périodes relatives à l'âge et au comportement du consommateur : le kid marketing, le badge marketing, le pur marketing et l'underground marketing (encadré 8).

Encadré 8 – Typologie de marketing jeune
(Source : D'après Chastellier, 2003).

Le kid marketing (8-11 ans) : Le point commun entre les enfants est l'aspiration ascensionnelle. Les enfants sont attirés par ce qui concerne la tranche d'âge supérieure. D'où des produits « maternants » (pour les petits), des produits « émotionnels » et des produits « émancipateurs » pour les plus grands.

Le badge marketing (11-14 ans) : Les envies infantiles se superposent à des aspirations plus adultes. On peut voir émerger des produits spécifiques faisant progressivement le lien entre l'enfance et le monde adulte (exemple : maquillage « bonbon »).

Le pur marketing (14-18 ans) : C'est une tranche d'âge qui consomme réellement car dispose d'un pouvoir d'achat. C'est aussi la période d'approfondissement des centres d'intérêt. Les éléments de socialisation comme la musique, le cinéma, les médias sont autant de sources potentielles de consommation.

L'underground marketing (18-24 ans) : Le pouvoir d'achat de cette classe est encore plus important. Pourtant, si cette classe évolue naturellement dans le monde la consommation, il n'en demeure pas moins qu'un brouillage existe, notamment à cause d'un vagabondage affectif, idéologique et professionnel. Cela implique de construire une relation qui tienne compte d'une subversion devenue réflexe et de l'existence de sous cultures.

Les premières générations à avoir grandi avec la télévision ont aujourd'hui trente voire quarante ans. Il est intéressant de noter qu'il existe une nostalgie de ces consommateurs pour cette période. Cette nostalgie se traduit par le passage au statut d'icônes de personnages d'émissions télévisées enfantine de l'époque (Casimir, Barbapapas, etc.), par le retour en vogue de marques d'habillement de l'époque (Petit-bateau, Kickers, etc.), ou par un retour en force d'éléments de la vie quotidienne de l'époque dans les nouveaux produits d'aujourd'hui (nouvelle mini cooper dans l'automobile, décoration, vêtements, etc.). Analysée par certains comme une régression ou par une difficulté à appréhender le monde adulte, ce phénomène est systématiquement repris, notamment dans les campagnes de communication à destination de cette cible « adulescente » (Maillet, 2005).

***100.* Le genre dans le comportement d'achat familial** – Le stéréotype qui peut apparaître machiste dans le comportement d'achat familial, accorde au mari les décisions importantes et à la femme, les décisions secondaires. Si cette présentation n'est aujourd'hui plus d'actualité, elle l'a été dans une société où rappelons-le, les femmes n'ont obtenu le droit de vote qu'en 1949. Traditionnellement, l'homme a un rôle instrumental (ressources, rationalité, etc.) et la femme a un rôle expressif (choix, culture, etc.). Les travaux d'Alexander ont montré que des différences observées entre hommes et femmes pouvaient avoir des implications directes dans la manière d'aborder le marketing (1947). Ainsi, par exemple les hommes auraient en moyenne un temps de réaction plus court que les femmes face à une information. L'implication directe est de concevoir des démonstrations ou des spots de publicité plus longs pour les femmes. Par contre les femmes seraient plus promptes à saisir un message complexe et également plus difficiles à convaincre. Ces travaux semblent toujours d'actualité, même si l'évolution de la société change les comportements. Par exemple, l'appréhension des hommes par la marque semble aujourd'hui complexe. Les stéréotypes deviennent moins marqués (les valeurs se féminisent, les hommes s'autonomisent, etc.)[11]. Cela ne signifie pas qu'il faille renoncer à la distinction entre hommes et femmes dans le marketing. La différenciation entre hommes et femmes est plus que nécessaire et la focalisation sur le foyer n'est pas une solution[12].

§ 4. Les variables culturelles

***101.* Des facteurs écologiques pour introduire les caractéristiques de la culture** – La culture, c'est la manière structurée de penser, de sentir et de réagir d'un groupe humain surtout acquise et transmise par des symboles et qui représente son identité spécifique. Pour Clark (1990), certains facteurs écologiques impliquent les caractéristiques de la culture qui impliquent elles-mêmes les caractéristiques des consommateurs.

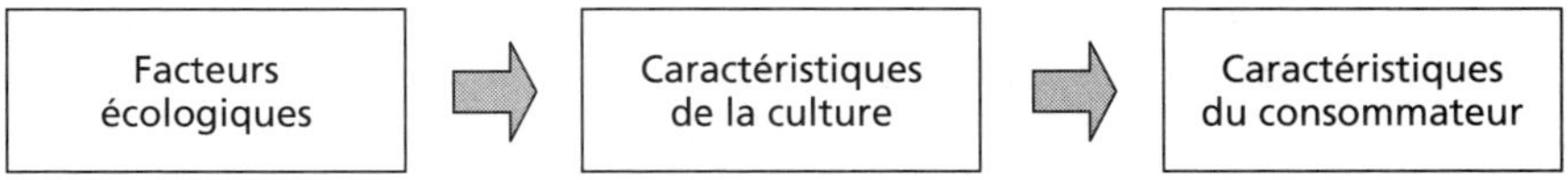

Les facteurs écologiques peuvent être de nature géographique (le climat différent fait que l'on ne s'habille pas de la même manière dans le nord et dans le sud de la France), économique (le rapport à l'argent n'est pas forcément le même suivant les individus), démographique (une société vieillissante n'aura pas les mêmes valeurs et attentes sociales qu'une société où il existe une majorité d'individu de moins de 30 ans). Les facteurs écologiques peuvent également avoir pour origine des éléments génétiques ou hygiéniques (les dispositifs de lutte contre le tabagisme dans les lieux publics en Italie et aux États-Unis ont des incidences sur la consommation), historiques (depuis Anne de Bretagne, les autoroutes bretonnes sont gratuites), technologiques (la croissance du taux de ménages connectés à Internet augmente le chiffre d'affaires de la vente à distance). Enfin, les facteurs écologiques peuvent aussi être liés à l'urbanisation. Les relations entre les individus et la nature du consommateur s'en trouvent modifiés.

11. « L'univers des hommes scruté à la loupe », *Les Échos*, 9 juin 2005.

12. « La différenciation des sexes est de retour », *Les Échos*, 14 et 15 avril, 2006.

102. **Les caractéristiques de la culture pour expliquer les caractéristiques du consommateur** – Le premier élément déterminant tient à la culture matérielle. Le niveau de technologie peut expliquer le niveau et la nature de la consommation. De même l'existence de structures économiques fiables peut entraîner la consommation dans un cercle vertueux. Le rêve américain est fondé sur une culture de la liberté d'entreprendre. La deuxième caractéristique culturelle porte sur les institutions sociales, c'est-à-dire sur les organisations sociales, le système d'éducation et le système politique. En la matière, la spécificité française se démarque fortement de l'organisation anglo-saxonne, même si on peut constater depuis l'Union Européenne des tentatives de rapprochement des systèmes dues à l'harmonisation. Le système de valeur constitue une troisième variable culturelle. Le marché américain constitue en la matière une spécificité : pour toucher les consommateurs, il convient de respecter certaines règles. Ainsi, afin d'accélérer le processus d'achat de renouvellement, les entreprises doivent donner aux clients les raisons de ne pas patienter. La marque Dyson, au niveau des aspirateurs fonde son discours sur la technique et l'absence de perte d'aspiration. Cette différenciation se fait sur le registre de l'innovation avec un degré de personnification poussé, autour du fondateur de la marque James Dyson, lui-même inventeur. Ce culte de l'inventeur est particulièrement bien venu sur le marché américain car les consommateurs américains sont très friands d'histoires pouvant rappeler le rêve américain[13]. On peut également illustrer la notion de valeur en utilisant les valeurs du sport, signe de l'évolution de la société, qui sont présentes partout, y compris au niveau de la mode. On assiste à une « sportisation » des marques de prêt-à-porter et à une « prêt-à-portisation » des marques de sport. On peut s'en rendre compte en effectuant des enquêtes auprès du public[14]. Selon une étude de l'institut TNS Sport, une cartographie de la population française de 2005 montre l'existence de plusieurs groupes sur deux axes : l'un opposant l'assiduité à l'indifférence, le second opposant la pratique à la non pratique sportive (Figure 19). Les plus nombreux sont les « homéosportifs », pratiquant le sport à dose homéopathique : quarante-six ans en moyenne, plutôt féminine, entretient sa silhouette. Les « dream team » regroupent les personnes les plus assidues au sport. Guidés par le plaisir, âgés de trente-neuf ans en moyenne, plutôt masculins, urbains et CSP+, ils misent sur la qualité et sur l'image de marque. Pour les « prime time », plutôt jeunes seniors, le sport est un divertissement : ils communiquent avec la nature à travers la pratique de la chasse, de la pêche ou du golf.

Les systèmes esthétiques constituent une quatrième variable culturelle. Les arts plastiques et graphiques, le folklore, la musique, la danse, le théâtre… sont

13. « Dyson se rêve en marque high-tech », *Les Échos*, 18 avril 2005.

14. « Le sport, nouveau vecteur marketing », *Les Échos*, 13 juin 2005.

autant de moyens d'expression qui sont revendiqués et défendus. Cette variable culturelle peut déboucher sur le « marketing de l'authentique » (Cova, 2006)[15]. Enfin, la langue constitue le dernier élément culturel, mais probablement le plus évident. Les variables culturelles influent donc sur les caractéristiques du consommateur, notamment dans la relation de l'individu avec l'autorité, dans la relation avec le moi (impulsion), dans la relation avec le risque (tradition) et dans la propension à accepter le changement.

Figure 19 – La carte des « sport attitudes »

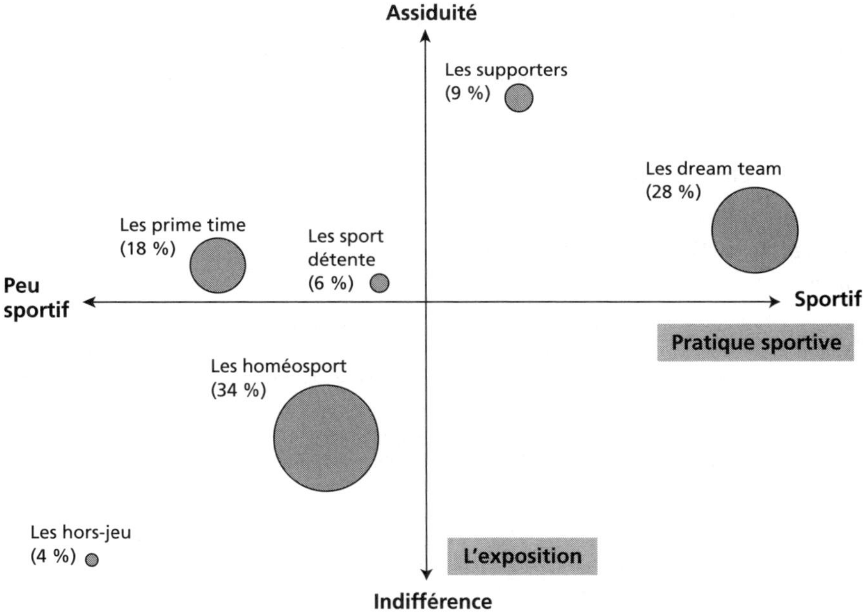

Source : TNS Sport.

Deux exemples peuvent aider à comprendre l'importance de la culture dans le comportement du consommateur. D'abord, il n'est pas possible d'imposer une marque, un produit sans que celle ou celui-ci ne se soit préalablement confronté(e) aux variables culturelles de la cible. Par contre, la globalisation est plus axée sur l'objectif d'exploiter une bonne idée à l'échelle mondiale que simplement le souci de réaliser des économies d'échelle par la standardisation (Quelch et Hoff, 1986). Les différences culturelles et l'évolution du traitement de l'information dans le monde moderne expliquent probablement qu'aujourd'hui le « *made in* » fasse de

---

15. *« Le marketing de l'authentique s'appuie sur la quête d'authenticité du consommateur pour retraduire dans le monde actuel les produits et services d'autrefois. Il s'agit d'innover en maintenant le lien à saveur fortement nostalgique avec le passé, réel ou imaginé, du consommateur, de la société, de la marque… ».*

moins en moins recette. Le second exemple concerne l'Europe. Il existe une réelle difficulté pour les marques à appréhender le marché européen. La raison tient au fait que l'entité européenne possède un déficit identitaire, contrairement aux identités nationales. Les marques s'emparent donc de ces identités nationales en mutation en contournant les clichés convenus. Les campagnes de publicité pour la vodka Absolut en constituent un exemple[16].

***103.* Le marketing tribal, lien entre culture et groupe** – Les travaux des sociologues sur les tribus sont à l'origine de ces développements (Maffesoli, 1988). Ils partent du principe que les individus ne consomment pas seuls, mais dans un cadre communautaire familier. «*Le marketing tribal prend pour unité d'analyse et de ciblage des tribus qui consomment, c'est-à-dire des regroupements d'individus hétérogènes mais liés par une même passion ou émotion et capables d'actions collectives bien qu'éphémères*» (Cova, 2003 ; 2006). L'adaptation des pratiques marketing implique non seulement un discours moins commercial avec ces tribus, mais aussi une autre forme de fidélisation (Encadré 9).

Encadré 9 – Ducati : un exemple de marketing tribal
(Source : Cova, 2006).

«Nous ne parlons pas de clients, mais de fans. Et en termes de marketing, qui est le fan type de Ducati ? Au début, je voulais effectuer une segmentation de la clientèle, mais ce n'était pas possible : l'éventail des profils va du client fortuné qui expose sa Ducati dans le séjour au simple ouvrier qui économise petit à petit pour s'acheter la moto de ses rêves. C'est pourquoi je parle plutôt de la tribu Ducati. On entend par tribu, un groupe de personnes ayant quelque chose en commun. Au centre de la tribu, se trouve le totem, la Ducati. Cela dit le produit ne définit pas la tribu, il sert de lien identitaire entre les différents membres de cette tribu». Ainsi s'exprime Fédérico Minoli, PDG de Ducati. Créée il y a 75 ans, Ducati était quasiment en faillite quand elle a été reprise en main par Fédérico Minoli en 1996 pour le compte de TPG, un investisseur anglo-saxon. Depuis, cet ancien de McKinsey a fait grimper la production de motos Ducati de 12 000 exemplaires en 1996 à plus de 40 000 de nos jours. Ducati emploi aujourd'hui 1 200 personnes. Minoli a donc tout misé sur la tribu, en nommant d'entrée non un marketing manager, mais un *tribe director*, responsable aujourd'hui d'un groupe de 30 personnes. En effet, sans possibilité de faire de la communication grand public, trop chère, Ducati a misé sur le tam tam de la tribu qu'est le site web (www.ducati.com) pour se relancer et sur un ensemble d'événements (comme les *ducati weekends*) permettant de construire une tribu virtuelle (2 millions de visiteurs sur le site) autour d'une tribu réelle beaucoup plus restreinte (200 000 Ducati en circulation aujourd'hui dans le monde, soit 200 000 clients maximum). Pour Minoli en effet «ce sont les membres de la tribu qui font le travail. C'est cela qui est génial. Je vous donne un exemple : récemment un grand reportage nous était consacré à la une de l'édition du week-end du Daily Telegraph. Il s'agissait de la participation d'une Ducati à un rallye de vieilles motos. En termes de relations publiques, c'était pour nous quelque chose de formidable. D'autant plus que nous n'avions ni l'argent, ni le poids médiatique nécessaire pour déterminer la place que ce genre d'histoire pourrait avoir dans un journal. Mais notre article est paru en première page parce que le journaliste faisait partie de la tribu Ducati». Les passionnés de Ducati, ce sont aujourd'hui 600 clubs dans le monde (pour 40 il y a cinq ans) qui sont tous très différents (...).

---

16. « Des marques européennes sans contour », *Les Échos*, 14 avril 2005. Également « Marketing de l'Europe : le mauvais exemple », *Marketing Magazine*, 102, mars 2006.

Section 3
Des variables aléatoires : ressources de l'acheteur et situation

Certaines variables ont une incidence sur le comportement du consommateur, mais ne peuvent être catégorisées ni dans des variables individuelles, ni dans des variables sociologiques et psychologiques. Leur côté aléatoire les rassemble. Des auteurs comme Bass, avancent une nature fondamentalement aléatoire du comportement du consommateur et réfutent les modèles déterministes. Il existerait en effet la possibilité de l'existence d'un élément aléatoire du cerveau du consommateur (Bass, 1974 ; 1980). Seront successivement abordés dans cette section, les ressources de l'acheteur, les variables situationnelles lors de l'achat et le processus de décision d'achat résultant de ces variables.

§ 1. Les ressources de l'acheteur

104. **le niveau des ressources de l'acheteur** – Les variables individuelles, et les variables sociologiques et psychosociologiques ont une influence sur le comportement du consommateur. D'autres éléments jouent également un rôle. Les ressources dont disposent les consommateurs ont bien évidemment une influence sur leur comportement et la force de vente dispose parfois de peu de temps pour effectuer un diagnostic sur les ressources financières potentiellement mobilisables (Encadré 10). Les ressources financières influencent toutes les variables du marketing mix. Après le type de produit, la fourchette de prix est très souvent l'une des premières questions qu'un vendeur pose à un consommateur potentiel.

Encadré 10 – Le diagnostic client pour Bourse Esprit Ecureuil
(*Source : Groupe Caisse d'Epargne et www.caisse-epargne.fr).*

Bourse « Esprit Ecureuil », lancé en 2005, permet de répondre aux besoins d'épargne des investisseurs débutants qui souhaitent accéder à la performance des marchés financiers.

L'innovation de cette offre repose sur une approche unique du client, qui, au travers de deux étapes, permet au gestionnaire de clientèle de lui proposer une allocation d'actifs personnalisée, en fonction de son profil et de ses besoins, associée à trois services sécurisants. Sa mise en œuvre passe par un diagnostic client effectué au cours d'un entretien de trois quarts d'heure maximum. Il est conçu à partir d'un questionnaire de découverte du client, il permet d'identifier ses capacités d'épargne, son horizon de placement, ses besoins de liquidité et son appétence au risque. Ce bilan épargne est réalisé au travers de 9 questions portant sur :
– le type de placement dont dispose le client ;
– le montant des placements actuels ;
– la répartition de ces montants ;
– la somme prête à être investie sur des placements ;
– la nature du financement investi (origine des fonds) ;
– la durée sur laquelle le client est prêt à s'engager ;
– les liquidités souhaitées en fonction du placement ;

– le poids du placement par rapport au patrimoine financier global ;
– le positionnement du client par rapport à la sécurité du capital et la probabilité de gain (échelle de valeur).

Le temps disponible est également une ressource importante dans l'acte d'achat (Jacoby, Szybillo et Berning, 1976). Si le temps est limité, la recherche d'information pourra être tronquée et l'expertise (souvent le vendeur) sera probablement sollicitée par l'acheteur potentiel. Enfin, il convient d'adopter une attitude professionnelle quant au diagnostic de ce que recherche le client. Tout le monde a en tête la scène du film *Pretty Woman* où Vivian (Julia Roberts), une prostituée des grands boulevards, tente d'acheter une robe de soirée à Beverly Hills dans une boutique de luxe. Compte tenu de l'allure de la consommatrice potentielle (elle porte une tenue suggestive liée à sa profession), la vendeuse lui fait comprendre que les vêtements vendus dans la boutique sont trop chers pour elle. L'habit fait le moine. La vendeuse a indirectement refusé de servir une cliente sur un jugement lié à l'apparence (Vivian pouvait pourtant régler…). Les ressources financières de l'acheteur ne sont donc pas forcément visibles au premier coup d'œil. Pour un même achat, des situations différentes peuvent amener par ailleurs des conséquences également différentes.

§ 2. Les variables situationnelles

105. Les travaux sur la perception ont débouché sur la certitude que la situation a des implications sur l'achat. La situation est «*un ensemble de facteurs liés à un moment et à un endroit donnés qui, sans trouver leur origine dans les caractéristiques stables des personnes ou des produits, exerce une influence manifeste sur le comportement*». Cette définition de Belk (1975), introduit le marketing situationnel fondé sur l'environnement physique (espace, lumière, température, bruit), l'environnement social (présence ou absence d'autrui), la perspective temporelle (moment de la journée, saison, temps écoulé depuis le dernier achat), les états antécédents du consommateur (humeur du moment) et le contexte du «rôle» à accomplir (voyage d'affaires, vacances, etc.).

106. **États antérieurs du consommateur et environnement physique** – Les états antérieurs du consommateur représentent essentiellement l'humeur (anxiété, excitation, etc.) et les conditions du moment (fatigue, maladie, argent disponible, etc.). L'environnement physique est multiple. On peut citer, la localisation géographique, le décor, le son[17], les odeurs, l'éclairage, la température, la configuration des produits, etc. Partant du principe que les *stimuli* sensoriels liés à l'atmosphère du point de vente peuvent affecter le comportement du consommateur, certains distributeurs cherchent à valoriser l'expérience vécue par le chaland, en lui faisant éprouver différentes sensations. Des magasins comme Nature et découvertes mettent en pratique ce constat en créant une atmosphère en adéquation avec

17. « Les marques font vibrer leur fibre musicale », *Les Échos*, 17 janvier 2005.

l'image voulue de l'enseigne. Les sons (écoulement d'eau, bruissement des arbres, chant des oiseaux, etc.), les odeurs (parfums correspondant à des univers différents), les décors, sont autant de *stimuli* qui sont sensés dépayser complètement le client potentiel. Ceci est d'autant plus vrai que la plupart de ces magasins sont situés dans des milieux fortement urbanisés donc déconnectés de la nature. Certains travaux montrent que la diversité des réactions affectives peut avoir des conséquences directes sur la perception que les consommateurs ont des enseignes. Certains travaux ont montré au moyen d'une analyse factorielle des correspondances la position de quelques enseignes par rapport à six dimensions d'affects (oppression, détente, nervosité, plaisir, évasion, plénitude) (Lichtlé et Plichon, 2005). De plus, sachant que les *stimuli* sensoriels liés à l'atmosphère du point de vente peuvent affecter le comportement du consommateur, certains distributeurs n'hésitent pas à rechercher le *stimulus ad hoc* afin de « valoriser l'expérience vécue ». Cette atmosphère peut constituer une variable stratégique commerciale à part entière (Lemoine, 2005).

***107.* Perspective temporelle, environnement social et rôles** – La perspective temporelle peut être spécifiée par unité de temps (période de la journée, saison, etc.). Elle peut également être spécifiée par rapport à un événement passé ou futur (temps écoulé depuis le dernier achat, etc.). De manière générale, une disponibilité de temps faible aboutit à deux effets : des changements de marque plus fréquents et des achats non planifiés. L'environnement social regroupe un certain nombre de faits. Par exemple, on peut être en absence ou présence de tierces personnes. S'il y a présence effective, alors, il sera intéressant de connaître les caractéristiques de ces personnes (famille, amis, etc.). Il pourra en outre être nécessaire de savoir quelles interactions existent entre les personnes, notamment sur l'influence de la décision d'achat. L'objectif d'un achat altère le processus de décision. Le rôle que le consommateur potentiel s'est donné avant l'acte d'achat conditionnera le bon déroulement du processus de décision. Ce rôle sera fonction des caractéristiques de la solution. Il se peut que le consommateur ait envisagé un type de réaction face à différents *scenarii*. Par exemple, il tentera de négocier jusqu'à obtenir une offre qui lui convienne. Le rôle sera également fonction des caractéristiques des informations. Le consommateur peut très bien ne faire le déplacement que pour obtenir des informations sur le ou les produits souhaités. L'aspect temporel de la décision a également une influence sur le processus. Un achat en urgence éludera probablement un certain nombre d'étapes. Enfin, la nécessité de coopérer avec d'autres (deux ou plusieurs décideurs) modifie sans nul doute le rôle du consommateur potentiel dans l'acte d'achat. Ainsi, l'acte de consommation n'a sans nul doute pas les mêmes conséquences s'il s'effectue seul ou accompagné. L'influence de l'accompagnant est non seulement directe sur la prise de décision, mais elle peut également être indirecte dans le cadre d'expérience partagée. C'est notamment le cas dans les lieux de loisirs (Debénédetti, 2003). Par exemple une même expérience (fréquentation d'un lieu touristique par exemple) peut avoir des effets différents suivant que l'on est seul ou accompagné.

***108.* Le marketing situationnel pour expliquer l'inexplicable ?** – Mais il faut relativiser l'impact de la situation sur l'achat et la consommation. Pour Dubois (1990), trois éléments sont à signaler. D'une part, l'impact isolé des facteurs de situation reste limité bien que non négligeable. D'autre part, l'influence situationnelle n'a pas la même importance suivant le type de produits considérés. Enfin, Le poids de la situation varie également d'un individu à l'autre. Par ailleurs, la difficulté à catégoriser un consommateur dans des cases préalablement définies ne veut pas forcément dire que le consommateur est devenu irrationnel. Le consommateur est caméléon, ce qui oblige à réexaminer les modes d'approche et les méthodes. Bernard Dubois (1996), estime avec un brin de provocation que l'émergence de ce consommateur caméléon prononce la faillite du portrait-robot socio-démographique, remet en cause l'approche des styles de vie, et contraint à admettre que les différences inter-individuelles (différences de comportement entre deux consommateurs dans la même situation), sont peut être moins importantes que les différences interindividuelles (au sein d'un même individu évoluant d'une circonstance à une autre). Ainsi, le temps où les marketeurs mettaient l'accent sur les caractéristiques des produits ou sur celles des clients-cibles, traditionnelles sources d'inspiration de l'expression commerciale, est dépassé. La mise en scène des circonstances dans lesquelles les clients rencontrent les produits est devenue incontournable. C'est le développement du marketing situationnel. Des études qualitatives révèlent que pour la plupart des produits et des services, il existe un nombre limité de situations dans lesquelles la demande se reconnaît, comme le montre l'exemple suivant appliqué à la consommation de bière (Encadré 11).

Encadré 11 – Situations de base : application à la consommation de bière
(D'après Bearden et Woodside, 1976)

Des études ont été menées sur les différentes situations de consommation de bières. Les résultats ont montré sept situations différentes de base :
1 – En recevant des amis
2 – Au restaurant ou au café
3 – En regardant la télévision (notamment le sport)
4 – En pratiquant une activité manuelle
5 – En pique-nique
6 – En travaillant chez soi
7 – En se détendant

Ces inventaires situationnels, issus d'entretiens individuels ou de groupe, sont insérés dans des enquêtes quantitatives où sont mesurées les fréquences d'apparition. D'autres variables situationnelles peuvent interférer dans le processus de décision du consommateur. Le fait qu'il s'agisse d'un achat ponctuel ou exceptionnel, d'un achat groupé ou d'un achat à distance peut suivant les cas, ralentir ou accélérer le processus.

§ 3. Le processus de décision d'achat

109. L'ensemble des variables étudiées dans ce chapitre, influence clairement le consommateur dans sa décision d'achat. Quatre types de comportements d'achat liés au degré d'implication de l'acheteur et à l'étendue des différences entre les marques peuvent être déterminés. Très classiquement, on distingue l'achat complexe, l'achat de diversité, l'achat à risque de dissonance et l'achat routinier (Tableau 11).

TABLEAU 11 – LES DIFFÉRENTS TYPES D'ACHAT

	Niveau d'implication élevé	**Niveau d'implication faible**
Différences significatives entre les marques	Achat complexe Exemple : lecteur MP3	Achat de diversité Exemple : biscuits
Peu de différences entre les marques	Achat à risque de dissonance Exemple : ameublement	Achat routinier Exemple : sel

Source : Leban, 2005.

L'achat complexe implique que le consommateur consacre beaucoup de temps à s'informer sur le produit. Dans ce cas précis, il existe un processus type où l'image influence l'attitude qui elle-même agit sur la décision. Le travail du marketeur sera d'aider le consommateur à recueillir l'information (publicité informative, personnel de vente compétent, bouche à oreille, etc.). Dans la situation d'achat à risque de dissonance, le consommateur est sensible au prix de vente et à la disponibilité du produit. Une fois l'achat effectué, le consommateur compare son expérience à ce qu'il peut percevoir. S'il observe une dissonance, il se justifiera. Le marketeur devra communiquer pour rassurer le consommateur de son choix. Dans le cas de l'achat routinier, la fidélisation est créée par l'habitude et il existe une exposition passive à l'information. Ainsi, le marketeur peut recourir à la promotion ou la publicité simple (théorie de l'apprentissage *stimulus*-réponse). Il peut également valoriser le produit en le personnalisant ou en ajoutant des fonctionnalités. Enfin, en ce qui concerne l'achat de diversité, le consommateur change fréquemment de marque en fonction du moment où de la volonté de diversité. Le marketeur devra si le produit est leader, occuper les linéaires, les approvisionnements et utiliser des rappels publicitaires. Si la marque est secondaire, l'utilisation d'offres spéciales, de rabais, de coupons, d'échantillons, etc. sera préconisée.

Exercice : Alfred et La Walkyrie

Alfred Calculator est un homme d'une soixantaine d'années. Quatre fois divorcé, sans enfant, il occupe le poste de Directeur de la stratégie dans une grande maison de disque à Paris. Cet homme a su se faire une place dans la société (au mépris souvent des règles éthiques et déontologiques), où par crainte on lui a laissé également le fauteuil de Directeur de la programmation classique. Il faut dire qu'Alfred est un passionné de musique classique, surtout de Richard Wagner. Depuis un an son équipement audio marque des signes de fatigue. Rien ne le met plus de mauvaise humeur que de ne pas pouvoir écouter La Walkyrie en revenant du travail. Sans ce palliatif, sa solitude lui pèse. Il décide donc de se renseigner d'abord au magasin Connexion. Là, il demande conseil à un vendeur (Jérémy), en lui expliquant ce qu'il recherchait. Jérémy isole deux produits correspondant à ses attentes :

	Denon DM33	**Sony CMTCP71**
Puissance RMS par canal	22	75
Puissance en watts	3 x 25	2 x 85
Nombre d'enceintes	3	2
Lecteur MP3	Oui	Oui
Lecteur Super Vidéo CD	Non	Non
Prix	479 €	299 €

Après avoir exprimé son inquiétude sur la rapide obsolescence des produits, Alfred s'étonne que ces produits ne soient pas équipés de lecteur super Vidéo CD, très fréquent dans les pays d'Asie du sud est et les pays d'Europe de l'est. Cela le contrarie car il possède un nombre non négligeable de maquettes venant de là-bas, et uniquement lisibles sur des appareils spécialement équipés. Il en possède d'ailleurs un au bureau. Jérémy rappelle qu'il est possible d'obtenir gratuitement la carte connexions privilèges. Alfred, intéressé, demande à quoi correspond cette carte. Après que Jérémy lui réponde qu'elle permettait de disposer d'une réserve d'argent et de collecter des points cadeaux, Alfred remercia le vendeur et prit congé. Le lendemain, Alfred se connecte sur Darty.com et regarde les spécifications des produits. Il cherche un produit ayant des caractéristiques similaires aux produits présentés la veille, mais avec en plus le fameux lecteur super vidéo CD. Il trouve le Philips MCD708 (Puissance RMS par canal : 100 ; Puissance en watts par canal : 2 x 60 ; 2 enceintes ; Lecteur MP3 et Lecteur Super vidéo CD) pour 349 €. Pour être sur, il décide de se rendre sur place. Malheureusement il se rend compte que les transports en commun ne lui permettront pas d'atteindre le magasin avant l'heure de la fermeture. Puis, il s'aperçoit qu'il se trouve presque en face de la Fnac. Alfred entre et trouve le même produit au même prix. Une conseillère

(Kathy) s'approche de lui pour le renseigner. Alfred possède manifestement bien son sujet et au bout de quelques minutes, Kathy reprend la main en lui demandant s'il est adhérent. Il répond par la négative. Elle lui explique qu'elle possède le même appareil et qu'elle arrive maintenant grâce à la connectique de l'appareil et également à une mini formation de la Fnac, à enregistrer très proprement les morceaux de musique joués par sa fille qui est au conservatoire. Kathy insiste sur la dimension connectique qui permet de faire de cet appareil un outil multimédia compatible avec les autres appareils. Voyant l'hésitation d'Alfred, Kathy ajoute que depuis qu'elle fait partie du club Fnac, elle est toujours épaulée par un conseiller dans le maniement de ces produits par nature de plus en plus complexes. Elle remarque, que le fait d'adhérer à la carte Fnac peut permettre à Alfred de bénéficier d'une réduction de 10 % dès aujourd'hui sur son achat. Alfred décide de se jeter à l'eau : il devient adhérent Fnac et achète le produit. Depuis, Alfred Calculator, stratège haï par bon nombre de ses collègues dans son entreprise, paraît moins malheureux. C'est probablement l'effet de La Walkyrie.

Questions :

1. Quels sont les facteurs explicatifs du comportement d'achat de Alfred Calculator ?
2. Que peut-on dire des prestations de Jérémy et de Kathy ?

Corrigé : Alfred et La Walkyrie

1. On peut présenter les facteurs explicatifs avec la figure suivante :

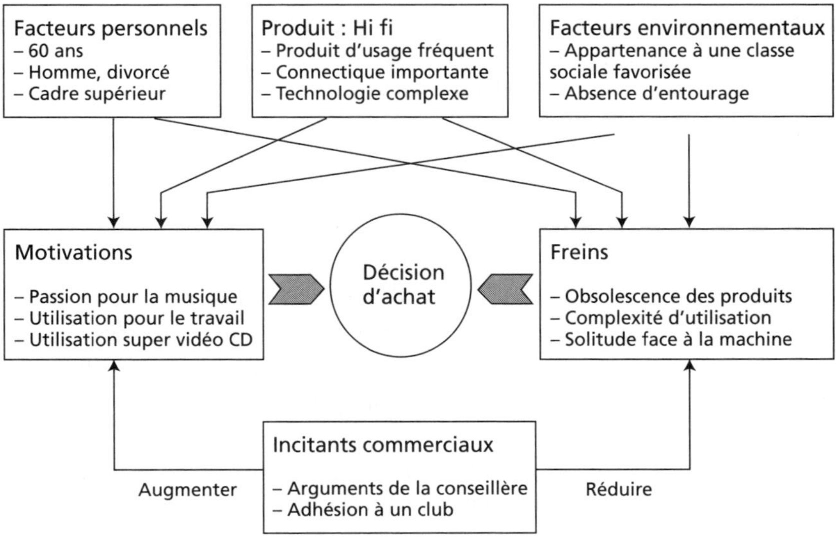

2. Que peut-on dire des prestations de Jérémy et de Kathy ?
Jérémy n'a pas su identifier à temps l'une des sources de motivation de l'acheteur. En effet, lorsque Alfred Calculator s'est inquiété de ne pas avoir de lecteur super vidéo CD, il aurait dû lui proposer un produit ayant cette fonctionnalité (preuve en est de la démarche de recherche pour ce type de produit effectuée par le client lui-même le lendemain). *Idem* en ce qui concerne les inquiétudes d'Alfred sur l'obsolescence des produits hi-fi : Jérémy aurait du rassurer son client potentiel en introduisant les qualités des produits liées à la connectique. Au lieu de cela Jérémy propose une carte, qui aurait pu être la bienvenue si elle n'avait pas porté que sur la dimension prix. Le prix n'est pas une variable explicative du comportement d'Alfred Calculator.
Kathy a su réellement analyser la situation et s'y adapter, notamment en recadrant la conversation sur la passion de la musique, l'aisance d'utilisation du produit et l'accompagnement du client. Sa tâche a également été plus aisée compte tenu de l'information plus complète d'Alfred sur le sujet (en grande partie fournie par Jérémy).

Bibliographie

– R.S. Alexander, « Some aspects of sex differences in relation to marketing », *Journal of Marketing*, 12, 2, 158-172, 1947.

– A. Amine, *Le comportement du consommateur face aux variables d'action marketing*, Paris, Management et Société, 1999.

– D. Anzieu, C. Chabert, *Les méthodes projectives*, Paris, PUF, 1983.

– O. Badot, « Le marketing expérientiel du distributeur », *in* C. Michon (Ed.), *Le marketeur, les nouveaux fondements du marketing*, Paris, Pearson Education, 281-298, 2003.

– F.M. Bass, « The theory of stochastic preference and brand switching », *Journal of Marketing Research*, 11, 1, 1-20, 1974.

– W.G. Bearden, A.G. Woodside, « Interactions of consumption situations and brand attitudes », *Journal of Applied Psychology*, 61, 6, 764-769, 1976.

– U. Beck, *La société du risque*, Paris, Flammarion, 2003 (1re édition, 1989).

– R. Belk, « Situational variables and consumer behavior », *Journal of Consumer Research*, 2, 3, 157-164, 1975.

– H. Ben Miled, P. Le Louarn, « analyse comparative de deux échelles de mesure du leadership d'opinion: validité et interprétation », *Recherche et Applications en Marketing*, 9, 4, 23-51, 1994.

– B. Berelson, G.A. Steiner, *Human behaviour: an inventory of scientific findings*, New-York, Harcourt, Brace & world, 1964.

– P. Bourdieu, *La distinction : critique sociale du jugement*, Paris, Editions de Minuit, 1979.

– H.W. Boyd, M.L. Ray, E.C. Strong, « An attitudinal framework for advertising strategy », *Journal of marketing*, 36, 2, 27-33, 1972.

– J. Brée, *Les enfants, la consommation, le marketing*, Paris, PUF, 1993.

– B. Cathelat, *Socio styles système ; les styles de vie : théories, méthodes, applications*, Paris, Editions d'Organisation, 1990.

– R. Chastellier, *Le marketing jeune*, Paris, Village Mondial, 2003.

– L. Chauvel, « Le retour des classes sociales ? », *Revue de l'OFCE*, 79, 315-359, 2001.

– J.-N. Chopart, C. Martin (Ed.), *Que reste-t-il des classes sociales?*, Paris, E.N.S.P., 2004.

– T. Clark, « International marketing and national character: a review and proposal for an integrative theory », *Journal of Marketing*, 54, 4, 66-79, 1990.

– B. Cova, « Le marketing tribal», *in* C. Michon (Ed.), *Le marketeur, les nouveaux fondements du marketing*, Paris, Pearson Education, 267-280, 2003.

– B. Cova, *Innover en marketing*, Paris, Lavoisier, 2006.

– D.F. Cox, S.U. Rich, « Perceived risk and consumer decision-making. The case of telephone shopping », *Journal of Marketing Research*, 1, 4, 32-39, 1964.

– D. Darpy, P. Volle, *Comportements du consommateur*, Paris, Dunod, 2003.

– S. Debenedetti, « L'expérience de visite des lieux de loisirs : le rôle central des compagnons », *Recherche et Applications en Marketing*, 18, 4, 43-58, 2003.

– N.F. Dixon, *Subliminal perception*, London, McGraw Hill, 1971.

– B. Dubois, « Un autre aspect dans l'étude du consommateur : l'approche situationnelle », *Revue Française du Marketing*, 129, 4, 73-81, 1990.

– B. Dubois, *Comprendre le consommateur*, Paris, Dalloz, 1994.

– B. Dubois, « Marketing situationnel pour consommateurs caméléons», *Revue Française de Gestion*, 22, 110, 83-89, 1996.

– M. Filser, « Vers une consommation plus affective ? », *Revue Française de Gestion*, 22, 110, 90-99, 1996.

– G.J. Fitzsimons, J.W. Hutchinson, P. Williams, J.W. Alba, T.L. Chartrand, J. Huber, F.R. Kardes, – G. Menon, P. Raghubir, J.E. Russo, B. Shiv, N.T. Tavassoli, « Non-conscious influences on consumer choice », *Marketing Letters*, 13, 3, 269-279, 2002.

– S. Freud, *Le mot d'esprit et ses rapports avec l'inconscient*, Paris, Gallimard, 1988 (1re édition, 1905).

– S. Gallopel, « La peur est-elle efficace dans un contexte français de lutte contre les comportements tabagiques ? », *Décisions Marketing*, 37, 7-16, 2005.

– A. Giddens, T. Blair, *La troisième voie*, Paris, Le Seuil, 2002 (1re édition, 1998).

–M.C. Gilly, B.M. Enis, « Recycling the family life cycle: a proposal for redefinition», *Advances in Consumer Research*, 9, 271-276, 1982.

–J. Gutman, « A Mean-End Chain model on consumer categorization processes», *Journal of Marketing*, 46, 2, 60-72, 1982.

–M. Habwachs, *Esquisse d'une psychologie des classes sociales*, Paris, Librairie Marcel Rivière et Cie, 1938.

–G. Hamel, C.K. Prahalad, *Competing for the future*, Boston, Harvard University Press, 1994.

–F. Herzberg, *Work and nature of man*, Cleveland, Collins Publishers, 1966.

–P. Hetzel, *Planète conso, marketing expérientiel et nouveaux univers de consommation*, Paris, Editions d'Organisation, 2002.

–K. Horney, *Neurosis and human growth*, Abingdon, Taylor and Francis Ltd, 1999 (1st edition, 1950).

–M. Houston & M.L. Rothschild, « conceptual and methodological perspectives on involvement », *Educator's Proceedings*, American Marketing Association, n°44, p.184-187, 1978.

–J. Howard & J.N. Sheth, *The theory of buyer behavior*, New-York, John Wiley & Sons, 1969.

–J. Jacoby, G.J. Szybillo, C.K. Berning, « Time and consumer behaviour: an interdisciplinary overview », *Journal of Consumer Research*, 2, 4, 320-339, 1976.

–L.P. Jarvis, J.B. Wilcox, « Evoked set, some theoretical foundations and empirical evidence», *in* J.A. Howard (Ed.), *Consumer behaviour applications of theory*, New-York, McGraw-Hill, 1977.

–J.N. Kapferer, « Une rumeur de la publicité: la manipulation par les images subliminales », *Revue Française du Marketing*, 110, 5, 67-75, 1986.

–E. Katz, P.-F. Lazarsfeld, *Personal influence*, New-York, The Free Press, 1955.

–P. Kotler, *Les clés du marketing*, Paris, Village Mondial, 2005.

–P. Kotler, B. Dubois, K.L. Keller, D. Manceau, *Marketing Management*, 12e édition, Paris, Pearson Education, 2006.

–C. Kwai-Choi Lee, B.A. Collins, « Family decision making and coalition patterns », *European Journal of marketing*, 34, 9/10, 1181-1198, 2000.

–R. Ladwein, *Le comportement du consommateur et de l'acheteur*, 2e édition, Paris, Economica, 2003.

–R. Leban, *Management de l'entreprise, principes et meilleures pratiques*, 2e édition, Paris, Editions d'Organisation, 2005.

–J.-F. Lemoine, « L'atmosphère du point de vente comme variable stratégique commerciale: bilan et perspectives », *Décisions Marketing*, 39, 79-81, 2005.

–E. Le Nagard-Assayag, D. Manceau, *Marketing des nouveaux produits, de la création au lancement*, Paris, Dunod, 2005.

–J. Lendrevie, B. Brochand, *Publicitor*, 5e édition, Paris, Dalloz, 2001.

– J. Lendrevie, A. De Baynast, *Publicitor*, 6e édition, Paris, Dalloz, 2004.

– S.J. Levy, « Symbols of sale », *Harvard Business Review*, 37, 4, 117-124, 1959.

– S.J. Levy, « Social class and consumer behavior », *in* J. Newman (Ed.), *On knowing the consumer*, New-York, Wiley, 146-160, 1966.

– M.-C. Lichtlé, V. Plichon, « La diversité des états affectifs dans un point de vente », *Décisions Marketing*, 39, 33-42, 2005.

– M. Maffesoli, *Le temps des tribus, le déclin de l'individualisme dans les sociétés postmodernes*, Paris, Méridiens, 1988.

– C. Maillet, *Le marketing adulescent, comment les marques s'adressent à l'enfant qui sommeille en nous*, Paris, Village Mondial, 2005.

– A. Maslow, *Motivation and personality*, Harper and Row, 1954.

– M. Merleau-Ponty, *La structure du comportement*, Paris, PUF, 2006 (1re édition, 1942).

– H.A. Murray, *Explorations in personality*, Oxford, Oxford University Press, 1938.

– J. Nuttin, *Théorie de la motivation humaine*, Paris, PUF, 1980.

– W. Nord, J. Peter, « A behaviour modification perspective on marketing », *Journal of Marketing*, 44, 2, 36-47, 1980.

– J. Piaget, *La formation du symbole chez l'enfant*, Lonay, Delachaux et Niestlé, 1992 (1re édition, 1945).

– C. Pinson, A. Jolibert, « Comportement du consommateur », *in* P. Joffre, Y. Simon (Ed.), *Encyclopédie de gestion*, 2e édition, Paris, Economica, 372-475, 1997.

– M. Pinçon, M. Pinçon-Charlot, *Sociologie de la bourgeoisie*, Paris, La Découverte, 2003.

– J. Quelch, E.G. Hoff, « Customizing global marketing », *Harvard Business Review*, 64, 3, 59-68, 1986.

– T.J. Reynolds, J. Gutman, « Laddering theory, method, analysis, and interpretation », *Journal of Advertising Research*, 28, 1, 11-31, 1988.

– G. Roehrich, « Causes de l'achat d'un nouveau produit: variables individuelles ou caractéristiques perçues », *Revue Française du Marketing*, 182, 2, 83-97, 2001.

– M.O. Rokeach, *The nature of human values*, New-York, The Free Press, 1973.

– E. Rosen, *The anatomy of buzz*, New-York, Harper Collins Publishers, 2001.

– T. Scitovsky, *L'économie sans joie*, Paris, Calmann-Lévy, 1978.

– A.D. Shocker, M. Ben-Akiva, B. Boccara, P. Nedungadi «Consideration set influences on consumer decision making and choice: issues, models and suggestions», *Marketing Letters*, 2, 3, 181-197, 1991.

– B. F. Skinner, *Beyond freedom and dignity*, Indianapolis, Hacket Publishing Company, 1971.

– K.B. Strambouli, E. Briones, *Buzz marketing, les stratégies du bouche-à-oreille*, Paris, Editions d'Organisation, 2002.

– R. Thomas, D. Alaphilippe, *Les attitudes*, Coll. Que Sais-je ?, 2e édition, Paris, PUF, 1993.

– E. Tissier-Desbordes, « Le comportement individuel et social des consommateurs », *in* C. Michon (Ed.), *Le marketeur, les nouveaux fondements du marketing*, Paris, Pearson Education, 57-83, 2003.

– J.-P. Tréguer, J.-M. Segati, *Les nouveaux marketings*, Dunod, 2003.

– P. Valette-Florence, « Les démarches de styles de vie : concepts, champs d'investigation et problèmes actuels », *Recherches et Applications en Marketing*, 1, 1, 93-109, 1986.

– P. Valette-Florence, « Les styles de vie en question : mythes et réalités », *Revue Française du Marketing*, 125, 5, 17-26, 1989.

– P. Valette-Florence, « L'univers psycho-sociologique des études de style de vie : apports, imites et prolongements », *Revue Française du Marketing*, 141, 1, 5-21, 1993.

– P. Valette-Florence, *Les styles de vie : bilan critique et perspectives*, Paris, Nathan, 1994.

– T. Veblen, *Théorie de la classe de loisir*, Paris, Gallimard, 1970 (1re édition 1899).

– R. Vézina, « Pour comprendre et analyser l'expérience du consommateur », *Gestion*, 24, 2, 59-65, 1999.

– M. Weber, *Economie et société T1*, Paris, Pocket, 2003 (1re édition, 1921).

Chapitre 2

Comprendre le consommateur par la modélisation

Plan du chapitre

Résumé

L'introduction de disciplines diverses dans l'analyse du comportement du consommateur a permis de mieux l'appréhender. Mais le consommateur n'est pas unique : il peut être un individu ou une institution. Dans la situation du consommateur final, des modèles de comportement ont permis de mieux comprendre et donc de prévoir la consommation. Dans le cadre du B to B, si l'utilisation des variables influençant le comportement du consommateur final est caduque, il existe une démarche propre à cette situation.

110. La relation entre offreur et demandeur varie en fonction de la nature du demandeur. Si le demandeur est consommateur final (B to C), les variables explicatives étudiées dans le chapitre précédent peuvent s'appliquer et il est possible de modéliser la relation sous certaines hypothèses (section 1). Si le demandeur est une entreprise (B to B), les variables explicatives étudiées ne s'appliquent pas et il conviendra de construire un schéma d'analyse différent (section 2).

Section 1
Tentatives de modélisation en B to C

111. Quels que soient les modèles de comportement de consommateur, une place importante est laissée à l'évaluation du processus. Ceci renvoie directement à la théorie du niveau d'aspiration développée par Kurt Lewin (1935). Ce dernier considère que pour tout besoin ou désir d'un individu, correspondent trois types de niveaux : le niveau de réalisation, le niveau d'aspiration et le niveau idéal. Le niveau de réalisation est le niveau de satisfaction qu'éprouve un individu. Le niveau d'aspiration correspond au niveau qu'espère atteindre par son action ou par l'achat d'un produit un individu. Enfin, le niveau idéal est le niveau de satisfaction le plus élevé que le consommateur souhaiterait éprouver. Les théoriciens ont essayé de formaliser le comportement du consommateur sous forme de modèle. Évidemment, la dimension théorique de ces modèles implique qu'il soit rare de les retrouver tels quels dans la réalité. Néanmoins, ils permettent de comprendre comment se comportent les individus face à l'achat et nous fournissent des clés d'entrée importante pour aborder cet aspect du marketing. Plusieurs modèles (les plus connus), seront successivement étudiés: EKB, Nicosia, Bettman, ELM ainsi que Howard et Sheth.

§ 1. Le Modèle de base : EKB

112. Le modèle EKB du nom de leurs auteurs (Engel, Kolatt et Blackwell) est le premier modèle prenant en compte le processus de décision du consommateur (Figure 20). Plusieurs étapes sont nécessaires : la reconnaissance du problème, la recherche des choix possibles, l'évaluation des choix possibles, le choix définitif et les résultats et comportements après achat. La reconnaissance du problème part du principe qu'au préalable, il existe une différence entre la situation désirée et la situation réelle. L'action commerciale consiste à précipiter la reconnaissance du problème en amenant le consommateur à évaluer les déterminants de la reconnaissance. La reconnaissance du problème consiste à changer les déterminants de la situation réelle. L'étape suivante du modèle est la recherche des choix possibles. Pour le consommateur, il s'agit d'une accumulation d'expérience. Pour l'entreprise, il convient d'inventorier les sources d'information et de faciliter l'obtention de l'information. La publicité est un moyen de diffusion de l'information (à ce stade, il s'agit de publicité informative).

Figure 20 – Le cœur du modèle EKB

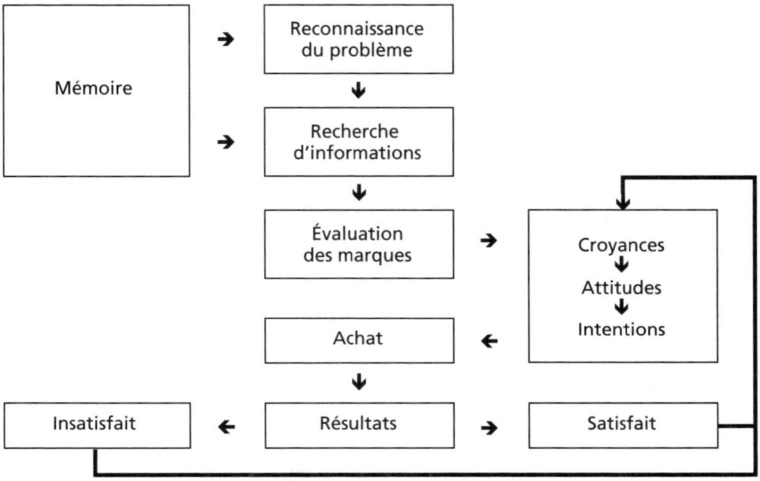

Source : Engel, Blackwell, Miniard, 1995.

L'évaluation des choix possibles constitue la suite logique du modèle. Elle passe par la définition des critères de comparaison, fonction des attitudes, de la personnalité, des groupes d'influence et de l'action commerciale de l'entreprise. C'est à cette étape que les marketeurs recherchent la mise en œuvre d'une spirale idéale, de l'information à l'achat (Figure 21).

Figure 21 – La spirale idéale des choix possibles du point de vue du marketeur

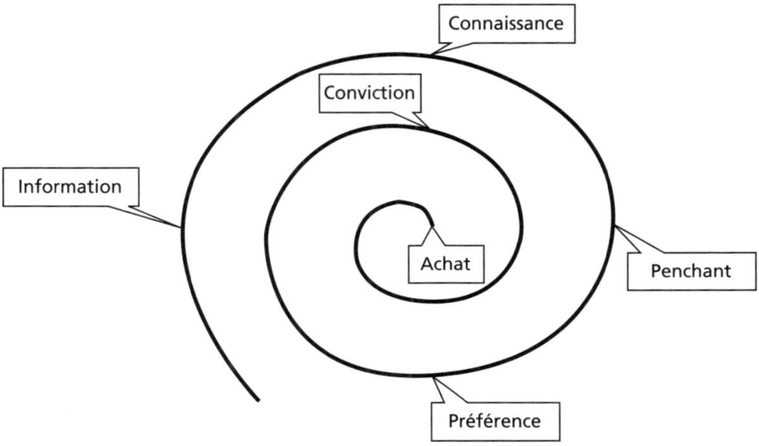

La décision d'achat ou de non-achat dépend de variables déjà intervenues (fonction des critères d'évaluation), de nouvelles variables (circonstances non anticipées et non prévisibles) et des efforts commerciaux qui visent à limiter la fuite de consommation vers l'extérieur. La dernière étape est relative aux résultats et comportements après achat. Il convient de mesurer l'écart entre la situation réelle et la situation souhaitée. Il n'y a pas satisfaction à partir du moment où l'écart est encore significatif. Pour le marketeur, il s'agit de convaincre l'acheteur du bien fondé de sa décision. D'où le fait de raisonner sur l'acheteur récent et non exclusivement sur l'acheteur potentiel.

§ 2. Le modèle de Nicosia : l'introduction des variables individuelles

113. Nicosia a publié un des premiers modèles de compréhension du comportement du consommateur. Il s'est servi d'un diagramme de flux pour intégrer dans son modèle un grand nombre de découvertes liées à diverses sciences du comportement (Figure 22).

Figure 22 – Le modèle de Nicosia

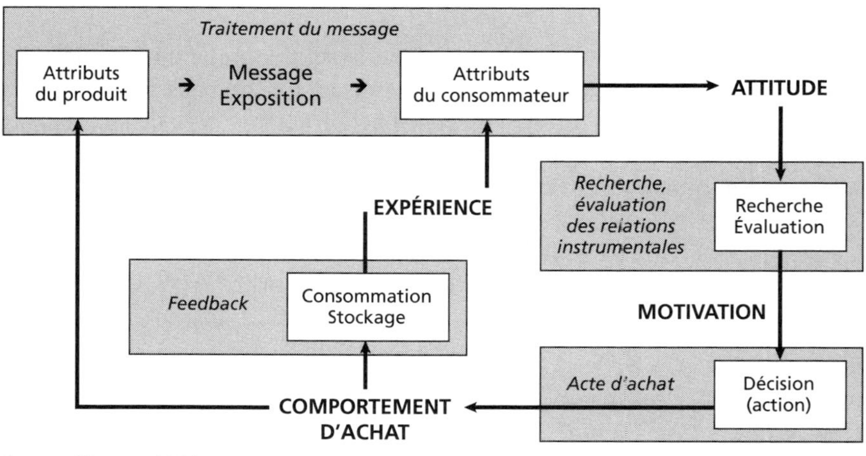

Source : Nicosia, 1966.

Selon ce modèle quatre champs peuvent décrire le processus de comportement du consommateur. De la source du message à l'attitude du consommateur, l'information est diffusée par les entreprises pour familiariser les consommateurs avec leurs produits et/ ou leurs services. Un message reçu et accepté favorise la formation d'une attitude envers le produit ou le service. Cette attitude devient un intrant du champ numéro 2. C'est aussi bien le processus de recherche et d'évaluation du produit que l'examen des autres possibilités. Pendant ce processus, le consommateur peut décider ou non d'acheter le produit (champ 3). Si le consommateur décide de l'acheter, il y aura forcément un retour d'information (champ 4). Celui-ci, sur la base de l'expérience du consommateur, est une donnée clé servant de rétroaction pour le consommateur. Pour l'entreprise, on peut ainsi mesurer le degré de satisfaction ou d'insatisfaction.

§ 3. La prise en compte de la simultanéité du raisonnement : le modèle de Bettman

114. Bettman part du principe que l'individu peut activer simultanément plusieurs niveaux dans le processus de consommation. Ainsi, tout va dépendre de sa capacité de traitement. Son modèle insiste sur les éléments interprétatifs issus de l'attention, l'acquisition d'informations et les processus de décision et de consommation (Figure 23).

Figure 23 – Modèle de Bettman

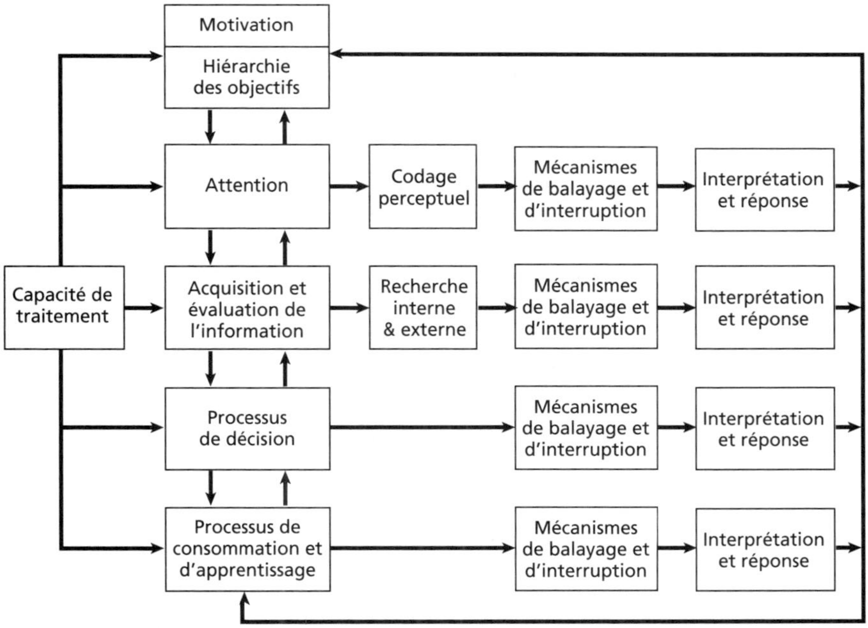

Source : Bettman, 1979.

Pour Bettman, il est tout à fait possible qu'un individu acquiert simultanément de l'information et mobilise son attention, tout en faisant progresser son processus de décision, voire son processus de consommation et d'apprentissage. Ce processus est parfaitement possible dans la mesure où existent des mécanismes de balayage et d'interruption impliquant une interprétation et une réponse de la part de l'individu. Cette réponse par *feedback* influe non seulement sur la hiérarchie des objectifs, mais aussi sur le processus de consommation et d'apprentissage. Ainsi, en cas d'insatisfaction dans la consommation d'un produit ou de découverte de conditions plus intéressantes chez un concurrent dans la consommation d'un service, l'individu est libre de modifier sa consommation. De même, en cas d'appréciation différente de la consommation (arrivée de produits de substitution plus performants, prise de conscience pour des raisons écologique, éthique ou autres d'un changement nécessaire dans les habitudes de consommation), la hiérarchie des objectifs peut être entièrement bouleversée.

§ 4. Le Modèle de Petty et Cacioppo : ELM

115. Les travaux de Petty et Cacioppo (1981), sur le modèle de la probabilité d'élaboration cognitive (ELM – *Elaboration Likelihood Model*), rendent compte de variables influençant la formation des attitudes. L'implication apparaît centrale dans ce modèle et pourra même expliquer l'efficacité ou la non efficacité d'une communication persuasive (Figure 24).

Figure 24 – Le modèle ELM

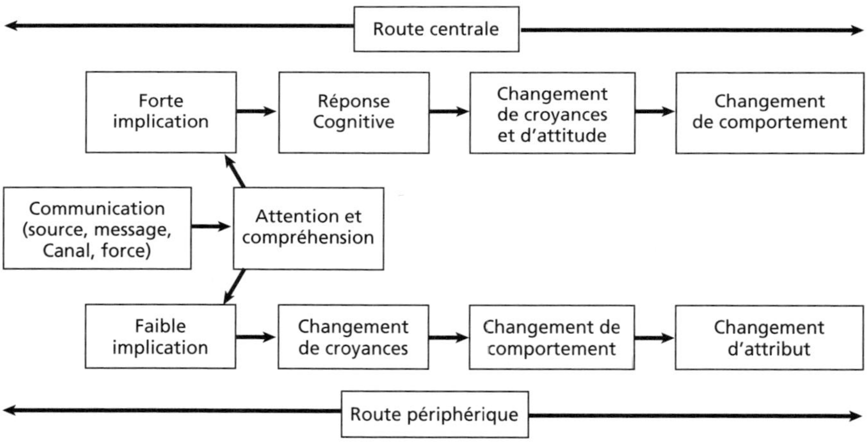

Sources : Petty, Cacioppo et Schumann, 1983 ; Tissier-Desbordes, 2003.

Lorsque l'implication de l'individu est forte, le processus de décision suivra la route ou voie centrale. Le contenu de l'information et du message sera traité en se basant sur les expériences antérieures et la connaissance. En même temps qu'il analyse le contenu et l'intègre dans ses connaissances préalables, l'individu génère des réponses cognitives intenses favorables ou non à la position défendue. En d'autres termes pour un achat à forte implication, l'essentiel de l'attention et du traitement de l'information se fera sur les caractéristiques mêmes du produit ou du service (performances, avantages retirés, etc.). Lorsque l'implication de l'individu est faible, le processus de décision suivra la route ou voie périphérique. Cela signifie que l'individu exploite des signaux cognitifs affectifs ou comportementaux (et non uniquement cognitifs) qui lui permettent d'évaluer la validité d'un message persuasif. Ainsi, les individus ne regardent pas le contenu sémantique du message mais utilisent d'autres éléments associés au message (signaux périphériques) comme base de formation de leurs attitudes. Ainsi, pour un achat à faible implication, les caractéristiques (longueur du message, couleurs et sons associées, etc.) auront une grande importance (De Barnier, 2006).

§ 5. Le Modèle intégrateur de Howard et Sheth

116. **Un modèle fondé sur la perception et l'apprentissage** – Howard et Sheth offrent la possibilité d'expliquer le comportement du consommateur dans le choix des marques (Figure 25). Ce modèle comporte quatre éléments de base : les intrants (*stimuli*), les processus internes (construits perceptuel et d'apprentissage), les influences externes et les extrants (présents tout au long du processus).

Figure 25 – Modèle de Howard et Sheth

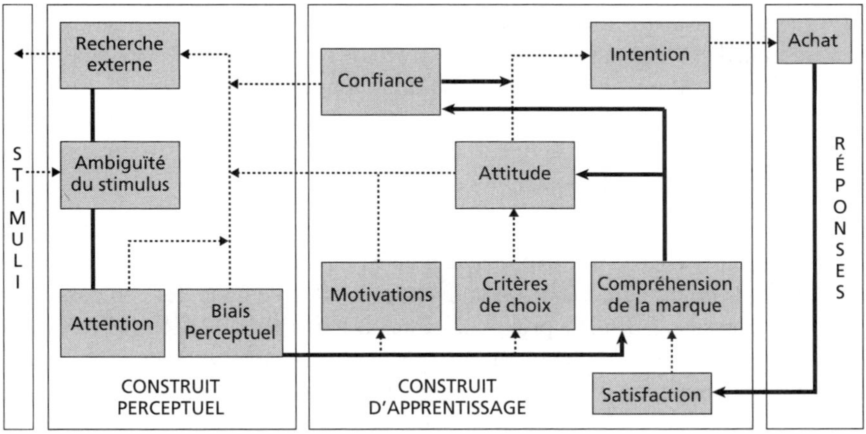

Source : Howard et Sheth, 1969.

Les *stimuli* peuvent être qualifiés de significatifs, symboliques ou sociaux. Les *stimuli* significatifs correspondent aux caractéristiques du produit (qualité, prix, originalité, service, disponibilité), tandis que les *stimuli* symboliques correspondent à la publicité et à la promotion. Ces deux types de *stimuli* sont contrôlables par le responsable marketing. En revanche, les *stimuli* sociaux sont propres aux individus (famille, groupe de référence, classe sociale). Le modèle de comportement de Howard et Sheth s'appuie sur un processus relevant du domaine de la perception et de l'apprentissage. Les facteurs perceptuels comprennent la recherche externe (intensité de recherche d'informations par le consommateur), l'ambiguïté du *stimulus* (perception incertaine ou incomplète de l'information). Le consommateur ne prêtera attention aux *stimuli* que si ces derniers ne sont pas trop ambigus. Un *stimulus* trop simple n'attirera pas l'attention et un *stimulus* trop complexe ne sera pas capté. Les facteurs perceptuels recouvrent également l'attention, se rapportant à la prise d'information par le consommateur et le biais perceptuel qui traite des procédés de sélection du consommateur. Les facteurs d'apprentissage du modèle comprennent les motivations, la compréhension de la marque, les critères de choix, l'attitude, la confiance, l'intention et la satisfaction. La compréhension de la marque se rapporte à la connaissance des marques et de leurs caractéristiques par le consommateur. Les critères de choix sont les éléments utilisés par les consommateurs pour sélectionner les produits qu'ils vont acheter. L'intention est une estimation du moment et du lieu de l'achat. Enfin, la confiance est liée à la certitude avec laquelle le consommateur estime la satisfaction qu'il retirera de l'achat d'un produit donné. Les influences externes, nécessaires à la recherche externe proviennent de l'environnement social du consommateur. Elles comprennent l'importance de l'achat, ainsi que les variables individuelles, sociologiques et psychosociologiques, ainsi que les variables situationnelles examinées au chapitre précédent. Enfin, les extrants regroupent la manière dont le consommateur va prendre sa décision.

117. **Les processus de décision du consommateur** – Représentés par les extrants dans le modèle de Howard et Sheth, ces processus vont conditionner l'action des consommateurs. Il peut s'agir d'une résolution longue du problème (RLP). C'est le cas où le consommateur ne connaît pas vraiment cette classe de produit, ce qui se traduit par une recherche active d'informations. La publicité revêt une grande importance, notamment le bouche-à-oreille.

La résolution courte du problème (RCP) constitue un processus différent. Le consommateur a déjà eu une expérience d'achat du produit en question. Il connaît bien la classe de produit, mais non la marque. Il effectue donc des comparaisons entre les marques. Enfin, le processus d'achat machinal (PAM) est l'occasion pour le consommateur d'adopter une attitude définitive envers une marque à partir d'une expérience antérieure. Une comparaison des processus peut permettre d'effectuer quelques remarques (Tableau 12). D'une part, le PAM est assez proche des conceptions behavioristes dans la mesure où tant que le risque perçu est faible, la répétition est de mise. Ensuite, cette différenciation est à mettre en rapport avec la notion d'implication du consommateur et la typologie d'achat en fonction de la perception de la marque.

TABLEAU 12 – COMPARAISON DES PROCESSUS DE DÉCISION DU CONSOMMATEUR

Caractéristiques	PAM	RCP	RLP
Risque perçu	faible	moyen	élevé
Fréquence d'achat	élevée	moyenne, faible	non fréquent
Connaissance du produit	élevée	certaine	faible
Critères de choix	bien établis	partiellement établis	inconnus
Connaissance de la marque	élevée	insuffisante	nulle

Source : Petrov, 1999.

Section 2
Des tentatives d'explication en B to B

118. Toutes les entreprises ne sont pas destinées à s'adresser au consommateur final. Pour obtenir le produit définitif proposé au consommateur, il est nécessaire de recourir à des intermédiaires, qui chacun ont un rôle dans la transformation des matières premières en produits. Les relations entre fournisseurs et clients (appartenant souvent à la même industrie), ne sont pas uniquement cantonnées à de simples relations commerciales. En effet, les sommes engagées dans chaque contrat nécessitent, un suivi, une relation de confiance, etc. Le passage de l'appellation de marketing industriel à marketing B to B s'explique par la mutation des secteurs de notre économie. Cette dernière est en effet aujourd'hui essentiellement dominée par les services. Par ailleurs, elle permet de faire le parallèle avec le B to C réservé aux consommateurs finaux. Il existe trois grandes catégories composant le paysage des entreprises françaises[1] : les grands comptes (200 000 établissements), les grosses Petites et Moyennes Entreprises (environ 1,3 million de grosses PME) et les Très Petites Entreprises (environ 3,2 millions de TPE). Les développements qui suivent traiteront dans un premier temps de la spécificité du B to B, puis dans un second temps des implications sur le comportement d'achat des entreprises.

§ 1. Les spécificités du B to B

***119.* B to B et clients** – Plusieurs éléments liés, soit à la nature de la clientèle, soit au type de relations que l'entreprise (vendeur) entretient avec ses clients, caractérisent le B to B. En premier lieu les acheteurs sont moins nombreux et les volumes traités sont plus importants en volume. On peut même avancer que parfois la clientèle est restreinte, surtout si le secteur d'activité concerné est en pleine concentration. L'avantage évident est de pouvoir identifier les prospects et clients sans avoir recours à l'échantillonnage lorsqu'il s'agit de faire des études. Par contre, le tâtonnement est inévitable dès que l'entreprise entreprend une stratégie de conquête sur une clientèle potentielle qu'elle ne connaît pas. L'emploi de bases de données peut permettre de mener à bien cette stratégie (Encadré 12).

Encadré 12 – L'utilisation de bases de données en B to B
(Source : « Etude de cas, base de données Insee et datamining », Marketing Direct, 98, décembre 2005 - janvier 2006).

Secomp, distributeur informatique pour les entreprises et filiale du groupe allemand Rotronic, commercialise ses offres sous la forme d'un catalogue, envoyé quatre fois par an aux entreprises. Présente en France depuis 1998, la société envoyait aux entreprises quatre catalogues, soit quelques centaines de milliers d'envois par an. Dans un premier temps, elle louait des fichiers de prospection à des *brokers*, ciblant les entreprises par leurs codes Naf et le nombre de salariés.

1. « Le B to B, un monde à décrypter », *Marketing Direct*, 98, Décembre 2005 – Janvier 2006.

> *« Les limites de cette stratégie sont vite apparues »*, raconte Nicolas Grilly, directeur associé de Garden, cabinet spécialisé dans le conseil et les études CRM [relation client]. *« Les fichiers s'épuisaient, les taux de retour diminuaient »*. En 2004, pour optimiser ses actions de conquête, Secomp a choisi de diversifier son ciblage dans une optique de conquête. Pour ce faire, il lui fallait déterminer les profils des entreprises les plus susceptibles de devenir clientes. Le cabinet Garden, consulté, a préconisé et mis en œuvre Kxen Analytic Framework, un outil de modélisation prédictive. Celui-ci a permis en comparant le fichier client de Secomp et la base de données de l'INSEE de scorer les entreprises et de les segmenter en quatre catégories selon leur appétence et leur propension à commander des produits du catalogue Secomp. Avec succès, puisque, selon Pascal Debris, manager de Secomp, « les taux de réponse aux mailings ont été plus que doublés ». De fait l'utilisation du logiciel de *data mining* a permis de toucher des entreprises qui n'apparaissaient pas dans les fichiers qu'elle louait auparavant (...).

Si l'on se réfère à la situation en France, il existe une grande hétérogénéité entre les clients potentiels (des grands comptes aux TPE). Ajoutée aux différences de motivation et d'implantation géographique, cette hétérogénéité nécessite de segmenter la clientèle. Mais la limitation du nombre de client peut amener le vendeur à adopter une stratégie tournée vers les résultats (rentabilisation du client, stratégie de niche, innovation de produit pour se démarquer de la concurrence, etc.). Par ailleurs, compte tenu de la globalisation des marchés, la propension est forte pour que la clientèle soit internationale. Cela implique d'adopter dès le départ une vision ouverte du marché en considérant également la concurrence étrangère. Le B to B implique également que les clients, qui sont des institutions, se comportent différemment dans leur processus d'achat. Les acheteurs sont professionnels et répondent à des procédures internes souvent propres à leur organisation. Enfin, le B to B suppose d'avoir des relations étroites avec les clients. D'autant que ces derniers peuvent parfaitement être fournisseurs sur d'autres marchés. La régularité et l'intensité des transactions peuvent à terme amener à constituer un réseau. Dans ces conditions, les clients sont assimilables à des partenaires, qu'il convient de traiter comme tels (Michel, Salle et Valla, 2000). La confiance constitue une des variables importantes dans cette relation. Compte tenu de son poids, le client peut avoir un rôle actif dans l'amélioration de la qualité du produit ou du service vendu (Malaval, 2001). Par exemple, en phase de pré études, le client peut intervenir auprès du fournisseur pour préciser ses besoins réels (parfois sous la forme de l'imposition d'un cahier des charges).

***120.* B to B et processus commercial** – La dimension institutionnelle du client différencie non seulement la nature de la relation avec le vendeur, mais modifie également le processus de consommation en lui-même. En effet, le client est constitué d'intervenants multiples, ce qui rend caduque l'application des variables individuelles ainsi que les variables sociologiques et psychosociologiques étudiées dans le chapitre précédent. Par ailleurs, si le processus s'effectue par étape, comme il pourrait le faire pour un consommateur final, sa durée est beaucoup plus longue (probablement parce que les sommes engagées sont importantes). Ce constat implique des conséquences sur les moyens promotionnels mobilisés par les entreprises côté vente. La publicité, on le comprend, par nature média de masse, n'est pas sollicitée. Par contre, la presse professionnelle et les salons professionnels sont des moyens plus efficaces pour être en contact avec le client potentiel. De même, Internet a permis la constitution d'un outil de communication, d'achat et de vente. Ainsi fleurissent des portails B to B et des communautés B to B afin de développer le lien communicatif avec les clients.

Pour illustrer cette tendance, le portail du spécialiste de l'électricité Legrand (Figure 26), dédie une part importante de son portail aux professionnels de l'électricité. Sur cet espace sont présentes des documentations, des propositions de formations, des présentations de logiciels à caractère professionnel, etc. Le plus important est probablement le E-catalogue en ligne où sont répertoriés tous les produits et services de la marque. Internet facilite également l'achat si l'on constate le développement de l'E-procurement (système permettant aux entreprises de s'approvisionner sur le net) *via* des places de marché (*marketplaces*). Ce sont des sortes de centrales d'achat sur le net comme par exemple Covisint dans le secteur de l'automobile (DaimlerChrysler, Ford, General Motors, Renault-Nissan, PSA), ou CPG dans l'agroalimentaire (Danone, Nestlé, Henkel), etc. Enfin Internet peut constituer un outil de vente en phase avec le B to B. De nombreux espaces réservés aux clients professionnels permettent de mettre en place une relation privilégiée avec eux.

Figure 26 – Portail Internet Legrand : une place importante laissée au B to B

Source : www.legrand.fr

121. **B to B et demande** – Malgré une hétérogénéité des acteurs déjà soulignée, il semble que le B to B ait à observer un certain nombre de constante en matière de demande. D'abord, il s'agit d'une demande dérivée, c'est-à-dire qu'elle est fonction de l'évolution de la demande finale. Si la tendance est à la baisse des ventes, la demande en B to B sera également orientée à la baisse à un moment et vice-versa. Il peut être judicieux de maximiser et de multiplier les applications industrielles d'un savoir-faire ou d'un produit afin de garantir l'activité par une augmentation des marchés en dépit d'une baisse potentielle de la consommation finale. L'exemple de Téflon de la multinationale Du Pont illustre cette situation (Encadré 13).

Encadré 13 – Téflon, une innovation aux applications multiples pour Du Pont *(Sources : http://heritage.dupont.com et www.teflon.com).*

Le slogan de Du Pont *« the miracles of science »*, n'a jamais été aussi adapté que pour le Téflon. En 1938, Roy Plunkett a accidentellement découvert le Téflon alors qu'il travaillait chez Du Pont. Cette découverte révolutionnaire s'est produite parce qu'il avait laissé un contenant de fréon dans un congélateur pendant la nuit. Ce gaz s'est alors transformé en une poudre compacte blanche. La commercialisation de ce nouveau produit n'a commencé qu'en 1949 et Téflon est devenu une marque déposée. Le Téflon est unique en raison de son insensibilité aux acides et aux variations de température. Puisqu'il offre des propriétés anti-adhésives, il est aujourd'hui couramment utilisé dans la fabrication d'articles de cuisine, de vêtements, d'accessoires pour automobiles (balais d'essuie-glace, filtres à huile, etc.), d'ameublement (moquettes, textiles d'ameublement), d'hygiène personnelle (vernis à ongle, verres à lunettes, etc.). Il est également incorporé dans des productions industrielles et on le retrouve notamment dans des matériaux pour fils et câbles, dans la pâtisserie industrielle, dans les revêtements muraux, dans la protection anti-taches, etc. Cette diversité d'applications s'est révélée avec le temps et s'est effectuée progressivement.

En outre, la demande en B to B semble assez inélastique. Les fluctuations de la demande finale n'ont pas de conséquences immédiates sur la demande en B to B. En réalité tout dépend de ce que représente le bien ou le service acheté dans le nouveau produit fabriqué, ou le nouveau service rendu. Elle est d'autant moins élastique que le produit ou le service acheté, rentre pour une faible part dans ce produit fabriqué ou ce service rendu. Enfin, la demande en B to B peut également être qualifiée de fluctuante. Cela signifie qu'elle répond au principe d'accélération, principe selon lequel de faibles changements dans la demande de biens de consommation provoquent des variations beaucoup plus importantes dans la demande de biens de production.

122. **La cas du B to B to C** – Certaines entreprises ont un positionnement double. Elles s'adressent à la fois au consommateur final, mais aussi aux entreprises. En réalité, outre le fait de toucher deux types de marchés, cette techniques peut viser à non seulement construire une stratégie en amont où l'entreprise cliente serait le relais du vendeur, mais aussi, de bénéficier de l'image positive d'une clientèle « industrielle », au niveau du consommateur final. Par exemple, pour se lancer sur un marché hyperconcurrentiel, Purodor spécialiste des produits d'entretien a choisi de toucher d'abord les professionnels. En se positionnant sur un segment écologique, cette marque obtient un franc succès car les valeurs défendues sont vendeuses[2].

§ 2. Le processus d'achat en B to B

***123.* Des intervenants différents dans le processus d'achat en B to B** – Le processus de décision d'achat implique quelque soit l'acheteur la prise en compte de rôles différents. La différence fondamentale entre le processus de décision d'achat en B to B par rapport à celui en B to C, est que la plupart du temps ces rôles sont imputables à des personnes multiples. Des travaux ont essayé de comprendre comment pouvaient fonctionner les services d'achat des entreprises. La tâche n'est pas aisée compte tenu du fait que les services d'achat diffèrent profondément d'une entreprise à l'autre. Le centre d'achat est « *l'ensemble des individus et groupes qui interviennent dans le processus de prise de décision d'achat et en partagent les objectifs ainsi que les risques* » (Kotler *et alii*, 2006). Cette définition est d'ailleurs fondée sur les travaux de Webster et Wind (1972) qui identifient plusieurs intervenants dans le processus d'achat en B to B. Le centre d'achat regroupe sept rôles-clés. L'initiateur émet la requête initiale et n'est pas toujours l'utilisateur du produit. L'utilisateur utilise le produit ou service et élabore le cahier des charges initial. Le prescripteur (également dénommé influenceur) exerce une influence sur la décision d'achat soit directement, soit indirectement. Il participe à l'élaboration du cahier des charges et demeure souvent investi de l'autorité du spécialiste. Certains cabinets d'études sont spécialistes de ce domaine. Le décideur a le pouvoir de décision effectif sur le choix des fournisseurs. L'acheteur a la responsabilité formelle de la négociation des conditions. Il intervient dans la conclusion du contrat commercial. L'approbateur donne son accord pour une recommandation d'achat. Enfin le relais (ou filtre) contrôle la circulation de l'information dans l'entreprise. Il est le garant du respect du système d'information. D'autres typologies existent. Malaval (2001), identifie les décideurs, les acheteurs, les prescripteurs et les utilisateurs. L'influence relative des acteurs du centre d'achat peut être variable en fonction du produit à acheter et du type de décision à prendre (Jackson, Keith et Burdick, 1984).

***124.* Les phases du processus d'achat** – Le processus d'achat en B to B est similaire à celui observé chez le consommateur. Webster et Wind (1972) proposent de décomposer ce processus en six étapes différentes. La différence principale tient au fait que pour chaque étape, des acteurs différents et parfois multiples interviennent (tableau 13). À chaque étape, hormis pour le contrôle, le filtre est présent pour faire circuler l'information dans le système. L'anticipation et la reconnaissance du problème sont à la charge de l'utilisateur. C'est la personne qui est sur le terrain qui peut préconiser des améliorations du produit ou du

---

2. « Purodor teste d'abord les professionnels », *Les Échos*, 12 mai 2005.

service acheté. La deuxième étape concerne la détermination des spécifications et des quantités nécessaires et relève d'un niveau de technicité élevé. S'il est indispensable de connaître l'avis de l'utilisateur, le recours à des prescripteurs intervient fréquemment. La recherche de fournisseurs potentiels incombe à l'acheteur. C'est à ce niveau qu'il importe d'adopter une démarche relationnelle forte dans les salons professionnels ou dans la participation à des événements. La création d'événements est importante pour capter les futurs partenaires. Les marques préfèrent de plus en plus organiser leurs propres événements plutôt que de participer à des salons. Ainsi IBM préfère organiser ses propres rendez-vous « *one day infrastructure* » destiné aux directeurs informatiques[3]. Par ailleurs, en dépit de la frilosité des professionnels envers l'E-procurement, Internet reste un outil privilégié à cette étape.

TABLEAU 13 – LES ÉTAPES DU PROCESSUS D'ACHAT DU CENTRE DÉCISIONNEL D'ACHAT

Étapes du processus d'achat	Composition du centre décisionnel d'achat				
	Utilisateur	**Prescripteur**	**Acheteur**	**Décideur**	**Filtres**
Anticipation et reconnaissance d'un problème	*				*
Détermination des spécifications et des quantités nécessaires	*	*			*
Recherche des fournisseurs potentiels			*		*
Recueil et analyse des offres	*	*	*	*	*
Choix du fournisseur			*	*	*
Contrôle et évaluation des performances	*				

Source : Webster et Wind, 1972.

Le recueil et l'analyse des offres sont traités par l'ensemble des intervenants dans le centre d'achat. Pour autant le choix du fournisseur incombe au binôme formé de l'acheteur et du décideur. Enfin, le contrôle et l'évaluation des performances après l'achat reviennent à l'utilisateur qui est le seul à posséder une vision opérationnelle du choix.

***125.* Les types de situation d'achat en B to B** – De manière récurrente, il convient de distinguer trois situations d'achat (Dayan, 2002). Le simple réachat implique un comportement conditionné des entreprises clientes. L'expérience joue un rôle primordial et les fournisseurs bénéficient d'une prime au renouvellement si la relation s'est bien déroulée. Le réachat modifié implique des changements à l'initiative de l'acheteur. Certaines modifications de spécifications ou la

3. « Marques : l'engouement pour les cérémonies », *Les Échos*, 15 mars 2005.

volonté de renégocier les contrats amènent en effet les fournisseurs à effectuer des surenchères afin de garder les contrats. Enfin, le nouvel achat n'est pas conditionné par l'existence préalable d'un lien avec un fournisseur. Tout est donc à inventer à chaque étape. En fait, on peut illustrer l'ampleur du travail à réaliser à chaque étape du processus d'achat à la lumière de ces trois situations d'achat (Tableau 14).

TABLEAU 14 – ÉTAPES DU PROCESSUS D'ACHAT ET TYPE D'ACHAT CONCERNÉ

	Catégorie d'achat		
Phases d'achat	**Nouvel achat**	**Réachat modifié**	**Simple réachat**
Anticipation et reconnaissance du problème	Oui	Parfois	Non
Détermination des spécifications et des quantités nécessaires	Oui	Oui	Oui
Recherche des fournisseurs potentiels	Oui	Parfois	Non
Recueil et analyse des offres	Oui	Parfois	Non
Choix du fournisseur	Oui	Parfois	Non
Contrôle et évaluation des performances	Oui	Oui	Oui

Source : Inspiré de Robinson, Faris et Wind, 1967.

Le simple réachat implique de continuer à contrôler et évaluer les performances et à déterminer les spécifications et les quantités nécessaires à chaque commande. Suivant l'objectif de la modification, la modification de la situation intermédiaire de réachat soit nécessite de mobiliser un grand nombre d'acteurs du centre d'achat, soit ne concerne qu'une partie d'entre eux.

Application : Le déroulement du processus d'achat d'Alfred

Exercice

Vous, vous souvenez d'Alfred dans le chapitre précédent… Si l'on a pu déterminer les facteurs explicatifs de son comportement, quel a été le déroulement de son processus d'achat ? Faîtes un schéma.

Petit rappel : Alfred Calculator est un homme d'une soixantaine d'années. Quatre fois divorcé, sans enfant, il occupe le poste de Directeur de la stratégie dans une grande maison de disque à Paris. Cet homme a su se faire une place dans la société (au mépris souvent des règles éthiques et déontologiques), où par crainte on lui a laissé également le fauteuil de Directeur de la programmation classique. Il faut dire qu'Alfred est un passionné de musique classique, surtout de Richard Wagner. Depuis un an son équipement audio marque des signes de fatigue. Rien ne le met plus de mauvaise humeur que de ne pas pouvoir écouter La Walkyrie en revenant du travail. Sans ce palliatif, sa solitude lui pèse. Il décide donc de se renseigner d'abord au magasin Connexion. Là, il demande conseil à un vendeur (Jérémy), en lui expliquant ce qu'il recherchait. Jérémy isole deux produits correspondant à ses attentes :

	Denon DM33	Sony CMTCP71
Puissance RMS par canal	22	75
Puissance en watts	3 x 25	2 x 85
Nombre d'enceintes	3	2
Lecteur MP3	Oui	Oui
Lecteur Super Vidéo CD	Non	Non
Prix	479 €	299 €

Après avoir exprimé son inquiétude sur la rapide obsolescence des produits, Alfred s'étonne que ces produits ne soient pas équipés de lecteur super Vidéo CD, très fréquent dans les pays d'Asie du sud est et les Pays de l'Est. Cela le contrarie car il possède un nombre non négligeable de maquettes venant de là-bas, et uniquement lisibles sur des appareils spécialement équipés. Il en possède d'ailleurs un au bureau. Jérémy rappelle qu'il est possible d'obtenir gratuitement la carte connexions privilèges. Alfred, intéressé, demande à quoi correspond cette carte. Après que Jérémy lui réponde qu'elle permettait de disposer d'une réserve d'argent et de collecter des points cadeaux, Alfred remercia le vendeur et prit congé. Le lendemain, Alfred se connecte sur Darty.com et regarde les spécifications des produits. Il cherche un produit ayant des caractéristiques similaires aux produits présentés la veille, mais avec en plus le fameux lecteur super vidéo CD. Il trouve le Philips MCD708 (Puissance RMS par canal : 100 ; Puissance en watts par canal : 2 x 60 ; 2 enceintes ; Lecteur MP3 et

Lecteur Super vidéo CD) pour 349 €. Pour être sur, il décide de se rendre sur place. Malheureusement il se rend compte que les transports en commun ne lui permettront pas d'atteindre le magasin avant l'heure de la fermeture. Puis, il s'aperçoit qu'il se trouve presque en face de la Fnac. Alfred entre et trouve le même produit au même prix. Une conseillère (Kathy) s'approche de lui pour le renseigner. Alfred possède manifestement bien son sujet et au bout de quelques minutes, Kathy reprend la main en lui demandant s'il est adhérent. Il répond par la négative. Elle lui explique qu'elle possède le même appareil et qu'elle arrive maintenant grâce à la connectique de l'appareil et également à une mini formation de la Fnac, à enregistrer très proprement les morceaux de musique joués par sa fille qui est au conservatoire. Kathy insiste sur la dimension connectique qui permet de faire de cet appareil un outil multimédia compatible avec les autres appareils. Voyant l'hésitation d'Alfred, Kathy ajoute que depuis qu'elle fait partie du club Fnac, elle est toujours épaulée par un conseiller dans le maniement de ces produits par nature de plus en plus complexes. Elle remarque, que le fait d'adhérer à la carte Fnac peut permettre à Alfred de bénéficier d'une réduction de 10 % dès aujourd'hui sur son achat. Alfred décide de se jeter à l'eau : il devient adhérent Fnac et achète le produit. Depuis, Alfred Calculator, stratège haï par bon nombre de ses collègues dans son entreprise, paraît moins malheureux. C'est probablement l'effet de La Walkyrie.

Solution : Le déroulement du processus d'achat d'Alfred

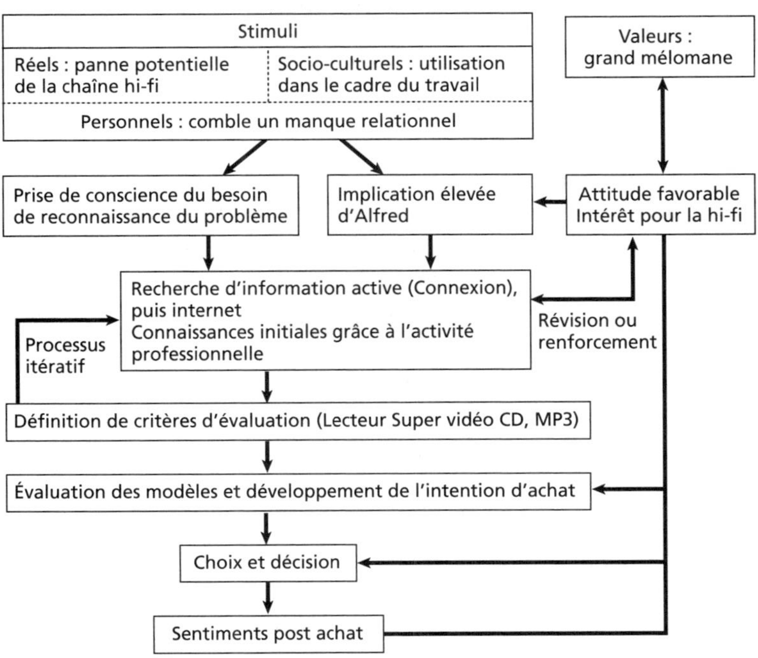

Bibliographie

– F.M. Bass, « Reflections on stochastic preference theory: some unresolved issues », *Journal of Marketing Research*, 17, 3, 383-384, 1980.

– A.C. Bemmaor, « Franck M. Bass: le marketing scientifique », *in* A. Jolibert (dir.), *Les grands auteurs en marketing*, Paris, Editions EMS, 2001.

– J.R. Bettman, *An information processing theory of consumer choice*, Boston, Addison-Wesley, 1979.

– A. Dayan, *Marketing B to B*, 5e édition, Paris, Vuibert, 2002.

– V. De Barnier, « Le modèle ELM : bilan et perspectives », *Recherche et applications en marketing*, 21, 2, 61-82, 2006.

– M. Dupuis, M. Benoun, « La relation fournisseur-distributeur et les outils de la distribution », *in* C. Michon (Ed.), *Le marketeur, les nouveaux fondements du marketing*, Paris, Pearson Education, 355-381, 2003.

– J.F. Engel, R.D. Blackwell, D.T. Kollat, *Consumer behavior*, 3rd ed., Chicago, The Dryden Press, 1978.

– J.F. Engel, R.D. Blackwell, P.W. Miniard, *Consumer behavior*, 8th ed., Chicago, The Dryden Press, 1995.

– J. Howard, J.N. Sheth, *The theory of buyer behavior*, New-York, John Wiley & Sons, 1969.

– D.W. Jr Jackson, J.E. Keith, R.K. Burdick, « Purchasing agent's perceptions of industrial buying center influence: a situational approach », *Journal of Marketing*, 48, 4, 75-83, 1984.

– P. Kotler, B. Dubois, K.L. Keller, D. Manceau, *Marketing Management*, 12e édition, Paris, Pearson Education, 2006.

– T. Levitt, « Marketing myopia », *Harvard Business Review*, 38, 4, 45-56, 1960.

– T. Levitt, *The marketing imagination*, New-York, Free Press, 1983.

– K. Lewin, *A dynamic theory of personality*, New-York, McGraw Hill, 1935.

– P. Malaval, *Marketing business to business*, 2e édition, Paris, Pearson Education, 2001.

– D. Michel, R. Salle, J.-P. Valla, *Marketing industriel, stratégie et mise en œuvre*, 2e édition, Paris, Economica, 2000.

– F.M. Nicosia, *Consumer decision process: marketing and advertising implications*, Englewood Cliffs, New Jersey, Prentice-Hall, 1966.

– J.V. Petrov, *Comportement du consommateur et marketing*, 5e édition, Sainte-Foy, Presses de l'Université Laval, 1999.

– R. Petty, J. Cacioppo, *Attitudes and persuasion: classic and contemporary approaches*, New-York, McGraw Hill, 1981.

– R. Petty, J. Cacioppo, D. Schumann, « Central and peripheral routes to advertising effectiveness: the moderating role of involvement », *Journal of Consumer Research*, 10, 2, 135-146, 1983.

– Robinson, Faris, Y. Wind, *Industrial buying and creative marketing*, Boston, Allyn & Bacon, 1967.
– E. Tissier-Desbordes, « Le comportement individuel et social des consommateurs », *in* C. Michon (Ed.), *Le marketeur, les nouveaux fondements du marketing*, Paris, Pearson Education, 57-83, 2003.
– F.E. Webster, Y. Wind, *Organizational buying behavior*, Englewood Cliffs, Prentice Hall, 1972.

Titre 3

La rencontre entre produits et consommateurs

126. La rencontre entre produits et consommateurs nécessite pour le marketeur d'orchestrer les moyens facilitant sa réussite. Désormais, même les Collectivités territoriales adoptent des démarches marketing qui se traduisent par une segmentation de la clientèle et un positionnement bien défini. Par exemple, le département de l'Orne se positionne sur les courts séjours (proximité géographique parisienne) et segmente ses clientèles (*cocooning*, flâneur, cuir et *country*) en fonction des thèmes de séjour[1]. Traditionnellement en marketing, il existe deux conceptions du marché aboutissant à deux stratégies d'analyse. Si on privilégie l'offre, l'ensemble des produits étroitement liés sont considérés comme substituables par le consommateur. Cette optique « offre » implique donc une démarche de positionnement. Si on privilégie la demande, on va prendre en compte l'ensemble des individus qui ont acheté dans le passé une classe de produits donnée. Cette optique « consommateur » a pour conséquence d'adhérer à une stratégie de segmentation. Cette dernière peut apparaître insuffisante pour appréhender la demande en raison du développement d'un extrême individualisme de la société. Depuis le début des années 1990, les marketeurs ont cherché à passer du B to C au 1 to 1. L'objectif est de tout mettre en œuvre pour s'adresser à l'individu et non à un groupe si petit soit-il de consommateur. Les développements qui suivent s'articuleront autours de la segmentation des marchés (Chapitre 1), du positionnement des produits (Chapitre 2) et du développement du *one to one* (Chapitre 3).

1. « La nouvelle stratégie d'image de l'Orne », *Les Échos*, 06 juin 2005.

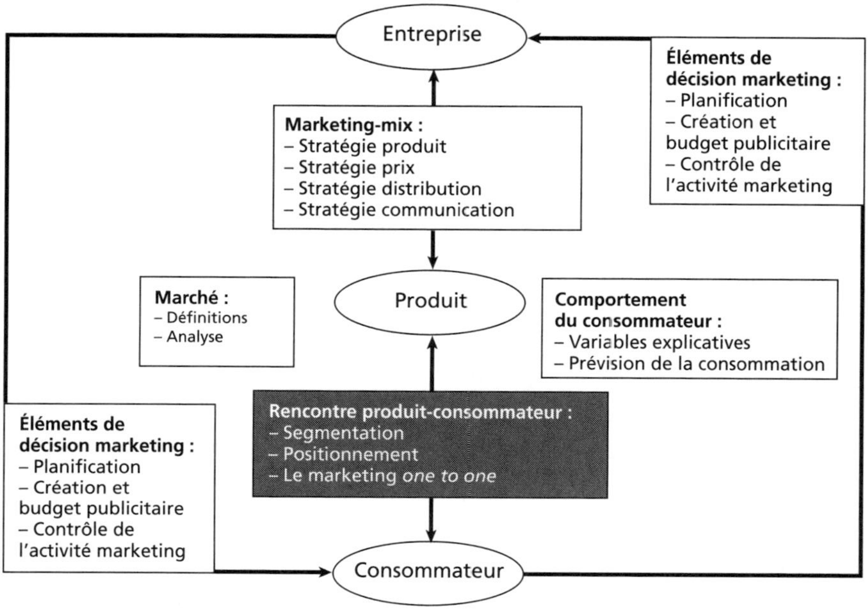
Entreprise
Éléments de décision marketing :
– Planification
– Création et budget publicitaire
– Contrôle de l'activité marketing
Marketing-mix :
– Stratégie produit
– Stratégie prix
– Stratégie distribution
– Stratégie communication
Marché :
– Définitions
– Analyse
Produit
Comportement du consommateur :
– Variables explicatives
– Prévision de la consommation
Éléments de décision marketing :
– Planification
– Création et budget publicitaire
– Contrôle de l'activité marketing
Rencontre produit-consommateur :
– Segmentation
– Positionnement
– Le marketing *one to one*
Consommateur

Chapitre 1
La segmentation des marchés

Plan du chapitre

Résumé

La segmentation des marchés est une des activités centrales du marketeur. Elle conditionne l'avenir de l'entreprise dans la mesure où une grande partie de la stratégie marketing s'appuie sur ses résultats. L'enjeu est de déterminer les critères de segmentation les plus appropriés aux produits ou services à diffuser. Les développements récents tant en termes de méthodes, que de bases de données apportent des perspectives nouvelles à cette activité au cœur de la démarche marketing.

127. Partant du principe qu'il est utopique de vouloir satisfaire tous les clients avec un seul produit, les entreprises choisissent de se concentrer sur un ou plusieurs segments faisant partie du marché de référence. La segmentation est probablement un des concepts centraux du marketing. Il révèle que les marchés peuvent être différenciés. Les développements qui suivent traiteront en premier lieu de la définition et des enjeux de la segmentation (section 1). En deuxième lieu, ce chapitre abordera les différents critères de segmentation (section 2). Enfin, la dernière section (section 3), abordera le ciblage et l'applicabilité du concept de segmentation au marché.

Section 1
Définition et enjeux de la segmentation

***128.* Définition de la segmentation** – De manière générale, il existe deux visions de la segmentation. D'un côté, les consommateurs dans leur totalité représentent un ensemble hétérogène. Un produit donné peut parfaitement satisfaire à un groupe d'entre eux mais certainement pas à tous. D'un autre côté, la segmentation consiste à étudier des sous-ensembles relativement homogènes de consommateurs (segments de marchés) et à évaluer ceux qui sont susceptibles de réagir favorablement à l'offre constituée par le produit proposé. Ces deux positions caractérisent les visions descendantes et ascendantes de la segmentation. La problématique peut être résumée avec la question suivante : Doit-on partir du général pour se recentrer progressivement sur des segments de plus en plus précis ou doit-on laisser émerger des groupes qui s'avèreront constituer des segments naturels ? La réponse relève des deux optiques. *« La segmentation des marchés est un processus qui consiste à découper un marché global et hétérogène de consommateurs (actuels ou potentiels) en sous-groupes homogènes (segments). Elle vise à faire en sorte que les consommateurs appartenant à un même segment aient des attitudes, des attentes ou des comportements similaires dans le marché considéré. Elle vise également à ce que des stratégies de marketing adaptées à ces consommateurs actuels ou potentiels soient mises en œuvre »* (Bon, 2003).

***129.* Intérêt de la segmentation** – Smith insistait dès 1956, sur le fait que la segmentation ne pousse pas l'entreprise à devenir beaucoup trop dispendieuse, dans la mesure où il peut y avoir une multiplication de segments différents et donc des dépenses supplémentaires (Smith, 1956). Cette interrogation implique de revenir sur le but de la segmentation qui consiste à accroître les profits par rapport à ceux qui seraient dégagés sans segmentation. Mais en réalité, tout dépend de la nature de la segmentation. Elle peut être utilisée avec des arrière-pensées amenant des stratégies de développement différentes (Stratégor, 2005). D'un côté, le segment est vécu comme une opportunité de conquérir de nouveaux marchés et de ce fait, ne s'intéresse pas en priorité aux problèmes de coûts (segmentation stratégique). D'un autre côté, le segment peut être considéré comme un moyen de coller le plus aux attentes des individus correspondant à cette catégorie (segmentation traditionnelle). Il s'agira plus d'adopter une stratégie de niche sans s'intéresser aux développements de l'activité sur d'autres marchés (Raynor et Weinberg, 2004). La segmentation stratégique divise les activités en groupes homogènes selon la technologie, les fonctions desservies, les groupes de consommateurs et d'acheteurs. Elle révèle les opportunités de création ou d'acquisition d'activités nouvelles ainsi que les nécessités de développement ou d'abandon d'activités actuelles. En d'autres termes, elle provoque des changements à moyen et long terme. La segmentation traditionnelle divise les acheteurs en groupes homogènes selon leurs besoins, habitudes, comportements, similarité de réponses à des actions marketing, etc. Elle permet d'adapter les produits au consommateur, de choisir parmi les segments, et d'adapter le marketing mix. La segmentation traditionnelle provoque ainsi des changements à court et moyen terme. La segmentation peut donc répondre à des interrogations multiples et les variables qui seront mobilisées seront fonction ce celles-ci. Wind (1978) a identifié un *corpus* de variables classiquement mobilisées en fonction de l'objectif de la segmentation (Encadré 14). Ces objectifs peuvent viser une compréhension générale d'un marché, des études de positionnement, un lancement de nouveau produit, une décision sur les prix, sur la publicité ou sur la distribution. Les clients d'une banque peuvent, par exemple, être segmentés selon le profil de leurs comptes, leur attitude face au risque, ou en fonction de variables sociodémographiques. Le choix de chaque type de segmentation correspond à un objectif distinct : « *cross-selling* » (ventes croisées), préparation de message publicitaire, ou choix des médias utilisés.

Encadré 14 – Variables classiques mobilisées, en fonction de l'objectif de la segmentation
(Source : Wind, 1978).

Yoram Wind a identifié des variables susceptibles d'être mobilisées dans une démarche de segmentation. Ces variables diffèrent selon l'objectif de la segmentation pour l'entreprise. Ainsi, un processus de segmentation peut être envisagé de diverses manières :
– pour la compréhension générale d'un marché, on utilise les variables suivantes : Bénéfices recherchés, achat de produit et raisons de l'utilisation, besoins, fidélité à la marque et modification de l'utilisation du produit ou un mélange de ces variables ;
– pour les études de positionnement, on mobilise l'utilisation du produit, la préférence pour le produit, les bénéfices recherchés ou un mélange de ces variables ;
– pour le lancement d'un nouveau produit, on s'intéresse aux réactions face à la nouveauté (intentions d'achat, préférence pour certaines marques, etc.), mais également aux bénéfices recherchés ;
– pour une décision sur les prix, on recherche la sensibilité aux prix, les prédispositions des clients aux affaires, la sensibilité au prix par achat en fonction du type d'utilisation des produits ;
– pour une décision liée à la publicité, les entreprises se fondent sur l'étude des bénéfices recherchés, de l'utilisation des médias, des variables psychographiques et de styles de vie, ou un mélange de ces variables avec le type d'utilisation des produits ;
– pour une décision liée à la distribution, les variables fidélité au magasin et bénéfices recherchés dans la sélection de magasins sont étudiées.

***130.* Le processus de segmentation** – Quel que soit l'objectif de la segmentation, le processus adopté reste le même. Il peut être décliné en cinq étapes. Il convient d'abord de définir le marché. Il s'agit de rechercher les frontières d'un marché soit par le niveau de l'analyse (produits ou individus qui caractérisent le marché), soit par la perspective temporelle (le long terme implique une segmentation large, alors que le court terme resserre la définition du marché). La deuxième étape consiste à identifier les segments. Ainsi, il est nécessaire de choisir une base de segmentation (sociodémographique, personnalité, style de vie, fidélité, bénéfice, attributs, usage, etc.). Il convient également de choisir les critères importants (usage, fidélité, avantages recherchés, attributs de la marque, etc.). L'étape suivante consiste en l'établissement du profil des segments avec des variables descriptives. Ces dernières peuvent être courantes (générales ou spécifiques, socio-économiques, démographiques, etc.) ou dues au comportement (médias préférés, canal de distribution, etc.). La quatrième étape se résume au choix des segments de cible. Ces derniers doivent posséder un certain nombre de qualités. D'abord, leur taille doit être suffisante, même si la forte croissance d'un secteur peut contrebalancer son étroitesse. Ensuite, l'absence ou l'existence de concurrents, facteur d'attractivité d'un segment peut conditionner un choix. Un segment très concurrentiel ne contribue pas à la profitabilité de l'entreprise. Le coût d'atteinte du segment est également un élément à prendre en compte dans le choix. Il doit être compatible avec les objectifs et ressources de l'entreprise. Enfin, l'un des pièges de la démarche de segmentation est de raisonner sur le segment idéal. Pourtant l'activité de l'entreprise exige que les segments définis soient opérationnels. La dernière étape du processus de segmentation est l'adoption de stratégies marketing appropriées, notamment dans le cadre de l'utilisation des variables du marketing mix. La manipulation des variables doit se faire de façon cohérente. Il convient ainsi de mesurer les différences de temps d'adaptation entre variables.

Encadré 15 – Un processus de segmentation axé lancement de produit : le cas Albal

(Source : « Pour ses 40 ans, Albal sort de son emballage », Marketing Magazine, 101, janvier-février 2006).

(...) Pour ses quarante ans, le n° 1 de l'emballage alimentaire a décidé d'innover et de s'attaquer au marché des boîtes alimentaires en lançant, d'emblée une collection de trente références. « *Nous nous sommes basés sur les attentes des consommateurs pour concevoir cette collection qui couvre l'ensemble des besoins, de la congélation à la cuisson* », souligne Sylvie Bergero, Directrice marketing de Cofresco (leader européen de l'emballage ménager avec les marques Albal, Glad, Handy bag et Toppit's). (...) La marque s'est donc appuyée avant tout sur ces attentes (taille et forme bien adaptées à l'usage, fermeture hermétique, ouverture et fermeture faciles, résistance, etc.) pour concevoir cette collection qui couvre l'ensemble des besoins en forme (ronde, carrée, rectangulaire) et de contenance (0,20 litre à 6 litres). Pénétrant un marché déjà occupé par des marques ayant choisi de longues garanties, Albal a opté pour la garantie 30 ans de ses boîtes plastiques. « *Nous couvrons désormais l'ensemble des usages en termes de préservation* », se réjouit Sylvie Bergero. Arrivant sur un marché en croissance, cette nouvelle gamme segmentée selon cinq usages (congeler, conserver, transporter, réchauffer, cuisiner) est associée à des codes couleurs, parfaitement identifiables dans les placards et surtout en linéaire où la marque compte bien révolutionner la catégorie. Car voilà, si en lançant cette gamme, la marque compte satisfaire 81 % des foyers qui détiennent (et se servent 5 fois par semaine) des boîtes alimentaires, elle souhaite surtout organiser la catégorie en dynamisant le rayon. « *Tupperware Europe réalise un chiffre d'affaires de 500 millions d'euros qui échappe à la GMS. Le marché est dynamique, il y a donc un potentiel à condition de créer un nouveau rayon et de le dynamiser* », lance la Directrice marketing. (...)

Section 2
Des critères de segmentation multiples

131. La diversité des critères potentiellement à disposition d'un processus de segmentation nécessite quelques développements. Ainsi, dans le cadre du B to C, un certain nombre de critères sont communément utilisés, fondés à la fois sur des variables individuelles, mais aussi sur des variables sociologiques et psycho-sociologiques. Évidemment, la situation est différente en B to B, et la segmentation des marchés repose sur d'autres types de critères. Dans les deux cas, les critères retenus doivent posséder un certain nombre de qualités, pour ne pas voir le processus de segmentation échouer.

§ 1. Des critères géographiques et sociodémographiques aux critères comportementaux

132. Kotler considère qu'il existe trois méthodes pour définir un segment (2005). L'approche traditionnelle divise le marché en groupes démographiques. Chaque groupe est facile à atteindre, ce qui constitue incontestablement un avantage. L'inconvénient est qu'il n'y a aucune raison de penser que tous les individus d'un groupe aient des besoins identiques ou la même propension à l'achat. La seconde méthode consiste à segmenter le marché en groupes de besoins (exemple : les hommes à la recherche de la dernière innovation technologique). Une fois le segment défini, il convient d'étudier les caractéristiques de la population plus en détail. Enfin la troisième manière de définir un segment consiste à mettre en évidence des groupes de comportements. On s'intéressera par exemple aux individus qui téléchargent légalement leur musique sur Internet. Là encore, une fois isolé, il conviendra d'étudier les composantes de ce segment.

133. **Les segmentations selon un critère géographique et/ou sociodémographique** –Les critères géographiques partent du principe qu'il convient de différencier les territoires. Ainsi, les décisions d'implantations géographiques dans des pays ou dans des villes relèvent de cette idée. La zone de chalandise (aire géographique de laquelle le magasin tire ses ventes) est une forme de segmentation du marché. Les restaurants Mc Donald's implantés en France depuis1979, choisissent leurs implantations en fonction d'une zone de chalandise minimale de 20 à 25 000 habitants. Essentiellement en périphérie des villes, l'implantation des restaurants Mc Donald's se fait principalement sur des zones commerciales et d'activités en proposant un service au volant : le Mc Drive. Ce spécialiste de la restauration rapide se présentant comme un restaurant de proximité, le critère « zone de chalandise » apparaît primordial. À ce critère est ajoutée la présence de la concurrence sur le territoire. Mc Donald's privilégiera systématiquement, à condition que la zone de chalandise soit suffisante, une installation à proximité de son challenger Quick (qui détient environ 27 % du marché national). Les critères sociodémographiques reprennent essentiellement les variables individuelles étudiées au niveau du comportement du consommateur final. Les critères classiques comme l'âge et le sexe peuvent avoir des incidences sur l'offre marketing. Ainsi, l'on voit de plus en plus de nouvelles offres destinées aux hommes correspondant à de nouveaux comportements. L'Oréal propose un produit hydratant antiride d'expression. Mennen lance un après-rasage anti-teint terne. Les cibles évoluent car il y a quelques années ces produits n'étaient même pas envisageables. Dans le même ordre d'idée, l'âge peut pousser à rechercher la simplicité dans l'utilisation des produits ou services. Dans la téléphonie mobile, Orange a lancé le mobi-Click : mobile sans écran doté de trois grosses touches de couleurs différentes permettant de ne plus composer les numéros[2]. Les différences générationnelles (souvent liées à l'âge) peuvent également constituer des moyens de segmentation. Cela se traduira par exemple par un clin d'œil dans une publicité. On voit en effet aujourd'hui certaines annonces qui s'adressent à la génération marquée par mai 1968 en proposant des produits en accord avec les valeurs défendues à l'époque (indépendance, liberté, etc.). Le revenu et la classe sociale peuvent également constituer des critères pertinents, mais il faut faire attention aux idées préconçues. Les revenus aisés ne sont pas forcément les seuls acheteurs de produits chers ou identifiables à une classe sociale élevée. La consommation ostentatoire peut brouiller les cartes. Des marques de luxe comme Lacoste ont ainsi vu arriver un nouveau type de clientèle. À l'inverse un produit initialement prévu pour des revenus ou des classes sociales modestes peut être consommé par des individus détenteurs de revenus plus élevés ou appartenant à une classe sociale supérieure. C'est souvent le cas pour l'achat de petits véhicules (segment B1 et B2)[3]. Ils servent de seconde automobile au foyer. S'ils sont faciles d'application, ces critères sociodémographiques sont souvent qualifiés de « simplistes ».

***134.* La segmentation psychographique** – Ces critères se rapportent aux styles de vie, aux valeurs que les consommateurs défendent ainsi qu'à leur personnalité. Pour certains auteurs, l'impact du style de vie sur la décision d'achat a une importance capitale (Fullerton et Dodge, 1992). Ce lien passerait par deux étapes : la mise en condition situationnelle et les bénéfices escomptés (Figure 27).

---

2. « Les marques s'attaquent aux hommes », *Les Échos*, 22 et 23 octobre 2004. Également, « Consommation : l'heure est à la simplicité », *Les Échos*, 7 février 2005

3. La nouvelle segmentation des véhicules automobiles est effectuée en fonction (en moyenne) de l'empattement de la longueur, de la largeur de la puissance et du tarif. Par exemple le segment B1 regroupe des véhicules Renault Twingo, Fiat Panda, Peugeot 107, etc. Le segment B2 retrouve des modèles Renault Clio, Fiat Grande Punto, Peugeot 207, etc.

Figure 27 – Du style de vie à la décision d'achat

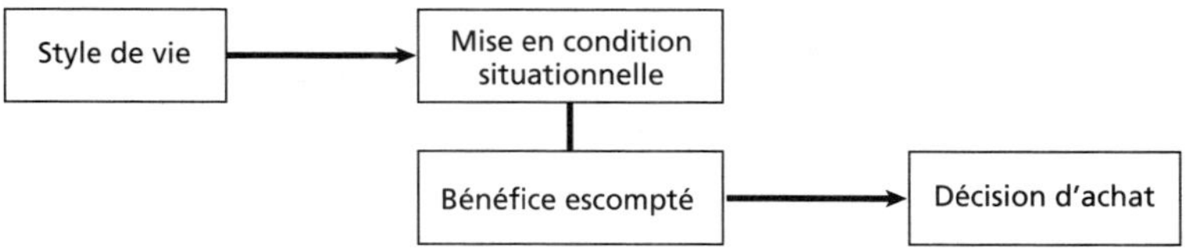

Source : Fullerton et Dodge, 1992.

Ce lien est important dans une optique de segmentation. En effet, pour toucher le consommateur potentiel, il suffit d'identifier les styles de vie correspondant aux mises en condition situationnelles voulues. Ces dernières peuvent être illustrées par la différence de comportement d'un client face à l'achat d'un même produit, mais pour deux occasions différentes : un cadeau ou un achat personnel. Lorsque l'on possède de nombreuses marques, il convient de définir pour chacune d'elles « un territoire de marque » afin qu'il n'y ait pas de concurrence entre elles. Au sein du groupe Sanford, spécialisé dans l'écriture, la marque Waterman se veut plutôt mode, la marque Parker est axée vers le sérieux et la précision. La marque Rotring est plus tournée vers une clientèle jeune empreinte de technologie. Ainsi, d'une segmentation par les prix, le groupe passe à une segmentation par moments d'écriture[4] qui constitue une segmentation situationnelle issue d'un style de vie. Les styles de vie ne sont pas les seules variables à prendre en compte dans la segmentation psychographique. La personnalité d'un individu peut le pousser ou non vers un produit. Sa réactivité, sa persévérance ou sa stabilité émotionnelle peut le faire réagir de manière différente à des sollicitations externes. Par exemple, un individu dont la persévérance est un des traits manifestes de sa personnalité sera plus enclin à être fidélisé par un programme de fidélisation à base de points. Pourtant si ce type de segmentation peut s'avérer très intéressante et utile au marketeur, elle reste la plupart du temps difficile à mettre en œuvre. Le lien avec les personnes identifiées par ce profil n'est pas évident à définir. En d'autres termes, en l'état actuel de nos connaissances, il est impossible de trouver les médias et les circuits de distribution correspondant à ce type de cible.

135. **La segmentation comportementale** – Ce type de segmentation est fondé sur des variables motivationnelles, attitudinales et expérientielles. Les avantages recherchés dans le produit constituent un premier critère. Cela explique la profusion d'enquête sur des produits, des marques ou des secteurs. L'identification des avantages recherchés par les internautes lors de leur achat en ligne, peut non seulement donner des indications sur la valeur ressentie par les clients pour les éléments du service, mais de surcroît peut permettre une segmentation de la clientèle en fonction de ceux qui recherchent un gain de temps, veulent payer moins cher ou ne désirent pas négocier avec les commerçants (Figure 28).

4. « Sanford redonne à chaque marque son stylo », *Les Échos*, 24 janvier 2005.

Figure 28 – Les avantages liés à l'achat en ligne

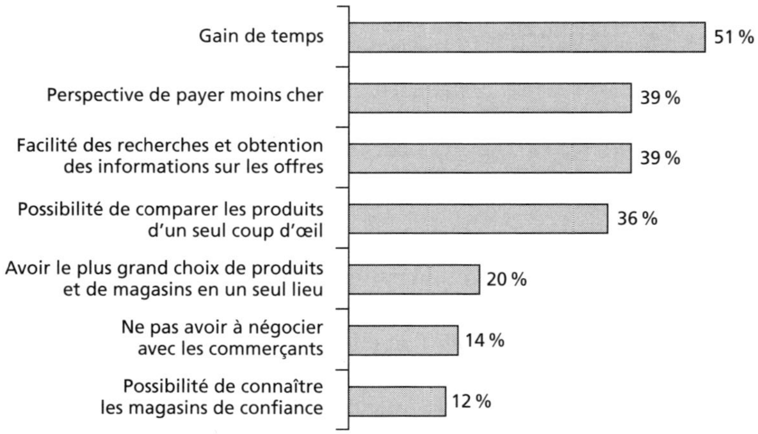

Étude réalisée entre octobre et novembre 2005 par Lightspeed pour Shopping.com auprès de 1000 internautes français entre 18 et 55 ans déjà acheteurs de produits sur Internet, même rarement.
Source : « Les acheteurs en ligne reprennent la main » Marketing Magazine, 101, janvier-février 2006.

Le statut d'utilisateur peut également compter parmi les critères comportementaux. Si pour des raisons évidentes, l'entreprise ou l'organisation s'adresse aux utilisateurs, pour diverses raisons, le marketeur peut aussi s'adresser aux non utilisateurs. C'est très souvent le cas dans le marketing de la santé pour ce qui est des campagnes de prévention (luttes contre le tabagisme, pour le port du préservatif lors de relations sexuelles, etc.). Par ailleurs, la fréquence de consommation illustre bien la segmentation comportementale. S'il est aisé de segmenter en fonction des dépenses des clients, il peut être parfois plus complexe d'isoler les consommateurs les plus importants, notamment pour ce qui est des campagnes de démarketing. En effet, les phénomènes de consommation peuvent ne pas être élevés au rang social et les réticences à l'argumentation de ces campagnes rendent l'effort parfois vint (lutte contre l'alcoolisme, prévention routière, etc.). La propension à la fidélité est également un critère comportemental. Il est de surcroît de plus en plus opérationnalisable dans la mesure où les bases de données sont intégrées dans le système d'information marketing. Les grands distributeurs sont capables d'évaluer la fidélité aux marques de leurs clients fidélisés. Par contre la tâche est rendue beaucoup plus difficile pour les clients non fidélisés. La segmentation comportementale est donc variée (Encadré 16).

Encadré 16 – Exemple de segmentation comportementale
(Source : « Segmentation clients : 5 méthodes pour gagner en efficacité », Action Commerciale, 255, septembre 2005).

Une segmentation selon les usages et les comportements des clients
La méthode la plus courante est ce qu'on appelle la segmentation « RFM », pour récence, fréquence, montant. Le comportement du client s'étudie alors *via* trois questions-clés: Quand le

client a-t-il acheté la dernière fois ? À quelle fréquence achète-t-il ? Combien dépense-t-il ? « *La méthode RFM prédit le comportement futur des clients en se fondant sur leur comportement passé. C'est le "b.a.-ba" de l'analyse comportementale* », assure Xavier Gazay, associé en charge de l'offre marketing et CRM (gestion de la relation clients) au sein du groupe de conseil Accenture. Vient ensuite le « *scoring* », une méthode plus avancée d'étude des comportements. « *Le score le plus courant est celui concernant le risque de départ à la concurrence du client, précise le porte-parole d'Accenture. Il convient alors de regrouper les clients les plus sensibles à la concurrence pour leur porter une attention toute particulière.* » Posez-vous en outre d'autres questions sur le comportement de vos clients: Quels produits achètent-ils ? Quels produits n'achètent-ils pas? Quels sont leurs besoins ? La segmentation selon des scores a l'avantage de pouvoir s'ajuster très fréquemment. Segmentation RFM et segmentation par score ne sont pas antinomiques et peuvent, bien au contraire, se croiser. La seconde est une évolution de la première, plus « statique » et qui, le plus souvent, n'est mise à jour qu'à une fréquence annuelle ou biannuelle.

Une segmentation selon les canaux de vente préférés des clients

« *Vous pouvez étudier les comportements de vos clients sur chaque canal de vente* », note Xavier Gazay (Accenture). Et planifier en conséquence les moyens à mettre en œuvre. Il est ainsi possible de connaître l'appétence des clients à un canal de vente particulier. Certains n'aiment pas avoir de visite ? Il faudra alors entrer en contact avec eux par téléphone. Un gros client industriel souhaite recevoir un commercial ? Mobilisez vos forces de vente. Vous segmentez ainsi vos clients selon le mode d'interaction possible avec eux. L'avantage ? À chaque fois qu'un client entre en contact avec vous, vous pouvez enregistrer l'événement et sans cesse revoir votre segmentation. « *Certains opérateurs télécoms tracent ainsi chaque client en enregistrant le moment et la raison de leur appel, l'heure de l'envoi d'un e-mail, etc.* », décrit Domenico Azzarelo (Bain & Company). « *Le directeur commercial peut ainsi, en fonction des résultats enregistrés, allouer des ressources plus ou moins importantes sur un canal ou sur l'autre* ». Une problématique également présente dans le secteur de la santé. « *Les laboratoires identifient les médecins refusant de recevoir des visiteurs médicaux, ce qui leur permet d'économiser des visites*, remarque Hélène Gougeard (Alcimed). *Les acteurs sont passés d'une réflexion sur le produit à une réflexion sur le client* ».

Une segmentation selon les besoins exprimés

« *Prendre en compte les besoins des clients révèle un certain niveau de maturité* », estime Jacques-Olivier Bruzeau (Mercer). « *C'est la tendance à la mode ces trois dernières années* », ajoute Domenico Azzarello (Bain & Company). C'est sur ces critères que le cabinet de conseil en stratégie Mercer a réorganisé la segmentation d'une entreprise de services aux collectivités. « *Nous sommes passés d'une segmentation par taille (grandes collectivités, petites collectivités) à une segmentation selon les besoins des clients, confie Jacques-Olivier Bruzeau. Nous avons ainsi doublé le nombre des segments. Selon son profil (ville touristique, ville avec des logements sociaux, etc.), la collectivité avait des besoins de services différents. Résultat des courses : une croissance de 5 % à 10 % par an* ». Autre exemple probant : la réorganisation de l'intégrateur de réseau Telindus. Ses 120 commerciaux travaillaient par région et visaient les clients selon leur taille. Le choix de Telindus: créer des segments verticaux par métier (santé, banque et assurances, etc.). « *Cette segmentation répond au développement de nouvelles offres produits. Nous étions auparavant focalisés sur des offres techniques; nous proposons aujourd'hui des services à valeur ajoutée*, relate Jean-Pascal Forly, directeur du développement et de la stratégie chez Telindus. *Une évolution de notre activité qui conduit les commerciaux à devoir maîtriser le métier de leurs clients pour anticiper sur leurs besoins* ». Parmi les segments en cours de création : celui dédié aux collectivités locales. « *Ces dernières ont des besoins fonctionnels précis auxquels notre force de vente doit s'initier. Dans les deux ans à venir, nous souhaitons ne développer que des segments verticaux* », conclut Jean-Pascal Forly.

Il n'est pas évident que des résultats de segmentation comportementale soient systématiquement opérationnalisables (Hammond, Ehrenberg et Goodhardt, 1996). Les segmentations attitudinales, bien que difficilement actionnables, fournissent des informations très pertinentes sur les liens entre les *trends* sociaux et la catégorie étudiée. Par exemple, les critères peuvent porter sur l'usage du produit (Haley, 1985) ou sur la saisonnalité de la consommation (Wellan et Ehrenberg, 1990). Les segmentations sur les besoins ou les motivations se révèlent très efficace pour identifier les opportunités de développement produit et définir les stratégies de portefeuille de marques[5] (Encadré 17).

Encadré 17 – La segmentation par les motivations : vers de nouvelles opportunités de consommation
(Source : « Les atouts opérationnels de la segmentation par les motivations », Marketing Magazine, 96, juin-août 2005).

(...) Il est essentiel de tenir compte du fait que sur certains marchés, un même individu va pouvoir adopter des comportements différents selon les occasions de consommation et opter pour des marques ou des produits différents en conséquence. Prenons l'exemple d'une femme dont l'âge se situe entre 20 et 40 ans. Celle-ci peut exprimer des besoins différents lorsqu'elle « snacke » au travail et quand elle snacke chez elle le soir. Dans le cadre de son travail, la consommation sera sans doute plus individuelle et correspond davantage à ses envies propres, alors que chez elle, le produit consommé pourra être partagé et devra également satisfaire les besoins des autres membres du foyer. Une segmentation par les motivations, basée sur les occasions, sera ainsi mise en œuvre afin d'en tenir compte. Le marché pouvant être vu comme la somme des occasions de consommation. Si l'on reprend cet exemple, les besoins qu'exprimera cette personne seront sans doute différents si elle snacke (au bureau) au moment du déjeuner ou si elle snacke (au bureau) pour accompagner la pause thé du matin. La segmentation multidimensionnelle ainsi obtenue (motivation, moment) gagne encore en puissance et en précision dans l'identification des opportunités. La valorisation de l'occasion dans la segmentation par les motivations a peu à peu aboli les frontières entre les catégories. Il ne fait plus sens aujourd'hui de s'intéresser au marché des barres chocolatées sans s'intéresser également à l'ensemble du marché du *snacking* incluant les chips ou les gâteaux. (...).

136. **Des critères de segmentation spécifiques pour un pays ?** – Les entreprises présentes partout dans le monde se posent également le problème de la segmentation. Le problème consiste à appréhender une diversité de marchés nationaux. Jusqu'à présent, un grand nombre d'entreprises ont segmenté par pays. Si cette tentative peut s'avérer judicieuse pour des pays de taille modeste ayant une culture commune forte, ce critère de segmentation peut ne pas être adapté dans certains cas. Tout dépend de la taille, mais également de la culture du pays. Si l'on prend l'exemple des États-Unis, il ne serait pas pertinent de considérer que l'ensemble des américains partage les mêmes valeurs. Tous n'ont pas comme credo « *apple pie, flag and baseball* ». Les vagues successives d'immigration, font de ce pays une collection de segment de marché qu'il convient d'appréhender (Walters, 1997).

5. « Les atouts opérationnels de la segmentation par les motivations », *Marketing Magazine*, 96, juin-août 2005.

§ 2. La segmentation en B to B

137. Les clients en B to B peuvent être appréhendés de plusieurs manières. On peut les distinguer en segments (des grands comptes aux micro-entreprises), en typologiques (professions libérales, associations, administration publique, etc.) ou en métiers (soins, CHR – Café Hôtels Restaurants, etc.). Les travaux de Shapiro et Bonoma montrent cinq classes de critères imbriqués les unes dans les autres, les caractéristiques personnelles des acheteurs constituant les critères les plus pertinents (Figure 29).

Figure 29 – La segmentation des marchés industriels : l'approche de Shapiro et Bonoma

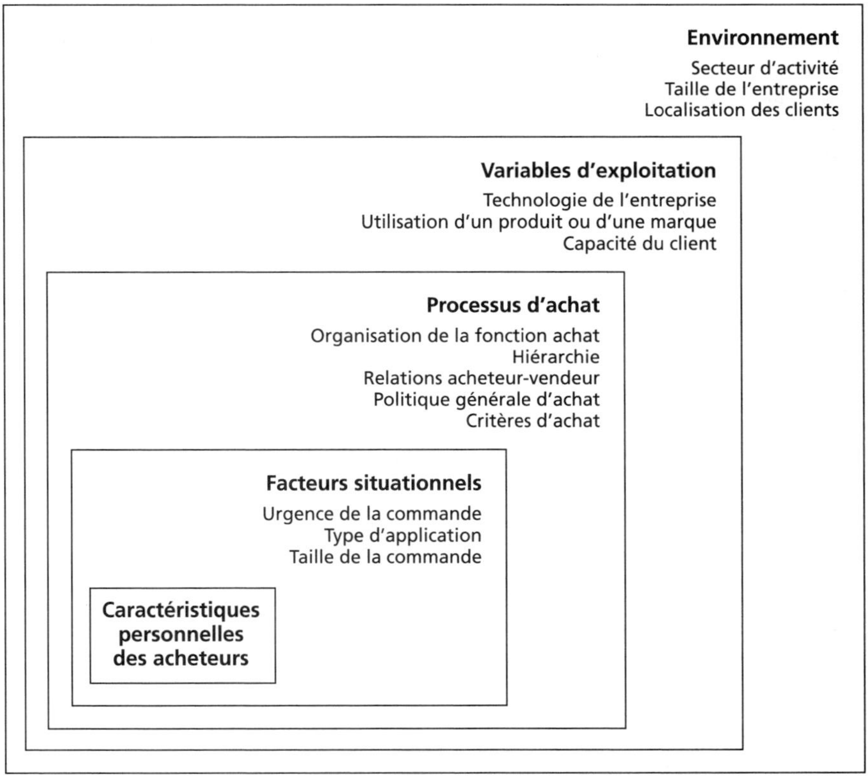

Source : Shapiro et Bonoma, 1984.

Encadré 18 – Exemples de critères de segmentation courants fondés sur l'environnement et les variables d'exploitation
(Source : « Segmentation clients : 5 méthodes pour gagner en efficacité », Action Commerciale, 255, septembre 2005).

Segmentation selon la valeur et le potentiel client
La valeur d'un client est la notion la plus facile à établir. Combien vaut mon client à un instant T ? « *C'est malheureusement une vision statique des choses, qui ne donne aucun indice sur l'avenir*, souligne Domenico Azzarello, associé chez Bain & Company, cabinet de conseil en stratégie. *Le problème de cette méthode est qu'un client peut aujourd'hui être générateur de chiffre d'affaires sans que vous sachiez si demain il le sera encore. Il est peut-être déjà au maximum de ses capacités d'achat* ». Axez-vous donc plutôt sur son potentiel. « *Même si cette notion est plus difficile à saisir, elle est intégralement corrélée à votre capacité de vente* », insiste le spécialiste de Bain & Company. Et Jacques-Olivier Bruzeau (Mercer) de renchérir: « *Un de nos clients, acteur dans le domaine de la santé, a été contraint de revoir sa segmentation clients pour répondre à l'évolution de son marché et aux contraintes réglementaires. Il travaillait jusqu'alors par région et a choisi de se focaliser sur le potentiel de chiffre d'affaires de ses clients* ». Il les a donc segmentés selon des catégories précises: les hôpitaux spécialisés dans un type de mode opératoire, les Centres hospitaliers universitaires (CHU), etc. « *Dans le secteur médical, la notion de potentiel est un segment classique pour différencier les cibles visées et créer des groupes homogènes de population* », confirme Hélène Gougeard, consultante chez Alcimed, un cabinet de conseil auprès des acteurs du monde de la santé. « *Et, plus encore que le potentiel du chiffre d'affaires, raisonnez sur la marge obtenue grâce à tel ou tel type de client, quitte à vous retirer de certains marchés non rentables* », conclut Jacques-Olivier Bruzeau.

Segmentation selon la taille et l'implantation géographique
Taille et implantation géographique des clients sont les critères les plus courants pour segmenter votre fichier. Pour la taille, il faut partir du principe que petites et grandes entreprises n'ont pas les mêmes besoins. « *Selon moi, ce type de segmentation fait partie des visions dépassées de la stratégie commerciale*, nuance Domenico Azzarello. *En effet, selon votre activité, une petite entreprise peut avoir un besoin tout aussi important qu'un grand compte* ». Le conseil de l'expert de Bain & Company : « *La segmentation par taille d'entreprise n'a de sens que si vous la couplez avec d'autres notions telles que le secteur d'activité de vos clients, par exemple* ». Pour l'implantation géographique, il suffit de répartir vos forces commerciales par région. Cette méthode se complexifie si vous la croisez avec d'autres critères. Soyez alors vigilant sur la taille de vos régions commerciales. Si, parallèlement, à votre organisation géographique, vous procédez à une segmentation plus fine, par marché par exemple, veillez à ce que vos régions ne s'élargissent de façon trop conséquente. « *Il convient d'anticiper sur ce point et de trouver un équilibre entre la taille de la région à couvrir et une segmentation clients plus aboutie* », recommande Jacques-Olivier Bruzeau. Ce qu'a su faire le fournisseur de solutions de téléphonie d'entreprise Nextira One. « *Il s'agit d'opter pour le meilleur modèle de vente adapté à chaque typologie de clients en fonction de l'économie locale. À Bordeaux, par exemple, nous créons ainsi une offre répondant aux besoins des acteurs du monde du vin* », confie Philippe Weppe, directeur général des opérations de Nextira One.

Néanmoins, les critères liés à l'environnement semblent les plus utilisés, notamment la combinaison importance salariale et secteur d'activité (encadré 18). Cette situation de fait s'explique lorsqu'il n'y a pas encore de relation d'échange. À partir du moment où l'entreprise est cliente, le vendeur dispose d'informations supplémentaires qui pourront enrichir la démarche de segmentation. Par exemple,

IBM a choisi un dispositif marketing permettant de s'adresser à ses différents publics. Pour toucher certains clients « stratégiques » (une dizaine), l'entreprise a bâti dans l'hexagone des sites Internet personnalisés. Pour s'adapter à sa clientèle, IBM tient compte du secteur d'activité, de la taille de l'entreprise, de son évolution, de la part de marché déjà prise par la marque ainsi que des capacités d'achat. Pour toucher les directeurs financiers, ou des ressources humaines, IBM passe par leurs associations et clubs. Pour les PME, l'approche se fait *via* des structures qui revendent des applications et des logiciels[6].

§ 3. Qualité des critères de segmentation et méthodes pour segmenter

***138.* Les qualités d'un critère de segmentation** – La qualité d'un critère de segmentation se mesure en analysant sa pertinence, sa mesurabilité et sa valeur opératoire. Un critère de segmentation pertinent doit permettre de présenter des différences significatives dans les comportements et attitudes des consommateurs à l'égard du produit. De surcroît, il convient de s'appuyer sur des jugements *a priori* mobilisant le bon sens et des jugements *a posteriori* nécessitant une analyse statistique. Par exemple le bon sens indique que le revenu n'est pas un critère pertinent pour des achats de diversité comme les biscuits. En revanche il peut l'être pour des placements financiers et seule une enquête peut aider à savoir si ce critère est pertinent pour l'achat de certaines marques. Un critère de segmentation doit également être mesurable. Si les critères géographiques et sociodémographiques sont plus facilement mesurables, les critères de personnalité, sont par exemple plus difficiles à observer. En effet, faisons l'hypothèse qu'une entreprise ait découvert un procédé révolutionnaire applicable aux cosmétiques, dont la principale qualité est de ne rien laisser paraître au niveau du derme lors de vives émotions. Il est clair que ce produit s'adresse essentiellement aux timides. Ce segment, même s'il peut apparaître pertinent dans le cadre de la définition de la cible du produit, s'avère non adapté car non mesurable. Aucune statistique ne répertorie les critères de personnalité. Enfin, une des qualités d'un critère de segmentation peut se retrouver dans sa valeur opératoire. Cette dernière prend tout son sens pour certains aspects du marketing comme la publicité ou le canal de distribution. Par exemple, on ignore quels sont les magasins fréquentés, quels sont les journaux lus, ou quelles sont les stations de radio écoutées par les internautes estimant que le web leur fait gagner du temps. Cette recherche d'informations serait possible au moyen d'enquêtes mais demeurerait très coûteuse.

Malgré la définition des qualités attendues d'un bon critère, les entreprises ont parfois été déçues par leurs initiatives en matière de segmentation. Leurs échecs se sont révélés la plupart du temps provenir de trois travers. Le premier est un intérêt excessif accordé aux critères portant sur la personnalité du consommateur. La conséquence est une désaffection de l'entreprise sur les qualités intrinsèques

6. « IBM segmente sa clientèle au plus près », *Les Échos*, 26 janvier 2006.

du produit, ce qui peut avoir des effets négatifs au regard de la concurrence. Si le produit n'évolue pas, ceux des concurrents peuvent parallèlement progresser. La deuxième erreur provient du peu d'emphase avec le comportement réel du consommateur. Enfin, la définition des segmentations est tellement caractérisée par un excès de détails techniques, qu'elle aliène complètement toute action des décideurs (Yankelovivh et Meer, 2006).

139. **Les méthodes pour segmenter** – Lorsque l'on se trouve en présence de plusieurs critères de segmentation et qu'il convient de choisir un ou plusieurs d'entre eux, on peut recourir à des techniques de traitement de données différentes. Ces dernières sont essentiellement articulées autour de deux familles : l'analyse discriminante « géographique » et l'analyse discriminante probabiliste non paramétrique (Bon et Grégory, 1995). L'analyse discriminante dont le « *scoring* » est une émanation, essaye de déterminer la contribution des variables qui expliquent l'appartenance des individus à des groupes. L'analyse discriminante probabiliste non paramétrique repose sur des tests d'hypothèses. Les travaux de Belson (1959) et de Morgan et Sonquist (1963) sont à la base des techniques de segmentation actuelles (Encadré 19).

Encadré 19 – Comment déterminer un critère de segmentation : la méthode de Belson (1959)

Certaines techniques de discrimination peuvent permettre de déterminer des critères de segmentation pertinents. La méthode de Belson s'applique lorsque l'attitude ou le comportement peut être dichotomisé. On suppose la mise en place d'une enquête sur les intentions d'achats d'un nouveau produit. À la question « Seriez-vous prêt à acheter ce produit régulièrement ? », les réponses, selon l'âge ou de revenu mensuel, sont les suivantes :

Réponse selon l'âge					Réponse selon le revenu mensuel				
	18-25	26 à 45	+ de 46	Total		– 1 200 €	1 200 € à 2 500 €	+ 2 500 €	Total
Oui Non	4 23	25 90	7 51	36 (18 %) 164 (82 %)	Oui Non	11 40	16 91	9 33	36 164
Total	27 (13,5 %)	115 (57,5 %)	58 (29 %)	200		51 (25,5 %)	107 (53,5 %)	42 (21 %)	200

Quel est le critère de segmentation à privilégier ?
Dans un premier temps, on calcule la répartition théorique des individus dans la situation de référence. Quelle devrait être la consommation du produit s'il n'y avait pas l'influence de taille du foyer ?

Réponse selon l'âge					Réponse selon le revenu mensuel				
	18-25	26 à 45	+ de 46	Total		– 1 200 €	1 200 € à 2 500 €	+ 2 500 €	Total
Oui Non	4,86* 22,14	20,7 94,3	10,44 47,56	36 164	Oui Non	9,18 41,82	19,26** 87,74	7,56 34,44	36 164
Total	27	115	58	200		51	107	42	200

Explications :	* 4,86 s'obtient ainsi : (18 % x 13,5 %) x 200
	** 19,26 s'obtient ainsi : (18 % x 53,5 %) x 200

Puis on calcule la distance en valeur absolue qui sépare la situation de référence à la réalité observée.
Âge : **I** 4 – 4,86 **I** + **I** 25 – 20,7 **I** + **I** 7 – 10, 44 **I** = **I** 8,6 **I**
Revenu mensuel : **I** 11– 9,18 **I** + **I** 16 – 19,26 **I** + **I** 9 – 7,56 **I** = **I** 6, 52 **I**
On choisi enfin le critère discriminant (celui dont la distance est la plus grande). C'est donc le critère de l'âge que l'on choisira ici pour segmenter.

La segmentation s'appuie sur la technique de l'arbre de décision. Aujourd'hui les arbres en matière de segmentation sont essentiellement organisés autour de trois algorithmes. La méthode CHAID (*CHi-squared Automatic Interaction Detection*) a été développée par Kass (1980). La méthode CART (*Classification And Regression Trees*) est née des travaux de Breinan *et alii* (1984). Enfin, le Modèle C.4.5., plus récent, a été mis au point par Quinlan (1993).

La segmentation de marché évolue dans un environnement changeant. Ainsi, de plus en plus, les critères de segmentation se tournent vers des données « moins exactes », telles que les attitudes et les besoins. En outre, la tendance des segments est à définir en fonction de schémas repérés soit lors de sondages, soit dans les données de l'entreprise. Les méthodes dites de « *data mining* » sont devenues bien plus polyvalentes. De même, l'utilisation accrue de méthodes de segmentation « hybrides » peut permettre le mariage de critères improbables comme la préférence pour une marque et les circonstances de consommation par exemple. Enfin, il est à souligner l'apparition de modèles dynamiques produit-segment tenant compte d'une riposte éventuelle de la concurrence. Ces modèles analysent la vulnérabilité d'une entreprise aux réactions de ses concurrents à court terme et sélectionnent les combinaisons produit-segment susceptibles de mieux résister aux contre-offensives.

Section 3
Analyse des segments et ciblage

140. Il n'est pas toujours possible de segmenter les marchés. Certaines configurations ne le permettent pas. Par contre lorsque la segmentation est possible, il est conseillé de respecter une procédure afin de n'oublier aucun élément indispensable à sa mise en œuvre.

§ 1. Configuration des segments et procédure de segmentation

***141.* La configuration des segments d'un marché** – Si on s'intéresse aux attentes des clients, on peut obtenir des segments de préférence sous forme de points dans un espace-produit. Trois configurations sont possibles selon une classification désormais connue. Les préférences peuvent être homogènes, diffuses, ou groupées (Figure 30). Dans le cas des préférences homogènes, les consommateurs ont des préférences à peu près semblables et l'on ne peut distinguer de segment naturel, sauf à considérer qu'il n'existe qu'un seul et même segment. Dans une situation où existent des préférences diffuses, les préférences peuvent être disséminées sans qu'aucun regroupement ne soit possible. Ces deux premières situations empêchent toute tentative de segmentation. En revanche en ce qui concerne le troisième cas (préférences groupées), On parle de segments naturels. Dès lors, plusieurs actions sont possibles. Il peut être opportun de se positionner au centre en espérant attirer tous les groupes. Cette solution peut être risquée dans la mesure où il existe un risque à ce qu'aucun segment de se reconnaisse dans la démarche. La deuxième solution consiste à viser le segment le plus important, auquel cas les autres segments sont abandonnés (du moins momentanément). Enfin, il est possible de toucher tous les segments à la fois en introduisant plusieurs marques correspondant aux différents segments.

Figure 30 – Les configurations des préférences d'un marché

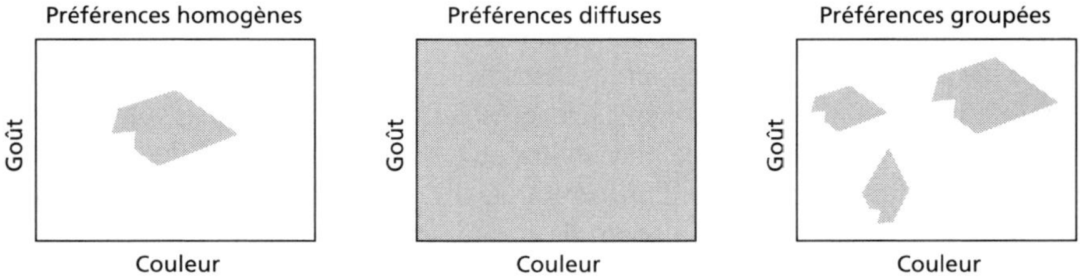

Source : Kotler et alii, 2006.

***142.* Une procédure pour segmenter** – Plusieurs étapes sont nécessaires dans la définition d'une segmentation. L'enquête, l'analyse et l'identification semblent incontournables avant le ciblage. La phase d'enquête passe par des entretiens ou des réunions avec des groupes de consommateurs pour mieux les comprendre. La réaction face à un nouveau produit, la participation à un *brainstorming* (Osborn, 1953), ou toute autre action visant à découvrir des éléments qualitatifs motivent cette étape. Cette attention qualitative est doublée d'une préoccupation quantitative puisque la phase d'enquête est aussi le moment de d'établissement d'un questionnaire portant sur un grand nombre de sujets : les attributs des produits et leur importance relative, la notoriété et l'image des différentes marques, les habitudes d'utilisation des produits, les habitudes à l'égard de la catégorie de produit. En rapport avec ces questions, il est également demandé des données sociodémographiques, un profil psychographiques et les habitudes d'exposition aux médias. La phase d'analyse permet de traiter les résultats en réduisant au maximum les variables redondantes et en mettant en évidence des dimensions sous-jacentes. À la fin de cette phase le marketeur doit posséder des segments aussi homogènes que possible. Enfin, lors de la phase d'identification, chaque segment est décrit en détail. La tendance est non seulement à la précision mais également à la fragmentation comme le souligne certains auteurs (Firat et Schultz, 1997), ce qui ne constitue pas une démarche *one to one*. Néanmoins ces typologies se doivent d'être révisées périodiquement dans la mesure où le marché évolue avec le temps. À l'issue de la segmentation vient le temps du ciblage.

§ 2. Le ciblage, élément stratégique du marketing

***143.* Les stratégies de couverture de marché** – On peut identifier cinq stratégies de couverture de marché : la concentration sur un couple produit/marché, la spécialisation par produit, la spécialisation par marché, la spécialisation sélective et la couverture globale (Figure 31). Ces stratégies possèdent toutes des avantages et des risques qu'il convient de mesurer *ex ante*.

Figure 31 – Les cinq stratégies de couverture du marché

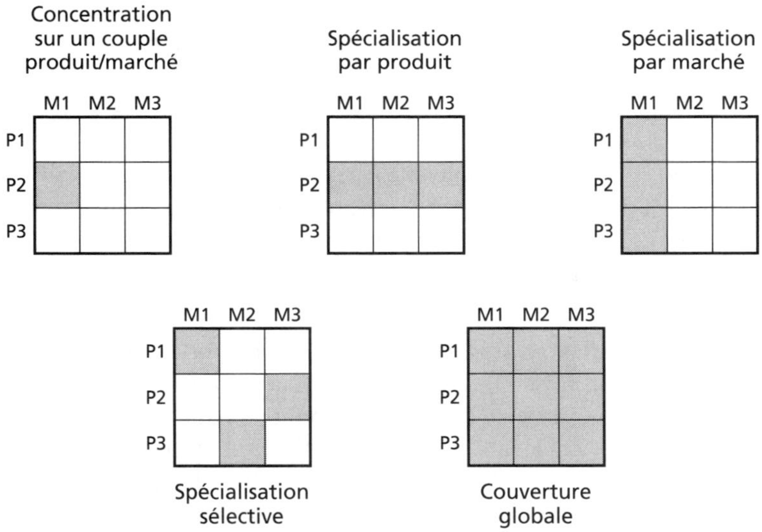

Source : Kotler et alii, 2006.

La stratégie de concentration sur un couple produit/ marché intervient lorsque l'entreprise dispose de ressources limitées, lorsque le segment est encore inexploité et/ ou lorsque le segment constitue un tremplin pour de futures extensions. L'avantage évident d'une telle stratégie est l'acquisition à moyen terme d'une position forte sur ce segment avec une image de spécialiste. De plus, l'entreprise peut bénéficier d'économie par la spécialisation de la production. Par contre le risque principal tient à l'émergence d'une concurrence rapide et au tarissement du segment. Par exemple l'opérateur et éditeur de services en lignes Newtech, bien implanté sur le minitel, a été obligé d'accélérer sa stratégie de transfert de ses activités en 2004, date de la généralisation des lignes ADSL en France. La stratégie de spécialisation par produit se concentre sur un seul type de produit (exemple : pendant très longtemps, La Laitière a été spécialisée uniquement dans les produits laitiers). L'avantage est de devenir rapidement spécialiste du produit. Le danger principal de cette stratégie est lié à l'obsolescence du produit. La stratégie de spécialisation par marché est une stratégie de spécialisation sectorielle. Petit Bateau, spécialiste historique du sous vêtement pour enfant (1918 est l'année de l'invention de la célèbre petite culotte Petit Bateau), s'est progressivement développé sur le marché de l'enfant en proposant d'autres types de vêtement et pas seulement à destination des nourrissons. Il est vrai que la marque possède une très forte notoriété sur ce segment. Le risque est la vulnérabilité à la santé économique du secteur. En 2004 Petit Bateau élargit sa gamme aux femmes. La stratégie de spécialisation sélective est une forme hybride de segmentation. Sa raison d'être tient aux opportunités particulières issues de rachats ou à un diagnostic de stratégie de niche. L'avantage se résume en la réduction des risques inhérents à un produit ou un marché. Les personnes à forte corpulence constituent une catégorie de la population (de plus en plus importante en nombre) qui est traitée par les entreprises de manière confidentielle. Pour des questions d'image, les spécialistes du vêtement préfèrent créer de nouvelles marques plutôt que d'étendre les marques existantes. H&M crée « *Big is beautiful* », La Redoute lance « Taillissime ». Néanmoins, même si l'objectif est la prise en compte de cette nouvelle catégorie, il convient de se méfier de la ghettoïsation[7]. Enfin, la stratégie de couverture globale est limitée à quelques entreprises qui possèdent une surface financière suffisante pour s'attaquer à l'ensemble du couple produit/marché. Danone fait partie de ces rares exceptions au niveau des produits laitiers.

144. **Une segmentation stratégique pour le long terme** – Une entreprise peut délibérément vouloir développer deux ou plusieurs segments de marché. Deux raisons peuvent être à l'origine de cette décision. La première est relative au fait que deux segments adjacents peuvent bénéficier d'effets de synergie. Par exemple, lorsque Sony spécialiste du son, lance en 1979 le premier Walkman, il est clair que son savoir faire dans l'audio lui a servi pour investir le segment de la mobilité. Par ailleurs, cette situation est privilégiée dans la mesure où le coût d'attaque simultané des deux segments est inférieur au coût de deux opérations séparées. Sony a pu dès lors créer un supersegment dans le domaine du son en réunissant les produits traditionnels (Hi fi) et les produits mobiles (walkman). Cette stratégie a d'ailleurs été imitée dans le domaine de l'image et plus généralement du média. La deuxième raison qui pousse une entreprise à vouloir développer deux ou plusieurs segments relève de l'objectif stratégique. Le rapprochement entre le son et l'image fait qu'aujourd'hui Sony est le leader dans ce domaine. Pour y arriver Sony a dû développer un plan de conquête progressif stratégique (Figure 32). Née en 1954 et spécialisée au départ dans les microprocesseurs, Sony a très vite compris que cette base pouvait être à l'origine de produits complexes sollicitant les sens de ses clients (vue et ouie). Pendant de

7. « Comment aborder les forts sans le dire… », *Les Échos*, 26 septembre 2005.

nombreuses années Sony s'est spécialisé dans la mise au point de produits techniques (*hardware*) à la fois dans le domaine du son et de l'image en lançant très souvent des innovations (télévision couleur en 1968, walkman en 1976, caméscope en 1983, magnétoscope numérique en 1985, etc.). La force de Sony est de s'être intéressée très vite aux supports de programmes nécessaires pour la plupart de ces appareils. Le groupe lance la cassette vidéo couleur en 1971 et le compact disc en 1982 qui deviendra la norme en multimédia. Sony a rapidement compris que l'essentiel de la valeur à long terme n'était pas dans le *hardware* (contenant), mais plutôt dans le *software* (contenu). La concurrence est rude au niveau de la sortie de nouveaux appareils. C'est la raison pour laquelle progressivement, Sony a développé ses activités dans le domaine des logiciels (Sony Computer *Entertainment*), de la musique (Sony BMG *Entertainment*) en rachetant plusieurs maisons de disques comme CBS et BMG, ainsi que dans le domaine des programmes en rachetant plusieurs studios (Gaumont Columbia Tristar Films). La particularité du plan de conquête progressif est sa dimension stratégique. On peut s'interroger d'ailleurs sur le moment où les deux dirigeants, cofondateurs du groupe[8], ont décidé d'adopter cette vision stratégique. La règle en tous cas a été respectée puisque cette stratégie longue dans le temps (et probablement évolutive) a été dissimulée à la concurrence.

Figure 32 – Le plan de conquête progressif (non exhaustif) de Sony

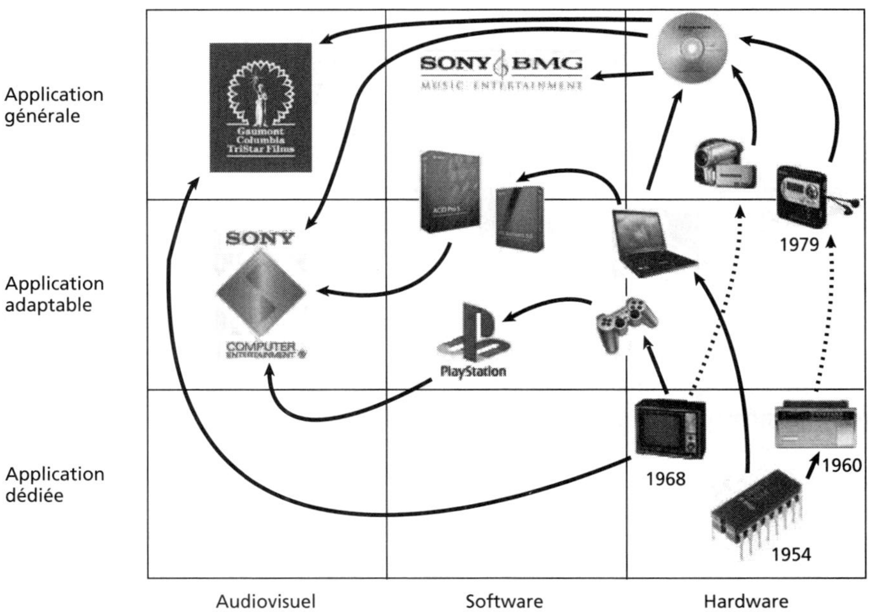

8. Masaru Ibuka et Akio Morita.

§ 3. Les stratégies de cible : adaptation ou anticipation ?

145. **Stratégies d'adaptation** – Les cibles sont évolutives, mais à l'image du marketing oscillant entre l'influence et l'adaptation au consommateur, deux positions peuvent se défendre : l'adaptation ou l'anticipation. Les stratégies d'adaptation tiennent compte de facteurs d'évolution des cibles. Le cycle de vie du produit peut avoir une influence sur une modification de la cible. Lorsque le portable a commencé à faire son apparition, la cible visée était essentiellement une clientèle d'affaires ou de personnes possédant un pouvoir d'achat important. Avec la démocratisation de la téléphonie mobile, la cible s'est transformée allant jusqu'à segmenter la population en fonction de profils différents (jeunes, seniors, etc.). D'autres éléments ont une influence sur la modification de la cible. L'évolution technique du produit rend les consommateurs de plus en plus exigeants et il n'est pas rare de devoir modifier quelque peu la cible en fonction de ces changements. Chez les constructeurs automobiles, on peut observer, suite à une modification de *design*, une modification de cible. Le début des années 1980, voit sortir des ateliers Citroën le modèle Visa. Ce modèle automobile a eu un grand succès commercial, même si son image était plutôt vécue comme éloignée des jeunes. Citroën, a décidé de modifier sa cible en effectuant un relooking du modèle et une campagne de publicité mémorable. Ainsi, dans un fameux spot de publicité tourné en 1985, la Visa GTi est catapultée à côté d'un Super Etendard sur le pont du porte-avions Clémenceau. Après un spectaculaire plongeon réglé par le cascadeur Rémy Julienne, la voiture ressurgit sur le dos d'un sous-marin. La cible se veut plus jeune et dynamique. L'évolution de la distribution peut également être un facteur d'adaptabilité à la cible. Le développement de la vente à distance (VAD), soit qu'il s'agisse de vente par correspondance (VPC), soit qu'il s'agisse de commerce électronique, permet de toucher de nouvelles catégories de clientèles. C'est un moyen de contourner la contrainte « pénibilité lors de l'achat » en ciblant des prospects qui prennent leurs décisions depuis leur domicile. L'adaptation à la cible tient parfois à l'évolution de l'environnement et notamment de la réglementation. Les textes législatifs relatifs aux alcools, tabac, organismes génétiquement modifiés (OGM), ainsi que les réglementations conjoncturelles liées aux risques de pandémies (vache folle, grippe aviaire, etc.) poussent les entreprises à modifier leurs cibles. Des communications institutionnelles visant à rassurer le consommateur en utilisant abondamment des référents (chercheurs, médecins, spécialistes) se sont développées au cours des dernières années. L'adaptation à la cible dépend de l'évolution de la cible elle-même. Les consommateurs changent et l'entreprise doit évoluer avec eux. Par exemple, aux États-Unis le tabac n'est plus un thème porteur auprès des jeunes. Du coup, les firmes de tabac ne communiquent plus vers cette cible. Enfin, la cible peut évoluer en fonction de la stratégie générale de l'entreprise. Les produits et marchés voisins ont une incidence sur la cible. La cannibalisation entre produits est le résultat d'une mauvaise adaptation de la cible.

146. **Les stratégies d'anticipation** – Les stratégies d'anticipation sont fondées sur le principe qu'une cible doit être définie dans la durée, avec une large perspective prenant en compte les évolutions souhaitées de la stratégie générale de l'entreprise. Dans cette optique, les cibles doivent être définies en anticipant l'évolution des consommateurs et de l'environnement. Pendant longtemps les consommateurs français ont été très réticents à faire leurs achats *via* le web. En se fondant sur l'expérience vécue dans d'autres pays, plus avancés dans le domaine du commerce électronique, beaucoup d'entreprises ont en leur temps développé leur offre de service sur Internet, même si la rentabilité n'était pas au rendez-vous. Avec le développement de l'équipement des ménages dans le domaine de la micro-informatique et des connexions ADSL, les consommateurs français rattrapent aujourd'hui leur retard, ce qui conforte dans leurs choix les entreprises ayant anticipé cette évolution. Les stratégies d'anticipation de cible peuvent également prendre en considération l'évolution de la concurrence. Au niveau du transport aérien, l'émergence et le développement des compagnies *low cost* ont poussé les compagnies traditionnelles à s'engouffrer sur cette voie. Ainsi, la compagnie KLM a créé une filiale (Buzz) pour concurrencer les compagnies *low cost.* À noter que la fusion avec Air France a poussé KLM à revendre en 2003 la compagnie Buzz à Ryanair. Enfin, les cibles peuvent être anticipées afin de préparer le terrain pour le développement futur de l'entreprise, comme le montre l'expérience du distributeur d'électroménager Darty. En mai 1968, les trois frères Darty ouvrent la première grande surface (800 m^2) spécialisée en électroménager. En 1973, le concept est formalisé : Darty crée le contrat de confiance. Pour la première fois, un distributeur s'engage par écrit auprès du consommateur. Les prix, le choix et le service sont garantis au client. Le contrat de confiance, clé de voûte de la philosophie Darty, est appliqué à l'intérieur comme à l'extérieur de l'entreprise. Darty démarre une publicité nationale sur le support radio pour faire connaître le contrat de confiance alors qu'il n'existe qu'un seul magasin en région parisienne. Cette publicité nationale sera un élément explicatif du succès immédiat des magasins ouverts en régions en 1975.

147. **Risque, différenciation, relais et temps : des choix à effectuer pour une stratégie de cible** – Une cible est-elle risquée ou non ? Lorsqu'on définit une cible, on fait souvent face à une alternative. Soit il est possible de chercher une cible conventionnelle, assez large, qui ne présente pas beaucoup de risques mais qui demandera des efforts importants, pour en fin de compte rapporter assez peu. Ce sont des stratégies conformistes. C'est le cas des annonceurs pour défendre leurs parts de marché. Soit il est possible de chercher des cibles plus pointues ou plus originales. Le chemin emprunté est différent de la concurrence, et cela peut rapporter plus dans la mesure où les investissements ont été plus faibles. Ce choix reste néanmoins risqué et a une forte probabilité de conduire à un résultat nul. Ce sont des stratégies spéculatives.

Le recours à la segmentation permet de déterminer des catégories de cibles bien définies. La question est de savoir comment s'adresser à ces catégories. Lorsque l'on a recours à des politiques indifférenciées, on s'adresse à tous les consommateurs de la même façon. C'est le cas du lancement d'une automobile axé sur les équipements, les innovations technologiques, etc. Les politiques différenciées spécialisées distinguent plusieurs cibles. Pour chacune d'entre elles, on utilise une communication adaptée. Par exemple, en janvier 2006, AXA France présente une nouvelle campagne de publicité à la télévision diffusée aux heures de grande écoute sur l'ensemble des chaînes hertziennes. la saga publicitaire raconte l'histoire d'une famille, les Delachance, à qui tout sourit au quotidien. Dans chacun des spots, un des membres est mis en scène dans une situation quotidienne idéalisée qui se conclue par un retour à la « vraie vie » grâce à l'offre AXA qui permet à tous d'avoir une chance comparable à celle de la famille Delachance. Les politiques concentrées ont pour objet de ne prendre pour cible qu'un segment du marché. Par exemple, on vise la famille en mettant en scène des enfants (Renault kangoo, Peugeot 806 et Citroën Picasso).

On peut s'adresser directement aux consommateurs ou bien faire un détour en visant ceux qui pourront à leur tour influencer ces mêmes consommateurs. Le pouvoir de relais de communication découle du constat que la communication est d'autant plus efficace qu'elle passe par le circuit relationnel de leaders d'opinion (Libaert, 2000). Ceux-ci légitiment et crédibilisent l'information dans le cadre d'un flux en deux étapes. Le problème est d'identifier les leaders et de faire en sorte qu'ils jouent correctement leur rôle.

Enfin, le choix d'une cible de communication est pertinent dans un contexte donné et à un certain moment. Il faut donc savoir la faire évoluer avec le produit, les consommateurs, la concurrence, etc. Partant du principe que les jeunes d'aujourd'hui seront les clients de demain, les banques ont dans les années 1980 courtisé les jeunes (dont le pouvoir d'achat était peu important) pour les fidéliser. En réalité, cette technique est plus assimilable à un investissement dans la mesure où à court terme la cible n'est pas rentable. Elle le devient sur du long terme et à mesure que le temps souligne le partenariat.

Application : Tornado, l'air de rien

Exercice :

La société Tornado a fait réaliser un sondage auprès de 1 000 personnes afin de mieux connaître les caractéristiques des clients potentiels pour ses ventilateurs. Les grosses chaleurs de l'été 2003 ont boosté le marché, mais depuis deux ans l'entreprise dispose de peu d'informations. L'enquête a donné les résultats suivants : sur 1 000 personnes interrogées, 900 estiment manquer d'air l'été à leur domicile compte tenu des fortes chaleurs. Sur ces 900 personnes, 320 sont des hommes et 580 des femmes. En ce qui concerne les hommes, 120 disposent de la climatisation au travail ou sur leur lieu de vie la journée, 90 ont un ventilateur et le reste… laissent les portes ouvertes pour faire des courants d'air. Sur les 120 hommes équipés de la climatisation à leur bureau, 80 d'entre eux restent plus de 5 heures à leur domicile. Ils sont 50 dans la catégorie des hommes disposant de ventilateurs et 60 % de la catégorie restante. En ce qui concerne les femmes, 30 % ont moins de 30 ans et 30 % ont plus de 60 ans. Si l'on considère les femmes de moins de 30 ans, 5 femmes sur 6 ne possèdent pas de carte de fidélité de magasins (contre une). Pour les femmes de 31 à 59 ans, 3 sur 8 en possèdent une. La proportion est inversée pour les femmes de plus de 60 ans puisque sur ce segment, une femme sur 6 ne possède pas de carte de fidélité.

1. Indiquez la nature et la taille des segments révélés par ce sondage.
2. Quel est le segment le plus intéressant ? Quelles sont ses caractéristiques principales ?

Solution : Tornado, l'air de rien

1. Nature et taille des segments

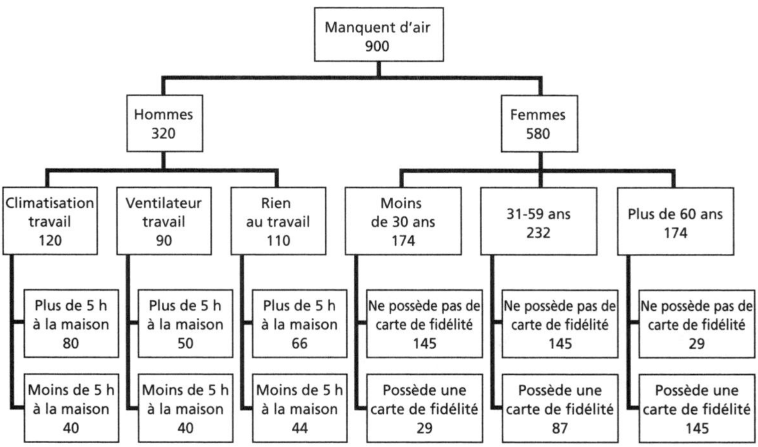

2. Importance relative des segments dans la population des personnes ayant émis un besoin de brassage d'air.

Sous réserve d'informations qualitatives supplémentaires, il est possible de déterminer le ou les segments à retenir. Ici trois segments ont un résultat identique comme le montre l'arbre de segmentation :
– Les femmes de moins de 60 ans non fidélisées (regroupant les deux classes d'âge);
– Les femmes de plus de 60 ans possédant une carte de fidélité.
Ce résultat laisse apparaître que le critère « possession de carte de fidélité » est un critère important dans la mesure où il met en évidence deux classes de population à traiter différemment du point de vue relationnel (la démarche de fidélisation sera forcément différente dans la mesure où dans un cas les clientes potentielles sont favorables aux programmes de fidélisation, alors que l'autre segment regroupes des femmes hermétiques à cette démarche).

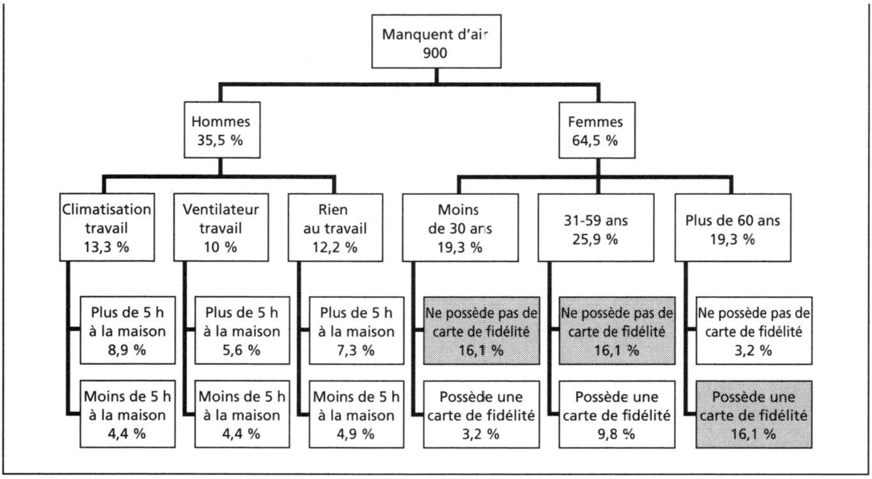

Bibliographie

– C.M. Belson, « Matching and prediction on the principle of biological classification », *Applied Statistics*, 8, 65-75, 1959.

– J. Bon, « La segmentation, le ciblage, le positionnement », *in* C. Michon (Ed.), *Le marketeur, les nouveaux fondements du marketing*, Paris, Pearson Education, 115,136, 2003.

– J. Bon, P. Gregory, *Techniques marketing*, 2e édition, Paris, Vuibet, 1995.

– L. Breiman, J.H. Friedman, R.A. Olshen, C.J. Stone, *Classification and regression trees*, New-York, Chapman & Hall, 1984.

– C.M. Christensen, S. Cook, T. Hall, « Marketing malpractice », *Harvard Business Review*, 83, 12, 74-83, 2005.

– A.F. Firat, C.J. Shultz, « From segmentation to fragmentation, markets and marketing in the postmodern era », *European Journal of Marketing*, 31, 3/4, 183-207, 1997.

– S. Fullerton, H.R. Dodge, « A reassessment of life style and benefits based segmentation strategies », *Journal of Marketing Management*, 2, 2, 42-46, 1992.

– R. Haley, *Developing Effective Communications Strategy: A Benefit Segmentation Approach*, New-York, John Wiley & Sons, 1985.

– K. Hammond, A.S.C. Ehrenberg, G.J. Goodhardt, « Market segmentation for competitive brands », *European Journal of Marketing*, 30, 12, 39-49, 1996.

– G.V. Kass, « An exploratory technique for investigating large quantities of categorical data », *Applied Statistics*, 29, 119-127, 1980.

– P. Kotler, *Les clés du marketing*, Paris, Pearson Education, 2005.

– P. Kotler, B. Dubois, K.L. Keller, D. Manceau, *Marketing Management*, 12e édition, Paris, Pearson Education, 2006.

– T. Libaert, *Le plan de communication*, Paris, Dunod, 2000.

– J.N. Morgan, J.A. Sonquist, « Problems in the analysis of survey data, and a proposal », *Journal of American Statistical Association*, 58, 415-434, 1963.

– A. Osborn, *Applied imagination*, New-York, Charles Scribners' Sons, 1953.

– J.R. Quinlan, *C.4.5.: Programs for machine learning*, San Francisco, Margan Kaufmann, 1993.

– M.E. Raynor, H.S. Weinberg, « Beyond segmentation », *Marketing Management*, 13, 6, 22-28, 2004.

– B.P. Shapiro, T.V. Bonoma, « How to segment industrial markets », *Harvard Business Review*, 13, 4, 257-268, 1984.

– W.R. Smith, « Product differentiation and market segmentation as alternative marketing strategies », *Journal of Marketing*, 21, 1, 3-8, 1956.

– Strategor, 4e édition, Paris, Dunod, 2005.

– S. Thomke, E. Von Hippel, « Customers as innovators: a new way to create value », *Harvard Business Review*, 80, 4, 74-81, 2006.

– D. Yankelovich, D. Meer, « Rediscovering market segmentation », *Harvard Business Review*, 84, 2, 122-131, 2006.

– P.G.P. Walters, « Global market segmentation: methodologies and challenges », *Journal of Marketing Management*, 13, 1-3, 166-177, 1997.

– D. Wellan, A.S.C. Ehrenberg, « A case of seasonal segmentation», *Marketing Research*, 2, 2, 11-13, 1990.

– Y. Wind, « Issues and advances in segmentation research », *Journal of Marketing Research*, 15, 3, 317-335, 1978.

Chapitre 2
Le positionnement des produits

Plan du chapitre

Résumé

Le positionnement est un concept central du marketing. Il permet d'orienter la stratégie marketing (*marketing mix*). Cette orientation se fera en fonction non seulement de l'intensité concurrentielle, mais aussi de ce que perçoivent les consommateurs du produit, du service ou de la marque. Ces études sont incontournables dans la mesure où elles ont des conséquences opérationnelles importantes.

148. La saturation d'une très grande majorité de marchés de produits de grande consommation impose dans les années 1970 de changer de logique. Dans un premier temps, en se focalisant sur la concurrence, les principes du marketing ont été détournés en axant tout sur la publicité. En d'autres termes, la créativité des agences était sensée pallier les déficiences de l'analyse du marché et la publicité devait endosser un rôle de stratégie. Cette conception est désastreuse à long terme pour le producteur pour plusieurs raisons. D'abord, une multiplication de messages va très vite saturer les capacités perceptuelles du consommateur. Ensuite, l'intensification de la communication conduit à une surenchère de la part des producteurs. Enfin, l'absence de base objective à la différenciation du produit dans l'esprit du consommateur fait dépendre son succès ou son échec de la seule qualité de la campagne publicitaire. Il devient donc primordial d'analyser l'offre des concurrents et la perception par le consommateur. Depuis la fin des années

1970, le positionnement a suscité un très vif engouement de la part des professionnels du marketing. Le positionnement est très souvent associé à la segmentation dans la mesure où les démarches sont complémentaires. La segmentation agit sur des groupes d'individus, alors que le positionnement raisonne sur des produits. Certains considèrent qu'une stratégie de positionnement de produit ou de marque, ne nécessite pas forcément de stratégie de segmentation de marché. Par contre, cette dernière nécessite une stratégie de positionnement de produit (Dickson et Ginter, 1984). Selon Ries et Trout, le positionnement est l'acte de conception d'une marque et de son image dans le but de lui donner dans l'esprit de l'acheteur, une place appréciée et différente de celle occupée par la concurrence (1981). L'interprétation de Kotler enfonce le clou (2005). Le positionnement ne désigne pas ce que l'on fait à un produit, mais ce que l'on fait à l'esprit du client potentiel. Un bon positionnement s'articule autour de trois actions. Il convient d'abord de situer la concurrence, notamment pour définir les grandes catégories de produits. Il s'agit ensuite de choisir une catégorie de produit et définir les caractéristiques du produit. Enfin, le marketeur doit attribuer au produit des caractéristiques distinctives pour le différencier des produits concurrents.

Le chapitre suivant sera organisé autour de trois éléments. En premier lieu, il conviendra d'étudier les différences observées entre le positionnement voulu par l'entreprise et le positionnement perçu par le consommateur (section 1). Ensuite, un accent sera porté sur la principale caractéristique d'un produit positionné : sa différenciation (section 2). Enfin, le positionnement sera analysé en axant le propos sur la concurrence (section 3).

Section 1
Positionnement voulu et positionnement perçu

***149.* Pourquoi se positionner ?** – Cette question semble anodine mais implique une série de réponses opérationnelles de la plus triviale à la plus profonde. La première raison tient au fait que par nature le public émet des opinions sur les marques ou les produits. Il les compare et exige d'elles (ou d'eux) qu'elles (ou ils) s'adaptent à leurs désirs. En d'autres termes, si l'entreprise n'adopte pas de démarche de positionnement, le client, lui, s'en chargera. Ensuite, les études montrent que le positionnement d'un produit joue un rôle important dans les décisions d'achat (Ries et Trout, 1981 ; Trout, 2004). Enfin, le positionnement est au centre du marketing mix ; il influe sur toutes ses politiques dans la mesure où il intervient en amont. La raison d'être du positionnement est qu'il constitue une étape de diagnostic dans la démarche marketing. En effet, le positionnement permet de se poser de multiples questions. Il permet de définir et de comprendre les relations entre produits et marchés, d'identifier les opportunités du marché dans des circonstances multiples et de prendre d'autre décisions liées au marketing mix pour répondre ou devancer les mouvements de la concurrence (Encadré 20).

Encadré 20 – Les principales utilisations de l'analyse de positionnement comme outil de diagnostic
(Source : Lovelock, Wirtz et Lapert, 2004).

1. Définir et comprendre les relations entre produits et marchés :
– Quelles comparaisons peut-on établir entre le produit et les offres de la concurrence sur des éléments spécifiques ?
– La performance du produit correspond-elle aux besoins et attentes du consommateur sur des critères de performance spécifiques ?
– Quel est le niveau de consommation prévu pour un produit accompagné d'un ensemble de caractéristiques proposé à un prix donné ?

2. Identifier les opportunités du marché pour :
a. Présenter de nouveaux produits
– Quels segments cibler ?
– Quels éléments proposer par rapport à la concurrence ?
b. Redéfinir (repositionner) les produits existants
– Compter sur les mêmes segments ou en attirer d'autres ?
– Quels éléments ajouter, enlever, ou modifier ?
– Quels éléments accentuer dans la publicité ?
c. Éliminer les produits
– Quels sont ceux qui ne satisfont pas les besoins des consommateurs ?
– Quels produits font face à une concurrence excessive ?

3. Prendre d'autres décisions de marketing mix pour devancer ou répondre à certains mouvements de la concurrence :
a. Stratégies de distribution
– Où proposer les produits (endroits, types de débouchés) ?
– Quand rendre les produits disponibles ?
b. Stratégies de prix
– Quel prix fixer ?
– Quelles procédures de facturation et de paiement employer ?
c. Stratégies de communication
– Quels magasins cibles sont plus facilement convaincus du fait que le produit offre un avantage concurrentiel significatif sur les éléments qui leur importent ?
– Quel(s) message(s), quels attributs doivent être mis en valeur et quels concurrents (s'il y en a) doivent être retenus comme base de comparaison pour ces éléments ?
– Quels moyens de communication : vente à domicile contre plan média (Sélectionnés non seulement par leur capacité à véhiculer le message vers le public cible, mais également pour leur capacité à renforcer l'image du produit).

Le positionnement est la rencontre de deux processus : l'élaboration de l'offre par l'entreprise et son évaluation par le consommateur. Cette rencontre est le résultat de la confrontation entre le système d'identité de marque et le capital de marque.

§ 1. Positionnement communiqué et image de marque observée

***150.* Les qualités d'un positionnement** – La force d'un bon positionnement vient du fait qu'un certain nombre de conditions de bon sens sont respectées. Tout d'abord, seules un petit nombre de caractéristiques fonctionnelles ou symboliques sont mobilisables dans le cadre du positionnement. La raison vient du fait que la mémoire de l'homme est limitée et que ce dernier ne peut retenir qu'une part mesurée d'information. Le positionnement doit donc être simple. Par exemple, les yaourts et produits laitiers de la marque La Laitière se positionnent sur le créneau savoir faire d'antan. Ensuite, le positionnement doit correspondre aux attentes des consommateurs. L'absence de pertinence du positionnement peut conduire à l'échec. En 2002, le lancement de véhicules hybrides par Toyota (Prius), n'a pas eu l'effet escompté en Europe. Les lignes peu attractives du véhicule et le prix dissuasif ont eu raison de la différenciation écologique présentée par la marque. Par ailleurs, le positionnement doit être crédible. L'adéquation entre les caractéristiques du produit et l'image de marque doit systématiquement être recherchée. Pour Mercedes, le lancement de véhicules automobiles sur des segments B1 et B2 (voitures de petite taille et de taille modeste) a posé de vrais problèmes d'image de marque. Pour une firme qui a toujours fabriqué des véhicules de grande taille et haut de gamme, il a fallu expliquer le passage du constructeur d'un statut de spécialiste à un statut de généraliste. Enfin, l'originalité est une qualité recherchée pour un positionnement. Le créneau vacant garantit une absence momentanée de concurrence. À une marque doit correspondre un qualificatif ou un nom évocateur d'une différenciation. Pourtant Brown (2005) souligne que les marques sont de plus en plus ambiguës et que le sens n'est plus aussi figé qu'auparavant. Il peut même arriver que sous un même nom, il y ait des produits et des positionnements différents selon les pays. C'est en pratique le cas pour toutes les marques. Par exemple, Evian est une eau haut de gamme aux États-Unis, presque un luxe, ce qui n'est pas le cas en France. Mars est un substitut de repas en Grande-Bretagne, mais une barre d'énergie en Europe (Kapferer, 2002).

151. **Les conditions d'un positionnement** – Pour Kapferer, un produit, un service, ou une entreprise sont positionnés si l'on a au préalable statué sur quatre points (1988). Tout d'abord, l'angle de la promesse, c'est-à-dire le bénéfice-utilisateur, ou ce qu'apporte le produit, le service ou l'entreprise doit être mis en avant (pour quoi ?). Depuis quelques années IBM s'est recentré sur les solutions professionnelles offertes à ses clients. Le logo *On demand business* est présent sur la presque totalité des publicités de la marque. L'accent est mis sur les problèmes rencontrés par une entreprise et les solutions qu'IBM lui apporte. Ce recentrage est important car durant les années 1980, IBM était réputé pour « mettre toute les entreprises clientes dans le même moule ». Ensuite, les types d'utilisateurs les plus concernés doivent se reconnaître dans le positionnement adopté (pour qui ?). En 1989, la BNP crée Arval Service Lease, société spécialisée dans la location et la gestion de véhicule d'entreprise. Le logo de BNP-Paribas est aujourd'hui accolé à Arval afin d'affirmer le lien avec le groupe BNP-Paribas, gage de sérieux pour les entreprises clientes. Enfin, l'occasion d'utilisation du service, du produit ou de l'entreprise doit également être défini (pour quand ?). La campagne de publicité 2006 de Dexia, leader mondial du financement des équipements collectifs et des services financiers au secteur public local, est fondée sur le rapport au temps. L'accroche « sans durée, on ne construit rien », relayée par un visuel représentant une statue du David de Michel-Ange non terminée (juste le haut du buste) émergeant d'un morceau de pierre, et par un body copy explicatif, joue résolument le positionnement de la banque sur le long terme. Par ailleurs, les concurrents principaux doivent être identifiés (contre qui ?). La communication décalée du groupe Volkswagen se décline sur tous les modèles. La campagne 2006 de la Nouvelle Passat SW va dans ce sens. « Au luxe avec un grand L, préférez le luxe avec un grand coffre ». Cette accroche montre que la clientèle visée est élargie aux autres constructeurs dont les modèles ne sont pas forcément des breaks. C'est également une manière de dédramatiser l'amalgame couramment fait entre breaks et familles nombreuses. Cette succession de questions-réponses amène à s'interroger sur la réalité de la perception côté demande.

***152.* La rencontre entre élaboration de l'offre et son évaluation** – La position défendue par l'entreprise (sa stratégie marketing) correspond au positionnement voulu alors que le positionnement perçu est mesuré au niveau du consommateur. La Figure 33 décrit la rencontre entre l'élaboration de l'offre et son évaluation.

Figure 33 – Positionnement marketing et image de marque

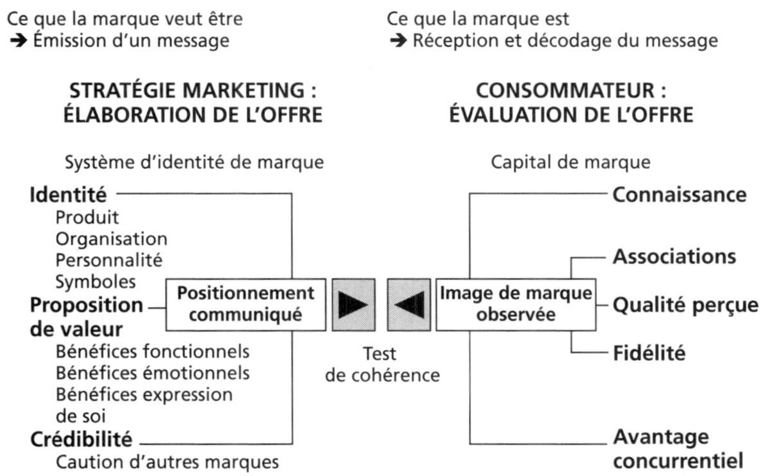

Source : Vernette, 2000 b.

Cette confrontation peut amener à un processus d'alignement. Le positionnement communiqué et l'image de marque réellement observée doivent être régulièrement testés afin de diagnostiquer un éventuel dysfonctionnement. Les tests de cohérence sont là pour mener à bien cette mission. Ainsi, pour évaluer le positionnement d'une enseigne, les distributeurs mettent en œuvre des études d'image qui leur permettent de situer la perception de leur offre par rapport à celle des enseignes concurrentes dans l'esprit du consommateur. Une confrontation du positionnement perçu et du positionnement voulu par l'enseigne (Pontier, 1988) permet d'identifier les dimensions autour desquelles doit être organisée l'action marketing de l'enseigne tant en termes de caractéristiques physiques du point de vente que de communication (Filser et Plichon, 2004).

§ 2. Le raisonnement sur l'identité de marque : un positionnement voulu

153. **Le prisme d'identité de Kapferer** – Pour cet auteur (1988), l'identité de l'entreprise peut être décomposée en six facettes (Figure 34).

Figure 34 – Le prisme d'identité

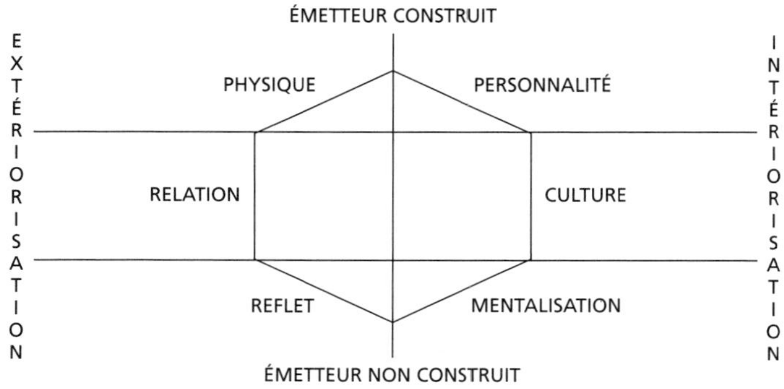

Source : Kapferer, 1988.

Tout d'abord, le physique est l'ensemble des caractéristiques objectives saillantes. C'est la réalité objective de l'entreprise qui correspond à ses métiers, ses produits, ses marchés, sa taille, ses résultats, ses performances, ses moyens, son savoir-faire. Le physique de la Fnac se retrouve dans les produits que le distributeur spécialisé vend, c'est-à-dire les produits et services culturels ainsi que le matériel lié au son et à l'image. Le physique d'une firme peut évidemment se modifier à mesure que des changements de périmètre sont opérés. La personnalité est la façon de parler des produits ou des services. La communication de l'entreprise laisse entrevoir, quel type de personne elle serait. La personnalité de la Fnac peut être assimilable à celle d'un savant élitiste, compte tenu de la communication choisie. La culture traduit un système de valeurs, source de l'inspiration et de l'énergie de la marque. La facette culturelle relie la marque à l'entreprise. La dimension culturelle à la Fnac est assimilable à une logique de « secte » où les adhérents sont des « initiés ». Le climat de relation avec les clients potentiels correspond au type de rapport que l'entreprise entretient avec son public. La Fnac se positionne sur une relation initiatique voire de démystification avec ses clients par rapport aux produits et services qu'elle vend. Le reflet est le miroir extérieur des clients. C'est l'image donnée de la description de la clientèle. Tout comme les choix de consommation indiquent le profil des consommateurs, le reflet permet de caractériser l'entreprise en fonction du profil type de consommateur. À la Fnac, le reflet prend la forme d'un jeune cadre informé et curieux. Enfin, la mentalisation est le miroir intérieur. C'est la relation que le client entretient avec lui-même. L'achat à la Fnac et plus encore, l'adhésion est vécue par les clients comme le fait d'adhérer à un club. Le prisme d'identité est un outil intéressant dans le cadre du positionnement dans la mesure où son association aux différents vecteurs de communication pourra insister efficacement sur l'une des facettes (Tableau 15).

TABLEAU 15 – LES MÉDIAS VÉHICULANT LE MIEUX LES FACETTES DE L'IDENTITÉ

Facettes de l'identité / **Médias de communication**	**Physique**	**Personnalité**	**Relation**	**Culture**	**Reflet**	**Mentalisation**
Nom d'entreprise	+	+++		++		
Logo		+++				
PDG		+++	++			
Sponsoring		+				
Mécénat				+++		
Relations presse	+++					
Relations publiques			++			
Publicité institutionnelle				+++		
Publicité commerciale	+++				++	
Personnel			+++			
Site internet	++			+		
Club fidélisation						+++

Source : Adapté de Kapferer, 1988.

Ainsi, le physique semble mieux véhiculé par les relations presse ou la publicité commerciale et la culture, par le mécénat et la publicité institutionnelle. Le nom de l'entreprise, le logo et la personnalité de son dirigeant sont fortement emblématiques de la personnalité de la marque. Ce concept central de l'identité a fait l'objet de nombreux travaux. La personnalité de la marque est intéressante car elle permet au consommateur d'exprimer la conception qu'il a de lui-même (Belk, 1988), mais aussi qu'il a des marques (Fournier, 1998). Certains auteurs ont identifié des personnalités de marque comme la sincérité, le dynamisme, la compétence, la sophistication et la rudesse (Aaker, 1997). La détermination de la personnalité d'une marque présente un intérêt managérial à condition de pouvoir différencier cette marque et établir un lien entre sa personnalité et celle du consommateur ou de la cible. L'existence d'un lien entre la personnalité de l'acheteur et celle des marques qu'il consomme offre l'opportunité aux responsables marketing de disposer d'un outil stratégique pour améliorer le positionnement de la marque (Ferrandi, Merunka et Valette-Florence, 2003).

***154.* Une proposition de valeur** – Pour se positionner sur un marché, la marque va se doter d'une personnalité et d'attributs tangibles. Le positionnement synthétise la promesse symbolique et le bénéfice concret associés à la marque. Certains marchés s'accommodent parfaitement des deux principes. C'est le cas par exemple du marché de l'automobile, sollicitant tant des arguments tangibles (sécurité, puissance, etc.) que des symboliques fugitives (prestige, séduction, etc.). Pour d'autres marchés, les valeurs tangibles sont difficiles à manipuler. C'est le cas notamment des produits de luxe, comme les parfums haut de gamme ou le prêt-à-porter, qui ne communiquent que sur des valeurs symboliques. Certains marchés privilégient les arguments concrets. C'est le fait par exemple des produits financiers, qui s'accommodent difficilement de propositions ésotériques. Ainsi, les bénéfices proposés peuvent être fonctionnels ou émotionnels. Ils peuvent également relever de l'expression de soi. Certaines marques emblématisent la réussite sociale (achat d'un véhicule de prestige, achat d'un appartement sur un territoire prestigieux, sorties ou vacances dans des endroits où il convient d'être vu, etc.).

***155.* Une crédibilité recherchée** – Les marques tentent d'apporter des preuves de la véracité de leur offre. La crédibilité passe d'abord par la caution. Celle-ci peut prendre la forme de la caution d'autres marques. La recommandation d'une lessive ou d'un anti-calcaire par des grandes marques d'électroménager est un moyen de s'assurer une crédibilité *via* le réseau professionnel. Ce monde professionnel peut d'ailleurs être anonyme. Les publicités regorgent de spécialistes (nutritionnistes, médecins, coach, etc.) vantant les mérites d'une marque ou d'un produit. Les institutions sont également sollicitées. Lorsque l'État ou les collectivités territoriales sont clients, l'offre devient institutionnelle, voire sociale. En 1988, Citroën a décidé de reprendre une photographie officielle du départ du Président François Mitterrand de l'Elysée pour une publicité pour son modèle XM. Cette annonce (où le modèle XM était le véhicule du président sortant) avait pour accroche : « Au moment des grands départs, il est bon de savoir que l'on peut compter sur sa voiture ». Cette phrase à deux niveaux de compréhension, faisait un clin d'œil à l'histoire en suggérant la légitimité et la crédibilité de l'offre Citroën.

§ 3. Le capital de marque : quel positionnement perçu par le client ?

***156.* Définition du capital de marque** – La notion de capital de marque fut introduite pour la première fois par Gardner et Lévy en 1955. Le capital de marque peut s'obtenir par l'histoire de cette même marque. La définition du capital de marque varie selon les auteurs. C'est la valeur apportée par la marque aux produits et services qu'elle couvre. Il peut reposer sur des critères économiques très objectifs (valorisation boursière, chiffre d'affaires et/ ou bénéfices réalisés, part de marché, etc.), ou représenter simplement la valeur que le consommateur place en elle (capital client), c'est-à-dire la valeur ajoutée perçue par rapport au même produit dont on aurait ôté le nom de marque (Aaker, 1991). Aaker détermine cinq facteurs contribuant à la constitution du capital de marque : la fidélité à la marque, la notoriété de la marque, la qualité perçue, les associations à la marque et les autres atouts propres à la marque comme l'avantage concurrentiel (1992). D'autres auteurs considèrent que la performance (qualité observable dans la durée), la valeur (l'utilité ou la satisfaction de la marque), l'image sociale (la réputation et l'estime de la marque dans un groupe social), la confiance (fiabilité et crédibilité perçues), et l'identification (degré d'attachement personnel) sont des éléments pris en compte pour mesurer le capital d'une marque (Lassar, Mithal, Sharma, 1995). La qualité du produit, élément récurrent dans l'appréhension du capital de marque, a fait l'objet de nombreuses recherches. Pour Groocock, la qualité est le degré de conformité de l'ensemble des caractéristiques et attributs d'un produit à l'ensemble des besoins et attentes du client, compte tenu du prix que celui-ci est prêt à payer (1986). Garvin propose huit composantes à prendre en compte pour définir la qualité (1987) : la performance fonctionnelle, les fonctions complémentaires, la conformité, la fiabilité, la longévité, les services, l'esthétique et la perception de la qualité (réputation, image). Le capital de marque constitue donc le référentiel qui permet aux consommateurs d'exprimer l'image de marque observée. L'image, c'est l'ensemble des connaissances, croyances et évocations qui sont associées à un produit par un public déterminé. L'image de marque observée correspond au positionnement perçu par le consommateur. L'image doit donc posséder les qualités nécessaires pour être positive dans l'esprit du consommateur. Rassurer le consommateur peut s'obtenir de diverses manières. Le groupe Levy Strauss par exemple, illustre son passé en remontant jusqu'à 1853, sur les murs du rayon homme du Printemps Haussman. Dans une autre démarche, New Man pour rajeunir sa clientèle, revient sur des anciennes collections qu'elle vend en série limitée (effet *collector*)[1]. Parfois, tout l'art est de savoir moderniser ou redynamiser une marque. Si l'effet nostalgie peut jouer un rôle positif dans la perception, voire l'acte d'achat, il n'est pas forcément durable. Il convient de doter la marque de vrais ingrédients et d'une sincérité de l'offre. Bonux (groupe Procter & Gamble), par exemple avec près de cinquante années de présence en France a réintroduit le cadeau dans ses paquets de lessive depuis 2000, modifié son *packaging* et a fait apparaître une grosse coccinelle (évoquant surprise et bonheur) dans l'écriture du nom à la place du « o ». Parallèlement, la marque a ajouté un détachant dans sa formule afin de rassurer les acheteuses de la marque, plus soucieuses que les autres de la propreté[2].

1. « Quand les produits vendent leur histoire », *Les Échos*, 1er décembre 2004.

2. « Les marques anciennes ravivent leurs couleurs », *Les Échos*, 31 mai 2005.

157. **Des méthodes pour appréhender la perception** – La détermination d'un positionnement d'une marque passe par l'analyse des positions des autres marques. Toute la difficulté consiste à recueillir l'information. En effet, le problème est de définir dans quelle mesure et dans quelles conditions le consommateur est capable d'exprimer de manière objective la perception qu'il a du positionnement de la marque (l'image de marque observée). Différentes méthodes ont cherché à résoudre cette question. Ainsi, la sémiométrie consiste à recueillir la charge affective, positive ou négative à partir des mots. Cette méthode permet de constituer des grilles d'analyse commerciale permettant de faire des choix sur les plans de la concurrence, de la gestion de la clientèle et du positionnement de la marque (Lafrance et Léger, 1999). La sémiologie, a la même philosophie, mais analyse les signes, les sens et la sensibilité des marques (Degon, 1986). Ces méthodes de recueil d'informations (loin d'être exhaustives) sont associées à des méthodes d'analyse de positionnement. Mais l'analyse du positionnement des marques à partir des perceptions de leurs caractéristiques reflète mal les préférences des acheteurs, et surtout ne permet pas d'établir de relation avec les achats effectifs. D'où des méthodes pour pallier cette lacune. En premier lieu, l'analyse des similarités (Stefflre, 1968) entre les marques s'effectue non plus à partir de la perception globale de la marque par le consommateur, mais à partir de la similarité que celui-ci perçoit entre les usages des marques. Par exemple, on considère que deux marques de produits surgelés sont similaires s'il est possible de préparer rapidement le dîner. Des scores de proximité sont alors calculés et l'analyse est conduite ensuite au moyen de l'analyse des similarités (MDS – *Multi Dimensional Scaling*). Cette méthode longtemps employée est accessible lorsque le nombre de marques à comparer est relativement réduit. (Les scores de proximités se calculant à partir de comparaison par paires, alors le nombre de comparaisons à réaliser est $n(n-1)/2$ lorsque le nombre d'objets à comparer est n). En second lieu, il est possible de s'appuyer sur des scores d'attitude mesurés sur les attributs déterminants du choix des produits. Cette approche s'appuie sur une analyse en composantes principales. La construction des cartes perceptuelles va en ce sens.

158. **Les cartes perceptuelles** – Dès 1972, Wind et Robinson proposent que le positionnement d'un produit soit établi à partir de la mesure de la perception et de la préférence des consommateurs pour ce produit en relation avec les produits concurrents. De nombreuses études pour le compte des entreprises utilisent la méthode des cartes perceptuelles afin de mettre en œuvre une stratégie marketing de positionnement adaptée. Il convient néanmoins de souligner que la construction de ces cartes doit répondre à un certain nombre de règles (Encadré 21).

Encadré 21 – La construction d'une carte perceptuelle
(Source : Bon, 2003).

Carte perceptuelle hypothétique sur le marché de la bière :

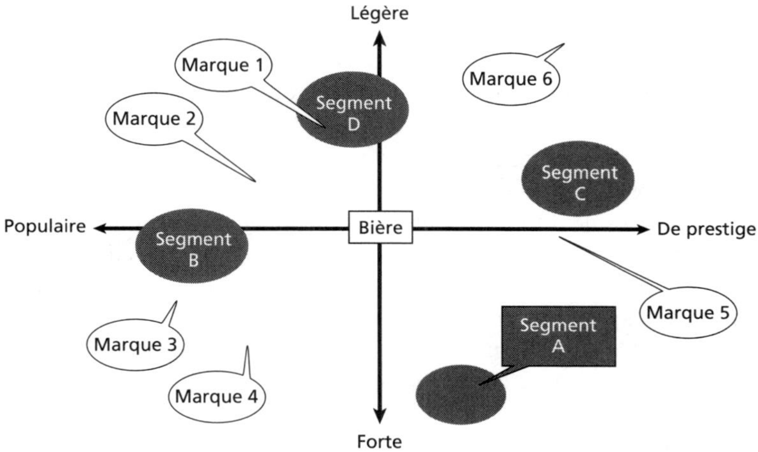

La valeur de la contribution stratégique d'une carte perceptuelle repose sur la connaissance préalable de certains points :

Point n° 1. L'axe horizontal est, par convention, celui qui contribue le plus à expliquer la variance totale dans les comportements d'achats observés, c'est-à-dire le plus discriminant. L'axe vertical suit immédiatement.

Point n° 2. Il est important de faire la distinction entre un facteur discriminant et un facteur important. Si toutes les entreprises de location automobile offrent le kilométrage illimité, ce critère est important, mais il n'est plus discriminant. Si vous l'offrez, vous ne gagnerez pas plus de consommateurs. En revanche, si vous ne l'offrez pas, vous en perdrez beaucoup.

Point n° 3. Pour être complète, une carte perceptuelle doit contenir à la fois les positions des marques et celle des segments de marché (les consommateurs). On ne peut pas tirer de conclusion sur la segmentation des marchés en lisant une carte perceptuelle où n'apparaissent que les marques. Inversement, on ne sait rien sur la différenciation de l'offre si une carte ne montre que les segments. On ne pourra parler de positionnement perceptuel que si l'on sait où se trouvent les marques et les centres des segments.

Point n° 4. Une marque sera d'autant mieux positionnée sur un segment donné que son emplacement sur la carte coïncidera parfaitement avec le centre du segment. Plus la distance perceptuelle entre la position de la marque et celle du point idéal du segment est grande, plus la part de marché de cette marque auprès de ce segment sera restreinte, et inversement.

Point n° 5. (…) Il est fondamental d'examiner la taille de l'échantillon et de mesurer la fiabilité statistique du programme (…).

Section 2
La différenciation, base du positionnement

159. La différenciation est l'ensemble des traits saillants et distinctifs de l'image. L'image, c'est aussi la représentation simplifiée, réductrice et comparative du produit. De nombreux auteurs ont souligné l'importance de la différenciation dans le positionnement des marques (Aaker, 2004). Levitt (1980), estime que tous les biens et services sont différenciables et qu'un produit banalisé est un produit qui attend d'être redéfini. Cela ne signifie pas que la différenciation doive être porteuse de sens, notamment en ce qui concerne les produits à faible implication. Néanmoins lorsque la différenciation est recherchée, cela montre une volonté de développer les ventes. Les sources de différenciation constituent aujourd'hui l'une des priorités accordées par les marketeurs dans la démarche de positionnement. Les consommateurs y sont de fait pleinement associés dans la mesure où ce qui n'est pas source de différenciation risque purement et simplement d'être rejeté. Les travaux de Porter (chaîne de valeur) apportent une clé d'entrée pour éviter de concevoir des produits ou services en décalage avec la demande du public.

§ 1. Quelles sources de différenciation ?

160. **Des sources de différenciation multiples** – Les travaux de Wind démontrent plusieurs types de positionnements pour une marque (1982). Il peut d'abord être fondé sur la qualité distinctive du produit (Exemple : en mars 2006, Renault revendique être leader en matière de sécurité avec huit véhicules primés de 5 étoiles aux crashs tests Euro NCAP). Il peut également s'appuyer sur les avantages ou les solutions apportées (IBM, autrefois fabricant d'ordinateurs, est aujourd'hui spécialisée dans les solutions d'entreprises). Le positionnement peut aussi se baser sur une occasion d'utilisation spécifique (Les compléments repas développés par Slim fast visent à être consommés dans le cadre d'un régime alimentaire). Le positionnement peut être orienté vers une catégorie d'utilisateurs (Les petits musclés de Danone visent les enfants). Le positionnement peut se faire par rapport à une marque concurrente (en France, l'utilisation de publicités comparatives axées sur le prix permettent aux opérateurs téléphoniques de se démarquer). Il est également possible d'opter pour un positionnement de rupture par rapport à la catégorie de produit (la création de nouveaux segments dans l'automobile a été le point fort de Renault avec les modèles Espace et Twingo). Le positionnement peut enfin s'imposer par des canaux de communication et de distribution différents. La différenciation peut également porter sur les clients. L'offre elle-même peut être différenciée en fonction du profil des clients. Ainsi, la différenciation serait vécue comme le moyen de récompenser les clients réguliers dans une optique de fidélisation (Woolf, 1999).

161. **La différenciation par le produit** – La volonté de se démarquer des concurrents et la recherche de l'unicité de la marque pousse les marketeurs à multiplier les efforts et les sources en matière de différenciation. Le produit constitue l'élément le plus évident de cette recherche de distinction (Encadré 22).

Encadré 22 – La différenciation par le produit
(Source : inspiré de Kotler et alii, 2006).

– **La forme :** le format, la taille, l'apparence physique. Exemple : Lors de sa sortie au salon automobile de Paris en 1955, la Citroën DS choque par son design avant-gardiste. Ce sera un succès pour le modèle.
– **Les fonctionnalités :** elles sont en principes limitées, mais il existe une tendance à s'aligner sur la concurrence. Exemple : Les *minima* en matière de fonctionnalité des téléphones portables neufs augmentent avec le temps, soit pour s'aligner sur la technologie, soit pour développer la consommation de nouveaux services.
– **La performance :** c'est le niveau de résultat obtenu avec les fonctionnalités choisies. Exemple : Il existe aujourd'hui des vidéo projecteurs de la taille d'un paquet de cigarettes.
– **La conformité :** c'est le respect par le produit de conditions normales d'utilisation ou de spécifications préétablies. Exemple : les marques insistent sur le fait que leurs produits sont des originaux (et non des contrefaçons) et qu'en ce sens, ils satisfont aux règles de sécurité (jouets), de qualité (luxe), etc.
– **La durabilité :** c'est la durée de vie d'un produit avec des conditions habituelles d'utilisation. Cette durabilité peut être garantie par des services supplémentaires (garanties) auxquels peut souscrire le client. Exemple : Le distributeur Darty s'est spécialisé dans l'extension de garantie pour les appareils qu'il distribue.
– **La fiabilité :** c'est la probabilité qu'un produit fonctionne sans connaître de défaillance pendant une période de temps donnée. Exemple : la SNCF a lancé une campagne de compensation sous forme de bons voyage, lorsque pour un parcours « grandes lignes » d'au moins 100 km, le train arrive à destination au moins 30 minutes après l'heure prévue et que ce retard est imputable uniquement à l'entreprise.
– **La réparabilité :** c'est la facilité avec laquelle on peut mettre un terme aux défauts de fonctionnement d'un produit. Exemple : les *hot line* sont sensées résoudre les problèmes. La réalité est toute autre.
– **Le style :** il fait référence à l'apparence extérieure du produit et aux émotions qu'il engendre. Exemple : En 1998, Apple relance ses ventes avec l'Imac au *design* décalé par rapport aux standards de l'époque.

Le service ne possède pas les mêmes critères de différenciation que le produit en raison de sont activité différenciée. On peut envisager un grand nombre d'éléments pouvant jouer ce rôle : la facilité de commande et son suivi, la livraison, l'installation, la formation du client, le conseil, la réparation, la garantie de résultat, etc.

162. **La différenciation par le personnel** – La différenciation peut aussi s'effectuer au niveau du personnel. Il existe plusieurs typologies de critères relatifs aux qualités du personnel, mais la plus connue est celle de Parasuraman, Zeithaml et Berry (1988) développée sur le modèle SERVQUAL (encadré 23).

Encadré 23 – Dix éléments de différenciation au niveau du personnel
(Source : Parasuraman, Zeithaml, Berry, 1988).

– Tangibilité : apparence physique des équipements, du personnel, du matériel de communication.
– Fiabilité : capacité à réaliser le service promis de manière sûre et précise.
– Réactivité : Empressement à aider les clients et à rendre un service rapide.

– Compétence : possession des compétences et des connaissances nécessaires pour assurer le service.
– Courtoisie : politesse, respect, considération et proximité du personnel de contact.
– Crédibilité : être digne de confiance, fidélité et honnêteté du fournisseur de service.
– Sécurité : absence de danger, de risque, ou de doute.
– Accessibilité : Approche et contact facile.
– Communication : écoute des clients et remerciements pour leurs commentaires. Information des clients dans une langue comprise par eux.
– Compréhension du client : Mise en œuvre de moyens pour connaître les clients et leurs besoins.

C'est dans le domaine des services que l'importance du personnel se fait le plus ressentir. Le personnel de contact en particulier est souvent considéré comme un facteur de fidélité (Bove et Johnson, 2001). Des travaux ont montré que dans les services, la satisfaction des clients était intimement liée à la satisfaction du personnel (Heskett *et alii*, 1994).

***163.* La différenciation par la distribution et l'image** – La différenciation peut également se concevoir au niveau de la distribution. Généralement les entreprises sont aujourd'hui présentes sur tous les canaux. Mais il peut arriver que certains canaux apparaissent originaux pour une marque par rapport à ses concurrents, ce qui la différencie. Pendant de nombreuses années des marques comme Tupperware ou Avon, se sont développées exclusivement en vente directe *via* un réseau d'ambassadrices bien implanté. Cette stratégie s'est avérée payante notamment par rapport à la concurrence. Des éléments de différenciation sont également observables au niveau de l'image. Des efforts sont particulièrement consentis à l'accueil, qui est le fer de lance du *front office*. C'est à ce niveau qu'une image peut être positive ou négative. Les restaurants Flunch ont souffert pendant des années d'une image de « cantine ». Pour se défaire de cette image peu attrayante, un certain nombre de mesures ont été prises. La décoration des restaurants a été rendue plus conviviale et les couleurs choisies plus accueillantes et en phase avec le moment du repas. En outre, le débarrassement des plateaux n'est plus à la charge du client. Enfin, la possibilité de se servir des légumes cuisinés et variés à volonté a transformé l'image de cantine en buffet. Le *front office* n'est pas le seul endroit où l'on peut différencier l'image de l'entreprise. Lors du Grand Prix de Formule1 des États-Unis à Indianapolis en 2005, pour la première fois de la saison les pneus Michelin se sont retrouvés en difficulté. Il faut dire que la spécificité du circuit n'a pas ménagé les trains de pneus et quelques accidents spectaculaires ont émaillé les séances d'essai. L'accident de Ralph Schumacher, blessé, est considéré comme un avertissement. La firme demande officiellement aux écuries équipées de pneus Michelin de ne pas courir le Grand Prix. Seules six voitures (avec des pneus Bridgestone) prendront le départ, et ce qui devait être un bel événement sportif est devenu le plus grand fiasco que la Formule 1 ait connu. *A priori*, cette décision aurait dû avoir un effet négatif sur Michelin, mais il n'en a rien été. Michelin a remboursé la presque totalité des places aux spectateurs venus assister au Grand Prix. Mais c'est surtout une campagne de communication axée sur la sécurité qui a fait passé cette décision aux yeux du public, de principe de précaution à décision inévitable. Avec le recul cette décision a amélioré l'image de marque de Michelin, notamment sur le registre de la sécurité. La communication et l'image associée, peuvent donc influer sur la différenciation (Boulding, Lee, Staelin, 1994).

***164.* La différenciation par le prix** – La différenciation, élément clé d'un positionnement passe par une relecture de la stratégie construite sur les prix. Sur ce sujet les travaux de Pigou (1929) peuvent constituer une base de réflexion. En effet, cet économiste américain a identifié trois types de différenciation correspondant à des niveaux (Tableau 16). La différenciation de premier degré (également dénommée *customer driven-pricing*) suppose que l'on diagnostique clairement le prix que les clients sont prêts à payer (par des questions *ad hoc* ou l'observation de signes extérieurs de richesse). Cela aboutit à des offres personnalisées. La différenciation de second degré est une situation où le client choisit parmi différentes offres formulées par le fournisseur. Les clients s'auto segmentent et l'on comprend dès lors l'importance d'une bonne répartition et d'une lisibilité des séparations des offres à l'origine (*fencing*). Enfin, la différenciation de prix de troisième degré est fondée sur des segments reposant sur des critères observables. Ce type de différenciation implique des coûts de contrôle imputables à la vérification du respect des critères. À côté de la typologie de Pigou, la différenciation par les prix peut s'effectuer en fonction de plusieurs variables : temporelle (horaire, saison, cycle de vie du produit, etc.), géographique, volume des ventes, produits (performances techniques, esthétisme, marque, etc.), canal de distribution et client (âge, sexe, historique, etc.).

TABLEAU 16 – TYPOLOGIE DE DIFFÉRENCIATION DE PIGOU

Type de différenciation	Caractéristiques
Premier degré	– Prix parfaitement différencié – « un client, un prix »
Deuxième degré	– Gamme prix/ produit adaptée à différentes sensibilités au prix – « Auto segmentation » du client qui choisit l'offre qui lui convient – Importance du cloisonnement entre offres
Troisième degré	– Prix accessibles si certains critères sont respectés – « Prix réservés à »

Source : Simon, Jacquet et Brault, 2005.

§ 2. La chaîne de valeur de Porter comme source de différenciation

165. Dans le cadre de la recherche d'une différenciation, l'entreprise doit éviter d'identifier un élément d'unicité apprécié par les acheteurs mais que l'entreprise est incapable d'offrir. Elle doit également éviter d'identifier un élément d'unicité que l'entreprise peut offrir mais qui n'est pas apprécié par les acheteurs. Les travaux de Porter sur la chaîne de valeur sont en ce sens très précieux (1982). Ainsi, toute entreprise peut être définie comme un ensemble d'activités : les activités primaires et les activités de soutien (Figure 35). Ainsi, à titre d'exemple, les sources de différenciation pour chaque activité primaire peuvent être décomposées de la manière suivante. Les achats et la logistique interne peuvent être illustrés par l'exclusivité des composants auprès d'un fournisseur. Les références à Intel ou AMD sur les ordinateurs relèvent de cette logique. Les éléments de différenciation touchant à la production peuvent être relatifs au temps de fabrication court ou à la qualité des produits. La référence au processus ou au savoir faire est fréquemment utilisée. En ce qui concerne les activités de stockage et de distribution, la valeur peut s'exprimer par la livraison rapide, ou des stocks suffisants pour de grosses commandes. La rapidité de la livraison a fait l'objet de slogans publicitaires en B to C (La Redoute, Interflora, etc.). Pour ce qui relève des stocks, l'argument est plus en phase avec des préoccupations de B to B. La différenciation au niveau du marketing et de la vente peut se retrouver dans la qualité et l'intensité de la force de vente, ou dans le crédit accordé aux vendeurs. La Fnac recrute par exemple ses vendeurs en se fondant sur leur connaissance culturelle (produits culturels comme les livres, CD, etc.) ou technique (Hi fi, télévision, numérique, etc.) de sorte qu'ils puissent renseigner au mieux la clientèle. Enfin, la différenciation dans le service peut être illustrée par la performance du Service après-vente (SAV) et de l'assistance technique.

Figure 35 – La chaîne de valeurs de Porter : outil pour une différenciation

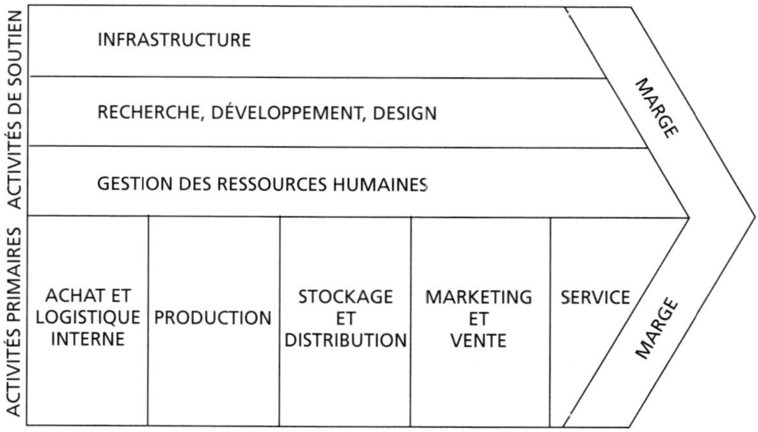

Source : Porter, 1982.

Dans la même logique, la différenciation est envisageable pour les activités de soutien. Ainsi, au niveau de l'infrastructure, la réputation de l'entreprise ou sa réactivité, sont des éléments fréquemment mobilisés. Les cafés Malongo se sont associés avec Max Havelaar (association prônant le commerce équitable) afin de positionner la marque en accord avec cette tendance de société. La recherche, le développement et le *design* peuvent également être source de différenciation. L'originalité des produits et la capacité à en développer de nouveaux peuvent constituer un élément de positionnement non négligeable. Forte de ses innovations passées, Renault est devenu « créateur d'automobile » au lieu de construire « des voitures à vivre ». Enfin les ressources humaines représentent également une source de différenciation à travers la stabilité du personnel (posséder les mêmes interlocuteurs) et sa formation.

Section 3
Le positionnement concurrentiel

166. Le positionnement n'est pas un raisonnement uniquement fondé sur des résultats tangibles et définis par l'entreprise. En cela, il se différencie de l'avantage concurrentiel (Bloch et Michon, 2003), défini par Porter (1982) comme « *la valeur qu'une firme peut créer pour ses clients en sus des coûts supportés par la firme pour la créer* ». Le positionnement est l'émanation de l'avantage concurrentiel. Il convient d'analyser dans un premier temps la concurrence entre les marques. Puis, l'étude du positionnement concurrentiel nécessite de s'intéresser aux stratégies différentes suivies par les leaders et leurs challengers. Enfin, il s'agira d'analyser les stratégies de repositionnement.

§ 1. L'analyse de la concurrence entre les marques par le territoire de marque

167. Le territoire de marque (*brand territory*) regroupe les marchés dans lesquels la présence de la marque est légitime aux yeux du consommateur. Ainsi, les compétences perçues, la typicalité des produits ou le savoir-faire particulier, sont les éléments constitutifs de ce concept (Changeur et Merunka[3], 1999 ; Kapferer, 2004). Pour mesurer ce concept, les cartes de concurrence constituent un outil utile d'appréhension de la concurrence (Encadré 24). Une carte de concurrence ne peut être utile que si elle est complétée par des informations multiples et le plus souvent disponibles. Ces informations peuvent prendre la forme d'analyse du positionnement perceptuel des marques en concurrence, ou de connaissance des volumes et parts de marché des marques en concurrence et de leur évolution. Elles peuvent également prendre la forme d'analyse du marketing mix des marques en concurrence (gammes, niveaux de prix, *copy strategy* et budget publicitaire, type de promotions, type et niveau de distribution, duplication, etc.) (Merunka, Changeur et Bourgeat, 1999).

3. www.cerog.org/fileadmin/files/cerog/wp/546.pdf

Encadré 24 – Les cartes de concurrence d'un secteur : le cas des eaux minérales
(Source : www.comanalysis.ch/ComAnalysis/articles.htm[4]).

Nom	Slogan	Logo	Symbolique
Aquarel	Partager Nestlé Aquarel. C'est naturel		Partage
Arkina	La beauté vient de l'intérieur		Vie
Contrex	Votre partenaire minceur		Contrat minceur
Cristalp	L'eau vive des Alpes		Sport, montagne
Eden	L'eau qui change la vie		Vie
Évian	Déclarée source de jeunesse par votre corps		Vie, jeunesse
Vittel	Buvez, éliminez, Vittel, la vitalité est en elle		Vitalité
Volvic	Un volcan s'éteint, un être s'éveille		Volcans, nature

Une eau peut être envisagée sous différents aspects, parmi lesquels la teneur en sels minéraux, le taux de gaz, le mode de distribution (gastronomie, commerce de détail), le prix, la valeur émotionnelle, la notoriété. À cela, il faudrait encore ajouter son histoire, ses origines géographiques et géologiques, la forme de la bouteille, l'image construite au fil des ans par la publicité, etc. Dans le contexte fortement concurrentiel du marché des eaux plates, le positionnement est devenu décisif où, co-présents, arguments tangibles et valeurs symboliques s'entremêlent. Les noms, slogans et logos de marques sont les invariants identitaires les plus à même de renseigner sur les différents positionnements. Le tableau suivant répertorie les différentes données pour les quelques marques d'eaux plates présentes sur le marché environnant.

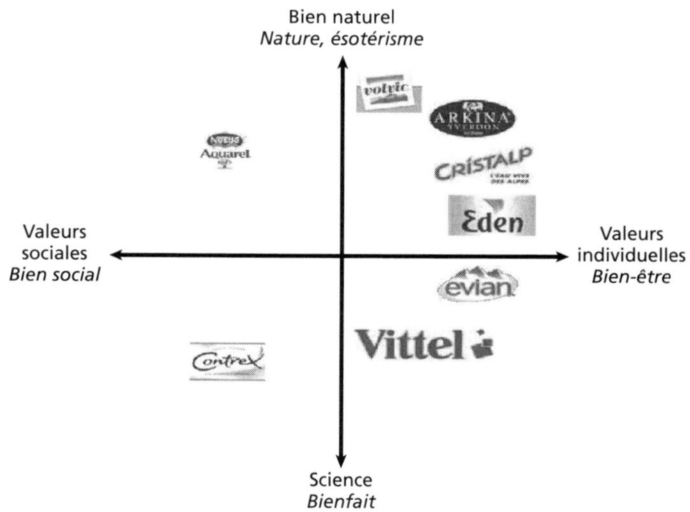

4. LUGRIN (G.) et TOLIVIA (D.), « Approche sémiotique de l'or bleu : le positionnement de quelques marques d'eau », juillet 2003.

Au niveau de l'axe vertical, le premier pôle distingue les marques communiquant prioritairement sur les origines, qu'elles soient naturelles (volcans d'Auvergne pour Volvic) ou ésotériques (le paradis pour Eden). Ces eaux sont destinées à avoir un effet bénéfique sur leurs consommateurs par leurs origines, qu'elles soient géologiques ou divines. Le second pôle communique au contraire sur les qualités minérales de l'eau. Les mesures ayant été fondées sur des analyses en laboratoire, le bienfait est attesté « scientifiquement ».

Au niveau de l'axe horizontal, le premier pôle, celui des valeurs sociales, représente les marques communiquant sur les effets corporels de l'eau en termes de silhouette, de maintien du poids, etc. La réussite sociale, qu'elle soit professionnelle, sportive ou sentimentale, proviendrait des bienfaits de l'eau. Le second pôle privilégie au contraire son effet vivifiant. L'eau serait une source de bien-être individuel, même si ce dernier aura par la suite des répercussions sur la vie quotidienne. On notera tout particulièrement la position novatrice d'Aquarel, la nouvelle marque d'eau de Nestlé, qui se place dans un cadran jusque-là inoccupé, à savoir celui d'une eau naturel axé sur un bien-être social : « Partager Nestlé Aquarel. C'est naturel. ». Le verbe « partager » renvoie certes, pour le consommateur, à l'idée de partage convivial. Mais l'originalité du concept de partage est aussi d'évoquer l'origine de l'eau Aquarel, résultant du mélange de plusieurs sources regroupées par Nestlé.

§ 2. Challenger ou leader sur un marché ?

***168.* Contagion et saturation** – La position des entreprises sur un marché dépend notamment du caractère innovant ou pas d'un produit ou d'un service. Lorsque ce dernier est innovant, cela implique que l'entreprise à l'origine soit la première à engager ce produit sur le marché avec un risque non négligeable d'échec. Par ailleurs, il est important de prévoir le niveau de retour sur investissement qui dépend notamment du niveau de concurrence. Frank Bass (1969) s'est intéressé à ce sujet en développant le modèle de diffusion. Pour lui, le nombre d'individus qui adoptent l'innovation est le résultat de deux composantes. La première est le phénomène de contagion qui est fonction du nombre d'individus ayant déjà adopté l'innovation (importante sur le secteur de la téléphonie mobile à la fin des années 1990/début 2000 en France). La seconde composante est le phénomène de saturation qui est lié à la taille du marché potentiel.

***169.* Quelles actions pour le leader du marché ?** – Le leader d'un marché peut mettre en œuvre deux types de stratégies. Il peut en premier lieu opter pour un accroissement de la demande. Cela signifie qu'il peut rechercher de nouveaux consommateurs pour ses produits soit en élargissant le marché (en touchant les non consommateurs relatifs), soit en touchant de nouveaux segments, soit en trouvant de nouveaux marchés (à l'export par exemple). L'accroissement de la demande peut également provenir d'une modification des habitudes de consommation. Notre société de communication, illustrée par le développement de la téléphonie mobile a engendré un changement du rapport du consommateur avec l'appel téléphonique. Ce dernier, présenté par les opérateurs de téléphonie mobile comme une liberté supplémentaire et une facilitation de la vie de tous les jours, est devenu réflexe frôlant parfois le ridicule (qui n'a jamais été témoin de deux individus qui se parlent au téléphone sur leur portable respectifs… bien que l'un à côté de l'autre). Le leader peut en second lieu adopter une stratégie de défense de part de marché. Les moyens pour y arriver sont connus. Il peut s'agir de continuer à développer des produits innovants en gardant un budget significatif en recherche et développement (L'Oréal). La défense peut être obtenue en occupant le terrain, notamment au niveau de la communication et de la distribution (Coca-Cola et ses offres promotionnelles l'été, sa publicité de rappel l'hiver). Cette stratégie peut aussi consister à développer des sous marques (Coca-Cola lance successivement les produits *light lemon*, *light lime*, *sango* et *blak*). Défendre sa part de marché peut aussi pousser les entreprises vers la sortie en se déplaçant vers d'autres secteurs ou en abandonnant des segments jugés peu porteurs pour se concentrer sur d'autres. Cette situation est rare, mais peut exister. En 1989, Philips, leader européen de l'électroménager décide de vendre cette branche à l'américain Whirlpool. Le groupe n'a plus les moyens de se maintenir et préfère réinvestir dans d'autres secteurs.

***170.* Quelles actions pour les challengers ?** – Plusieurs approches sont possibles pour un challenger. La stratégie d'attaque vise à faire pression sur les concurrents en difficulté pour se renforcer face au leader. En d'autres termes, il s'agit de se développer par croissance externe en bénéficiant de produits, savoir-faire et structures des entreprises rachetées. La confrontation directe n'est pas obligatoire (et d'ailleurs peu souhaitée) et le challenger isole bien souvent des segments ou le leader est peu présent. Le challenger peut en deuxième lieu adopter une stratégie de *discount*, qui consiste à offrir aux consommateurs un produit identique à celui du leader, mais à un prix inférieur. Cette stratégie n'est viable que si le consommateur est persuadé que les produits proposés sont d'aussi bonne qualité que ceux proposés par le leader. La deuxième condition est liée à la sensibilité des consommateurs aux écarts de prix. Enfin, cette stratégie n'a d'effet que si le leader ne s'aligne pas sur le prix proposé. Les challengers ont également la possibilité de développer des stratégies de rupture. Il peut s'agir d'innovation produit, ou de lancement de produits ayant les mêmes fonctionnalités que ceux existants sur le marché tout en étant sur un segment différent. Les exemples sont nombreux où les challengers adoptent des stratégies de rupture afin de ne pas attaquer directement le leader. Ainsi, Crayola a lancé des produits comme des crayons de couleur effaçables ou des feutres utilisables à partir d'un an et qui s'éliminent à l'eau. Dans un autre registre, le groupe Triballat ne s'est pas attaqué aux produits Bio de Danone, mais a lancé une marque (Sojasun) sur un secteur différent. Dans le secteur des boissons gazeuses, la marque Lorina a remis ses limonades à la mode en adoptant un emballage ancien pour cibler les parents ou grands-parents ayant connu la marque dans leur jeunesse[5].

§ 3. Les stratégies de repositionnement

***171.* Les stratégies de revitalisation de la marque (*brand revitalisation strategies*)** – L'étude des produits et des marchés doit s'effectuer de manière régulière.

5. « Les marques challenger sortent leurs griffes », *Les Échos*, 12 avril 2005.

Leur évolution peut amener à s'interroger sur le positionnement de la marque, du produit ou du service. Keller (1999) estime que deux types de stratégies sont possibles : renforcer la marque en gérant le capital de marque, ou revitaliser la marque en modifiant ce capital de marque (Figure 36). Cette revitalisation pouvant prendre plusieurs formes, est fondée sur le double objectif de rafraîchir les constituants anciens du capital de marque et/ ou de créer de nouveaux constituants. La revitalisation de la marque implique la plupart du temps une stratégie de repositionnement de l'entreprise. Ce repositionnement peut s'articuler autour de plusieurs items : le renforcement du lien avec le client, la recherche d'une lisibilité et d'une logique globale de l'entreprise ou du groupe, ou l'adaptation aux changements observés dans la société.

Figure 36 – Les stratégies de revitalisation de marque

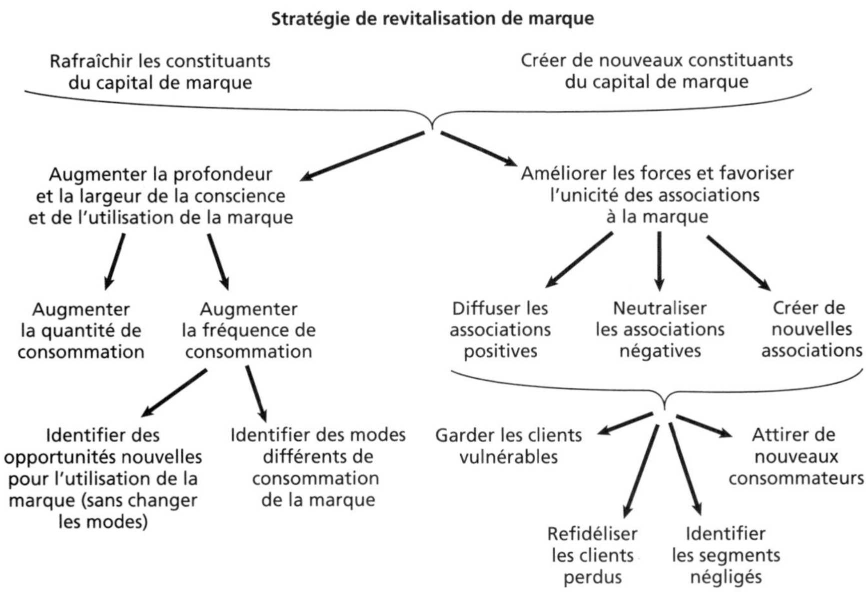

Source : Keller, 1999.

172. **Le repositionnement pour renforcer le lien avec le client** – Diverses raisons sont à l'origine d'un éloignement de la marque par rapport à ses clients : forte concurrence, obsolescence du concept, évolutions des modes de consommation, etc. La ressource principale d'une entreprise est la connaissance et le lien entretenu avec les consommateurs. De surcroît, le lien avec le consommateur final se veut de plus en plus affectif. Dès lors, il n'est pas étonnant de constater que de nombreuses entreprises conditionnent autour de cet objectif leur repositionnement (Encadré 25). Si des variables traditionnelles liées au comportement du consommateur sont souvent mobilisées, une attention toute particulière est portée aux variables situationnelles. Les conditions de consommation impliquent parfois qu'il existe un différentiel entre le positionnement voulu par l'entreprise et ce qui est réellement perçu par le consommateur. Ce décalage est constaté par les Galeries Lafayettes. Alors que la clientèle s'est tournée vers les marques *discount* et que les deux tiers des achats de textile se font sur des articles en promotion, Les Galeries Lafayettes tentent de repositionner leur marque en recadrant leur offre au niveau du haut de gamme. Pour y arriver, le distributeur compte proposer plus de marques « exclusives » et insister sur la dimension mode. Par ailleurs, ce repositionnement passe par le développement de nouveaux concepts, tant au niveau de la communication des marques distribuées, que de la théâtralisation de la distribution (concept de bars à *tee-shirt* ou de bars à *jeans*)[6].

Encadré 25 – Le repositionnement par le renforcement du lien avec le client : l'exemple de Sélecta

(Source : « Sélecta rafraîchit son image avec le bar à eaux », Les Échos, 7 février 2006).

(...) De distributeur de marques alimentaire, la filiale du groupe Compass souhaite s'ériger en marque enseigne. « *Nous voulons nouer un lien émotionnel plus fort avec le consommateur, en nous différenciant mieux. Il s'agit de lui proposer une expérience plus rafraîchissante, qu'il soit sur le lieu de travail, de détente ou en déplacement* », relève Veary Khaou, responsable marketing Europe. Au menu : une nouvelle identité visuelle et une évolution de l'offre. La marque se présente sous un jour modernisé et moins austère. Le logo a été revisité. Ses trois bandes verticales, ont laissé la place à une sphère donnant une impression de mouvement et un aspect ludique. « *Le code rouge, en revanche, a été gardé pour ne pas perdre la reconnaissance qu'avait déjà la marque. C'est en outre une couleur dominante dans la distribution, puissante et lisible* », précise Nathalie Varagnat, Présidente de l'agence de design et stratégie Landor France qui a accompagné le repositionnement. « *L'idée était de renvoyer une image plus conviviale, chaleureuse, celle d'une parenthèse décontractée. Un ton complice permet d'exprimer le fait qu'un distributeur est un vecteur de relation à l'autre* ». Cela se traduit par la mise en avant en gros plans de photos de visages, mais aussi d'ingrédients. (...).

Cet éloignement progressif de la clientèle nécessite un ajustement constant, même dans des secteurs structurellement en croissance. Compte tenu de la part croissante des seniors dans la population française et du potentiel issu de leur pouvoir d'achat, les spécialistes vépécistes comme Damart ou Daxon adoptent des stratégies de positionnement différentes. Daxon a choisi le « *positive aging* » permettant à chacun de bien vivre son âge en accompagnant les clients à toutes les étapes de leur séniorité jusqu'à leur grand âge, ceci correspondant à un éventail de types de vie. Damart a choisi de rajeunir sa cible à travers une campagne axée sur les enfants intitulée « créateur de bien être ». Les deux marques ont toutes les deux choisi de communiquer sur la technique[7].

6. « La folle ambition des Galeries Lafayettes », *Les Échos*, 29 mars 2005.

7. « Le jeune senior, dernière cible de la VPC », *Les Échos*, 15 février 2006.

173. **Le repositionnement par le nom pour une meilleure lisibilité** – Le nom est important dans le cadre du positionnement. Un changement de nom n'est pas qu'une question de communication. Il peut engendrer un changement de positionnement par une modification de son métier. C'est le cas de l'entreprise Hays devenue ACR Logistics. Les lettres ont soigneusement été choisies : A pour ambition, action et agilité, C pour challenge, coopération et *commitment* (engagement en anglais), R pour résultats financiers, respect du client et réactivité. Ce nouveau nom doit traduire l'excellence opérationnelle par rapport aux concurrents[8]. Le changement de nom n'est pas la seule variable pouvant impliquer un repositionnement ayant pour objectif d'améliorer la lisibilité de l'entreprise. Les éléments du marketing mix traduisent en général cette volonté. Il convient néanmoins d'insister sur un travers tentant. Vouloir plaquer une stratégie globalisante sur une marque à héritage fort et ancien se révèle contreproductif (Encadré 26).

Encadré 26 – Positionnement et repositionnement : le cas Bonux au sein de Procter et Gamble

(Source : Kapferer, 2003).

Quand on sait que le tiers de la part du marché des lessives détenue par Procter et Gamble en Europe est dû à des marques locales, on comprend qu'il n'était pas durablement possible à cette entreprise pragmatique d'abandonner celles-ci dans la mesure où, sur cette catégorie, l'objectif clamé par Procter et Gamble est de conforter son leadership. D'où son revirement récent. Le cas Bonux est symptomatique du retour au réalisme. Bonux est la plus ancienne marque de Procter en France. Achetée en 1962, elle fut une lessive de lavage à la main avant d'être repositionnée pour la machine à laver. Sa part de marché alla jusqu'à atteindre 14 %. Sa promesse historique alliait blancheur un trop fameux cadeau Bonux. Par manque d'innovation, la marque déclina lentement, son rôle étant de bloquer par son prix bas la part de marché des marques de distributeurs. En 1990, il fut décidé de supprimer le cadeau et de garder l'axe prix. La marque vivota à 4 % de part de marché, et atteignit même 6 % grâce à une saga publicitaire en 1996/1997. À ce moment là, Bonux fut lancée en Belgique et un test fut même réalisé aux USA. Mais en 1998/1999, l'entreprise stoppa tout investissement en se recentrant sur ses seules marques globales. La part de marché chuta à 1,5 % ce qui la fit dé-référencer de Carrefour par exemple. Les concurrents de ce segment à prix bas quant à eux jouissaient de meilleures parts de marché grâce à la promotion des ventes (la moitié de leur volume était vendue en promotion), X-tra (7 %), Persil (5 %), Gama (4 %). En 2000, il fut décidé de relancer les cadeaux Bonux de façon moderne avec la licence Digimon, puis Razmoket et enfin en 2002, la licence E.T., car le film Rencontres du Troisième Type revint remastérisé vingt ans après sa première sortie. Surtout en avril 2001, une nouvelle campagne de publicité télévisée fut décidée, visant à relancer Bonux dans le respect de son capital de marque (la blancheur et les cadeaux). On passa en quelques mois de 1,5 à 2,3 % de part de marché avec une seule référence. Pour développer cette part, la marque présenta alors une version liquide et en tablettes.

8. « Comment Hays est devenu ACR Logistics », *Les Échos*, 28 octobre 2004.

Bibliographie

– D. Aaker, « The power of differentiator », *MIT Sloan Management Review*, 46, 3, 6-18, 2004.

– D. Aaker, « The value of brand equity », *Journal of Business Strategy*, 13, 4, 27-32, 1992.

– D.A. Aaker, *managing brand equity*, New-York, The Free Press, 1991.

– J.L. Aaker, « Dimension of brand personality », *Journal of Marketing Research*, 34, 3, 347-356, 1997.

– F.M. Bass, « A new product growth model for consumer durables », *Management Science*, 15, 5, 215-227, 1969.

– R.W. Belk, « Possessions and the extended self », *Journal of Consumer Research*, 15, 2, 139-168, 1988.

– A. Bloch, C. Michon, « La stratégie concurrentielle et le plan marketing », *in* C. Michon (Ed.), *Le marketeur, les nouveaux fondements du marketing*, Paris, Pearson Education, 139-158, 2003.

– J. Bon, « La segmentation, le ciblage, le positionnement », *in* C. Michon (Ed.), *Le marketeur, les nouveaux fondements du marketing*, Paris, Pearson Education, 115-136, 2003.

– W. Boulding, E. Lee, R. Staelin, « Mastering the mix: do advertising, promotion and sales forces activities lead to differentiation? », *Journal of Marketing Research*, 31, 2, 159-172, 1994.

– L.L. Bove, L.W. Johnson, « Customer relationships with service personnel: do we measure closeness, quality or strength? », *Journal of Business Research*, 54, 3, 189-197, 2001.

– S. Brown, *Harry Potter, comment le petit sorcier est devenu le roi du marketing*, Paris, Dunod, 2005.

– S. Changeur, D. Merunka, « What is brand territory? A theoretical and empirical investigation », *Working Paper*, IAE Aix-Marseille, Centre d'Etudes et de Recherche sur les Organisations et la Gestion, 1999.

– R. Degon, « Sémiologie, image et publicité », *Revue Française du Marketing*, 109, 4, 109-129, 1986.

– J.-M. Ferrandi, D. Merunka, P. Valette-Florence, « La personnalité de la marque : bilan et perspectives », *Revue Française de Gestion*, 29, 145, 145-162, 2003.

– M. Filser, V. Plichon, « La valeur du comportement de magasinage, statut théorique et apports au positionnement de l'enseigne », *Revue Française de Gestion,* 30, 148, 29-43, 2004.

– M. Fornerino, « Yoram Wind: pionnier de l'approche intégrée en marketing », *in* A. Jolibert (Ed.), *Les grands auteurs en marketing*, Paris, EMS Editeur, 197-221, 2001.

– S. Fournier, « Consumers and their brands: developing relationship theory in consumer research », *Journal of Consumer Research*, 24, 4, 343-373, 1998.

– B.B. Gardner, S.J. Lévy, « The product and the brand », *Harvard Business Review*, 33, 2, 33-39, 1955.

– D.A. Garvin, « Competing on the eight dimensions of quality », *Harvard Business Review*, 65, 6, 101-109, 1987.

– P.E. Green, A.M. Krieger, « Jongler avec les segments de marché », *in* Collectif, *L'art du marketing*, Paris, Village Mondial, 1999.

– J.M. Groocock, *The chain of quality*, New-York, John Wiley and sons, 1986.

– J.L. Heskett, T.O. Jones, G.W. Loverman, W.E.Jr Sasser, A. Schlesinger, « Putting the service profit chain to work », *Harvard Business Review*, 72, 2, 164-170, 1994.

– J.-N. Kapferer, *The new strategic brand management. Creating and sustaining brand equity long term*, London, Kogan Page, 2004.

– J.-N. Kapferer, *Ce qui va changer les marques*, Paris, Editions d'Organisation, 2002.

– J.-N. Kapferer, « Maîtriser l'image de l'entreprise : le prisme d'identité », *Revue Française de Gestion*, 14, 71, 76-82, 1988.

– K.L. Keller, « Managing brands for the long run, brand reinforcement and revitalization strategies », *California Management Review*, 41, 3, 102-124, 1999.

– P. Kotler, *Les clés du marketing*, Paris, Pearson Education, 2005.

– P. Kotler, B. Dubois, K.L. Keller, D. Manceau, *Marketing Management*, 12e édition, Paris, Pearson Education, 2006.

– S. Lafrance, J.-M. Léger, « La sémiométrie : capter les valeurs par les mots », *Gestion*, 24, 2, 82-87, 1999.

– W. Lassar, B. Mithal, A. Sharma, « Measuring customer-based equity », *Journal of Consumer Marketing*, 12, 4, 11-19, 1995.

– T. Levitt, « Marketing success through differentiation of anything », *Harvard Business Review*, 58, 1, 83-91, 1980.

– C. Lovelock, J. Wirtz, D. Lapert, *Marketing des services*, 5e édition, Paris, Pearson Education, 2004.

– D. Merunka, S. Changeur, P. Bourgeat, « Les modèles de concurrence entre les marques : pratiques et limites », *Recherche et Applications en Marketing*, 14, 4, 9-22, 1999.

– A. Parasuraman, V.A. Zeithaml, L.L. Berry, « SERVQUAL : a multiple item scale for measuring customer perceptions of service quality », *Journal of Retailing*, 64, 1, 12-40, 1988.

– A.C. Pigou, *The economics of welfare*, 3rd edition, London, Mac Millan, 1929.

– S. Pontier, « Image du point de vente : pour une prise en compte de l'image interne », *Recherche et Applications en Marketing*, 3, 3, 3-20, 1988.

– M.E. Porter, *Competitive advantage*, New-York, The Free Press, 1982.

– A. Ries, J. Trout, *Positioning: the battle for your mind*, New-York, Mc Graw-Hill, 1981.

– H. Simon, F. Jacquet, F. Brault, *La stratégie prix*, 2e édition, Paris, Dunod, 2005.

– V.J. Stefflre, « New products for old markets and new markets (foreign) for old products », *in* F.M. Bass, C. King, A. Pessemier (Ed.), *Applications of the sciences in marketing management*, New-York, John Wiley and Sons, 251-268, 1968.

– J. Trout, *Les nouvelles lois du positionnement*, Paris, Village Mondial, 2004.

– E. Vernette, « Théories de la communication et efficacité publicitaire », *in* E. Vernette (dir.), *Publicité, théories, acteurs et méthodes*, Paris, La Documentation Française, 13-42, 2000a.

– E. Vernette, « Réflexions marketing préalables à l'action publicitaire », *in* E. Vernette (dir.), *Publicité, théories, acteurs et méthodes*, Paris, La Documentation Française, 79-102, 2000b.

– J. Wind, *Product policy: concepts, methods and strategy*, Reading, Addison Wesley, 1982.

– J. Wind, P. Robinson, « Product positioning: an application of multidimensional scaling », *in* R. Haley (Ed.), *Attitude Research in Transition*, Chicago, American Marketing Association, 163-181, 1972.

– B. Woolf, *Le marketing de la différence*, Paris, Village Mondial, 1999.

Chapitre 3
Le marketing *one to one*

Plan du chapitre

Résumé

L'évolution des techniques au service du marketing, permet aujourd'hui d'envisager des traitements qui n'étaient pas possibles il y a quelques années. La segmentation poussée à son paroxysme amène au marketing *one to one*. Le recentrage sur le client, possible grâce à la maîtrise de systèmes d'informations très poussés, peut permettre de mettre en œuvre des stratégies de conquête client ou de fidélisation. Mais ces démarches ont un coût et il convient de rentabiliser cette action marketing.

174. Les principes de la segmentation ont permis aux responsables marketing d'appréhender le marché et les consommateurs par groupes de proximité. Dans cette logique, le marketing est essentiellement orienté produit, c'est-à-dire que même si le consommateur est sollicité lorsqu'il s'agit de définir ou de redéfinir le positionnement de la marque, du produit ou du service, l'essentiel de la démarche est axé sur l'activité de l'entreprise. Dans un article de 1960, Levitt concluait que l'entreprise doit se penser non pas comme « produisant des biens ou services », mais comme « achetant des clients ». Cette réflexion prend tout son sens aujourd'hui. L'évolution des technologies, de la compétence et du savoir-faire au sein des entreprises, complété par les changements observés dans le comportement du consommateur a progressivement laissé s'installer l'idée qu'une adaptation de l'entreprise au client était possible. Le *one to one* est né à la fin des années 1990 avec pour idée simple de « *traiter différemment des clients différents* » (Peppers, Rogers, Dorf, 1999). Cette vision implique des changements importants dans la manière de concevoir le marketing (Figure 37).

Figure 37 – Le *one to one*, un changement de logique

	→	
Client anonyme		Client « profilé »
Produit standard		Offre personnalisée
Production en série		Production sur mesure
Publicité média		Message individuel
Message à sens unique		Message interactif
Part de marché		Part du client
Large cible		Cycle de vie client

Source : Peppers et Rogers, 1993.

Ceci a pour conséquence de placer le client au centre du marketing (section 1). Cette volonté doit s'accompagner d'un investissement suffisant, devant se traduire par la mobilisation de moyens importants tant au niveau des systèmes d'information que des moyens humains et financiers (section 2). Le *one to one* est un moyen de mettre en œuvre des stratégies différentes allant de la conquête client à la fidélisation (section 3).

Section 1
Le client au centre du marketing *one to one*

175. L'évolution du marketing (marketing de masse, marketing segmenté, puis marketing de niche) implique un découpage encore plus fin. Ces « marchés segmentés plus fins » (Kara et Kaynak, 1997), s'avèreront centrés sur l'individu avec le marketing *one to one*. Mettre le client au centre du marketing *one to one*, n'est pas sans conséquence, car comme le souligne Boidevésy (2001), « *le consommateur s'est mué en conso-acteur qui déserte les urnes pour voter dorénavant avec son caddie* » (encadré 27). Il existe un vrai débat de fond sur le statut du marketing *one to one*. En effet, il est nécessaire d'obtenir des informations personnelles sur les clients potentiels. Jusqu'où a-t-on le droit de connaître un maximum d'information sur les consommateurs ? N'est-ce pas réduire la liberté des individus (droit à l'anonymat) que de vouloir à tout prix posséder des informations les concernant ? Pour résoudre ce conflit, Pitta, Franzak et Laric (2003), proposent que les clients soient intéressés à l'action de fournir des informations. Cette formule à l'avantage d'avoir des individus libres de collaborer ou non. Ceci nécessite de posséder une véritable relation client. Les écrits sur la relation client, en anglais le CRM (*Customer Relationship Management*), sont assez nombreux depuis quelques années. Il convient dans un premier temps de décrire les enjeux au tour de ce concept. Dans un second temps, il est nécessaire de souligner l'impact essentiel du concept de rentabilité du client dans le marketing *one to one*. Enfin, même si le marketing relationnel n'évolue pas uniquement en *one to one*, il semble important de revenir sur son application à l'individu.

Encadré 27 – CRM et distributeurs
(Source : « Les supermarchés réinventent leurs magasins », Les Échos, 25 avril 2005).

Afin de ne pas perdre la clientèle, les enseignes de proximité sont obligées de revoir l'organisation de leurs magasins. Partant de l'adage que « trop de choix, tue le choix », tout doit être conçu de manière à ce que les clients soient satisfaits (horaires revus en fonction des nouveaux rythmes de vie, nouveaux services, prix revus à la baisse…). Dans cette optique, le CRM aide les enseignes à coller à la demande des consommateurs. Cela peu même aller jusqu'à la création de nouvelles marques pour ne pas troubler le positionnement des marques classiques. Ainsi, au niveau des distributeurs, Intermarché a créé Mag 3 et Monoprix a lancé Monop'.

§ 1. Enjeux autour de la relation client

***176.* Qu'est-ce que la relation client ?** – C'est une stratégie d'entreprise qui vise à attirer de nouveaux clients, à étendre les relations avec eux et à les fidéliser. Elle concerne à la fois l'organisation de la force de vente (constitution de fichiers de prospects, planification et suivi des contacts, management des incidents critiques – N'Goala, 2007 –, etc.), l'organisation du support à la clientèle (suivi des réclamations, centres d'appels, etc.) et la gestion des profils de clientèle (relances à dates déterminées, propositions de nouveaux services, etc.). Handen (2001) distingue quatre types de CRM visant à récupérer et conserver le client, le fidéliser, élargir et améliorer l'offre et enfin prospecter. La récupération et la conservation visent à convaincre un client devenu moins assidu de rester fidèle à l'entreprise ou de lui revenir s'il l'a quittée. La fidélisation tente de retenir ses clients à long terme. L'élargissement et l'amélioration de l'offre (développement de portefeuille) ont pour finalité d'identifier les offres susceptibles d'intéresser le client en plus de celles auxquelles il répond déjà. La prospection consiste à déployer des efforts pour gagner des clients n'ayant jamais recouru aux services de l'entreprise.

La gestion de la relation client parait onéreuse pour les sociétés qui ont toujours pratiqué un marketing de masse. Les investissements initiaux relativement importants dans des systèmes de traitement de l'information complexes, sont pourtant nécessaires à l'obtention d'une meilleure connaissance de chaque client (Davids, 1999). Pourtant, le CRM peut apporter un certain nombre d'avantages : réduction des coûts de publicité, meilleur ciblage, évaluation de l'efficacité d'une campagne, focalisation sur les services offerts, rentabilité des clients, accélération des délais de développement et de commercialisation d'un produit et amélioration de l'utilisation du ou des canaux employé(s). Du point de vue du client, un CRM bien mis en œuvre peut permettre une interface client unifiée où chaque détail relatif à chaque transaction est soigneusement enregistrée, ce qui peu éviter quelques déboires (Lovelock, Wirtz, Lapert, 2004). Des entreprises comme SAP, Siebel Systems, Peoplesoft ou Oracle se sont spécialisées dans l'offre de systèmes CRM.

177. **Les étapes d'une démarche CRM** – Alard et Guggémos (2005) distinguent cinq étapes dans une démarche CRM (Figure 38).

Figure 38 – Les étapes du CRM

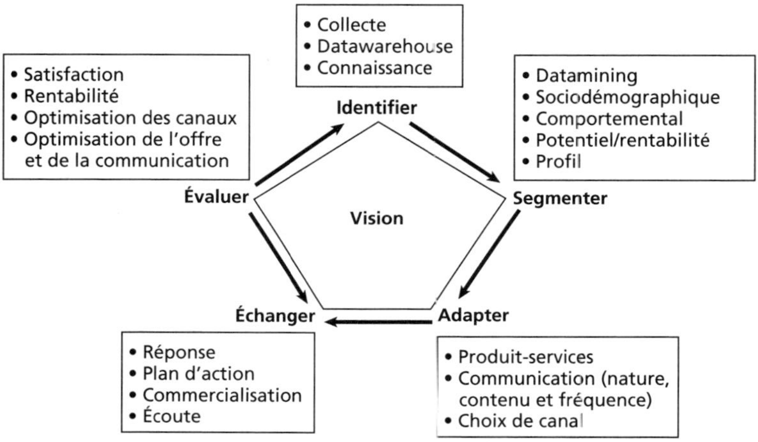

Source : Alard et Guggémos, 2005.

L'identification est essentiellement axée autour de la collecte de données, qui couplée à un système de stockage d'information et à des ressources analytiques permettent de mettre en perspective les caractéristiques du client. Ces dernières, disponibles au niveau des points de vente (à l'endroit il y a un contact potentiel avec la clientèle), peut permettre de fournir discrètement (le client ne doit pas se sentir espionné) aux vendeurs des informations permettant une argumentation ou des conseils sur mesure. Cette phase est importante au niveau de la forme et il convient de choisir un identifiant (numéro de téléphone, de sécurité sociale, matchcodage (combinaison de données) ou mots de passe personnels. La phase d'identification est encore plus complexe en B to B dans la mesure où il existe plusieurs interlocuteurs dans le processus d'achat. Les utilisateurs peuvent alors être identifiés de plusieurs façons. Si les fournitures doivent se reconstituer de manière régulière, il peut être judicieux de proposer aux utilisateurs finals un réapprovisionnement quasi automatique. Les bons de réapprovisionnement remplis fournissent les informations recherchées. En cas de produit complexe à utiliser, il est possible de proposer *via* un questionnaire un guide pour l'utilisateur. Lors des entretiens ou des réglages réguliers, lorsqu'ils existent, l'information peut être collectée. Par ailleurs une offre promotionnelle sous condition de remplir un questionnaire peut permettre d'identifier l'utilisateur.

La deuxième étape est la segmentation. Le découpage de la clientèle permet de découvrir les facteurs de différenciation les plus importants pour le client, et de choisir les clients sur lesquels un effort sera consenti. Le *data mining*, intervient à cette étape. C'est un « *processus d'analyse fine et intelligente des données détaillées, interactif et itératif, permettant aux managers d'activités utilisant ce processus de prendre des décisions et de mettre en place des actions sur mesure dans l'intérêt de l'activité dont ils ont la charge et de l'entreprise pour laquelle ils travaillent* » (Jambu, 1998). L'une des hypothèses couramment avancée est que plus le client achète, plus il est satisfait et poussé à acheter encore plus. Mais cette relation vertueuse de long terme nécessite de filtrer les clients en amont en se posant les questions suivantes : A quand remonte le dernier achat du client ? Comment dépense le client et dans quelles circonstances (à distance, en boutique, etc.) ? Quelle est la dépense moyenne par transaction pour chaque client ? À quelle somme se monte les profits de l'entreprise pour chaque client ? (Thakur et Summey, 2005). La méthode RFM (Récence, Fréquence, Montant) est souvent évoquée et utilisée sur le terrain, notamment au niveau de la Vente par Correspondance (VPC). L'encadré 28, illustre cette démarche, caractérisée par son adaptabilité. L'étape d'adaptation porte sur les offres, la communication ou les canaux de contact. En fonction du profil défini au cours des deux étapes précédentes, une offre personnalisée sera proposée, en utilisant des arguments adaptés et des canaux de contact correspondant à la cible. L'échange doit permettre d'interagir avec le client, quelle que soit l'origine de l'initiative. Enfin, l'évaluation vise à répondre à la question : « l'entreprise a-t-elle eu raison de mettre en œuvre cette stratégie marketing pour ce client ? ». Cette étape, qui doit être permanente, est non seulement centrée sur la satisfaction du client et sa rentabilité, mais également sur l'optimisation de l'offre faîte au client, de sa communication ainsi que des canaux utilisés.

Encadré 28 – Application de la méthode RFM pour segmenter

Une des méthodes couramment utilisée pour cibler les clients est le score RFM (Récence Fréquence Montant). Il permet de déterminer pour chaque client son comportement d'achat et la probabilité de le voir consommer à nouveau. Le principe de la segmentation RFM est de normaliser les besoins des clients en fonction de 3 critères : R pour Récence : date du dernier achat ou du dernier contact du client ; F pour Fréquence : nombre d'achats effectués par le client sur une période donnée ; M pour Montant : montant cumulé des achats effectués par le client sur la même période ;

Cette méthodologie s'appuie sur le principe simple que plus un client achète souvent et plus il est probable qu'il revienne consommer à nouveau au même endroit dans un bref délai. Sont ensuite classés en différents sous-ensembles les clients présentant des comportements homogènes. On peut par exemple attribuer des points, répondant à une grille préalablement définie pour chacun des critères. Supposons que l'on décide d'attribuer 1 point par tranche de 500 € pour le montant et 1 point par commande au cours des 24 derniers mois pour la fréquence. Pour la récence, le barème suivant a été adopté : 4 points pour les commandes depuis 3 mois, 3 pour celles qui datent de 4 à 7 mois, 2 pour celles de 8 à 11 mois, 1 pour celles de 12 à 15 mois et aucun point au-delà.

Client	Montant	Point	Fréquence	Récence	Points	Total
A	1 870	3	3	12 mois	1	7
B	1 123	2	1	2 mois	4	7
C	1 325	2	2	18 mois	0	4
D	1 232	2	3	3 mois	4	9
E	2 540	5	2	1 mois	4	11
F	1 560	3	4	5 mois	3	10
G	1 247	2	2	2 mois	4	8
H	829	2	1	4 mois	3	6
I	678	1	2	10 mois	2	5
J	1 401	2	3	8 mois	2	7
K	782	1	2	5 mois	3	6
L	2 004	4	5	1 mois	4	13
M	1 679	3	3	3 mois	4	10
N	598	1	2	7 mois	3	6
O	954	1	3	11 mois	2	6

Cette méthode simple permet de distinguer les bons clients (L, E, F, M) de ceux qui paraissent avoir moins de potentiel (C, I, H, K, N, O). D'autres variantes existent bien entendu, notamment celles qui utilisent les classements par critères. Bien sur, tout dépend de la pondération des scores, mais cet outil, permet à l'entreprise d'adapter ses stratégies commerciales et de communication aux différents segments de clientèle et également d'anticiper l'évolution de son portefeuille.

178. **CRM et système de contrôle de gestion** – Pour Lefébure et Venturi (2005), la mise en place d'un projet de gestion de la relation client doit s'accompagner d'une refonte d'une partie du système de contrôle de gestion, pour mieux suivre les dépenses immatérielles. Plusieurs outils permettent de mener à bien cette mission. Ainsi, les outils de force de vente sont un moyen de suivre le coût des offres, les coûts de commercialisation d'un produit et ceux de transformation du prospect en client (coûts d'acquisition) ou de fidélisation (remises promotionnelles). Les outils de gestion de campagnes sont un moyen de suivre le coût des actions commerciales et de comprendre les investissements effectués sur des cibles client. Les outils de centre d'appels sont un moyen de suivre les coûts de services aux clients. Les outils de gestion de données doivent permettre de suivre le coût des structures nécessaires pour préserver le capital informationnel de l'entreprise. Enfin, les outils de *data mining* doivent permettre de suivre le coût induit par la qualification des données client.

§ 2. Choisir son client

179. **Prise de conscience de l'existence de coûts dans l'activité marketing *one to one*** – Jusqu'à peu de temps les entreprises ne se souciaient pas de ce que rapportaient ou coûtaient leurs clients. Seule l'analyse de la rentabilité par produits, par ligne de produits ou par centre de profit comptait. Avec l'augmentation des budgets informatiques, des frais de conquêtes, de remises commerciales, des SAV, des impayés, la part des activités de services et support aux produits est devenue de plus en plus importante dans les coûts globaux. De fait, les entreprises ne peuvent plus se contenter d'une lecture de la rentabilité par lignes de produits. Elles doivent intégrer une lecture par activité pour intégrer le coût subi avant la vente et de l'après-vente et des systèmes d'information qui gèrent ces tâches. Le problème est de savoir si ces moyens mobilisés font gagner de l'argent à l'entreprise. Certaines études ont montré qu'une part non négligeable du budget des entreprises était gaspillée en efforts visant à acquérir, développer et conserver des clients qui ne dégagent aucun bénéfice. Il convient donc de comparer ce qui est dépensé pour un client à ce qu'il rapporte à l'entreprise : la rentabilité du client.

180. **La rentabilité du client** – La rentabilité du client s'appuie sur une hypothèse forte : la distribution du revenu et des coûts par client pour une société normale suit la forme de la Figure 39.

Figure 39 – Incohérence entre revenus et profits

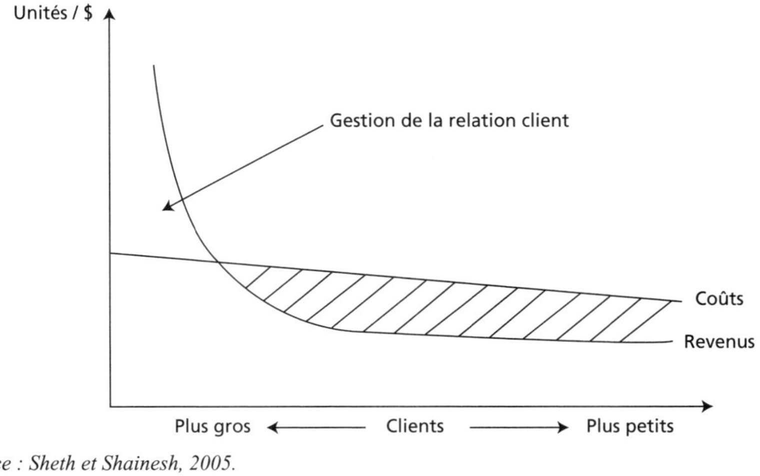

Source : Sheth et Shainesh, 2005.

À mesure que la taille des clients (sommes dépensées en volume ou en valeur) diminue, le rapport entre revenus issus de la relation avec le client et les coûts nécessaires pour le servir diminue également, jusqu'à devenir nul, puis négatif. Il en résulte qu'un petit nombre de clients très rentables finance généralement un grand nombre de clients non rentables. Il convient néanmoins de nuancer ce propos, car cette observation n'est pas généralisable à toutes les entreprises. Elle s'applique d'abord aux entreprises évoluant en B to C et non en B to B. En effet, sur les marchés professionnels, les entreprises n'obtiennent pas de marges élevées pour les grands comptes, dans la mesure où les acheteurs négocient les prix au plus bas (Sheth et

Shainesh, 2005). Cette remise en cause de la loi de Pareto (adoption de la règle des 20/80, c'est-à-dire que 80 % des achats sont assurés par 20 % des acheteurs), n'est pas systématique, mais elle témoigne de l'extrême variabilité des situations.

Pour appréhender le profil des clients, il est courant de se référer à deux dimensions : les prix nets payés par les consommateurs et les coûts supportés par l'entreprise pour les servir. La Figure 40 met en évidence une typologie de consommateurs en fonction de deux axes : l'axe vertical des prix payés par les clients des plus bas aux plus élevés et l'axe horizontal qui correspond aux coûts supportés par l'entreprise pour servir les clients des plus bas aux plus élevés. Les clients riches coûtent à l'entreprise mais sont prêts à payer cher. À l'opposé, les clients opportunistes sont plus sensibles aux prix qu'à la qualité de service. Ils peuvent supporter une qualité de service moindre que les clients riches. Les clients passifs coûtent moins cher et acceptent de payer des prix élevés. Plusieurs raisons peuvent expliquer cette attitude. D'abord le produit peut apparaître comme faiblement impliquant. Une négociation de prix semble donc inutile au client. Ensuite, le produit peut au contraire être crucial dans l'activité du client, ce qui pousse ce dernier à ne pas être sensible aux prix. Par ailleurs, en B to B, l'acheteur peut ne pas avoir le choix, notamment si le produit ou le service qu'elle vend comporte des spécifications relatives au matériel fourni. Un changement de fournisseur, peut donc avoir pour conséquence de modifier le produit final, ce qui n'est pas l'objectif de départ. Enfin, il peut arriver que les compétences du vendeur soient telles, que le client soit toujours satisfait du service, pour un coût limité pour l'entreprise. Les clients agressifs au contraire, sont exigeants au niveau de la qualité du produit, tout en voulant payer le moins cher possible. Ils sont généralement puissants en B to B dans la mesure où ils ont l'habitude de négocier des quantités importantes. En termes de rentabilité, il semble que le quadrant clients passifs soit le plus souhaitable pour l'entreprise (Shapiro *et alii*, 1987).

Figure 40 – Matrice de classification des clients

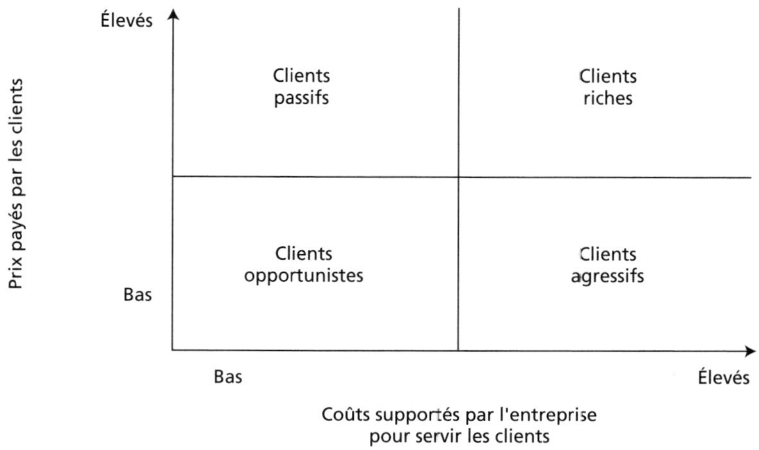

Source : Shapiro et alii, 1987.

181. Life time value – La notion de valeur actuelle nette d'un client (*life time value*) permet de mesurer le potentiel représenté par le portefeuille de clientèle dans le temps, en recensant pour chaque client, la totalité des coûts et des marges induits par chaque transaction (achat, envoi de mailing, etc.).

En règle générale, les frais d'administration (services administratifs, infrastructures, assurances, etc.) ne sont pas pris en compte dans ce calcul. Par ailleurs, d'autres facteurs comme l'attrition (disparition progressive du client), les risques liés à l'insolvabilité des clients, au coût de l'argent pour l'entreprise et à l'érosion monétaire prévisionnelle, sont par contre à intégrer dans le calcul (Encadré 29). Certaines approximations semblent néanmoins nécessaires : prévision de fidélité pour le client, possibilités de montée en gamme et de ventes croisées, valeur participative, qualité de payeur, évaluation du temps et des efforts passés pour entretenir une relation, etc.

Encadré 29 – Application du calcul de la valeur actuelle nette
(Source : adapté de Macé, 2003).

Une entreprise réalise une grosse opération de mailing. 200 000 plis sont envoyés (le coût moyen est de 0,7 € par unité). Le taux de retour est de 3 %. Les statistiques montrent que les nouveaux clients dépensent en moyenne annuellement 360 €, alors que pour la même période ils coûtent à l'entreprise 110 € (gestion de compte, réponses, centre d'appels, etc.). Un historique des ventes montre que le taux d'attrition est en moyenne de 25 % la première année, de 15 % les années suivantes et de 10 % au-delà de la quatrième année. Par ailleurs, les dépenses par clients augmentent de 15 % chaque année et le taux annuel d'actualisation est estimé à 4 %. Les prix et les coûts ne doivent pas augmenter sur les cinq années à venir. Le tableau suivant permet de suivre les étapes du calcul pour arriver à un VAN (LTV) qui est dans l'exemple pratiquement multipliée par 10 en cinq ans.

		Année				
		n = 1	n = 2	n = 3	n = 4	n = 5
a	Taux de fidélité annuel		75 %	85 %	85 %	90 %
b	Nombre de clients restants	6 000	4 500	3 825	3 251	2 926
c	CA/ client 360 $(1 + 0,15)^n$	360	414	476	547	629
d	CA total : c x b	2 160 000	1 863 000	1 820 700	1 778 297	1 840 454
e	CA actualisé : $d(1-0,004)^n$	2 160 000	1 788 480	1 677 957	1 573 323	1 563 183
f	Coûts directs/ client	110	110	110	110	110
g	Coûts directs : f x b	660 000	495 000	420 750	357 610	321 860
h	Coût de recrutement	140 000				
i	Coûts directs totaux actualisés : $(g + h)(1 - 0,04)^n$	800 000	475 200	387 763	316 390	273 370
j	Marge brute actualisée : e – i	1 360 000	1 313 280	1 290 194	1 256 933	1 289 813
k	Cumul	1 360 000	2 673 280	3 963 474	5 220 407	6 510 220
l	LTV d'un client : k / b	227	594	1 036	1 606	2 225

§ 1. Le marketing relationnel

182. **Définitions et fondements du marketing relationnel** – Dans les relations commerciales, on peut observer que la nature des échanges se modifie. On passe d'échanges transactionnels où l'activité marketing est fonctionnelle et focalisée sur l'acquisition de nouveaux clients à des échanges relationnels où l'activité marketing est transversale et plus tournée vers la fidélisation du client (Payne, 2006). Les entreprises ont bien compris que vendre à tout prix n'était pas forcément la meilleure solution. Ce qui compte c'est l'échange sur la durée. Pour Bellenger, l'évolution vers une vente relationnelle s'explique par trois éléments (1984). En premier lieu, la mauvaise image de la vente et du marketing en général peut s'expliquer par la mauvaise perception de l'échange unilatéral. Le consommateur interprétera une absence de communication comme un acte de tentative de manipulation. Il faut donc concevoir la vente comme un acte d'interrogation et d'écoute mutuelle. En deuxième lieu, le manque d'efficacité des techniques de vente traditionnelles trouve sa source dans la réticence des prospects mieux informés grâce au consumérisme. La complexité des éléments pouvant expliquer l'acte d'achat ne se résume plus en de sommaires mécanismes psychologiques. Enfin, les clients recherchent aujourd'hui moins des produits et des services que des solutions à leurs problèmes. La complexification de la société, des produits et des besoins, implique que le client recherche aujourd'hui une aide lors de l'achat. Or les techniques traditionnelles de vente, passent à côté de cette relation pourtant primordiale. Le marketing relationnel se définit comme « *l'utilisation d'un ensemble de médias pour interagir avec un client, dont le profil est entré dans une banque de données* » (Lefébure et Venturi, 2005). Les outils mobilisés sont nombreux. Il peut s'agir des programmes de fidélisation, des centres d'appels, de l'Internet (Encadré 30) ou du personnel de contact.

Encadré 30 – Du marketing relationnel pour Aéroport de Paris
(Source : D'après « Aéroports de Paris marque son territoire », Le Journal du net, 13 juin 2005 (www.journaldunet.com/0506/050613adp.shtml) et « Aéroports de Paris se frotte au marketing relationnel », Le journal du net, 23 novembre 2005 (www.journaldunet.com/0511/051123adp.shtml)).

La privatisation d'Aéroport de Paris en 2006 est la suite logique d'une campagne de marketing relationnel impulsée deux ans auparavant. Depuis le 6 juin 2005, l'entreprise s'est dotée d'un nouveau site Internet. Le site s'est complètement transformé pour épouser la nouvelle identité du groupe, qui s'exprime aussi par un changement de logo, de signature et d'identité sonore. Une transformation qui se traduit sur Internet par un site plus chaleureux et davantage tourné vers le client. Le rôle du nouveau site Web n'est pas seulement d'accompagner le lancement de la nouvelle identité, mais aussi d'affirmer un territoire de marque, bâti autour du service. Le nouveau site est organisé en trois rubriques correspondant à ses trois cibles : passagers, professionnels et groupe. L'articulation entre les trois se fait par le biais des onglets placés en haut à gauche. Cette organisation a pour premier mérite de ne soumettre au visiteur que des choix en rapport avec ses besoins, pour lui offrir plus de service. Dans l'ancienne version, tous les menus étaient accessibles depuis la page d'accueil. La partie « passagers », qui concerne en réalité les voyageurs et les « attendants », est la plus importante, ces derniers représentant 70 % de l'audience. C'est cette rubrique qui a concentré la plupart des efforts d'Aéroports de Paris. L'idée est de faire du site le support privilégié des clients pour la préparation au voyage. C'est pourquoi l'accent a été mis sur la simplicité et les services pratiques. Les services occupent toute la page d'accueil. La rubrique la plus visitée, les horaires de vol, bénéficie désormais d'un accès direct avec la mise en place du moteur de recherche sur la *home*. Enfin, dans le même esprit, des « liens rapides » vers les questions les plus fréquentes ont été ajoutés dès la *home*. Voilà pour la simplification. Les services concernent également la préparation au voyage, l'accès à l'aéroport et les terminaux (plans interactifs, comparateur de prix pour les billets d'avion en projet, adaptation du *consumer magazine* gratuit d'ADP). Dans la partie B to B, la même logique de services pratiques s'applique. Pour les clients professionnels, les informations ont été regroupées par gammes de produits. Quant à la rubrique « groupe », autant elle ne profite pas d'une mise en avant sur la page d'accueil, autant sa réorganisation permet de trouver plus rapidement les informations recherchées. Afin de développer le trafic, construire une relation de proximité avec ses clients, et faire connaître ses contenus et services, l'entreprise organise un jeu-concours. Celui-ci doit servir également à construire une base de données. Baptisé « Le parcours du voyageur », le jeu constitue la première opération de marketing relationnel d'Aéroports de Paris. Il invite les internautes à consulter la rubrique « horaires », et accompagne ces derniers dans leur circulation au sein des contenus. Ainsi, ils peuvent découvrir les ressources du nouveau site. Offre des boutiques, questions pratiques, plans interactifs des aéroports sont donc mis en avant dès la page d'accueil afin d'amener les visiteurs à faire le tour des contenus proposés par le site. Avec à la clé, un voyage à Bora Bora et des iPod Nano à gagner. Relayé sur des sites de voyages (Lastminute, Anyway, etc.) et des supports *online* comme MeteoFrance.com, Nouvelobs.com et Libe.fr, le jeu-concours a pour objectif quantitatif de générer 150 000 visites supplémentaires par mois en novembre et décembre. Des visiteurs qui seront qualifiés et entreront dans ce qui est appelé à constituer la première véritable base de données relationnelle de l'entreprise. Le médiaplanning, assuré par Carat, est doté d'un budget de 50 000 euros. Le deuxième volet de la campagne institutionnelle, déclinée actuellement *offline*, soutient le dispositif en mentionnant l'URL sur les supports de communication. La mise en place d'une base de données est un élément essentiel à la troisième phase du plan stratégique d'Aéroports de Paris, qui correspond à l'étape de fidélisation. Celle-ci s'articulera autour du lancement d'une newsletter, mensuelle ou bimensuelle, qui informera les internautes des promotions en cours et de l'actualité institutionnelle. Elle sera le pendant et le complément *online* du mensuel papier édité par l'entreprise. Le jeu-concours s'inscrit donc totalement dans la mutation d'Aéroports de Paris vers une entreprise de services, dans l'optique de l'ouverture du capital au premier semestre 2006.

***183.* Conditions et limites à la mise en œuvre d'un marketing relationnel** – L'orientation systématique vers le client est la condition *sine qua non* pour établir des relations durables avec ses clients. Certains travaux (Ivens et Mayrhofer, 2003), insistent sur le fait que le marketing relationnel doive respecter certains principes. En premier lieu, l'entreprise doit montrer sa motivation à maintenir l'échange dès les premières interactions : c'est une orientation à long terme. De même, selon le principe de réciprocité, elle doit démontrer au client qu'elle vise à maximiser un profit mutuel selon une relation gagnant/gagnant et non à maximiser le bénéfice de l'entreprise à chaque transaction. La fiabilité est également concernée. L'entreprise doit chercher à comprendre les attentes de sa clientèle et les traduire de sorte à ce que son rôle de vendeur s'aligne sur ce qu'attend le consommateur d'une telle relation. Par ailleurs, l'échange d'informations constitue lors de la transaction et pour les deux partenaires une preuve de confiance. La flexibilité est également à respecter. En effet, la disposition d'un fournisseur à adapter un accord aux nouvelles conditions d'un échange (modification des quantités et des délais de livraison par exemple), exprime son intention de maintenir la relation avec le client. Le principe de solidarité est aussi un élément important. Dans certaines situations difficiles, une forte orientation relationnelle, peut inciter le fournisseur à proposer de l'aide au client sans contrepartie concrète et immédiate. Lorsque la situation vire au conflit, les parties impliquées cherchent à trouver un compromis afin de permettre la continuation de la relation concernée. Enfin, l'usage modéré du pouvoir doit être la règle car utilisé à outrance (moyen de pression), il peut créer un climat d'échange difficile.

Si le marketing relationnel est aujourd'hui plébiscité par les entreprises, O'Malley et Tynan apportent quelques éléments modérateurs dans sa mise en œuvre (2000). Tout d'abord, le marketing relationnel se distingue du marketing transactionnel, du marketing direct, du marketing des bases de données, de la fidélisation, dans la mesure où ces derniers sont des tactiques alors que le marketing relationnel est guidé par une logique à long terme et une dimension sociale. Ensuite, l'opportunité de développer une vraie relation client n'est possible que dans le cas de produits impliquants caractérisés par une demande inélastique, où il existe une interaction régulière avec le consommateur. Par ailleurs, les relations avec les clients ne méritent pas toutes forcément une action par les marketeurs (tout dépend de la rentabilité du client). Autre élément modérateur de l'application du marketing relationnel, la diminution des choix possibles ne constitue pas une motivation suffisante pour que le consommateur adhère à une logique de relation client. Si la confiance n'existe pas, il est concevable que les relations entre l'entreprise et ses clients restent au niveau transactionnel. En outre, les programmes de fidélisation sont plus considérés comme une technique de promotion des ventes que comme une technique de marketing relationnel, dans la mesure où l'on insiste sur les récompenses tangibles. La question est de savoir si le client consomme en l'absence de ce bénéfice tangible. En effet, les manifestations tangibles de fidélité n'indiquent pas forcément l'existence de relations clients à moins qu'elles ne soient accompagnées d'émotions ou de quelque autre dimension affective. Enfin, il est important de rappeler que l'échange n'est possible que parce qu'il existe à la fois des éléments relationnels et transactionnels.

Section 2
Des moyens mobilisés pour une stratégie *one to one*

184. Une stratégie marketing tournée vers le client nécessite des investissements tant humains que financiers dans les infrastructures informationnelles et communicationnelles. Ainsi la gestion des bases de données apparaît primordiale et les développements relativement récents des applications informatiques permettent d'apporter des solutions nouvelles. Ensuite l'harmonisation des systèmes d'information internes aux entreprises, contribue à adopter une vision transversale, qui dépasse le marketing *one to one*. Enfin, l'émergence de nouveaux médias favorise l'adoption de stratégies multicanales.

§ 1. La gestion des BDD (Bases de données)

185.* Base de données, *data mining*, *data warehouse – En marketing, la prolifération de noms souvent à consonance anglo-saxonne peut parfois laisser dubitatif. Il convient de faire un point sur les notions liées à la relation client et plus particulièrement à la gestion des informations. Le développement du marketing *one to one* a été dépendant de l'avancée des connaissances dans le domaine des bases de données (Pitta, 1998). Cette dépendance technique explique en partie pourquoi le *one to one* se développe depuis une bonne dizaine d'année. Une base de données clients est une collection structurée d'informations accessibles et opérationnelles sur la clientèle et les prospects, utilisée à des fins de prospection, de transaction et de construction de la relation client. Rappelons que le *data mining* extrait des bases de données, des informations, les traite et les analyse. Plutôt que de remettre à plat l'ensemble des systèmes d'information pour les centrer sur le client, la plupart des entreprises ont décidé d'interfacer leurs différents systèmes opérationnels pour en compiler le contenu dans une base de données à part. C'est ce qu'on appelle l'entrepôt de données. Cette base permet d'effectuer plus favorablement des traitements de données lourds. « *L'entrepôt de données (data warehouse) est une collection de données orientées sujet, intégrées, non volatiles et historiques, organisées pour le support du processus d'aide à la décision* » (Immon, 2005). Les entrepôts de données ont une structure orientée stockage et non traitement puisque les utilisations qui en seront faites ne sont pas totalement prédéterminées lors de leur conception. Des *datamarts* peuvent être créés en aval de l'entrepôt ou parfois en parallèle pour pallier les limites fonctionnelles et techniques. Les *datamarts* contiennent un sous-ensemble de données pertinentes pour une activité particulière (exemples : sous-ensemble où seuls les clients actifs sont repris ; sous-ensemble où seules les données élémentaires et les agrégats pertinents pour l'activité concernée, sont considérés).

186.* Fonction et alimentation d'un *data warehouse – À quoi sert un *data warehouse* ? De nombreuses applications en sont issues. La première d'entre elles concerne les ciblages ou les mailings dans le cadre du pilotage des opérations de marketing. Les applications peuvent également être tournées vers l'évaluation, en analysant les ventes, en suivant la performance des commerciaux ou en étudiant l'impact des promotions. Elles peuvent également être centrées sur des études client, notamment portant sur leur satisfaction ou sur les évolutions des segments. D'autres applications sont possibles, notamment l'étude de la concurrence ou le pilotage d'événements, etc. Le *data warehouse* dépasse donc la relation client et concerne toute l'entreprise. C'est la raison pour laquelle cette dernière est dans son ensemble mobilisée pour alimenter le *data warehouse*. Si le client est toujours sollicité *via* le service de réclamation (*customer care*), d'où l'on enregistre la réclamation, l'objet de la réclamation ou la durée de traitement d'une demande, les autres services de l'entreprise sont également tour à tour sollicités. Au niveau de la gestion des commandes, sont enregistrés les commandes, factures, paiements, livraisons. Au niveau de la production, les prix de revient attirent toute l'attention. Le marketing enregistre le coût des campagnes, la description des promotions, alors que le contrôle de gestion est plus orienté vers la mesure de la marge par produit, des coûts logistiques, de la structure des emprunts, des coûts du service de réclamation. D'autres services sont intégrés dans la base : ressources humaines (heures travaillées), finance (budgets, risques clients, charges directes et indirectes), logistique (envois, matières, packaging, tournées) et stocks (entrées, sorties, retours).

§ 2. Les ERP : une solution transversale

187. L'ERP (*Enterprise Ressource Planning*) peut être également dénommé PGI (Progiciel de Gestion Intégré). Son principe est de construire des solutions informatiques de « gestion intégrée » de l'entreprise qui l'utilise (paie, comptabilité, ressources humaines, etc.). Il est pour cela constitué d'un ensemble de briques métiers modulaires qui partagent une base de données unique, et qui sont paramétrées pour prendre en compte les spécificités de l'entreprise. Un ERP répond à plusieurs caractéristiques. Il émane d'abord d'un concepteur unique pour des questions de cohérence évidentes. Chaque unité possède la gestion de son module et tout changement ou mise à jour intervenu, est effectué en temps réel dans l'ensemble des autres modules associés. Par ailleurs l'ERP favorise la traçabilité des informations car il est facile de retrouver et d'analyser l'origine de chacune d'entre elles. L'ERP est une ressource interne contrairement au *data warehouse* qui accueille des informations venant de toutes origines. Par ailleurs, si le *data warehouse* est axé sur la donnée, l'ERP se focalise sur l'harmonisation du système d'information et sur son opérationnalité (Encadré 31).

Encadré 31 – Conséquences de l'adoption d'un système ERP : le cas Listel
(Source : « Listel récolte les fruits de son ERP », Le Journal du Net, 14 mars 2006 - http://solutions.journaldunet.com/0603/060314-cas-listel.shtml).

Fondés en 1883, les Domaines Listel forment le premier groupement viticole d'Europe avec plus de 2 000 hectares de vignoble dans le sud de la France. Près de 300 salariés se répartissent sur les quatre sites de production des vins rosés des Sables et de Provence. Après leur séparation avec les Salins du Midi, maison mère historique, les Domaines Listel ont rejoint le groupe Val d'Orbieu en 1994 avant d'obtenir leur autonomie en 2004. Fin 1995, une vaste démarche d'informatisation est entreprise. « *Nous souhaitions uniformiser le SI de nos filiales avec une application intégrée* », se souvient Frédéric Commerçon, responsable informatique du groupe. Un souhait qui débouche sur le projet « Eurinfo », imaginé fin 1995. L'éditeur Eureka est alors retenu pour fournir une application intégrée couvrant comptabilité, paie, négoce, gestion logistique et gestion des ressources humaines. En plus d'une SSII locale, l'implantation fait appel à Eurêka et aux services centraux du groupe pour ce chantier. Près de huit mois sont nécessaires pour intégrer l'outil. « *Cette période a été l'occasion d'effectuer les paramétrages et les saisies complémentaires par les utilisateurs, une centaine au total. Nous n'avons pas eu de problème lors de l'installation de la solution* », précise le responsable informatique. (...) « *Ce projet était ambitieux car nous voulions assurer la prise en charge de la paie en interne, tâche jusqu'ici externalisée chez un expert comptable* » admet Frédéric Commerçon. L'un des principaux apports de la nouvelle solution est organisationnel : « *Nous sommes présents sur plusieurs domaines et sur plusieurs départements dans le sud du pays. Nous devons donc déclarer nos employés sur plusieurs caisses sociales et avec le module paie RH, nous sommes désormais capables d'extraire rapidement les informations utiles à ces traitements* », note le responsable. Autre avantage : le support de la gestion analytique des domaines. Ainsi, pour la paie, l'outil assure un suivi du travail par vignoble et par cave, en affectant des heures de travail aux tâches d'un employé ou bien à son vignoble. Cette répartition (supportée par la solution Eurêka) permet de récupérer les heures dans le module comptabilité et de les affecter à d'autres postes analytiques, grâce à un relevé direct – saisi par les employés administratifs – sur les vignobles et les domaines, alors qu'un simple relevé d'heures était autrefois utilisé. En outre, le groupe est dorénavant prêt à se soumettre à la directive DADS-U relative à la déclaration automatisée des données sociales unifiées et ce, même si certaines de ses filiales n'ont pas la même convention collective, grâce à un module de gestion dédié aux sociétés périphériques. En 2000, Listel a implanté le module logistique, s'ouvrant ainsi à la traçabilité avec acquisition par codes barres. (...).

§ 3. Les stratégies « multicanal »

***188.* Définition du multicanal** – La stratégie multicanale, qui permet de toucher et contacter le client par tous les canaux disponibles, s'insère dans la stratégie du management de la relation client. Elle consiste à intégrer plusieurs canaux de contact dans un même système capable de gérer les interactions avec un client. Cette stratégie vise à créer un contact relationnel en personnalisant (une relation par client), en adoptant une posture interactive (le retour client est attendu), en souhaitant la durabilité de la relation et en ayant des relations continues (quotidiennement quelque soit le canal choisi par le client). Cette stratégie permet de diminuer les coûts grâce à des synergies (Helfer et Michel, 2005). Le multicanal peut concerner la distribution (mettre en œuvre différents réseaux pour faire parvenir le produit ou le service au client) ou la communication (communiquer sur le produit ou service par différents moyens de communication). Le multicanal est mobilisé lorsqu'il s'agit de prospecter (pour renouveler le portefeuille de clients ou élargir la cible), fidéliser ou informer.

Divers outils peuvent être mobilisés afin de prospecter de nouveaux clients. Les centres d'appels ont pour objectif d'identifier et de comprendre les besoins de chaque individu. Ils permettent une rencontre interactive, rapide, chaleureuse et adaptée avec le client en bénéficiant de coûts réduits. Par contre, le fait que les centres d'appels soient couplés à un courrier ou à la visite d'un vendeur constitue une limite importante du système. Les SMS ont pour objet d'améliorer la qualité de la relation par leur caractère immédiat et affectif. Ils peuvent potentiellement toucher tous les possesseurs de téléphones portables, ce qui représente une population très large. Le SMS améliore l'interactivité et dynamise l'image de l'entreprise. Il est de surcroît peu coûteux. En revanche, il est nécessaire d'avoir un accord du récepteur pour recevoir les messages. De surcroît, les messages sont limités à 160 caractères, ce qui limite l'argumentaire.

Le mailing est probablement l'un des outils des plus mobilisés dans le cadre de la fidélisation client, et plus généralement du marketing direct. Il permet d'envoyer en masse des offres promotionnelles, des catalogues, ou des éléments susceptibles de garder le lien avec le client. Le coût reste modeste pour un échange qui peut s'envisager à répétition et où la dimension créative reste possible. La difficulté principale est relative à la base de données qui se situe en amont. Sa constitution et son entretien coûtent beaucoup d'argent, et le retour sur investissement attendu n'est souvent pas à la hauteur des espérances des marketeurs. Un taux de remontée de 0,5 à 1 % communément observé précipite souvent l'opération vers la perte. Son dérivé numérique, l'E-mailing est en augmentation rapide, grâce notamment à son coût très faible et à ses caractéristiques (immédiateté et interactivité). Mais cet outil souffre du manque de fiabilité des adresses électroniques qui changent plus vite que les adresses postales. Par ailleurs, on peut observer une certaine réticence des internautes à accepter ce genre de démarche. La crainte de virus, la violation intempestive de l'intimité ou la lassitude du client face au nombre important de sollicitations sont des raisons qui poussent les internautes à ne pas ouvrir les courriers électroniques de ce type.

Le face à face vise à écouter le client pour mieux reformuler sa demande. Il permet l'argumentation et la réactivité (grâce notamment à une communication non verbale). Les capacités de persuasion des agents en charge de cette mission peuvent aboutir à des résultats très intéressants en termes de ventes. Le coût élevé pour un contact constitue néanmoins une limite forte au recours à cet outil. Le service client (*hot line*) est destiné à faciliter la relation d'un client avec la marque. Des réponses adaptées aux questions posées peuvent permettre d'accroître la confiance du client dans la marque. Par contre une *hot line* mal maîtrisée peut détériorer considérablement l'image de marque d'une entreprise. Enfin, le site Internet d'une entreprise est sensé développer le marketing relationnel (Encadré 32). Il apporte une image de modernité en faisant vivre la marque. Pourtant, il ne peut réellement être visité que s'il est associé à d'autres campagnes de communication (mailing, E-mailing, publicité, etc.). Easy jet, en apposant un « .com » sur la queue de ses appareils, a réussi son pari de faire progresser le nombre de visiteurs sur son site. Lendrevie et De Baynast (2004) appellent cela une « intégration cosmétique », où la couleur, la typographie, le logo et le nom de la marque sont récurrents sur tout support.

Encadré 32 – Le multicanal chez Govoyages

(Source : « Govoyages, le multicanal pour être incontournable », Marketing Direct, 96, octobre 2005).

Le multicanal chez Govoyages, c'est plus qu'un choix, un rouage essentiel de la structure de ce très particulier voyagiste technologique qui a réalisé 220 millions d'euros de chiffre d'affaires en 2004 dont 110 *via* internet. Né en tant que *tour operator* dans les années 1990, Govoyages s'est depuis diversifié en distributeur en déployant un réseau de 5 000 agences en propre. La marque Govoyages profitant aussi d'une distribution exhaustive, dans toutes les agences de voyages. Le voyagiste dispose également d'une flotte de trois avions et assure des vols vers des destinations peu desservies. L'arrivée d'Internet dans le secteur du voyage a largement inspiré le développement successif de Govoyages qui, prévoyant l'arrivée des *pure players*, a développé un outil destiné à devenir incontournable pour ce marché : le célèbre moteur de recherche de vols dont les résultats frôlent l'exhaustivité. Pour imposer cet outil, une idée efficace de simplicité. « *Nous l'avons distribué gratuitement à tous les nouveaux venus sur le créneau du on line au moment où les structures back-office n'étaient pas encore intégrées aux sites de voyages* », détaille Frédéric Pillout, responsable du développement Internet de Govoyages. Résultat : le moteur Govoyages a proliféré en marque blanche sur pratiquement tous les sites de voyagistes. Quant au moteur de destination pour le grand public, il est devenu incontournable. D'où l'excellent maîtrise du produit vol sec acquise par Govoyages. D'où, sans doute la volonté de pousser plus loin la logique du multicanal et d'intégrer les offres packagées fondées sur le principe du dynamic package avec vols, hôtels et location de voitures (...).

***189.* Les dangers du multicanal** – Il convient d'intégrer un certain nombre de limites inhérentes au système du multicanal (Helfer et Michel, 2005 ; 2006). Il ne sert à rien d'accumuler des canaux de contact s'il n'y a pas de véritable intégration globale. D'une part, le client, peut être traité de façon morcelée, ce qui est à l'origine d'une source d'insatisfactions. Compte tenu de la spécialisation des canaux, le vendeur est tenté de traiter le client selon la nature et l'objet du contact alors qu'au contraire le client, souhaite une porte d'entrée unique capable de répondre à toutes ses interrogations, de la demande d'informations coûteuse, à la réclamation utile mais onéreuse pour l'entreprise, en passant par une décision d'achat d'un faible montant ou d'un montant élevé. D'autre part, l'usage du multicanal peut s'opérer de façon désordonnée, ce qui ne favorise pas la mise en place d'une stratégie globale. Par ailleurs, le fait d'imposer de nouvelles formes de relations aux clients n'exonère pas les entreprises à fournir une qualité de service acceptable. Dans certains cas, l'absence de maîtrise des canaux peut aboutir à une insatisfaction voire à une exaspération des clients. L'Association Française des UTilisateurs de Télécommunication (AFUTT[1]) publie chaque année un observatoire des plaintes contre les fournisseurs d'accès à Internet (FAI). Fonctionnant essentiellement sur la base de leur *hot line*, il semble que les FAI éprouvent des difficultés à résoudre leurs problèmes par ce mode de canal. Pire, devant la multiplication des plaintes déposées par les consommateurs insatisfaits, des associations de l'Union Fédérale des Consommateurs Que Choisir, ont porté plainte contre certains FAI, car les clients se sont trouvés dans l'impossibilité de trouver un interlocuteur au numéro correspondant à la *hot line*. Si ces dysfonctionnements montrent une inadaptation des canaux, ils ont surtout pour conséquence de décrédibiliser l'offre et de faire fuir le consommateur.

1. www.afutt.org/

Section 3
Conquête client ou fidélisation ?

190. La stratégie multicanale permet de jouer sur les deux leviers du marketing que sont la conquête et la fidélisation. Pour Reinartz et Kumar (2002), lorsque la profitabilité et la fidélité sont envisagées en même temps, il est urgent de traiter les clients différemment compte tenu de leurs différences. Une matrice illustre une typologie de clients (Figure 41). Ainsi, la fidélité peut être envisagée prioritairement au niveau des types « amis » et « papillons » et plus ponctuellement au niveau du type « mollusques ». Le type « étrangers » n'est pas considéré comme prioritaire dans le cadre d'un investissement visant la fidélité. La typologie décrite dans cette matrice n'est pas sans rappeler celle développée par Anderson et Jacobsen (2001). La différence s'effectue au niveau de la catégorie « étrangers », qu'Anderson et Jacobsen appellent « éclosion ». Ce type correspond en effet à une stratégie d'acquisition du client en rupture qui se démarque de la stratégie de fidélisation observée par ailleurs. Pendant de nombreuses années, les entreprises se sont préoccupées d'augmenter le nombre de leurs clients en adoptant des stratégies de conquête client. Pourtant de nombreux travaux convergents démontrent que la fidélité peut jouer un rôle important dans la rentabilité de l'entreprise. Dès lors, se sont développées des stratégies de fidélisation.

Figure 41 – Matrice Temps / Profitabilité pour différencier les clients fidèles

Forte profitabilité	**Papillons** – Bonne adaptation entre offre de l'entreprise et besoins du client, – Profit potentiel haut. Actions : – viser la satisfaction et non la fidélité ; – ne traiter que les comptes des clients actifs ; – le défi principal est de cesser d'investir suffisamment tôt.	**Amis** – Bonne adaptation entre offre de l'entreprise et besoins du client, – Profit potentiel haut. Actions : – avoir une communication de qualité, mais limitée ; – établir une attitude et un comportement propices à la fidélité ; – satisfaire ces clients pour les défendre et les retenir de partir.
Faible profitabilité	**Étrangers** – Adaptation légère entre offre de l'entreprise et besoins du client, – Profit potentiel le plus bas. Actions : – ne pas investir dans ce type de relation ; – gagner de l'argent à chaque transaction.	**Mollusques** – Adéquation limitée entre offre de l'entreprise et les besoins du client, – Profit potentiel bas. Actions : – mesurer la taille et la part que représente le client dans l'activité ; – si la part est faible, viser une augmentation du niveau des ventes et des ventes croisées ; – si la taille est limitée, imposer un contrôle des coûts stricts.
	Clients de court terme	**Clients de long terme**

Source : Adapté de Reinartz et Kumar, 2002.

§ 1. La recherche de clients nouveaux : les stratégies de conquête client

***191.* Le cycle de vie du client** – Le *one to one* a introduit le raisonnement en termes de cycle de vie du client. La rentabilisation nécessaire de la relation, ainsi que la volonté de sécuriser les échanges en instaurant des relations durables ont permis d'identifier plusieurs phases dans l'échange avec le client (Figure 42). Ainsi la phase initiale de la relation est clairement tournée vers une stratégie d'acquisition de clients (conquête client). Les coûts supportés par l'entreprise pour toucher le client sont supérieurs aux revenus issus de la relation. Dans l'idéal, cette phase ne doit pas perdurer. Des techniques permettent d'accélérer le passage d'un client dans une deuxième phase. En effet les campagnes d'adhésion sont destinées à développer la relation entre le client et l'entreprise. Par exemple Nokia a lancé « Le Club Nokia », programme proposé aux utilisateurs de produits de consommation Nokia pour fournir aux membres du club des informations et des services liés à ces produits. Force est de constater qu'un consommateur peut adhérer à un concept, une marque, un produit ou un service tout en restant infidèle. La deuxième phase doit également anticiper et permettre la mise en œuvre des programmes de fidélisation afin de retenir les clients ou de relancer une relation qui, sans intervention de l'entreprise soit se terminerait par une perte de client, soit continuerait sur un échange peu ou pas rentable pour l'entreprise (phase n° 3). Ce concept du cycle de vie du client témoigne d'un *continuum* de stratégies destinées à favoriser une relation équitable et rentable entre l'entreprise et le client.

Figure 42 – Le cycle de vie du client

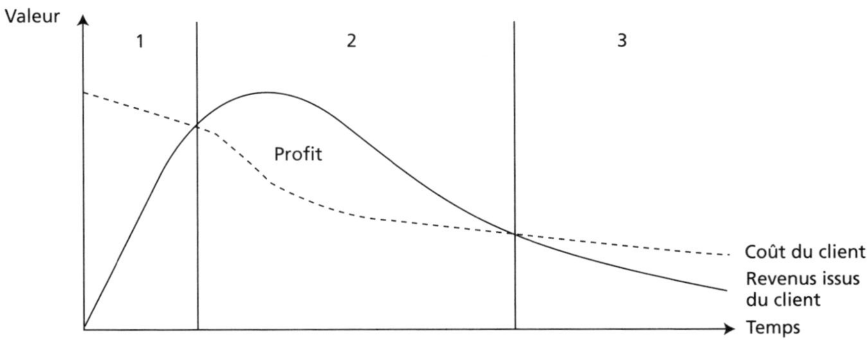

***192.* Le processus d'acquisition de clients** – Formant (2001) en se fondant sur l'étude du secteur financier, distingue trois phases pour acquérir des clients dans le cadre du CRM (Figure 43). La première d'entre elles concerne l'identification des segments de clientèle. Celle-ci est sensée s'effectuer en fonction de la rentabilité (potentielle pour les prospects). L'analyse de la clientèle doit permettre lors de cette phase de constater l'adéquation ou non avec les produits, canaux, tarifs, services et actions d'élargissement de l'offre. La deuxième phase concerne la définition des besoins et comportements des clients et de leur potentiel. Il s'agit d'adopter une gestion proactive des clients existants et des prospects en analysant les segments définis selon la rentabilité et les comportements. L'information est transmise aux points de contacts avec la clientèle (agences, centres d'appels, etc.) afin de modifier le service clientèle et le *workflow* (informations dans système de circulation de l'information). Enfin la dernière étape est relative à la relation étroite et individualisée avec les clients. Cette étape, caractérisée par une réactivité importante au niveau des services de l'entreprise, doit permettre de créer et de tester des offres de produits et de services sur mesure. Cela implique l'acquisition permanente d'informations, notamment la connaissance quasi exhaustive des offres concurrentes. Quelle que soit la phase dans laquelle on se situe, cette stratégie d'acquisition de clients, a des incidences organisationnelles. Les cloisonnements traditionnels entre services observés dans l'entreprise supportent mal des stratégies naturellement transversales.

Figure 43 – Les phases du processus d'acquisition de client et CRM

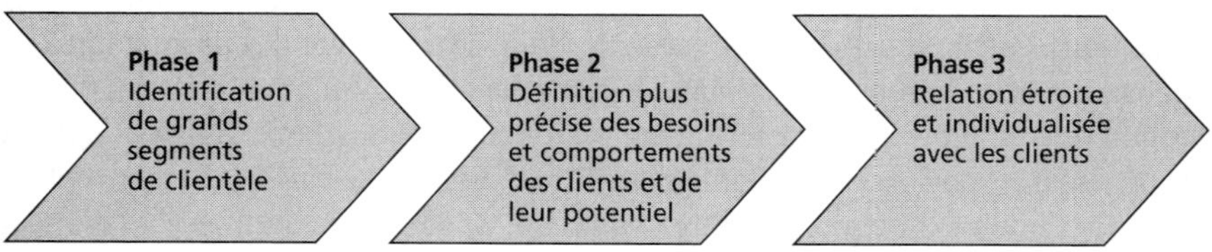

Source : Formant, 2001.

§ 2. La fidélité, facteur de rentabilité de l'entreprise

193. **La confiance, élément nécessaire à la fidélité** – Toutes les études montrent que l'acquisition de nouveaux clients coûte plus cher que le fait de les garder. Les chiffres diffèrent peu ; Rosenberg et Czepiel (1984) estiment qu'un nouveau client coûterait six fois plus cher qu'un ancien. L'institut de recherche américain TARP[2] (1986) aboutit lui, à une moyenne de cinq. Par ailleurs, il semble que les clients qui se sont plaint, rachètent à la même société dans 54 à 70 % des cas si leur réclamation a été prise en compte. Ce chiffre monte à 95 % s'ils ont le sentiment que la réclamation a reçu une réponse rapide. Sur la base de ces enquêtes, il semble donc urgent pour les entreprises de faire le choix du long terme et du relationnel. Le fait d'accorder un bénéfice au client ou de réduire un frein à l'achat (problèmes réglés par une *hot line* par exemple), implique souvent une stimulation de l'activité de rachat, qui, *via* une relation positive entre le client et l'entreprise, aboutit à la crédibilité de l'offre. Celle-ci est définie comme l'évaluation des capacités de la marque à remplir les termes de l'échange au niveau de la performance

2. Le « *Technical Assistance Research Program Institute* » est un laboratoire travaillant pour le compte de l'*Office of Consumer Affairs*, organe rattaché à la Maison-Blanche.

attendue, c'est-à-dire à répondre aux attentes « techniques » du consommateur. La crédibilité est donc facilitée par une valeur supplémentaire accordée à la relation, qui n'est pas forcément une fonction, un produit ou un service supplémentaire. La valeur supplémentaire peut provenir de la réduction de la perception négative de l'échange (Ravald et Grönroos, 1996). En d'autres termes, elle peut provenir de la sûreté (absence de défaillance dans le processus d'échange) et de la sécurité (absence de danger dans l'échange). La crédibilité, couplée à l'intégrité (attribution de motivations loyales et fiables à la marque quant au respect de ses promesses concernant les termes de l'échange) et à la bienveillance (attribution à la marque d'une orientation consommateur durable, concernant la prise en compte des intérêts du consommateur) impliquent la confiance dans la marque (Gurviez, 2000). C'est cette confiance, base fondamentale d'une théorie intégrante en marketing (Morgan et Hunt, 1994), qui facilite la fidélité. La figure 44, résume ce processus.

Figure 44 – Des stratégies fondées sur la valeur ajoutée à la fidélité

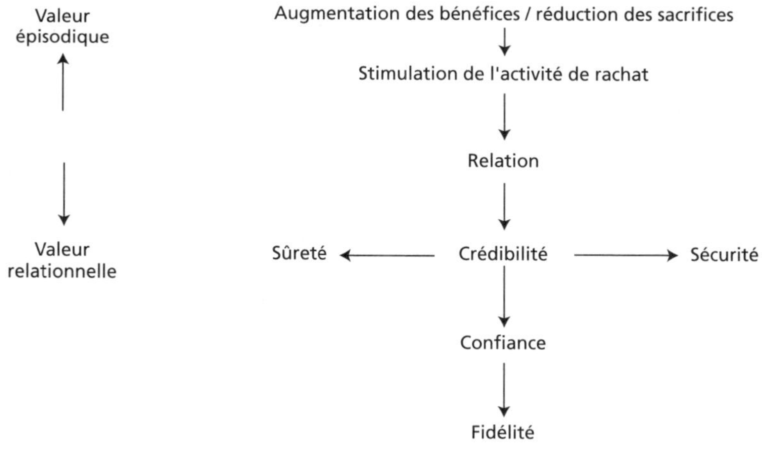

Source : Ravald et Grönroos, 1996.

194. **Qualité perçue, satisfaction et fidélisation** – Le programme de recherches PIMS (*Profit Impact of Market Strategies*), initié en 1972, rassemble sous la responsabilité du *Strategic Planning Institute*, une banque de données statistiques décrivant l'activité des entreprises par domaine d'activité stratégique (*Strategic Business Unit* – SBU). On peut ainsi déterminer quelles dimensions de la stratégie exercent une influence sur le profit et la croissance. Pour certains auteurs (Buzzell et Gale, 1987), la qualité perçue par les consommateurs est un facteur-clé de succès, ce qui remet en cause l'hégémonie de la part de marché, communément acceptée comme le facteur-clé de succès incontournable. La qualité perçue permet une plus grande fidélité, des achats plus souvent répétés, une moindre vulnérabilité à la guerre des prix et également la possibilité d'augmenter les prix relatifs sans affecter automatiquement la part de marché. Le concept de la qualité perçue (à la fois celle des services et des produits) a été largement décrit comme ultime degré dans la qualité de service. La qualité perçue est différente de la qualité objective ou réelle : elle est une abstraction de niveau plus élevé plutôt qu'un attribut spécifique d'un produit, d'une évaluation globale qui ressemble dans certains cas à l'attitude, ou d'un jugement fait dans l'ensemble évoqué d'un consommateur (Zeithaml, 1988). Certains travaux scientifiques mettent en évidence que les perceptions positives de la qualité de service affectent positivement les intentions du client, notamment en félicitant la société, en préférant la marque à celles de la concurrence, en augmentant le volume d'achats, ou en acceptant de payer un prix plus important (Boulding *et alii*, 1993). De surcroît, la perception positive de la marque est intimement liée à la satisfaction du client. Il a été démontré l'existence d'un lien indéfectible entre la satisfaction et sa fidélité à la marque (Heskett *et alii*, 1994). Il est donc possible de considérer que fidéliser consiste à réduire, si possible éliminer, tous les motifs d'insatisfaction des principaux clients, à tous les niveaux de chaîne commerciale (accueil, qualité de service, etc.). Certaines enseignes, afin d'améliorer la satisfaction des clients, tirent systématiquement parti des réflexions, critiques et remarques des clients (certains constructeurs comme BMW utilisent cette méthode pour améliorer par exemple leurs produits).

***195.* Les conditions de la fidélité** – Le problème est de définir à partir de quand un client peut être qualifié de fidèle. Dès 1969, Lawrence définissait un client fidèle s'il achetait trois ou quatre fois de suite la même marque. Mais ne se référer qu'à l'achat répété peut introduire des erreurs d'analyse. Cette fidélité peut être due au manque de choix (Raj, 1985), à un comportement d'inertie ou à une vraie attitude favorable (Bon et Tissier-Desbordes, 2000 ; Bozzo *et alii*, 2003). Pourtant la fidélité peut être définie comme « *la réponse comportementale biaisée exprimée dans le temps par une unité de décision portant sur une ou plusieurs marques possibles prises dans un ensemble de marques en fonction de processus psychologiques* » (Jacoby et Kyner, 1973). En d'autres termes, pour qualifier un consommateur de fidèle, il convient de s'assurer que le comportement soit intentionnel, qu'il résulte d'un processus psychologique et qu'il soit susceptible de se poursuivre dans l'avenir (Bozzo *et alii*, 2003). Par ailleurs, la fidélité n'est pas acquise définitivement et il est possible de discerner plusieurs types de comportements dans le registre de la fidélité (Kotler *et alii*, 2006). Les clients exclusifs sont recherchés car ils achètent systématiquement la même marque. À l'opposé, on retrouve les consommateurs qui changent de marque en permanence. Entre les deux types de comportement, existent les multi fidèles achetant régulièrement entre deux et trois marques, ainsi que les changeurs fidèles qui passent durablement d'une marque à l'autre.

***196.* Les facteurs favorisant la fidélité** – De nombreux éléments sont à l'origine de la fidélité à une marque (figure 45). Lehu (2003), en répertorie douze. Déjà abordée précédemment, la qualité perçue du produit ou du service, traduit le fait que le consommateur est à l'affût des indices révélateurs d'une bonne ou d'une mauvaise qualité. Ainsi, la qualité perçue d'une opération relationnelle se jouera sur le type de support utilisé (qualité du papier pour un mailing), sur la forme du message (présence d'animations dans un e-mailing), etc. Le prix relatif du produit est un élément déterminant dans le choix de consommation. Internet amène de nouveaux outils, notamment de comparaison de prix, ce qui semble rendre les marchés plus concurrentiels. Lorsque le client est fidèle, il devient moins sensible au prix. Par ailleurs, la nature des services attachés au produit fait également partie des facteurs pris en compte dans la fidélité. Certains services sont devenus des grands classiques comme le service après-vente, la rapidité d'obtention du produit ou de l'information, etc. Les entreprises redoublent d'efforts pour trouver des services supplémentaires sources de valeur ajoutée, adaptés à la demande du client. Ainsi, par exemple, les grandes surfaces proposent de plus en plus la possibilité de livrer à domicile, les opticiens ou les coiffeurs proposent leurs conseils individualisés relatifs au choix de leur paire de lunettes ou de leur coupe.

Figure 45 – Les déterminants de la fidélité

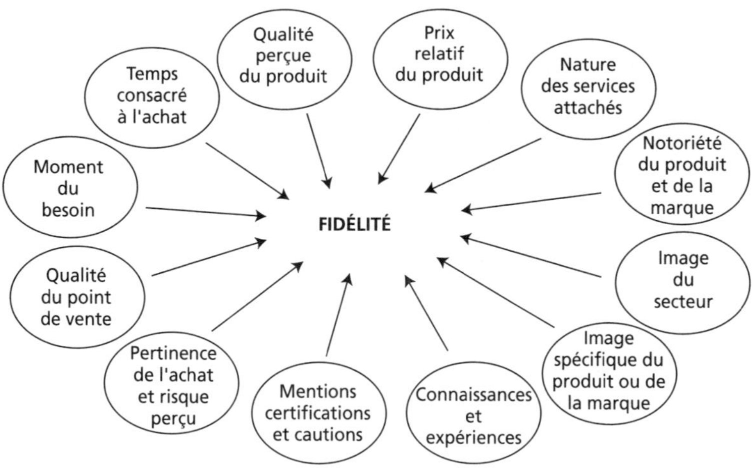

Source : Lehu, 2003 ; 1996.

Partant du principe qu'il n'y a pas de fumée sans feu, la notoriété du produit et de la marque est également un élément influent sur la fidélité. La communication institutionnelle prend ici tout son sens. Elle a pour objectif de faire connaître l'entreprise. L'image du secteur a aussi un impact sur la fidélité. Le secteur de l'énergie a connu en effet pendant de nombreuses années une image peu attirante pour le consommateur final : industrie, pollution, prix en hausse, etc. En 2005, les marques Total, EDF et Aréva ont choisi individuellement de communiquer sur les énergies renouvelables. De même, l'image spécifique du produit et de la marque influent sur la fidélité. Une image positive peut impliquer de la part des clients une intensité de la demande plus forte. Les travaux de Tucker font largement écho au concept de fidélité à la marque (1964). Selon lui, les clients deviennent fidèles à une marque même lorsqu'il n'y a pas de différences, autres que la marque elle-même. La fidélité à la marque est bien réelle, même si celle-ci est fondée sur des différences triviales et superficielles. Les connaissances et expériences des clients jouent également un rôle dans la fidélité. Le client accumule les informations issues de sources différentes (personnelles, *buzz*, expériences, etc.). Les mentions, certifications et autres cautions du produit favorisent la fidélité. La caution d'un organisme indépendant reconnu (public ou privé) (ex. : saveur, produit, voiture, etc. « de l'année »), les tests et les classements favorables de la part d'une association consumériste ou d'un support de presse reconnu sont autant de facteurs susceptibles de conforter le consommateur dans son choix. Par exemple, les produits Max Haavelar garantissent des produits issus du commerce équitable. Autre élément fidélisant : la pertinence de l'achat et le risque perçu. Lors de sa prise de décision, le consommateur est en général confronté à une incertitude sur la pertinence et le bien-fondé de son choix. Le risque peut même lui faire renoncer à sa décision d'achat. Selon les travaux de Bauer (1960), il y a quatre composantes du risque perçu : le risque financier, le risque physique, le risque de perte de temps et le risque psychologique. Par ailleurs, la qualité du point de vente possède également un rôle dans la fidélité. L'accueil physique, l'accessibilité, les horaires d'ouverture, le choix, la convivialité, la connaissance du vendeur, etc., sont autant d'éléments qui comptent. Le moment et les conditions d'apparition du besoin peuvent également conditionner la fidélité. Bien souvent, le vendeur pourra favoriser cette variable en prenant les décisions *ad hoc* (élargissement des heures d'ouverture, rappels promotion ou rappels personnels, etc.). Enfin, le temps consacré à l'achat, dans une société obnubilée par le gain de temps semble incontournable. Le consommateur n'est plus disposé à perdre du temps d'où le développement de la vente à distance, l'émergence des priorités d'accès, etc.

§ 3. Les stratégies de fidélisation

***197.* Une diversité d'applications de stratégies de fidélisation** – Les stratégies de fidélisation sont « *des stratégies marketing visant à mettre en œuvre tous les moyens techniques, financiers ou humains nécessaires afin d'instaurer une relation durable de type « gagnant/gagnant » avec les segments de clientèle à fort potentiel commercial* » (Morgat, 2001). American Airlines est la compagnie aérienne qui la première a lancé un FFP (*Frequent Flyer Program*) en 1980. Depuis les programmes de ce type se sont multipliés et peuvent avoir un impact important sur les résultats d'une compagnie (augmentation des parts de marché, meilleure connaissance de la clientèle, etc.). Pourtant la clé du succès de ces programmes de fidélisation réside dans la prévision de ce que les clients feront de leurs « *miles* capitalisés ». D'où de nouvelles offres et des mesures pour inciter les clients à la dépense des *miles* acquis[3]. L'application des programmes de fidélisation est

3. « Piloter les programmes de fidélisation des voyageurs », *Les Échos*, 18 octobre 2004.

assez variable d'un secteur d'activité à l'autre. En étudiant ces stratégies de programmes de fidélisation, Meyer-Waarden (2004) a isolé trois types de segments (Tableau 17). Selon cette étude, la majorité des programmes de fidélisation sont des programmes multi sponsors et le nombre moyen de partenaires associés est de 25.

TABLEAU 17 – UNE SEGMENTATION DES STRATÉGIES DE FIDÉLISATION

Segment	**1**	**2**	**3**
Réseau	Monosponsor	Multisponsor	Multisponsor
Récompense immédiate	Oui	Oui	Non
Récompense différée	Oui	Oui	Oui
Bénéfices intangibles	Non	Oui	Oui
Différenciation cartes	Peu (5 %)	Oui (70 %)	Oui (20 %)
Valeur récompense	2 % des achats effectués	15 % des achats effectués	6 % des achats effectués
Relation d'apprentissage	Non	Oui	Oui
Cross-selling	Non	Oui	Oui
Secteur	Distribution et industrie	Service	Commerce électronique et service
Exemples	Carrefour, Champion, Leclerc, Kiabi, Real	Air France, American Airlines, Avis, Hertz, SNCF	Accor, Flooz.com, Sinsbury's, Casino

Source : Meyer-Waarden, 2004.

***198.* Principaux outils de la fidélisation** – Les supports et solutions sont nombreux pour favoriser la fidélisation du client. Les clubs de clientèle constituent un outil important dans cette optique. Le problème réside dans le risque d'absence de rentabilité de ces clubs (syndrome Qualiflyer ou Nintendo France). Le succès d'un club de clientèle ne se mesure pas au nombre de ses adhérents, mais au potentiel créé par la relation entre la marque et ses clients les plus actifs. Il ne faut surtout pas faire un *me too program*, c'est-à-dire créer un club parce que les concurrents ont le leur. La création d'un club de fidélisation doit correspondre à une véritable stratégie (et non à une tactique) destinée à rendre incontournable la marque. Il doit s'adresser aux clients jugés les plus rentables et sa mise en œuvre ne doit pas trop alourdir les coûts des clients. Les cartes de fidélité constituent le second outil important mobilisé dans l'optique fidélisation. Neuf français sur dix en possèdent au moins une. Il existe toute sorte de cartes payantes ou non. Elles sont majoritairement au service d'un système de comptabilité de points fidélité convertibles en primes, cadeaux ou services. Elles peuvent avoir une date limite d'utilisation afin de relancer ou suivre le client. Les porteurs de cartes de fidélité possèdent un comportement d'achat plus intense et fidèle que les non porteurs. L'effet de la carte de fidélité sur le comportement d'achat est surtout sélectif car elle attire en priorité de gros acheteurs du magasin. Le rôle principal des cartes est de segmenter et de gérer un portefeuille de clients pour sélectionner ainsi qu'identifier les meilleurs clients (Meyer-Waarden et Bénavent, 2003). Même parmi les possesseurs de cartes de fidélité, on peut observer une typologie de comportements (Encadré 33).

Encadré 33 – Typologie des possesseurs de cartes de fidélité
(Source : « Les cartes de fidélité rempart contre le hard discount », Marketing Magazine, 102, mars 2006).

Selon une étude TNS woldpanel (consumer's morning 2006), 90 % des foyers français utilisent au moins une carte de magasin Pour la première fois, TNS Worldpanel analyse le comportement des consommateurs et leurs achats, en fonction de leur utilisation des cartes de magasin. Cette information a permis à TNS Worldpanel d'identifier 4 groupes de consommateurs « cartophiles », de mesurer l'efficacité des programmes des enseignes, au quotidien et par opération (anniversaire) et d'établir le portrait du porteur de carte pour chaque enseigne de la grande distribution. Les « cartophiles » se rendent plus souvent dans le magasin dont ils ont la carte et sont plus fidèles à cette enseigne. Plus ils utilisent leur carte et moins ils dépensent en *hard discount*. Les « cartophiles » sont sensibles au pouvoir des marques, ils achètent plutôt des marques connues et sont attachés à la qualité du produit. Les seniors sont très fortement cartophiles. Parmi ces cartophiles l'enquête identifie quatre groupes :

Les « cartofan » : utilisent toujours leur carte et n'ont pas de soucis d'argent particulier, plutôt âgés (+ de 65 ans), avec un style de vie rustique et vivant en couple. Ils représentent une part importante des ventes en supermarché.

Les « cartochaud » : utilisent leurs cartes trois fois sur quatre. Ils ont une famille nombreuse, des enfants de 11 à 15 ans ou 0 à 12 ans et vivent plutôt dans le nord. Ils ont un style de vie canapé et sont économes.

Les « cartopeu » : utilisent leur carte entre une fois sur deux et trois fois sur quatre. Hédonistes, ils correspondent à des jeunes couples, de moins de 35 ans avec des enfants de 0 à 5 ans.

Les « cartofroid » : utilisent leur carte moins d'une fois sur deux. Ce sont des jeunes célibataires ou des célibataires seniors réfractaires, hédonistes, avec un style de vie urbain.

Le service après-vente peut participer à la fidélisation. Le traitement d'une plainte doit être considéré comme une source de profit et non comme une source de coûts (Lovelock *et alii*, 2003). Comme beaucoup de constructeurs automobiles, Peugeot garantit à ses clients et à investit dans un service après-vente sans faille (avec services associés comme la mise à disposition de véhicules de remplacement de la même gamme, etc.). En cas d'insatisfaction, c'est l'image du constructeur qui est ternie non seulement auprès du client, mais aussi potentiellement auprès du réseau de connaissance de ce même client. De surcroît, Peugeot prend statistiquement peu de risque dans la mesure où rares sont les véhicules qui font l'objet de plaintes auprès du SAV. Les centres d'appels sont également inclus dans la stratégie de fidélisation qu'il s'agisse de la réception ou de l'émission. La réception concerne l'accueil dans les magasins, la VAD, l'assistance des clients (commerciale ou technique), et les informations clients. L'émission concerne l'assistance clients ou le *call back* (conclusion de l'achat en ligne). La personnalisation de la relation lors de tout contact peut permettre d'améliorer l'image de l'entreprise. Par contre, un centre d'appels mal géré ou peu adapté aux demandes des clients peut avoir des conséquences désastreuses sur une stratégie de fidélisation. Autre outil mobilisé pour fidéliser, le *consumer magazine* se développe à une très grande vitesse. Il permet de cibler un segment de clientèle, d'installer une marque (Encadré 34), etc. À mi-chemin entre la presse et la publicité, ce type de support reste fragile car très coûteux. On peut également observer le développement de webzines, concepts identiques transposés sur Internet. L'avantage indéniable de la formule se situe au niveau de la limitation des coûts.

Encadré 34 – Exemple de consumer magazines : Métromania et Pixmaniac *(Source : « Pixmania : le consumer pour installer une marque », Marketing Direct, 93, mai 2005).*

Le but : inscrire la griffe Pixmania dans la mémoire du grand public, et dans le marbre d'un secteur en pleine ébullition où il entend jouer un rôle de premier plan. Deux supports, Pixmaniac et Métromania, ont donc vu le jour, chacun répondant à un objectif distinct d'une stratégie globale. « *Ce sont les deux volets de la même approche à la fois relationnelle et transactionnelle* », introduit Ping Ki-Huang, directeur de la communication de Pixmania. Objectif commun aux deux supports : faire connaître toute l'étendue de l'offre du site auprès d'un public le plus large possible, sachant que le premier vise plutôt à renouveler l'acte d'achat, ou à augmenter la durée de vie du client, tandis que le second doit surtout permettre à l'enseigne de toucher une population la plus large possible, et pourtant ciblée. D'où la nécessité de différencier la stratégie de diffusion du duo. Ainsi, pour toucher le client au moment le plus propice, c'est-à-dire lorsqu'il vient de consommer, un exemplaire de Pixmaniac est glissé dans son colis. « *Ce système nous permet d'amortir les coûts de diffusion et d'ajuster les volumes d'impression en fonction d'un calendrier prévisionnel portant sur le nombre de nouveaux clients acquis par Pixmania* », révèle Ping Ki-Huang. La recette est différente pour Métromania (300 000 exemplaires), le magazine généraliste destiné à installer la notoriété de l'enseigne. Comme le suggère l'intitulé de ce support, contraction des marque Métro et Pixmania, il est le fruit d'un partenariat de ces deux acteurs. Sa diffusion profite de la force de frappe du quotidien gratuit auquel il est associé (600 000 exemplaires sur les principales villes de France) et de la cartographie des bouches de métro. Pour toucher les étudiants, il suffit de programmer une diffusion sur les seules zones de sorties de métro à proximité des établissements scolaires ou des facultés dans les villes concernées. Une alliance « gagnant-gagnant », où en échange d'une contribution au financement de la diffusion de Métro, Métromania profite de la notoriété du titre de presse.

Bibliographie

– P. Alard, P.-A. Guggémos, *CRM, les clés de la réussite*, Paris, Editions d'Organisation, 2005.

– H. Anderson, P. Jacobsen, « Fidélisation : une aspect crucial de la stratégie client », *in* S. Brown (Ed.), *CRM, la gestion de la relation client*, Paris, Village Mondial, 81-92, 2001.

– R.A. Bauer, « Consumer behavior as risk taking », *in* R.S. Hancock (Ed.), *Dynamic marketing for a changing world*, Chicago, American Marketing Association, 389-398, 1960.

– L. Bellenger, *Qu'est ce qui fait vendre ?*, Paris, PUF, 1984.

– J.-C. Boidevésy, *Le marketing relationnel*, Paris, Editions d'Organisation, 2001.

– J. Bon, E. Tissier-Desbordes, « Fidéliser les clients ? Oui, mais... », *Revue Française de Gestion*, 26, 127, 52-60, 2000.

– W. Boulding, A. Kalra, R. Staelin, V. Zeithaml, « A dynamic process model of service quality: from expectations to behavioural intentions », *Journal of Marketing Research*, 30, 1, 7-27, 1993.

– C. Bozzo, D. Merunka, J.-L. Moulins, « Fidélité et comportement d'achat : ne pas se fier aux apparences», *Décisions Marketing*, 32, 9-17, 2003.

– R.D. Buzzell, B.T. Gale, *The PIMS principles: linking strategy to performance*, New-York, Free Press, 1987.

– R. Chumpitaz, V. Swaen, « La qualité perçue comme déterminant de la satisfaction des clients en business to business. Une étude empirique dans le domaine de la téléphonie », *Recherche et Applications en Marketing*, 19, 2, 31-52, 2004.

– M. Davids, « How to avoid the 10 biggest mistakes in GRC », *Journal of Business Strategy*, 20, 6, 22-26, 1999.

– P.R. Dickson, J.L. Ginter, « Market segmentation, product differentiation and marketing strategy », *Journal of Marketing Research*, 151, 2, 1-10, 1987.

– C. Formant, « Acquisition de clients et CRM : l'exemple du secteur financier », *in* S. Brown (Ed.), *CRM, la gestion de la relation client*, Paris, Village Mondial, 111-130, 2001.

– P. Gurviez, « Marque-consommateur : contrat ou relation de confiance ? », *Revue Française du Marketing*, 176, 1, 31-44, 2000.

– L. Handen, « Le CRM passe à l'action : naissance de la relation », *in* S. Brown (Ed.), *CRM, la gestion de la relation client*, Paris, Village Mondial, 33-44, 2001.

– J.-P. Helfer, G. Michel, « La stratégie de contacts multicanal : opportunités, risques et facteurs clés de succès », *Décisions Marketing*, 41, 33-41, 2006.

– J.-P. Helfer, G. Michel, « La communication multicanal en Europe : une nécessité mais des dangers réels », *in* M. Kalika (Ed.), *Management européen et mondialisation*, Paris, Dunod, 303-326, 2005.

– J.L. Heskett, T.O. Jones, G.W. Loveman, W.E. Sasser, L.A. Schlesinger, « Putting the service profit chain to work », *Harvard Business Review*, 72, 2, 164-170, 1994.

– W.H. Immon, *Building the data warehouse*, 4th edition, New-York, John Wiley & Sons, 2005.

– B. Ivens, U. Mayrhofer, « Les facteurs de réussite du marketing relationnel », *Décisions Marketing*, 31, 39-47, 2003.

– M. Jambu, *Introduction au data mining*, Paris, Eyrolles, 1998.

– J. Jacoby, D.B. Kyner, « Brand loyalty *vs.* repeat purchasing behavior », *Journal of Marketing Research*, 10, 1, 1-9, 1973.

– A. Kara, E. Kaynak, « Markets of a single customer: Exploiting conceptual developments in market segmentation », *European Joumal of Marketing*, 31, 11/12, 873-895, 1997.

– P. Kotler, B. Dubois, K.L. Keller, D. Manceau, *Marketing Management*, 12e édition, Paris, Pearson Education, 2006.

– R.J. Lawrence, « Patterns of buyer behaviour: time for a new approach », *Journal of Marketing Research*, 6, 2, 137-144, 1969.

– R. Lefébure, G. Venturi, *Gestion de la relation client*, Paris, Eyrolles, 2005.

– J.-M. Lehu, *Stratégie de fidélisation*, Paris, Editions d'Organisation, 2003.

– J.-M. Lehu, *Le marketing interactif*, Paris, Editions d'Organisation, 1996.

– J. Lendrevie, A. De Baynast, *Publicitor*, 6e édition, Paris, Dalloz, 2005.

– C. Lovelock, J. Wirtz, D. Lapert, *Marketing des services*, 5e édition, Paris, Pearson Education, 2004.

– S. Mace, « Le développement de la relation client et sa valorisation », *in* C. Michon (Ed.), *Le marketeur, les nouveaux fondements du marketing*, Paris, Pearson Education, 251-263, 2003.

– L. Meyer-Waarden, *La fidélisation client, stratégies, pratiques et efficacité des outils du marketing relationnel*, Paris, Vuibert, 2004.

– L. Meyer-Waarden, C. Benavent, « Les cartes de fidélité comme outils de segmentation et de ciblage. Le cas d'une enseigne de distribution », *Décisions Marketing*, 32, 19-30, 2003.

– R.M. Morgan, S.D. Hunt, « The commitment-trust theory of relationship marketing », *Journal of Marketing*, 58, 3, 20-38, 1994.

– P. Morgat, *Fidélisez vos clients, stratégies, outils, CRM et e-CRM*, Paris, Editions d'Organisation, 2001.

– G. N'Goala, « Vers une nouvelle génération de CRM », *Décisions Marketing*, 45, 35-46, 2007.

– L. O'Malley, C. Tynan, « Relationship marketing in consumer markets. Rhetoric or reality? », *European Journal of Marketing*, 34, 7, 797-815, 2000.

– A. Payne, *Handbook of CRM, achieving excellence in customer management*, Oxford, Butterworth-Heinemann, 2006.

– D. Peppers, M. Rogers, *Le one to one, valorisez votre capital client*, Paris, Editions d'Organisation, 1999 (1re édition : 1993).

– D. Peppers, M. Rogers, B. Dorf, *Le one to one en pratique*, Paris, Editions d'Organisation, 1999.

– D.A. Pitta, « Marketing one to one and its dependence on knowledge discovery in databases », *Journal of Consumer Marketing*, 15, 5, 468-480, 1998.

– D.A. Pitta, F. Franzak, M. Laric, « Privacy and one to one marketing: resolving the conflict », *Journal of Consumer Marketing*, 20, 7, 616-628, 2003.

– S.P. Raj, « Striking a balance between brand popularity and brand loyalty », *Journal of Marketing*, 49, 1, 53-59, 1985.

– A. Ravald, C. Grönroos, « The value concept and the relationship marketing », *European Journal of Marketing*, 30, 2, 19-30, 1996.

– W.J. Reinartz, V. Kumar, « The mismanagement of customer loyalty », *Harvard Business Review*, 80, 7, 86-94, 2002.

– A. Ries, J. Trout, *Le marketing guerrier*, Paris, Mc Graw-Hill, 1988.

– L.J. Rosenberg, J.A. Czepiel, « A marketing approach to consumer retention », *Journal of Consumer Research*, 1, 2, 45-51, 1983.

– B.P. Shapiro, V.K. Rangan, R.T. Moriarty, E.B. Ross, « Manage Customers for Profits (not just sales) », *Harvard Business Review*, 65, 5, 101-108, 1987

– J.N. Sheth, G. Shainesh, « Gestion de la relation client: les impératifs stratégiques», *Revue Française du Marketing*, 202, 2/5, 85-97, 2005.

Technical Assistance Research Program Institute, *Consumer complaint handling in America: an update study, Part II*, Washington D.C., 1986.

– R. Thakur, J.H. Summey, « Filtering profitable from not so profitable customers using customer relationship management (CRM) technology», *Marketing Management Journal*, 15, 2, 43-54, 2005.

– W.T. Tucker, « The development of brand loyalty », *Journal of Marketing Research*, 1, 3, 32-35, 1964.

– V.A. Zeithaml, « Consumer perceptions of price, quality, and value: a conceptual model and synthesis of research », *Journal of Marketing*, 52, 3, 2-22, 1988.

Partie 2

De la stratégie à l'opérationnel : vers un marketing global

199. Plusieurs tendances poussent à qualifier le marketing de « global ». En effet, le marketing tend de plus en plus à devenir transversal de sorte à concerner toutes les fonctions de l'entreprise. Certains concepts, initialement développés par les financiers, les designers ou les responsables de production sont directement appliqués par les marketeurs. De plus la stratégie marketing se veut aujourd'hui construite conjointement avec l'ensemble des autres fonctions de l'entreprise. Par ailleurs, il convient d'adopter une démarche intégrante entre les dimensions opérationnelle et stratégique. Enfin le marketing global se conçoit sur des marchés devenus mondiaux. La globalisation de l'économie implique le dépassement du « *think global, act local* » communément admis par les grands groupes depuis le début des années 1990. Cette seconde partie est organisée autour de deux titres. En premier lieu, il s'agira de développer le concept de marketing mix. En second lieu, il conviendra de revenir sur certains éléments significatifs nécessaires à la décision marketing.

Titre 1

Le marketing-mix

200. Les travaux de Kotler ont largement diffusé le concept de marketing management au sein duquel le marketing mix trouve toute sa place. Dans un article de 1964, l'auteur va même jusqu'à avancer qu'il existe un « *one best way* » du marketing mix pour ce qui est des nouveaux produits. Cette assertion s'accompagne d'une hypothèse forte de rationalité limitée. Bien évidemment, le célèbre moyen mnémotechnique des 4P (*product, price, place, promotion*) du marketing mix, qui était lui-même très marketing, a permis le développement de la formule. De nombreux travaux ont modifié à la marge le marketing mix soit en introduisant un nouveau composant, soit en augmentant l'importance d'un des éléments initialement pris en compte. Le concept demeure aujourd'hui d'actualité car il s'adapte à un besoin de simplicité et de pragmatisme recherché au niveau opérationnel. Le marketing mix constitue le relais et l'application incontournable de la stratégie marketing. Le titre présent est organisé très traditionnellement en quatre chapitres. Le Chapitre 1 est consacré à la stratégie produit, pris au sens large. Le service y est intégré. Dans le Chapitre 2, c'est la stratégie prix qui est étudiée. Le Chapitre 3 analyse la stratégie de distribution et le Chapitre 4, celle de communication.

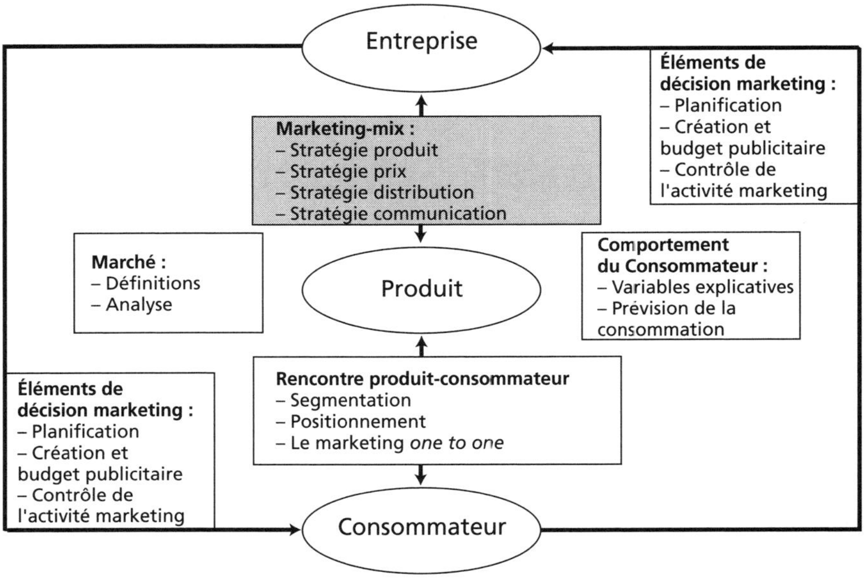

Entreprise
Éléments de décision marketing :
– Planification
– Création et budget publicitaire
– Contrôle de l'activité marketing
Marketing-mix :
– Stratégie produit
– Stratégie prix
– Stratégie distribution
– Stratégie communication
Marché :
– Définitions
– Analyse
Produit
Comportement du Consommateur :
– Variables explicatives
– Prévision de la consommation
Éléments de décision marketing :
– Planification
– Création et budget publicitaire
– Contrôle de l'activité marketing
Rencontre produit-consommateur
– Segmentation
– Positionnement
– Le marketing one to one
Consommateur

Chapitre 1
La stratégie produit

Plan du chapitre

Résumé

Dans une économie conditionnée par les services, la prise en compte des spécificités des produits et des services dans une démarche marketing est primordiale. Si les approches sont différentes, un certain nombre de dénominateurs communs viennent rythmer le premier élément du marketing mix. Le produit ou le service est l'objet de la relation entre l'entreprise et le client. En ce sens, le marketeur a compris l'intérêt de définir une stratégie produit (incluant le service) adaptée.

201. Produits et services constituent l'armature d'un marketing mix évolué. Pour comprendre les développements en matière de marketing, il convient de revenir sur quelques éléments fondamentaux liés aux spécificités des produits et des services, mais également à leur durée de vie (section 1). La pression de l'environnement concurrentiel et la prise en compte des désirs des consommateurs, poussent les entreprises à effectuer des choix stratégiques fondamentaux autour du produit (section 2). Enfin, dès lors qu'une entreprise possède plusieurs produits sur un ou plusieurs marchés, il est nécessaire de gérer au mieux un portefeuille de produits (section 3).

Section 1
Produits et services : éléments fondamentaux

202. Pendant de nombreuses années (années 1950 et 1960), le produit a été l'élément principal de la stratégie marketing de la plupart des entreprises. Bien évidemment, cette logique correspondait à une époque de consommation de masse. La consommation a aujourd'hui évolué majoritairement vers des activités de services (elles représentent à peu près les trois quarts de l'activité économique française), ce qui implique que le marketing ait évolué. Il conviendra dans un premier temps de s'intéresser à la distinction entre produits et services, sans pour autant les opposer. Dans un second temps, le concept phare de la stratégie produit sera développé : le cycle de vie du produit.

§ 1. Les caractéristiques des produits et des services

203. **Les éléments constitutifs d'un produit** – Dans son sens étroit du terme, le produit est constitué d'un certain nombre d'éléments tangibles, qu'ils soient périssables ou durables. Bien entendu l'aspect physique constitue le cœur du produit. Ses fonctionnalités, son *design* et plus généralement sa qualité, sont des critères incontournables à prendre en considération si l'objectif est le succès commercial. Mais le produit est souvent associé à un emballage (*packing*) et un conditionnement (*packaging*). Si les fabricants sont aussi méticuleux sur la constitution du packaging, c'est tout simplement parce qu'il possède une influence sur la manière dont les consommateurs vont se comporter (Simmons, 1949). Le *packaging* peut être défini comme l'ensemble des éléments matériels, qui en étant extérieurs au produit, sont vendus avec lui en vue de faciliter sa protection, son transport, son stockage, sa présentation en linéaire, son identification et son utilisation par les consommateurs (Lindon, Jallat, 2002). Le *packaging* est composé de deux éléments : le contenant et le décor. Le contenant se réfère à la forme du *packaging*, aux matériaux utilisés et au système de fermeture. Le décor se réfère au nombre, à l'emplacement et à la forme des étiquettes. Il s'appuie également sur les textes figurant sur le *packaging* (mise en page, graphisme), sur les illustrations visuelles et sur les couleurs utilisées. Le marketing sensoriel est entre autres, mobilisé pour améliorer la relation avec le consommateur (Encadré 35). Ainsi, pour conquérir de nouvelles clientèles plus jeunes, les producteurs de vin n'hésitent plus à changer complètement l'image de leurs produits, notamment en apposant des étiquettes avec des couleurs, symboles et typographies plus en phase avec la cible recherchée. Il s'agit là de démystifier ce type de consommation souvent jugée élitiste. Le changement de *packaging* est un outil de valorisation du produit. Mais il peut prendre des formes inattendues. Le *packaging* ne s'arrête pas au descriptif produit. Il prend désormais en compte l'usage (gestes, habitudes, etc.) que les consommateurs en font. La prise en compte de l'usage du portable par exemple où le consommateur en un geste accède à une fonction, peut influer sur la conception d'un packaging ergonomique plus pratique. Chanel a lancé une version « *twist and* *spray* » de son eau de toilette « chance ». Le *packaging* se présente comme un tube rose lisse que l'utilisatrice fait pivoter pour voir apparaître et disparaître le bouton poussoir[1]. Mais modifier trop fréquemment un *packaging* peut gêner le consommateur dans son processus de reconnaissance du produit, voire altérer la fidélité. Afin de ne pas dérouter le consommateur, la face de l'emballage ne change pas souvent. Par contre le dos des emballages peut souvent faire l'objet de modifications afin d'expliquer le contenu[2].

Encadré 35 : Les tendances observées dans le packaging
(Source : « L'emballage déclencheur d'achat », Management, 99, juin 2003).

Les grandes marques doivent en permanence se distinguer des marques de distributeurs (MDD) dont les conditionnements sont moins étudiés, mais les prix plus attractifs. De plus, le consommateur ne passant pas plus de 40 minutes dans les grandes surfaces, elles se doivent de proposer des conditionnements basés sur de nouvelles approches :
– l'approche *sensorielle* : le froissement du papier du paquet de chips « L'authentique » de Flodor imite le craquement des chips sous la dent et génère ainsi une attractivité émotionnelle ; le bouchon en plastique du parfum « Habit rouge » de Guerlain reproduit un son métallique à la fermeture donnant ainsi le sentiment de manipuler un objet précieux ;
– l'approche *nomade* (du prêt à consommer, prêt à jeter) : Fleury Michon avec ses « solutions repas » ou encore Pierre Martinet avec ses « salades snacks » fournissent les serviettes et couverts ;
– l'approche *décalée* (changement d'image) : Hennessy (numéro 1 du cognac) vend son produit dans un flacon de parfum géant ; les fromageries Rambol proposent du fromage blanc en sucette avec leur produit « Kidiboo » ;
– l'approche *monodose* (consommation solo) : son produit « Cornetto miniature » a permis à Miko de doubler ses ventes en 2002 et les dosettes de café « 123 spresso » de Malongo ont connu un vif succès ;
– l'approche *ludique* : les fromageries Bel avec leurs produits « Pik et Croq » et « Kiri Goûter » ont introduit un conditionnement « obligeant » les enfants à tremper un bâtonnet au goût de biscotte dans une barquette de fromage mou, répondant ainsi au comportement de « *dipping* » (trempage) des petits français.

***204.* La définition du service** – Le mot « service » peut avoir des significations différentes qui mélangées, aboutissent à des explications ambiguës (Johns, 1999). Dans son sens général, il peut signifier une industrie, un résultat (une offre), ou un processus. Dans son acception processus, il se focalise sur les rapports humains. Les services sont d'abord immatériels. Ils n'ont d'existence qu'à partir du moment où ils sont produits et consommés. Cette première distinction entre produit et service porte donc sur le degré de tangibilité. Cette distinction d'importance a des conséquences sur la relation avec le consommateur. Par exemple, il sera difficile d'inspecter le service avant achat, ce qui implique une relation de confiance importante entre le producteur de services et le consommateur. La recherche de cette relation de confiance a poussé à développer des signes, des symboles et des indicateurs de qualité destinés à rassurer le client (Zeithmal, Parasuraman et

1. « L'emballage mise sur la rupture de code », *Les Échos*, 22 novembre 2004.
2. « Le dos des emballages prend de la valeur », *Les Échos*, 4 avril 2005.

Berry, 1990). Flipo insiste sur le fait qu'il peut être important dans certains services (conseil, travail temporaire par exemple) de « tangibiliser » le service, c'est-à-dire le rendre perceptible de manière visuelle ou tactile (1989). Les services sont ensuite périssables. L'entreprise de services, ne peut donc avoir de stock, tout comme le consommateur. L'offre est une capacité de production devant être mise en relation avec la demande. Le service est coproduit dans le sens où si la rencontre ne se fait pas, le service n'existe pas. Un hôtel par exemple possède des chambres (produits). Mais il n'offrira un service qu'à partir du moment où des clients feront la démarche de s'adresser à lui pour obtenir une nuitée (service). Une chambre inoccupée constitue pour l'offreur une perte définitive. Les services sont produits et consommés au même moment et le consommateur participe directement au processus de production de ce service. Cela implique un contact direct avec le client. Par ailleurs, ce contact peut influer directement sur la qualité ou la perception de la qualité de ce service. Même en automatisant au maximum les prestations, la relation directe avec le client n'est pas gommée.

***205*. La servuction** – Concevoir et fabriquer un produit fait référence à un ensemble de processus qui porte le nom de « production ». Il n'existe pas d'équivalent pour les processus de création et de « fabrication » des services. Eiglier et Langeard (1987) proposent le néologisme « servuction », qui est le résultat de la contraction des termes service et production, pour exprimer cette spécificité. C'est l'organisation systématique et cohérente de tous les éléments physiques et humains de l'interface client-entreprise nécessaires à la réalisation d'une prestation de qualité dont les caractéristiques et les niveaux de qualité ont été déterminés. Levitt signalait déjà en 1974 que toutes les entreprises étaient concernées de près ou de loin par les services. Il convient de faire la différence entre le marketing des services où le service est le produit en lui-même et le marketing à travers les services (Lovelock *et alii*, 2004). La plupart des produits sont aujourd'hui accompagnés de services. Ainsi, l'achat d'un véhicule comprend par exemple une garantie du constructeur. Cette dernière n'est pas traitée à part du véhicule du point de vue du client : elle est incluse dans le prix payé. Son traitement du point de vue du marketing demeure néanmoins différencié du marketing du produit au moment de la vente. Pour Grönroos (1984), le marketing des services se décline en un marketing interne très axé sur l'adaptation des ressources humaines à la satisfaction du client, un marketing externe essentiellement fondé sur la définition et la mise en œuvre du marketing mix et un marketing interactif concentré sur l'interaction acheteur-vendeur. Eiglier et Langeard (1987) soutiennent l'idée que l'entreprise a tout intérêt à développer la participation du client dans la mesure où elle permet d'accroître l'autonomie du client et de réduire ses incertitudes. La volonté pour un client de participer peut provenir de plusieurs facteurs comme le niveau d'éducation, le niveau d'expérience ou le style de vie professionnel. Cette participation paraît naturelle dans le cadre d'un service. Elle l'est un peu moins pour un produit. Pourtant certains auteurs estiment que l'interaction entre producteur et consommateur doit aider à la définition du produit (Thomke et Von Hippel, 2002).

Ainsi, la définition du produit est effectuée conjointement avec les consommateurs. Cette position est critiquée par certains auteurs (Christensen, Cook et Hall, 2005).

206. **L'innovation dans la définition des produits et des services** – On distingue traditionnellement trois catégories de nouveaux produits selon leur degré d'innovation sur le marché (Robertson, 1967). Les innovations de continuité correspondent à un degré d'innovation limité. Les nouveaux produits succèdent aux anciens avec de nouvelles fonctionnalités. C'est la plupart du temps le cas dans le secteur automobile. Ainsi sur le segment des petites voitures depuis 1972, Renault a fait se succéder les modèles R5, Super 5, Clio, Clio 2 et Clio 3. Mais les stratégies peuvent être différentes en termes de dénomination : Volkswagen produit des modèles Golf depuis 1974. Les innovations de semi continuité correspondent à des produits perçus comme novateurs par le marché, mais s'inscrivant dans les normes de consommation actuelles. Toujours dans le secteur de l'automobile, en 1980 Renault a découvert un nouveau segment de marché en proposant un véhicule avec des proportions et des fonctionnalités différentes : l'espace. Ses concurrents ont rapidement perçu l'opportunité de ce type de modèle et ont aligné leurs offres sur celle du constructeur français. La gamme monospace est ainsi née. Les innovations de discontinuité ou de rupture remettent en cause les repères des acheteurs et modifient radicalement les comportements de consommation. L'arrivée du téléphone portable constitue l'exemple le plus visible de ces dernières années. L'innovation ne constitue pas une garantie de succès commercial (Encadré 36). Le développement rapide de l'achat en ligne pousse les fabricants à explorer de nouvelles voies de distribution, parfois d'ailleurs en opposition radicale avec la stratégie de distribution adoptée jusque là. Des études montrent que les suiveurs précoces ont un avantage compétitif sur les pionniers et sur les suiveurs tardifs (Geyskens *et alii*, 2003).

Encadré 36 : Pionnier ou suiveur : quelle est la meilleure position ?
(Source : Manceau, 2003).

On a longtemps cru que l'entreprise à l'origine d'une innovation bénéficiait d'un avantage durable sur le marché. Des études récentes remettent cette idée en cause. Les chances de succès semblent plus élevées pour les suiveurs précoces (entrés en troisième et quatrième position) que pour le pionnier et les suiveurs tardifs. Le leader du marché correspond au pionnier dans seulement 10 % des cas environ. Il s'agit en revanche du leader historique (c'est-à-dire de la marque qui dominait le marché au début de sa phase de croissance) dans plus de la moitié des cas. Si les pionniers Coca-Cola, Actimel de Danone ou France Télécom Mobile (devenu Orange) restent ainsi leaders sur leurs marchés, les suiveurs Bio de Danone, Picasso de Citroën ou Playstation de Sony disposent de parts de marché proches de celles des pionniers quand ils ne sont pas devenus leaders. Pionniers et suiveurs bénéficient tous d'avantages importants, mais de nature fondamentalement différente. Pour le pionnier : les brevets, l'avance technologique, les économies d'échelle, l'appropriation d'actifs rares, une image et une notoriété souvent excellentes, la fidélité à la marque, sans oublier la capacité à influencer les goûts des consommateurs et à imposer son standard sur le marché. Pour les suiveurs, des avantages moins divers mais souvent déterminants : des risques d'échec limités par le fait que l'on ne copie que les innovations ayant intéressé des clients, des études de marché plus fiables, de meilleures prévisions des ventes, des coûts moindres en conception et en communication. Contrairement aux pionniers, les suiveurs ne doivent pas expliquer en quoi consiste l'innovation mais simplement imposer leur marque.

La réussite d'un nouveau produit implique d'adopter un processus de création *ad hoc*. La recherche d'idées nouvelles implique tous les services internes (R&D, commercial, consommateurs, etc.) ainsi que des sources externes (concurrents et consommateurs). Les techniques de créativité sont nombreuses : *brainstorming*, synectique et approche morphologique (Swiners et Briet, 2004). La création comporte également une ou plusieurs étapes de développement et de tests. Le filtrage sert à éliminer rapidement les idées sans intérêt. Le test a pour objectif de déterminer des objectifs précis, de choisir une méthode et de la mettre en œuvre, et d'analyser l'exploitation des résultats. Pour vérifier si le nouveau produit répond aux attentes des consommateurs, l'entreprise peut procéder à un test en dimension réelle sur le terrain : c'est le marché-test. Il consiste à choisir une zone géographique donnée avec des points de vente, représentative du marché national et à y lancer le produit nouveau à titre d'essai.

§ 2. Le cycle de vie du produit

***207.* Définition du cycle de vie du produit** – Un service ou un produit bénéficiera d'un succès commercial à condition que les consommateurs soient prêts à acheter ce produit. Les éléments relatifs aux consommateurs aident les marketeurs à comprendre les mécanismes de décision d'achat. Mais s'il est nécessaire de comprendre le client, la démarche doit également s'intéresser à l'offre de produit. Les produits ont une vie. Il est donc primordial de prendre en compte l'évaluation dynamique décrivant la durée de vie (Day, 1981). Cette évolution peut être décrite à travers le concept de cycle de vie qui met en évidence quatre phases : le lancement, la croissance, la maturité et le déclin du produit (Figure 46).

Figure 46 – Cycle de vie du produit

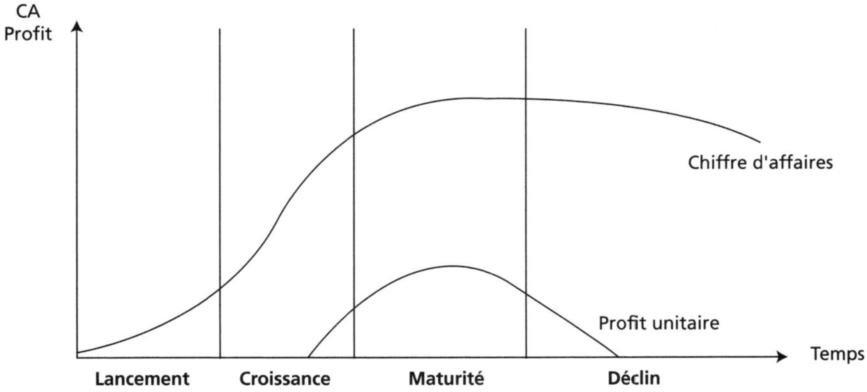

***208.* La phase de lancement** – C'est la première étape de la vie du produit. Ce dernier peut présenter certaines imperfections. La recherche n'est donc pas totalement terminée. Le coût de revient unitaire reste élevé car le coût de production ne peut s'imputer sur des séries très longues et certains coûts de marketing, surtout les frais de distribution, sont lourds à supporter. La concurrence est encore réduite, voire inexistante, à moins que plusieurs concurrents n'aient innové, au même moment, dans le même domaine. Le lancement d'un produit est plus ou moins difficile selon sa nature. Les produits de grande consommation (PGC) sont caractérisés par des habitudes de consommation bien ancrées. Le consommateur est prêt à changer s'il considère qu'on lui apporte quelque chose de réellement nouveau. L'urgence pour le responsable d'un nouveau produit se lit dans la rentabilité de celui-ci. Dans près d'un cas sur deux, la rentabilité n'est pas au rendez-vous au bout de la première année[3], ce qui pousse la direction à abandonner le projet. Les taux d'échec diffèrent d'ailleurs d'un secteur à l'autre (Le Nagard et Manceau, 2005) : 20 à 25 % dans les secteurs industriels, 30 % dans les services, 70 à 95 % dans le *high tech* et entre 35 et 95 % dans la grande consommation. Cette phase se traduit souvent par l'application de campagnes de publicité et de promotions sélectives qui s'adressent à des catégories de clientèles réceptives aux innovations. Mais il n'existe pas de *one best way* en matière de lancement. Le lancement de produits identiques peut se révéler être très différent d'une marque à l'autre. Dans l'automobile, l'alliance entre Toyota et Peugeot-Citroën sur le segment des petites citadines traduit bien cette idée. L'Aygo de Toyota cible les 25-35 ans, citadins, actifs qui aiment bouger, voyager et qui lancent les modes. La stratégie de lancement est fondée sur l'organisation de multiples événements touchant cette cible. La C1 de Citroën se positionne comme une voiture urbaine d'entrée de gamme, « *pour ceux qui ne mettent pas tout leur argent dans leur voiture* » (reprenant le *leitmotiv* de l'ancien modèle AX). La stratégie de lancement est classique (publicité et portes ouvertes). Très minimaliste la 107 cible les foyers multi motorisés et les primo accédants (célibataires chez leurs parents)[4].

***209.* Les phases de croissance et de maturité** – Si le produit réussit, le marché s'élargit, les capacités de production se développent, le produit est amélioré et acquiert sa forme définitive. Des concurrents plus nombreux se présentent sur le marché et sont attirés par les perspectives de réussite. Ainsi, la phase de croissance est caractérisée par un prix de revient qui commence à diminuer car la production en grande série permet de bénéficier des lois d'apprentissage. De même, les coûts de promotion diminuent relativement. Lorsqu'un produit a atteint sa phase de maturité, le marché potentiel a été satisfait et seule la demande de remplacement offre quelques possibilités. La pression des concurrents devient très forte, car de nouveaux producteurs sont entrés sur le marché sans subir les coûts

3. Selon une étude de 2005 de MarketingScan (GFK) portant sur les critères de succès des innovations dans les produits de grande consommation en France et en Allemagne. « L'innovation produit n'est pas rentable une fois sur deux », *Les Échos*, 14 mars 2005.

4. « Aygo, 107 et C1, trois tactiques de lancement », *Les Échos*, 8 juin 2005.

de démarrage. Ceux-ci peuvent offrir des produits moins chers et techniquement améliorés. La gamme est resserrée et la qualité devient l'arme principale *via* de nouveaux conditionnements, une amélioration de l'apparence, des possibilités d'utilisation supplémentaires, etc. Pour illustrer cette phase, le groupe Procter & Gamble n'a pas hésité à lancer une nouvelle lessive en étendant sa marque Monsieur Propre. Tirant parti du statut d'icône du personnage, le positionnement de la lessive est résolument haut de gamme sur un marché très concurrentiel[5].

210. **La phase de déclin** – Le produit est devenu vieux et ses ventes déclinent. Il est passé de mode ou s'est trouvé périmé par suite de l'apparition de produits plus jeunes et mieux adaptés. C'est l'époque du désinvestissement et de la reconversion. De nombreux travaux et modèles se sont penchés sur ce qui pouvait pousser une entreprise à se débarrasser d'un de ses produits (Alexander, 1964 ; Berenson, 1963 ; Eckles, 1971; Kotler, 1965). La décision n'est jamais facile car elle a des implications importantes au sein et en dehors de l'entreprise. Le tableau 18 fournit une synthèse des résultats de ces recherches sur les indices qui permettent de prendre une décision de retrait, sur les motifs d'une décision de retrait et sur les éléments à prendre en compte prioritairement lors de cette décision.

TABLEAU 18 – FACTEURS ET VARIABLES D'ÉLIMINATION

	Berenson 1963	Alexander 1964	Kotler 1965	Eckles 1971
Détection		1. Courbe des ventes 2. Évolution des prix 3. Courbe du profit 4. Produit de substitution 5. Efficacité du produit 6. Temps de travail d'exécution	1. Part de marché 2. Déclin des ventes 3. Déclin de la demande 4. Marge brute 5. Contribution du produit à la couverture	1. État des stocks 2. Volume des ventes passé 3. Volume des ventes futures 4. Marge nette 5. Activité de la concurrence 6. Courbe de la demande du produit générique
Décisions	1. Sécurité financière 2. Opportunité financière 3. Stratégie marketing 4. Responsabilité sociale 5. Interventions organisées	1. Considérations de rentabilité financière : utilisations alternatives du capital 2. Souplesse des équipements 3. Relations avec le personnel 4. Facteurs marketing : ligne complète, interrelations entre produits	1. Marché potentiel futur 2. Gains potentiels si le produit est modifié 3. Gains potentiels si la stratégie marketing est modifiée 4. Temps de travail d'exécution laissé disponible si abandon 5. Opportunités alternatives	1. Coûts passés 2. Coûts futurs 3. Rentabilité passée 4. Rentabilité future 5. Étendue de la ligne 6. Recherche de nouveaux produits dans l'entreprise 7. Satisfaction du consommateur 8. Utilisation des ressources de production et de stockage

5. « Mr. Propre part à l'assaut des lave-linge », *Les Échos*, 5 et 6 novembre 2004.

			6. Contribution du produit aux frais généraux et aux frais fixes 7. Contribution du produit à la vente des autres produits	9. Problèmes de production 10. Problèmes marketing
Retrait		1. Timing 2. Stocks produits finis 3. Besoin de pièces détachées et de remplacement du produit 4. Obligation de satisfaire certains clients	1. Stocks dans l'entreprise et chez les distributeurs 2. Engagements 3. Délais de réaffectation des employés à d'autres tâches 4. Valeur résiduelle (machines et/ ou stock de produits en cours) 5. Effets de l'abandon sur les distributeurs et consommateurs	1. Stocks 2. Obligation de satisfaire certains clients 3. Effet du délai d'abandon sur le profit 4. Besoin de pièces détachées et de remplacement du produit

Source : Salerno, 1981.

Il est possible de pratiquer une relance du produit, mais cela nécessite des coûts commerciaux importants et précipite la mort du produit lorsqu'elle cesse. Dans certains cas, ces coûts sont accompagnés par des coûts liés à la modification du produit. Le secteur automobile connaît bien ce phénomène car les ventes des modèles mettent deux à trois années avant d'atteindre la maturité, pour diminuer en attendant le modèle suivant. Afin de prolonger la vie du modèle, c'est à ce moment que des changements visibles sont apportés (généralement au niveau de la carrosserie). Ainsi, après un lancement initial en 2001, la Peugeot 307 a bénéficié d'un lifting en 2005, ce qui permettra au nouveau modèle (la 308) de la remplacer en 2008.

***211.* Des cycles de vie aux profils multiples** – La diversité des situations amène à remettre en question l'unicité du profil du cycle de vie. En effet, de multiples raisons peuvent amener des parcours différents, parfois chaotiques par rapport à la théorie avancée (Figure 47). Il est aisé de se souvenir du succès ou de l'échec d'un produit. Si Smart connaît aujourd'hui le succès (au niveau des véhicules deux places), ce n'est que parce qu'il a fallu modifier le marketing mix offert après le lancement initial. Des prix trop élevés, un produit mal positionné, un réseau de distribution trop faible (15 points de vente à l'époque) et des segments de marchés ignorés, notamment celui du véhicule urbain pour les professionnels, sont autant de raisons qui expliquent l'échec du lancement de 1998. Tirant les leçons de cet échec, la société MicroCompactCar (appartenant au groupe Daimler-Chrysler) a tout modifié l'année suivante. Les prix ont été revus à la baisse, les équipements à la hausse. La distribution a été intégrée dans le réseau de vente Mercedes. Le message publicitaire a également changé en se voulant moins prétentieux. Les premiers bénéfices de ce virage à 180 degrés ont commencé à porter leurs fruits en 2000. Cet exemple d'introduction manquée montre que le déroulement du cycle vie n'est pas inéluctable. De nombreuses variantes existent et doivent prendre en compte des éléments comme la durée d'apprentissage, les effets de mode, les besoins réels sur les marchés, etc.

Figure 47 – La diversité des profils de cycles de vie

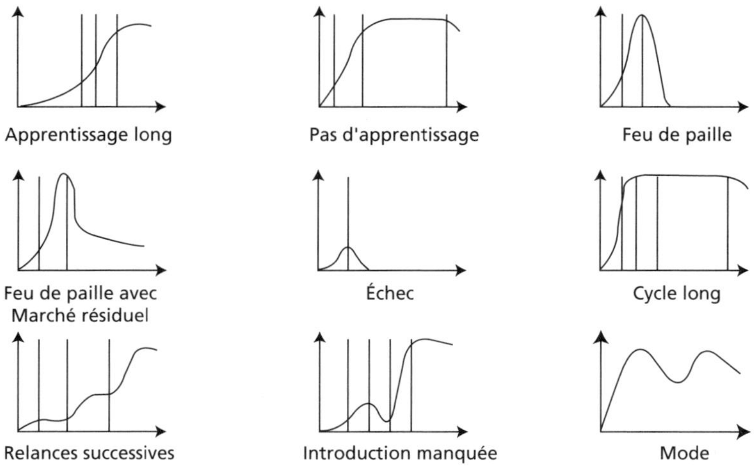

Source : Wasson, 1974.

212. **Limites du concept de cycle de vie du produit** – Il convient de ne pas faire l'amalgame avec d'autres cycles de vie. Les risques de confusion peuvent porter sur la nature du cycle, ainsi que sur la variété du produit ou de la marque. S'il existe un lien indéniable, il n'y a pas forcément d'évolution allant dans le même sens entre les deux. Alors que le modèle Renault Espace était arrivé à maturité, le marché des monospaces était lui en croissance. Néanmoins, l'évolution et le profil du secteur peuvent amener le marketeur à prendre des décisions qui influeront sur le cycle de vie du produit. Par exemple, les études montrent que les ventes de nouveaux produits alimentaires et ménagers ont tendance à augmenter plus rapidement au Royaume-Uni et aux Pays-Bas qu'en France ou en Espagne. Un marketeur désireux de cibler des clients britanniques ou hollandais préconisera une distribution massive dès le premier jour de commercialisation, afin d'impulser une dynamique de croissance en début de phase de lancement (Burk Wood, Le Nagard-Assayag, 2005). Par ailleurs, il convient d'insister sur le caractère non normatif du cycle de vie. Celui-ci ne permet pas de prévoir comment va évoluer un produit. Par exemple, Post it de 3M a connu un lancement difficile. Le remplacement d'une campagne de publicité par un envoi massif d'échantillons a permis d'atteindre la croissance. Sans cette action, la campagne aurait été un échec.

Section 2
Choix stratégiques autour du produit

213. Le produit ou le service doit s'inscrire dans le cadre d'une offre globale. La multiplicité des produits doit éviter la cannibalisation d'un produit sur l'autre au sein de l'entreprise. Elle doit également veiller à toucher un maximum de segments rentables susceptibles d'apporter de la valeur à l'activité. Le choix de gamme revêt donc une importance de premier ordre. De même le positionnement du produit implique la prise en compte d'une stratégie de marque.

§ 1. La stratégie de gamme

214. La gamme de produits est constituée par toutes les variétés de produits fabriqués et vendus par une entreprise. La gamme des produits offerte par une entreprise possède deux dimensions : la largeur et la profondeur. La largeur de la gamme, c'est le nombre de produits présentant entre eux des différences importantes (pour le constructeur automobile Peugeot, chaque type de véhicule correspond à un segment de clientèle : 107, 207, 307, 407, 607, 807). En lançant le 1007, Peugeot cherche à augmenter la largeur de son offre en créant un nouveau segment qui au départ n'existait pas. Au niveau d'un modèle, si les produits proposés diffèrent particulièrement (Pour la 307, la berline, le break SW et le coupé-cabriolet CC), on peut s'interroger sur le positionnement en termes de largeur et de profondeur. Ici, la clientèle visée étant fort différente d'un modèle à l'autre, cela amène à opter pour la largeur. La profondeur de la gamme se réfère au nombre de variantes mineures existant pour chacun des produits de base. Ainsi, pour la 307, des gammes de finitions sont proposées (*executive, sport, executive pack, sport pack*, etc.). Par extension aujourd'hui sur Internet, les grands constructeurs proposent en amont de personnaliser le véhicule. Avec le développement du marketing *one to one*, la profondeur de la gamme devient de plus en plus grande. Le fait d'avoir une gamme large, un marketing mix très étendu, présente pour l'entreprise une série d'avantages. La vulnérabilité est réduite, car la firme dispose d'atouts mieux répartis. Les consommateurs sont plus fidèles, car ils trouvent plus aisément un produit qui les comble. Il existe pourtant des inconvénients, notamment la dispersion des efforts commerciaux. L'augmentation de la largeur de la gamme procure des avantages évidents, notamment en termes de synergie. Par exemple, Lesieur leader sur le marché des huiles, se lance dans la margarine et la pâte à tartiner. Parfois l'entreprise veut offrir un choix plus vaste à ses clients en multipliant les articles à l'intérieur de chaque ligne. Le groupe Bahlsen St Michel, spécialisé dans la fabrication et la commercialisation de biscuits sucrés est organisé en deux Marques : Bahlsen et St-Michel. L'organisation de Bahlsen se structure autour de quatre gammes de produits : les spécialités suisses, la gamme classique, la sélection gourmande et les *Pick up*. La gamme des spécialités suisses s'est dotée en 2006 d'un nouveau produit : Paradis coco. Avec ce produit, l'objectif est d'attirer de nouveaux consommateurs friands de ce goût, et d'essayer de leur faire connaître les trois autres produits de la gamme : Granor (amandes), Duchesse (praliné chocolat) et Truffet (Chocolat). L'extension de gamme est possible et peut se faire de manière horizontale ou verticale (Tableau 19).

TABLEAU 19 – EXTENSION DE GAMME HORIZONTALE ET VERTICALE

	Définition	Exemples
Extension de gamme horizontale	Utilisation d'une marque existante pour introduire, dans une même catégorie de produits, un produit de nature ou fonction différente sans affecter de façon significative le prix de référence du produit ou de la gamme de produits existante	La marque de textile Dim complète son offre en proposant des sous-vêtements pour homme avec un niveau de prix similaire à la gamme de sous-vêtements féminin de Dim
Extension de gamme verticale	**Vers le bas :** utilisation d'une marque existante pour introduire, dans une même catégorie de produits, un produit de nature ou de fonction différente avec des niveaux de qualité et de prix significativement plus faibles	La marque de haute couture Kenzo complète son offre en proposant des vêtements prêt-à-porter sous la marque Kenzo jungle, 60 % moins cher que la marque Kenzo Paris
	Vers le haut : utilisation d'une marque existante pour introduire, dans une même catégorie de produits, un produit de nature ou de fonction différente, avec des niveaux de qualité et de prix significativement plus élevés.	La marque d'automobiles Renault complète son offre en commercialisant le modèle de luxe VelSatis 25 % plus cher que le modèle haut de gamme Laguna.

Source : Michel et Salha, 2005.

Si l'extension de gamme est dans certains cas possible, la volonté de réduire l'étendue de la gamme peut également se manifester, surtout dans les périodes de difficultés. Ainsi, la gamme Demak'up est passée en trois ans de 115 références à 15 après son rachat par Procter & Gamble.

§ 2. La stratégie de marque

215. **Définir une marque ?** – La marque peut être définie en termes d'associations spontanées (Aaker, 1996), de positionnement (Ries, 1998), de processus simplificateur de choix (Quelch, 1997), de capital de l'entreprise (Kapferer, 1998), d'engagement et de promesse (Pringle, 2001), de sens attribué au produit (Sicard, 2001) ou de coproduction entre l'entreprise, ses clients et ses prescripteurs (Semprini, 1992). Pour Kotler et Dubois (2004), la marque est un nom, terme, signe, symbole, dessin ou toute combinaison de ces éléments servant à identifier les biens ou services d'un vendeur ou d'un groupe de vendeurs et à les différencier des concurrents. Comme le souligne Lewi (2005), malgré la difficulté à effectuer une synthèse entre toutes les définitions existantes de la marque, un dénominateur commun peut être trouvé. C'est un repère mental sur un marché qui s'appuie sur des valeurs tangibles et des valeurs intangibles. La marque est aujourd'hui un signe de reconnaissance, un emblème totem susceptible de susciter l'adhésion ou la répulsion. La marque peut parfois précéder le produit. Au début des années 1990, l'émission Ushuaïa animée par Nicolas Hulot a connu un grand succès. La marque s'est rapidement imposée comme chargée de nature, d'évasion, d'authenticité et de naturalité moderne. L'Oréal a acheté la licence du nom à TF1 pour proposer dans la gamme hygiène beauté des produits correspondant à la promesse contenue dans le nom de la marque (Kapferer, 2002). Le choix du nom est important dans la mesure où certaines syllabes ont une consonance plus pu moins naturellement tournée vers l'activité ou le métier visé (Peterson et Ross, 1972). Des travaux ont également mis en évidence l'existence d'un symbolisme phonétique très utile pour la création de nouveaux noms (Klink, 2000). Le logo constitue un autre moyen de véhiculer la marque. En effet, comme le souligne Heilbrunn (2006), Les logos participent de l'immixtion des marques commerciales dans le paysage affectif des individus de manière à créer des attitudes favorables durables à l'égard de ces marques. Puisqu'il s'agit d'un moyen permettant de faire évoluer le ressenti de la marque, la SNCF s'en est emparé. Le nouveau logo de l'entreprise rappelle le nez du TGV duplex. Selon le directeur général de l'agence Carré Noir, créatrice du logo, « *il fallait traduire la base terrestre, symbole de l'univers du chemin de fer, par la ligne droite du socle* »[6]. Le logo a quatre fonctions. Il permet d'abord d'identifier par la reconnaissance et la distinction. En cela, il peut constituer un accélérateur de notoriété. Le logo a également une fonction de certification, notamment en ce qui concerne l'engagement de qualité, le gage de pérennité, la garantie de service après vente, etc. Il possède en outre une fonction d'appartenance (agent communautaire, filiation), ce qui permet de fédérer ses différents acteurs autour d'un signe commun, d'identification consensuelle. Enfin, le logo a une fonction symbolique (ambassadeur et condensateur de valeurs) destinée à condenser et à véhiculer, par le graphisme du logo, les valeurs fondamentales de l'entreprise, c'est-à-dire sa vocation et sa philosophie.

***216*. Les conditions de réussite d'une marque** – Le choix d'une marque est particulièrement important, en raison des investissements qui seront ultérieurement engagés pour l'exploiter. Plusieurs critères de qualité sont à respecter dans cette optique. Il convient de s'assurer de la lisibilité, de l'audition, de la prononciation et de l'effet mémoire. Le nom de la marque doit respecter un certain nombre de règles pour s'installer positivement dans l'esprit du consommateur et y rester durablement. Pour une automobile dont la cible est plutôt jeune et dynamique, le nom Twingo, a été choisi pour son évocation de rythmes et de danses. Twingo est né de la confrontation des mots twist, swing et tango. Pour des noms un peu complexes (principalement venus de l'étranger), on préfère communiquer par syllabes afin que les consommateurs « apprivoisent » le nom de la marque. La bière Hoogarden a de ce point de vue réussi son implantation sur le marché français grâce à une communication humoristique et décalée fondée sur une

6. « Pourquoi la SNCF modernise son logo », *Les Échos*, 21 mars 2005.

charade à base d'onomatopées. Mais rester dans les esprits ne veut pas dire être original à tout prix. Les marketeurs ont fait des erreurs dans le passé, qui ont provoqué des échecs commerciaux. Si la poire est un fruit sympathique (ne dit-on pas bonne poire), elle semblait inadaptée pour qualifier une automobile. En 1976, c'est pourtant le choix qui a été fait pour illustrer la campagne de lancement de la Renault 14 (qui avait la forme d'une poire il est vrai). Ce lancement est resté dans les annales comme étant le plus catastrophique de la marque. Les clients potentiels ne se sont pas identifiés au produit, encore moins au positionnement voulu par la marque. L'évocation constitue un second élément favorisant la réussite d'une marque. Il est parfois nécessaire, lorsqu'un nouveau produit est lancé, de choisir un nom proche d'un concept, de sorte à ce que le consommateur fasse l'amalgame entre le nom et son évocation. Le corollaire est l'apparition de noms évocateurs de marques déjà existantes (avec logo également proches). C'est la stratégie des suiveurs souvent employée par les marques de distributeurs. Des marques au nom évocateur comme Sveltesse, Taillefine, Minidou, ultra-doux, Cocoon, etc. se sont installées plus facilement sur le marché du fait de la connotation positive de la marque. La distinction ou différenciation de la marque constitue un autre élément de réussite d'une marque. L'emploi de termes tels que nouveau, national, mondial est à déconseiller : il n'existe aucune originalité. Si ces termes étaient vendeurs à une période donnée (années 60 à 80), ce n'est plus vraiment le cas aujourd'hui car les marques recherchent un positionnement leur permettant de faire la différence avec la concurrence. En 1999, la marque Orange n'était absolument pas connue en France. Six ans plus tard, après que France Telecom ait racheté cette marque d'origine anglaise pour rationaliser son offre mobile (Orange s'est substituée à Itinéris, Ola et Mobicarte en 2001), Orange bénéficie d'une identité très structurée. C'est la raison pour laquelle le groupe France Telecom a choisit Orange comme marque ombrelle[7] au niveau international. Dans de nombreux pays et sans que ce soit systématique, du statut d'associé, Orange va passer à une position plus globale. Cette stratégie (déjà utilisée par son concurrent Vodafone), vise à simplifier l'offre, instaurer un climat de confiance avec les consommateurs et à générer des économies[8]. Le *rebranding* opéré par le groupe France Telecom au 1er juin 2006 confirme la stratégie. Les marques Wanadoo, Equant (dédiée aux entreprises multinationales), et Amena (filiale espagnole) ont été supprimées au profit de la marque Orange, jugée plus à même de représenter les diverses activités du groupe. Enfin, la disponibilité est un élément incontournable du succès d'une marque. Le dépôt et l'utilisation des marques répondent à une législation sévère. En France, avant tout lancement, il est nécessaire de vérifier la disponibilité du nom de la marque auprès de l'INPI (Institut National de la Propriété Industrielle). Si le nom n'existe pas, il convient de le déposer. La procédure est la même dans chaque pays. Si la stratégie consiste

7. La marque ombrelle utilise un nom de famille unique pour des produits-marchés différents, avec communication et promesse différentes.

8. « La marque Orange étend ses couleurs », *Les Échos*, 30 juin 2005.

à conquérir plusieurs marchés correspondant à des pays différents, il faut systématiquement effectuer cette procédure et racheter le cas échéant le ou les noms déjà déposés (à condition qu'ils soient à vendre).

217. **La gestion de portefeuille de marques** – Les marques sont nombreuses et il est parfois nécessaire pour un groupe possédant un grand nombre de marques de faire le bilan sur la rentabilité de ces marques. Sur les 8 000 marques que possède Nestlé, 55 sont des marques mondiales, 140 sont des marques régionales et les 7 805 restantes sont développées au niveau local. Sur les 1 600 marques détenues par Unilever, 400 d'entre elles sont à l'origine de 90 % du profit du groupe. Les 1 200 restantes, font soit des profits marginaux, soit des pertes. Ces exemples montrent qu'il peut être opportun dans certains cas de se débarrasser de marques qui ne participent pas au développement du groupe (Kumar, 2003). Si la rentabilité constitue l'élément déterminant dans la décision de garder ou non une marque, d'autres éléments comme la cohérence du groupe sont à prendre en compte. Parfois, au gré des rachats, les entreprises sont confrontées à la gestion d'un portefeuille de marques. Lorsqu'il s'agit d'une consommation de niche, l'entreprise a intérêt à travailler avec des offres multiples à condition de bien définir les contours de la marque. Le groupe Seb a réorganisé complètement son système de marque. Ainsi, pour la marque, il existe quatre grands systèmes mondiaux de création de produits[9] (Figure 48).

Figure 48 – Les marques et métiers du groupe Seb

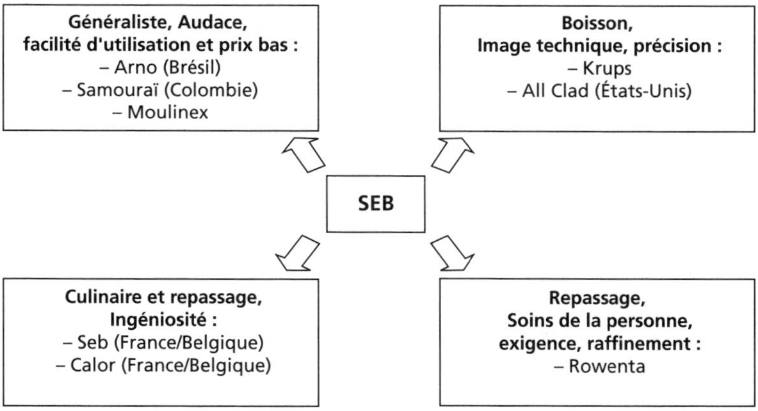

Les noms de groupes multinationaux, ont parfois eu du mal à s'imposer. Le groupe BSN (Bouchois Souchon Neuvesel) a ainsi dû changer de nom au profit de Danone afin d'acquérir une meilleure lisibilité. Pour identifier leur groupe auprès des consommateurs, mais également auprès des investisseurs, certains noms peuvent faire l'objet de campagnes de communication intenses. Ainsi,

9. « Seb nourrit sa culture multimarque », *Les Échos*, 25 avril 2005.

après s'être longtemps effacé derrière ses marques, le groupe de grande consommation Unilever (Skip, Dove, Amora, Lipton, etc.) a entamé une offensive pour s'affirmer vis-à-vis du grand public. C'est aussi un moyen d'éviter des scissions et d'insister sur les logiques industrielles. Le risque encouru en adoptant ce type de stratégie est d'offrir une surface plus importante aux critiques issues de la gestion quotidienne, à l'image du conflit français dans l'entreprise Lu qui a eu des conséquences négatives en termes d'image sur Danone[10]. Le changement de nom d'une marque peut revêtir plusieurs explications (Kapferer, 2002). D'abord les raisons du changement peuvent être liées à des émotions négatives attachées au nom. Ensuite, le changement d'identité des entreprises elles-mêmes, notamment lors de fusion, peut amener à créer de nouvelles entités (Aventis remplace Hoechst et Rhône Poulenc, Novartis est né de la disparition conjointe de Ciba et de Sandoz).

***218.* Quel lien entre le produit et la marque ?** – Plusieurs stratégies peuvent être mises en œuvre au regard de la relation produit/marque. Il est possible d'envisager une même marque pour tous les produits. Cette stratégie de marque unique possède l'avantage de pouvoir transmettre sans effort, tout le prestige d'un produit ou d'une réputation à l'ensemble de la gamme et de bénéficier de certaines économies d'échelle. En contrepartie, le risque est de voir la mauvaise qualité d'un seul produit dégrader l'image de toute la marque. La notoriété d'une marque peut pousser certains groupes à étendre le nom de la marque à des activités de secteurs différents. L'extension de marque (*brand stretching*) se définit comme l'importation d'un nom connu du public dans un domaine qui n'est plus le sien au départ. Cette stratégie, réservée aux marques « fortes » (Michon, 2000), permet de limiter les coûts de communication, voire de référencement. Les extensions servent à valoriser la marque et permettent de créer un univers autours d'elle. Le tableau 20 revient sur les variantes possibles de l'extension de marque.

Michelin appose son nom sur des produits en lien avec la mobilité. Il faut toutefois faire attention à ce que le lien avec le client ne soit pas rompu à force d'étirement. Bic a raté son coup marketing dans les parfums car ne pouvant pas jouer sur les valeurs traditionnelles des fragrances que sont le rêve et le luxe. La marque véhicule en effet plutôt des notions de praticité, de prix peu élevé et de jetable[11]. La marque ombrelle n'est pas la seule solution pour souligner l'appartenance d'un produit à une marque. Il est possible d'accoler au nom du produit, le nom de la marque. C'est ce que l'on appelle la marque source (exemple : Plénitude de L'Oréal ou Fingers de Cadburry). Cette marque source peut parfois s'apparenter à une marque caution dans la mesure où la démarche vise à rassurer le consommateur sur l'identité du produit présenté.

---

10. « Unilever ne se cache plus derrière ses marques », *Les Échos*, 28 et 29 mai 2004.

11. « Étendre sa marque, un pari souvent gagnant », *Les Échos*, 7 décembre 2004.

TABLEAU 20 – VARIANTES DE L'EXTENSION DE MARQUE

Extension	Caractéristiques	Exemples	
Continue	Les technologies originelles de la marque-mère sont préservées	Canon et Minolta maîtrisant l'optique se sont étendus à la photocopie. Adidas, à l'origine marque de chaussures de sport recouvre l'ensemble des articles de sport.	**Utilisation des technologies de la marque**
Discontinue	Les extensions discontinues suppriment les synergies technologiques, ce sont de réelles diversifications	Virgin, originellement producteur de disques représente aujourd'hui une marque cola et une compagnie aérienne. Bic commercialise des stylos, des briquets, des rasoirs et des planches à voile.	
Directe	L'extension est signée avec le nom de la marque-mère sans aucune modification	Vittel à l'origine marque d'eaux minérales, signe du même nom des produits cosmétiques.	**Application de l'extension de marque**
Indirecte	L'extension est signée avec une variante du nom de la marque-mère (suffixe, préfixe) ou par une marque fille.	Le thé glacé Colorado de Mc Cain (sub-branding). Les produits Levy Strauss de la marque Levy's '(super-branding). Les produits Danette de Danone.	

Source : Michel, 2000.

La deuxième stratégie de lien entre produit et marque est d'adopter une même marque pour une ligne de produits entière. Les effets de synergie tant positifs que négatifs sont atténués. C'est souvent la stratégie choisie par les distributeurs. Par exemple en France, le distributeur Carrefour a développé Tex pour le textile, Firstline pour l'électroménager, Topbike pour les gammes de vélos, destination saveurs pour les produits exotiques ou ethniques, etc. Le fait d'adopter une marque générique avec un complément par produit constitue une autre stratégie qui permet de faire le lien entre produit et marque. La signature est suffisamment forte pour que tous les produits donnent bien l'impression d'appartenir à une même famille. Par exemple, Club Med décline sa marque en Club med gym pour ses clubs de remises en forme, Club med croisières pour ses voyages en mer, Club med happy body pour sa ligne de gel douche, après-soleil et autobronzant. Dans le domaine agroalimentaire Danone a choisi la même stratégie en composant le nom de bon nombre de ses produits à base des trois premières lettres de son nom. Le résultat, proche d'une déclinaison latine (Danette, Danoé, Dan'up, Danonino) est une identification forte à la marque spécialisée dans les produits laitiers. Enfin, il peut être possible d'envisager une marque par produit ou service. Cette stratégie est adoptée lorsque l'entreprise souhaite que chaque produit ou service ait sa vie propre. L'expérience du groupe Go sport, filiale de Rallye est intéressante sur ce point. Le groupe en 2000 était articulé autour de trois marques de distribution correspondant à trois concepts bien identifiés : Go Sport, Courir et Moviesport. Le concept de magasin développé par Go Sport favorise l'achat en libre service en mixant l'information écrite sur le lieu de vente par des ILV (Information sur le Lieu de Vente) et les conseils techniques des équipes de vente. Pour cela, les surfaces de vente sont découpées en trois pôles : le textile, la chaussure de sport et les espaces dédiés aux différentes disciplines sportives. Ce concept, tout aussi adapté aux centres commerciaux qu'aux centres villes et aux zones périphériques, se retrouve sur des surfaces de 1 500 à 4 000 m^2. Avec plus de 200 références en chaussures par saison, Courir présente la gamme la plus large du marché. Nouveautés et produits des plus grandes marques en exclusivité concrétisent la stratégie de différenciation de Courir. Enfin, créée en 1999, l'enseigne Moviesport est en rupture avec les codes et usages traditionnels du marché. Noir et orange, ses couleurs créent un impact et une identité exclusive. Les magasins, de 500 à 1 000 m^2, mettent en scène un choix important des plus grandes marques du sport autour de trois grands univers : le sport, la glisse et l'*outdoor*. En 2004, l'arrivée d'une nouvelle équipe de dirigeants a impliqué un recentrage du groupe sur ses deux enseignes phares : Courir et Go Sport. L'enseigne Moviesport est désormais ignorée du site Internet du groupe, et intégrée à Courir dans le rapport annuel 2005 du groupe[12]. Si l'on ajoute deux fermetures de magasins en 2005 (sur les 11), il paraît clair que l'objectif est la disparition progressive de cette marque. Cette stratégie est restée possible sans altérer le reste du groupe grâce à l'indépendance voulue pour chacune des enseignes.

219. Les stratégies d'alliance de marques - La collaboration entre les marques peut viser une action à court terme (de communication ou de promotion), ou une association plus ambitieuse de long terme. Le co-*branding* est le terme générique pour désigner de multiples situations. À court terme, le co-*branding* de communication (publicité jointe) est la situation où les marques s'associent pour mettre en place une opération promotionnelle inter marques. C'est le cas par exemple lorsque Peugeot recommande les huiles Esso ou New Man conseille la marque Ariel à chaque lavage. Le court terme peut aussi être à l'origine du *co-branding* de promotion (codénominaton conceptuelle). Il est fréquent qu'une marque essaie d'associer un personnage à son ou ses produits lors d'un laps de temps donné. Cette opération de promotion peut prendre la forme d'un cadeau promotionnel ou d'un assortiment spécial. Le *packaging* sera fortement marqué de l'association avec l'autre marque. En France, Totally spies, Dora l'exploratrice, Titeuf, etc., sont des personnages récurrents dans l'offre promotionnelle des marques car visant essentiellement les enfants, clientèle plutôt captive de ces personnages. Mais cette codénomination conceptuelle ne doit pas être confondue avec des produits dérivés (produit conçu afin d'exploiter des droits dérivés[13]). Ces derniers

12. http://www.groupegosport.com/pages/resultats.htm

13. Ce sont des droits d'utilisation et/ou de reproduction sous licence de la notoriété et de l'image d'une marque, d'un logo, d'un événement, d'un lieu, d'un film ou d'une série, d'un personnage – réel ou de fiction, décédé ou encore vivant – ou de l'un de ses attributs (visage, voix, mode d'expression, caractéristiques vestimentaires…), à des fins commerciales (licensing).

ont pour objet de toucher des cibles différentes et multiples en proposant des produits n'ayant comme dénominateur commun que l'événement ou la marque promue. Dans le cas de Star Wars, les produits dérivés permettent d'instaurer un positionnement sur le registre de la marque plus que sur celui de l'événement pur, c'est-à-dire la sortie du dernier film. Chaque partenaire touche une certaine cible : les adolescents chez le restaurateur rapide Quick, la famille chez le volailler Le Gaulois, les jeunes et les femmes chez Hollywood Chewing Gum[14].

À plus long terme, la collaboration entre marques peut prendre d'autres formes. Le co-*branding* de produit associe deux marques pour créer un produit commun. Lorsque les deux marques ne cosignent pas ce nouveau produit, il s'agit d'un co-développement. Par exemple, Smart est né de la collaboration entre Mercedes et Swatch. Nestea est un produit développé conjointement par Nestlé et Coca-Cola. Lorsque deux marques décident de cosigner le produit, il s'agit d'une promotion couplée. Yoplait et Côte d'or ont lancé une mousse au chocolat cosignée par les deux marques. La carte de paiement Air France/ American Express, qui transforme les achats en miles « Flying blue » relève également de cette logique. Le co-*branding* de long terme peut se diversifier et peut s'appliquer à la distribution. C'est notamment le cas au niveau des compagnies aériennes. Star Alliance constitue un réseau de compagnies aériennes comme Air Canada, SAS, Lufthansa, United, ANA, etc. Cette collaboration permet aux compagnies de créer un réseau de lignes internationales, mais également de mutualiser un certain nombre de coûts. Ce type d'organisation dépasse la démarche marketing. De même le co-*branding* peut être géographique. Une marque peut utiliser le réseau d'une autre. Cette stratégie est courante dans le domaine de l'internationalisation (stratégie de portage ou *piggy-back*), où des distributeurs français peuvent distribuer des produits de marques françaises sans que ces dernières n'aient à engager de frais importants de prospection.

Section 3
Le portefeuille de produits

220. La gestion de produits différents amène l'entreprise à devoir se positionner au moyen de stratégies. Les modèles d'analyse classiques, souvent développés par des cabinets de consultants contribuent à mettre en évidence la situation réelle de l'entreprise et de ses produits en fonction de critères prédéfinis. Aucun de ces modèles n'est idéal et tous possèdent leurs limites. Mais ces outils d'analyse permettent à ce que dans un second temps, soient formulées des orientations stratégiques et commerciales.

14. « Star Wars, machine de guerre marketing », *Les Échos*, 18 mai 2005.

§ 1. Les modèles classiques d'analyse

***221.* Part de marché de l'entreprise et taux de croissante du secteur : la matrice du BCG** – L'expression portefeuille de produits est très souvent utilisée depuis l'analyse menée par le Boston Consulting Group (BCG). Dans la matrice du BCG, les produits sont classés en quatre catégories, en fonction du taux de croissance et de la part de marché détenue (1972). Le modèle repose sur deux hypothèses. D'abord, il existe un effet d'expérience, c'est-à-dire que l'on considère qu'une part de marché élevée implique un avantage concurrentiel au niveau des coûts. Le leader en part de marché aura donc une meilleure rentabilité. La seconde hypothèse repose sur le fait qu'être situé dans un marché en croissance implique un besoin important de liquidités pour financer cette même croissance. La matrice BCG distingue les produits dilemme, vedette, vache à lait, et poids mort (Tableau 21). Le produit dilemme se situe sur un marché porteur sur lequel l'entreprise est insuffisamment présente. Cela crée un risque de perte élevé pour devenir vedette, car l'investissement est important. Le produit vedette s'inscrit dans une croissance forte. Néanmoins les bénéfices sont faibles, dus à la concurrence par les prix. Le produit vache à lait est caractérisé par un marché peu porteur, mais où l'entreprise est très présente. Les investissements sont limités et les profits sont élevés. Enfin, les produits poids mort sont ceux situés sur des marchés où l'on observe peu de croissance, et où l'entreprise possède une faible part de marché, impliquant une faible rentabilité, voire une perte.

TABLEAU 21 – CROISSANCE ET PART DE MARCHÉ : LA MATRICE DU BCG

Part de marché / Taux de croissance	Faible	Élevée
Élevé	**Dilemmes** 	**Vedettes** 
Faible	**Points morts** 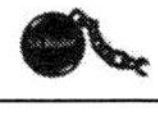	**Vaches à lait** 

Cette approche montre sous une autre forme les aspects inhérents au cycle de vie du produit. Elle possède néanmoins un certain nombre de limites. D'abord la corrélation entre part de marché et rentabilité n'est pas évidente. Une entreprise peut être rentable sans forcément être leader ou avoir une part de marché importante. Ensuite, cette configuration ne peut analyser certaines situations en raison des hypothèses préalablement posées. C'est le cas des entreprises qui auraient des effets d'expérience faibles ou qui maîtriseraient parfaitement leurs coûts. Par ailleurs, cette analyse semble plutôt s'appliquer aux activités de volume. D'autres cabinets de consultants ont essayé d'apporter des analyses différentes.

222. **La matrice du cabinet A.D. Little** – Il est possible de résumer les modèles développés par ce cabinet en se fondant sur trois concepts : la maturité du secteur, la position concurrentielle et la position technologique (Tableau 22). La détermination de la maturité d'un secteur se fait à partir de critères structurels : taux de croissance, potentiel de croissance, nombre de concurrents, distribution des parts de marché, stabilité de la clientèle et des parts de marché, facilité d'accès au secteur, technologie etc. Le positionnement concurrentiel se détermine à partir des facteurs de succès dans le secteur considéré[15] et de la position de l'entreprise par rapport à ses concurrents *via* une note pondérée. Le positionnement technologique correspond à la maîtrise des savoirs fondamentaux et de leurs transferts en produits.

TABLEAU 22 – SYNTHÈSE DES MATRICES ADL

		Démarrage/ croissance		**Maturité/ déclin**	
Positionnement technologique		Forte	Faible	Forte	Faible
Positionnement concurrentiel	Forte	Innovateur Leader	Suiveur	Innovateur	Acquisition
	Faible	Créneau spécialisé	Rationalisation	Alliance	Liquidation

Source : Marchesnay, 2004[16].

Le modèle ADL apporte peu de réponse, mais contribue à poser les bonnes questions.

223. **La matrice atouts - attraits de Mc Kinsey** – Le modèle repose sur deux éléments : les attraits de l'activité et les atouts de l'entreprise. Les attraits de l'activité son mesurés par le taux de croissance, la part de marché des leaders, le niveau des prix, les risques causés par les substituts, la stabilité technologique, etc. L'ensemble est pondéré et donne une note moyenne d'attraits. Les atouts de l'entreprise regroupent la compétitivité des prix, la qualité, le potentiel en R&D, la distribution, etc. Là encore, le tout est pondéré et fait l'objet d'une note moyenne d'atouts. Synthétique, la matrice atouts-attraits de Mc Kinsey permet d'envisager les solutions pour modifier éventuellement la position d'un produit. Il s'agit d'une amélioration technique indéniable par rapport au modèle BCG, mais qui ne s'applique qu'aux structures de taille importante.

---

15. Il s'agit des facteurs de production (capacité relative, flexibilité des unités, étendue de la gamme, niveau des coûts, capacité technologique, protection, etc.), des facteurs de commercialisation (niveau de prix, qualité et étendue du réseau, image, part de marché, etc.), des facteurs financiers (taux d'endettement, coût de la dette, politique de dividendes) et des facteurs organisationnels (portefeuille d'activité, qualité du management, etc.)

16. http://asso.nordnet.fr/adreg/ADREG_Editions.htm

TABLEAU 23 – LA MATRICE MC KINSEY

		Atouts de l'entreprise		
		Élevé	**Moyen**	**Faible**
Attraits du secteur	**Élevé**	**Gagnant :** maintenir la position	**Gagnant :** maintenir la position	**Gagnant :** rentabiliser
	Moyen	**Gagnant :** maintenir la position	**Gagnant :** rentabiliser, diminuer les investissements , segmenter	**Perdant :** abandonner
	Faible	**Profitable :** investir ou abandonner	**Perdant :** abandonner	**Perdant :** abandonner

Source : Lendrevie et alii, 2005.

§ 2. Les orientations stratégiques et commerciales

224. Lorsque plusieurs produits d'une même entreprise sont sur le marché, l'enjeu pour les dirigeants est de faire en sorte que les différentes activités de l'entreprise soient non seulement rentables, mais aussi cohérentes au regard de la stratégie décidée et mise en œuvre. Traditionnellement, trois orientations stratégiques et commerciales se distinguent: la spécialisation, l'intégration et la diversification.

225. **La stratégie de spécialisation** – Pour Porter (1987), trois solutions sont possibles pour mener une stratégie de spécialisation, la domination globale par les coûts, la différenciation et la concentration. La domination globale par les coûts est la stratégie qui vient spontanément à l'esprit quand on recherche un avantage concurrentiel. Il est indispensable de disposer d'une part de marché non négligeable afin de bénéficier des lois d'apprentissage, mais aussi de disposer d'une organisation sans faille. Pourtant un certain nombre de risques sont liés à la domination par les coûts. En premier lieu, les progrès techniques peuvent annuler l'effet d'expérience et/ ou les investissements passés. Il faut donc constamment investir en capital technique. Par ailleurs, le phénomène d'imitation et les investissements plus modernes des concurrents peuvent rendre obsolètes les actions entreprises. La solution est d'apprécier en permanence l'efficacité du ou des processus. En outre, il convient de noter que la baisse de la capacité d'innovation est la résultante de l'obsession des coûts. Il faut alors développer des aptitudes à la simplicité de conception et de fabrication des produits. Enfin, l'inflation par les coûts et le pouvoir de la distribution pèsent sur les marges et obligent à réduire la différence de prix par rapport aux produits concurrents. Il est donc primordial d'avoir une main d'œuvre efficiente et un système de distribution adapté. Pour illustrer cette stratégie de différenciation par le coût, il semble opportun de d'intéresser au *discount* alimentaire. Le *discount* alimentaire à assortiment limité a connu depuis une bonne douzaine d'années, une progression importante. Si certaines enseignes ont réussi à s'imposer sur ce nouveau marché, d'autres ont du renoncer. Le succès de *hard discounter* spécialisés comme Aldi, Lidl, Netto ou Norma tient à la grande différence de prix (15 à 30 %) par rapport aux supermarchés et hypermarchés, rendue possible grâce aux volumes élevés des achats de produits en exclusivité et sans marque industrielle (Colla, 2003).

La différenciation consiste en une distinction du produit ou du service offert par la firme qui vise à créer quelque chose qui soit ressenti comme unique au niveau de l'ensemble du secteur. L'entreprise réussit ainsi à se constituer un monopole de fait qui la met à l'abri des attaques des concurrents. Le produit, par sa conception, son image, les services qu'il rend, est tel qu'il ne connaît aucun concurrent direct. Les clients sont fidèles. La part de marché n'est pas nécessairement très élevée mais tenue fermement. Les formes de différenciation peuvent être nombreuses : avantages techniques, fiabilité, esthétique, conditionnement, réseau de distribution, délai, SAV, image, etc. Le prix représente une contrainte car le consommateur n'accepte de surpayer la différence que jusqu'à un certain seuil. Les différenciations autorisent généralement des marges unitaires plus élevées, mais doivent en contrepartie s'attendre à des volumes et donc à des parts de marché plus réduites.

La concentration s'impose quand l'entreprise ne peut s'attaquer à la totalité d'une industrie, soit que sa dimension et ses ressources soient insuffisantes, soit qu'elle ne souhaite pas croître trop vite ou dépasser une certaine taille. La firme a intérêt dans ce cas à se consacrer à l'exploitation d'un territoire limité, d'une niche, taillée à la mesure de ses ressources et aptitudes. À la base de cette stratégie réside l'idée qu'il est possible, en se cantonnant à un groupe déterminé d'acheteurs d'obtenir la meilleure efficacité et une rentabilité accrue par rapport à celle que produirait la dispersion sur l'ensemble de l'industrie. On peut privilégier un ou plusieurs critères de segmentation: aire géographique, position dans une gamme, type de clientèle, réseau de distribution, etc. La concentration peut relever de la domination par les coûts ou de la différenciation.

***226.* La stratégie d'intégration** – Il arrive que de nombreuses entreprises ne restent pas cloîtrées dans leur secteur. La décision de pénétrer d'autres secteurs peut provenir du fait que l'entreprise veuille répartir les risques supportés par son activité de base, ou qu'elle estime disposer des aptitudes requises pour saisir une opportunité en dehors du territoire d'origine. On distingue deux types de variantes au niveau de l'intégration : l'intégration verticale et la stratégie de filière. L'intégration verticale est la stratégie qui consiste à prendre des positions en amont et en aval de son activité d'origine en lieu et place de ses achats ou ventes antérieurs à des stades successifs et reliés du flux de fabrication-distribution d'un produit. Par exemple, les éditeurs de tissu, éloignés du consommateur final (la recommandation par les consommateurs des produits aux intermédiaires ne suffit plus) et tributaire du choix de ses acheteurs sont dans une logique de B to B et n'ont aujourd'hui pas d'autre choix que de se diversifier verticalement. Ainsi, le tissu investit la décoration, secteur plus proche du client final[17]. L'entreprise peut ne pas sortir de son industrie initiale, mais bien souvent, c'est le cas contraire. L'un des leaders mondiaux des produits laitiers a pris cet itinéraire. BSN (Bouchois, Souchon, Neuvesel), créé à la fin des années 50, est une entreprise spécialisée dans le verre concurrente de Saint-Gobain (En 1966, BSN a mené la première Offre Publique d'Échange en France et n'a d'ailleurs pas réussi dans sa tentative). Les opportunités de rachats ont poussé Antoine Riboud, PDG de la société à prendre des positions dans des secteurs de l'agroalimentaire. Le secteur n'était pas inconnu, puisque BSN fournissait les contenants (pots, bouteilles, etc.) aux sociétés agroalimentaires. BSN est devenu le groupe Danone en se spécialisant plus dans les contenus que dans les contenants. Franck Riboud, l'actuel PDG a d'ailleurs vendu le secteur verre. Ce type de stratégie implique des avantages financiers. D'abord l'entreprise s'approprie les marges bénéficiaires des fournisseurs et des clients. Ensuite, il se produit une compression de coûts due à l'internalisation de transactions auparavant externes. Le même phénomène se retrouve au niveau des stocks avec la baisse du coût des stocks intermédiaires. Les avantages sont également techniques avec une réduction du nombre d'opérations techniques, un meilleur contrôle de la qualité et une acquisition des technologies amont et aval. D'autres avantages ne sont pas à négliger, notamment l'accroissement du pouvoir sur les marchés, la possibilité de jouer avec les prix de cession, l'élévation des barrières à l'entrée et la garantie sur les approvisionnements et les débouchés.

Une stratégie de filière consiste à gérer une série d'activités interdépendantes aux plans technologique, commercial, et financier en s'appuyant sur l'utilisation systématique des compétences communes et le plus grand nombre de synergies possibles. L'entreprise BASF a été spécialisée dans le traitement des polymères. Après traitement, cette matière est la base pour fabriquer des sacs plastiques. BASF a suivi une stratégie de filière lorsque l'entreprise a détecté que le même processus de fabrication était utilisé pour les cassettes audio et vidéo. L'entreprise s'est donc lancée sur ce créneau.

***227.* La stratégie de diversification** – L'entreprise peut investir dans des activités ou des marchés hétérogènes. Les avantages obtenus grâce à la diversification sont importants. Ils tiennent essentiellement à une réduction des risques. En intervenant dans plusieurs domaines, la firme peut espérer compenser les mauvais résultats supportés éventuellement dans un secteur par la bonne performance réalisée dans d'autres. La diversification peut être de produit, de marché ou totale. La stratégie de diversification de produit permet à l'entreprise de croître grâce à la vente de nouveaux produits sur le même marché. Deux tactiques sont possibles : le lancement d'un nouveau produit, ou le changement des caractéristiques, des attributs superficiels du produit. Ainsi, afin de contrer son concurrent principal

17. « Le tissu s'expose sous toutes ses coutures », *Les Échos*, 25 janvier 2005.

(Marionnaud), Sephora a adopté une stratégie de diversification portant sur les soins en impulsant une politique de communication axée sur le soutien de quelques produits choisis *ad hoc*[18].

La stratégie de diversification de produit peut parfois s'avérer vitale pour éviter que l'entreprise soit « monoproduit ». Le danger pour une entreprise comme Montblanc, spécialiste depuis 1924, dans les stylos de luxe est de n'être identifiée que par son produit phare : le Meisterstuck. Pour éviter cette stratégie d'entreprise mono produit, la firme s'est diversifiée dans l'horlogerie en 1998, dans la maroquinerie en 1992 et dans les parfums en 2000. Il s'agissait alors de rentabiliser le réseau de boutiques lancé en 1989[19]. La diversification peut s'effectuer sur les marchés. La commercialisation de produits existants, peut amener à rechercher à pénétrer de nouveaux marchés (expansion régionale, nationale, internationale, nouveaux canaux de distribution). Enfin la stratégie de diversification peut être totale. Cela suppose le développement simultané de produits nouveaux et de marchés nouveaux.

Bibliographie

– D. Aaker, *Building strong brands*, New-York, Free Press, 1996.
– R.S. Alexander, « The death and burial of sick products », *Journal of Marketing*, 28, 2, 1-7, 1964.
– F.M. Bass, « A new product growth model for consumer durables », *Management Science*, 15, 5, 215-227, 1969.
– C. Berenson, « Pruning the product line », *Business Horizons*, 6, 2, 63-70, 1963.
– Boston Consulting Group, *Perspectives on experience*, Boston, The Boston consulting Group, 1972.
– M. Burk Wood, E. Le Nagard-Assayag, *Marketing planning, stratégie, mise en œuvre et contrôle*, Paris, Pearson Education, 2005.
– E. Colla, « L'expansion internationale du discount alimentaire », *Décisions Marketing*, 30, 51-61, 2003.
– G.S. Day, « the product life cycle: analysis and application issues », *Journal of Marketing*, 45, 4, 60-67, 1981.
– R.W. Eckles, « Product line deletion and simplification », *Business Horizons*, 14, 5, 71-74, 1971.
– P. Eiglier, E. Langeard, *Servuction : le marketing des services*, Paris, Ediscience, 1987.

18. « Sephora prend soin de se diversifier », *Les Échos*, 28 février 2005.

19. « Montblanc voue son âme à tous les luxes », *Les Échos*, 29 novembre 2004.

– J.-P. Flipo, « Marketing des services : un mix d'intangible et de tangible », *Revue Française du Marketing*, 121, 1, 29-37, 1989.

– I. Geyskens, K. Gielens, M. Dekimpe, « Comment le marché évalue-t-il l'ajout d'un canal de distribution sur Internet ? », *Recherche et Applications en Marketing*, 18, 2, 101-128, 2003.

– C. Grönroos, « A service quality model and its marketing implications », *European Journal of Marketing*, 18, 4, 36-44, 1984.

– B. Heilbrunn, *Le logo*, Que-sais-je, 3586, 2e édition, Paris, PUF, 2006.

– N. Johns, « What is this thing called service? », *European Journal of Marketing*, 33, 9/10, 958-973, 1999.

– J.-N. Kapferer, *Ce qui va changer les marques*, Paris, Editions d'Organisation, 2002.

– J.-N. Kapferer, *Les marques, capital de l'entreprise*, Paris, Editions d'Organisations, 1998.

– R.R. Klink, « Creating brand names with meaning: the use of sound symbolism », *Marketing Letters*, 11, 1, 5-20, 2000.

– P. Kotler, « Phasing out weak products », *Harvard Business Review*, 43, 2, 107-118, 1965.

– P. Kotler, « Marketing mix decisions for new products », *Journal of Marketing Research*, 1, 1, 43-49, 1964.

– P. Kotler, B. Dubois, *Marketing Management*, 11e édition, Paris, Pearson Education, 2004.

– N. Kumar, « Kill a Brand, Keep a customer», *Harvard Business Review*, 81, 12, 86-95, 2003.

– E. Le Nagard-Assayag, D. Manceau, *Marketing des nouveaux produits, de la création au lancement*, Paris, Dunod, 2005.

– J. Lendrevie, J. Levy, D. Lindon, *Mercator, théorie et pratique du marketing*, 7e édition, Paris, Dalloz, 2005.

– T. Levitt, *Marketing for business growth*, New-York, McGraw-Hill, 1974.

– G. Lewi, *Branding management, la marque, de l'idée à l'action*, Paris, Pearson Education, 2005.

– D. Lindon, F. Jallat, *Le marketing*, 4e édition, Paris, Dunod, 2002.

– C. Lovelock, J. Wirtz, D. Lapert, *Marketing des services*, 5e édition, Paris, Pearson Education, 2004.

– D. Manceau, « Les stratégies produits-marques : innovation et lancement de nouveaux produits», *in* C. Michon (Ed.), *Le marketeur, les nouveaux fondements du marketing*, Paris, Pearson Education, 161-179, 2003.

– M. Marchesnay, *Management stratégique*, Paris, Les Editions de L'ADREG, 2004.

– G. Michel, *La stratégie d'extension de marque*, Paris, Vuibert, 2000.

– G. Michel, B. Salha, « L'extension de marque verticale : clarification du concept », *Recherche et Applications en Marketing*, 20, 1, 65-78, 2005.

– C. Michon, « La marque : son rôle stratégique au cœur du marketing », *Revue Française du Marketing*, 176, 1, 7-21, 2000.
– R.A. Peterson, I. Ross, « How to name new brands », *Journal of Advertising Research*, 12, 6, 29-34, 1972.
– M. Porter, *Choix stratégiques et concurrence*, Paris, Economica, 1987.
– H. Pringle, *Brand manners*, New-York, John Wiley & Sons, 2001.
– J.A. Quelch, D. Harding, « Brands vs. Private labels: fighting to win », *in Harvard Business Review on brand management*, Boston, Harvard Business School Press, 23-50, 1999.
– A. Ries, *The 22 immutable laws of branding*, New-York, Harper Business, 1998.
– T.S. Robertson, « The process of innovation and the diffusion of innovation », *Journal of Marketing*, 31, 1, 14-19, 1967.
– F. Salerno, « Comment gérer la mort d'un produit », *Revue Française de Gestion*, 7, 30, 13-29, 1981.
– A. Semprini, *Le marketing de la marque*, Paris, Editions Liaisons, 1992.
– M.-C. Sicard, *Ce que marque veut dire…*, Paris, Editions d'Organisation, 2001.
– F.E. Simmons, « Packaging aids to marketing », *Journal of Marketing*, 13, 4, 512-517, 1949.
– J.-L. Swiners, J.M. Briet, *L'intelligence créative au-delà du brainstorming*, Paris, Maxima-Laurent du Mesnil Editeur, 2004.
– S. Thomke, E. Von Hippel, « Customers as innovators: a new way to create value », *Harvard Business Review*, 80, 4, 74-81, 2006.
– C.R. Wasson, *Dynamic competitive strategy and the product life cycle*, St-Charles, Challenge books, 1974.
– V.A. Zeithaml, A. Parasuraman, L.L. Berry, *Delivering quality service*, New-York, The Free Press, 1990.

Chapitre 2
La stratégie prix

Plan du chapitre

Résumé

Le prix a longtemps été considéré comme une variable du marketing mix relativement stable. La stratégie prix est liée aux acteurs évoluant dans le cadre du marketing. Pourtant si les méthodes de fixation de prix sont multiples et inchangées, il semble qu'en accord avec le marketing *one to one*, la tendance soit de plus en plus aux prix différenciés. Ce constat ne signifie pas que les stratégies classiques de prix soient dépassées. Il suggère seulement un traitement pluriel de cette variable du marketing mix.

228. **Les raisons qui poussent à modifier les prix** – Il est légitime de s'interroger sur les raisons qui poussent à modifier les prix. Des éléments de stratégie amènent quelques réponses. La baisse des prix peut résulter de plusieurs situations. Il peut s'agir d'une stratégie de riposte. C'est particulièrement important si les consommateurs sont sensibles aux modifications de prix. La question à se poser porte sur les capacités de l'entreprise à soutenir un alignement systématique de ses prix sur la concurrence. La guerre des prix peut en effet avoir des conséquences fâcheuses sur la rentabilité de l'entreprise, surtout si cette dernière est mono produit. La baisse des prix peut également être liée à la diminution des coûts. Les progrès techniques ou les effets d'expérience participent à l'orientation à la baisse du prix du produit ou du service. Enfin, la diminution d'un prix peut être motivée par une action promotionnelle. À l'inverse l'augmentation d'un prix peut provenir d'une hausse des coûts. Par exemple les compagnies aériennes, ont été obligées d'augmenter leurs tarifs pour supporter successivement une hausse des taxes liées au surcroît de sécurité dans les aéroports et une hausse du pétrole, matière première nécessaire à cette activité. La hausse des prix se légitime également par une recherche de l'amélioration de la rentabilité. Enfin, cette hausse peut également provenir de la volonté de modifier l'image du produit, du service ou de la marque, mais il faut que cela corresponde à une différenciation clairement identifiée (Giletta, 1986).

Ainsi, la stratégie prix demeure au cœur de la démarche marketing. Le prix est la traduction pécuniaire de l'ensemble des caractéristiques du produit ou du service dans un contexte et un environnement donné. Pour l'entreprise, le prix est vital car il fait le lien entre l'activité, les clients et les résultats attendus. Pour le consommateur, le prix est l'une des caractéristiques saillantes permettant de porter un jugement (possibilité d'achat ou non) sur le produit ou le service. Le présent chapitre est organisé en trois sections. En premier lieu, l'accent est porté sur les enjeux et les déterminants de la stratégie prix (section 1). Ensuite, il est nécessaire d'analyser les méthodes de fixation des prix (section 2). Enfin, la dernière section (section 3), est consacrée à l'étude des stratégies et tactiques de prix.

Section 1
Enjeux et déterminants de la stratégie prix

229. Le prix est la résultante d'une multiplicité d'interactions, combinant des influences externes et des influences internes à l'entreprise. Au niveau des influences externes, plusieurs acteurs influent sur le prix : l'État, les consommateurs, les distributeurs et la concurrence. En ce qui concerne les consommateurs, il convient de différencier leur sensibilité aux prix de la perception qu'ils en ont. Au niveau des influences internes, outre la nature même du produit ou du service, les prix seront influencés par les objectifs recherchés par l'entreprise, les coûts supportés ainsi que le ciblage et le positionnement qui a été adopté pour chacun des produits, services ou marques.

Figure 49 – Influences externes et internes sur le prix

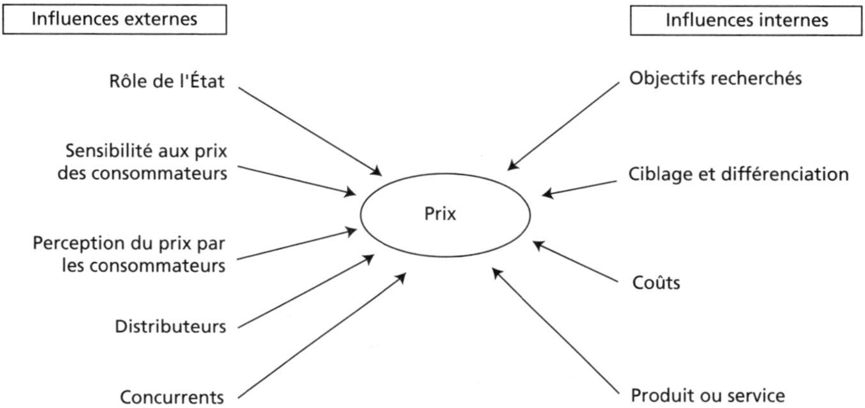

Source : inspiré de Burk Wood et Le Nagard, 2005.

§ 1. Influences externes sur la variable prix

***230.* Intervention de l'État ou adaptation au marché ?** – Le prix a vu sa place évoluer au sein du marketing mix. Historiquement d'abord, on peut mentionner une phase que l'on pourrait qualifier de contraintes où les prix ont été fixés par les pouvoirs publics. Puis dans une période plus propice à l'activité économique, les prix ont été administrés par le marché. Lorsque l'économie traverse des moments difficiles, de surabondance ou de pénurie, les pouvoirs publics jugent qu'il est de leur devoir d'assurer un fonctionnement correct du marché au moyen d'une réglementation des prix. La France a connu des périodes au cours desquelles l'État est puissamment intervenu pour fixer, par voie d'autorité ou par voie contractuelle, les prix, les marges, les évolutions autorisées, les cadres globaux ou spécifiques. L'entreprise cherche alors dans les marges de liberté dont elle dispose, à maintenir une stratégie lui permettant d'atteindre ses objectifs. Encore aujourd'hui, certains aspects sont réglementés (prix du livre, interdiction de vendre à perte, etc.). Mais la plupart des prix se forment sur les marchés. Ainsi, il peut exister une firme puissante qui dispose, techniquement et financièrement d'une situation telle que les concurrents trouvent aussi simple d'aligner le prix sur celui de cette entreprise baromètre. Il n'y a pas véritablement d'accord entre les concurrents. Par ailleurs, les ententes (politiques concertées entre concurrents) bien qu'interdites, existent. Les effets de l'intensité concurrentielle sur les prix ont été étudiés par Natter et Hruschka (1998). Avec une concurrence soutenue, le niveau des prix moyens a tendance à baisser. Par contre, l'écart entre les prix les plus hauts et ceux les plus bas semble augmenter. Actuellement, la balance penche en faveur du libéralisme.

Même si l'État, n'est pas physiquement présent au travers d'un monopole (entreprise publique), il peut parfaitement avoir une influence sur les prix *via* la mise en place de réglementations. En France par exemple, la revente à perte est interdite. C'est notamment le cas pour les produits revendus « en l'état ». Il y a revente à perte si le prix d'achat effectif est inférieur au prix de vente. Le prix d'achat effectif est le prix unitaire figurant sur la facture majorée des taxes sur le chiffre d'affaires, des taxes spécifiques afférentes à cette revente et du prix du transport. Des exceptions sont prévues (Ferry-Maccario, 2005) : cessation ou changement d'activité commerciale, produits saisonniers, produits démodés ou dépassés, baisse des cours, produits périssables, alignements sur la concurrence[1]. Par ailleurs en Europe, certains secteurs font l'objet d'une libéralisation (télécoms, énergie, transports, etc.). L'application qui en est faîte en France et dans d'autres pays met en évidence l'émergence d'autorités de régulation pour chaque secteur (Du Marais, 2004). Ces instances, indépendantes de l'État, sont chargées d'étudier les conditions concurrentielles et peuvent émettre un avis sur les prix pratiqués. Cet avis est en règle générale suivi d'effets compte tenu de la légitimité que ces organismes possèdent auprès des acteurs du secteur.

231. **La sensibilité aux prix des consommateurs** – L'importance de la variable prix, peut se révéler fort différente d'un individu à l'autre. Les variables individuelles jouent évidemment un rôle important. Les individus ne possèdent ni le même revenu, ni la même répartition de dépenses de leurs revenus. Les goûts personnels, l'expérience vécue ou le moment de consommation impliquent cette observation. Les variables sociologiques et psychosociologiques jouent également un rôle primordial. La mère d'une famille nombreuse hésitera par exemple à acheter une marque alimentaire connue avec un prix plus élevé, alors que cette même marque sera vécue comme une caution de bonne qualité pour d'autres ménages, qui n'hésiteront pas eux à acheter plus cher ce produit. Les travaux de Nagle et Holden permettent de mieux comprendre l'importance du prix pour le client (2001). Ainsi, les clients seraient moins sensibles aux prix lorsque le produit posséderait des qualités distinctives (effet de valeur unique), lorsqu'ils ne connaissent pas l'existence de substituts (effet de notoriété des substituts), lorsque les performances des produits sont difficilement comparables (effet de comparaison difficile) ou lorsque le prix du produit représente une faible part de leur revenu total (effet de dépense totale). Par ailleurs, les consommateurs seraient moins sensibles aux prix quand le coût du produit est partagé avec d'autres (effet de coût partagé), quand le produit est utilisé en complément d'un produit principal déjà acheté et qui est un investissement passé (effet d'investissement perdu), quand le produit est associé à des images fortes de qualité de prestige ou d'exclusivité (effet qualité-prix), ou quand les clients n'ont pas la possibilité de stocker le produit (effet de stock).

232. **La perception du prix par les consommateurs** – La façon dont les français analysent l'offre a fondamentalement évolué. Pour les grandes marques, il semble que les consommateurs comparent les prix. Le client considère effectuer une activité valorisante et gratifiante parce que le pouvoir d'achat est augmenté. Cela lui procure

1. Cette procédure est limitée aux produits alimentaires commercialisés dans un magasin de moins de 300 m^2 et aux produits non alimentaires commercialisés dans un magasin de moins de 1 000 m^2.

également une satisfaction avec le sentiment d'être un expert[2]. Cette capacité du consommateur à porter un jugement sur les prix a une incidence sur l'impact des modifications de prix impulsées par les entreprises. Ainsi, ces dernières pourront décider par exemple d'une baisse ou d'une augmentation de prix en fonction d'un effet recherché sur le consommateur. Mais la perception du prix pour le consommateur est multiple. Il convient de différencier le prix de référence interne (PRI) du prix de référence externe (PRE). Le PRI, issu de la mémoire du consommateur, peut prendre en compte par exemple le prix payé pour le dernier achat similaire ou le prix moyen attendu. Le PRE, plus fréquemment objectif et exact, provient par exemple de publicités ou de l'observation du prix d'autres produits sur le lieu de vente. Le PRE possède une influence sur le PRI. Néanmoins il existe une différence plus ou moins importante entre le niveau des deux prix pour chaque consommateur, qui conditionne l'adéquation entre les effets recherchés par l'entreprise à travers sa stratégie prix et les effets réels observés. Ainsi, le consommateur est en mesure d'indiquer si le produit est trop cher ou s'il constitue une bonne affaire (Zollinger, 2004). Dans l'optique d'obtenir une décision favorable du consommateur, l'entreprise est tentée de recourir à des techniques promotionnelles. Ainsi, certaines indications sur le lieu de vente (« stop affaire », « promotion », etc.) constituent des signaux qui stimulent les ventes s'ils ne sont pas trop fréquents. Néanmoins, il existe un seuil au-delà duquel ce type d'action peut avoir des effets négatifs. En effet le PRI diminue, ce qui implique une baisse des intentions d'achat face au prix affiché (Desmet, 2004). À l'inverse, lorsque l'on envisage une hausse des prix, il convient de rechercher le prix d'acceptabilité ou prix psychologiques optimal. Jusqu'à un certain prix, la demande s'accroît car la qualité perçue par le consommateur augmente. Au-delà de ce seuil, on retrouve la règle habituelle de demande diminuant avec le prix. Toute la difficulté consiste à évaluer ce prix d'acceptabilité. Le principe est d'interroger un échantillon représentatif des consommateurs susceptibles d'acheter le produit proposé. Il est demandé à chacune des personnes interrogées de fixer la fourchette de prix à l'intérieur de laquelle elle situe la valeur du produit proposé. Bien entendu, cette technique est difficilement applicable pour les produits nouveaux.

233. **La pression des distributeurs** – Dans le contexte de B to B, il est usuel de trouver des filtres (remises) plus ou moins complexes ayant un impact non négligeable sur le prix officiel et le prix effectif. Le pilotage des remises (incluant ce que le plan comptable appelle rabais, remises et ristournes) est une facette importante de la politique de prix. Les remises sont « *des réductions pratiquées habituellement sur le prix courant de vente en considération, par exemple de l'importance des ventes ou de la profession du client et généralement calculées par application d'un pourcentage au prix courant de vente* » (Simon, Jacquet, Brault, 2005). Les remises permettent de différencier la politique tarifaire selon les clients, en intégrant son comportement général et ses caractéristiques les plus

2. « La confusion entre le prix et l'image du prix », *Les Échos*, 6 septembre 2006.

importantes. De manière générale les remises contractuelles sont appliquées « sur facture » (référencement en centrale d'achats, stockage en entrepôt, etc.) ou « hors facture » (marges arrières). Les marges arrières (ou coopération commerciale) se légitiment par les dépenses liées à la mise en avant du produit en magasin, à la publicité, aux prospectus, au système de fidélisation, coupons de réduction, etc.). Le système rend exsangues les relations entre fournisseurs et distributeurs, dans la mesure où le prix facturé ne correspond pas dans les faits à la somme perçue par le fournisseur (Encadré 37). Plus exactement, comme le soulignent Dussart et Lion (2006), ce qui devient profondément malsain, c'est lorsque les marges d'opération des distributeurs sont financées à plein par les marges arrières qu'ont dû leur verser les fournisseurs. La pratique des marges arrière a mis en difficulté la production dans plusieurs secteurs (notamment la filière des fruits et légumes). Depuis le 1er janvier 2006, les marges arrière ne peuvent pas excéder 20 % du prix de vente. Le seuil est abaissé à 15 % en 2007[3].

Encadré 37 : L'importance des marges arrières dans le prix d'un paquet de café

(Source : « Les incroyables coulisses de la grande distribution », Le Point-Business Week, 20 octobre 2005).

2,98 €	Tarif fournisseur
– 0,39 €	Remises sur factures
= 2,59 €	**Prix facturé**
– 0,60 €	Marge arrière
= 1,99 €	**Somme perçue par le fournisseur**

234. **Le prix influencé par la stratégie des concurrents** – Le modèle économique classique stipule que le prix est issu de la rencontre entre l'offre et la demande. La prise en compte de la concurrence modifie quelque peu ce schéma. En effet, les concurrents peuvent perturber cette relation présentée comme naturelle entre offreurs et consommateurs de biens. Les consommateurs, en prenant en compte l'offre de concurrents, agissent comme s'ils avaient à faire à des biens substituables. Ce comportement logique du consommateur a poussé les entreprises à procéder systématiquement à un alignement des prix sur la concurrence. Comme il a déjà été indiqué, l'information pure et parfaire du consommateur n'existe pas. Par contre le développement des nouvelles technologies liées à Internet facilite la comparaison entre concurrents. Ainsi les acheteurs peuvent obtenir une comparaison instantanée des prix pratiqués par des milliers de vendeurs (Lal et Sarvary, 1999). Pour ne pas entrer dans cette logique comparative, les entreprises tentent de se démarquer en apportant une ou plusieurs sources de différenciation à leur produit, service ou marque. Le prix peut être une des sources de différenciation.

3. Loi Dutreil du 2 août 2005 (Titre VI), modifiant la loi Galland du 1er juillet 1996.

Mais le prix n'est pas la seule variable prise en compte par le consommateur. En réalité la dimension qualitative du produit ou service est systématiquement associée au prix (rapport qualité prix). En corollaire la dimension prix n'est pas la seule variable à envisager par l'entreprise pour étudier la concurrence. La qualité est immanquablement à intégrer dans l'analyse. Sur le marché français, Free a été le premier fournisseur d'accès à offrir à sa clientèle un pack accès à Internet, téléphone illimité (fixe) et télévision à un prix modeste. Compte tenu du succès de ce produit, la concurrence a du s'adapter et proposer des produits similaires en adaptant les prix de sorte à apparaître au moins aussi attractif que Free.

§ 2. Influences internes sur la variable prix

***235.* Les objectifs recherchés** – Un certains nombre d'objectifs généraux de l'entreprise sont susceptibles d'influencer la stratégie prix. Le premier d'entre eux est décrit par la théorie économique : la maximisation des profits. À ce niveau, l'arbitrage entre court terme et long terme peut poser un véritable dilemme pour l'entreprise. En effet, il peut être avantageux en termes de profit d'augmenter les prix des produits, mais cette décision peut altérer la qualité de la relation avec le client, ce qui peut se traduire par des fuites de clientèles dues à une absence de fidélisation. Par ailleurs, la réalisation d'un taux de rendement des investissements a également un impact. Ce taux est généralement fixé à l'avance par les dirigeants afin d'obtenir un rendement satisfaisant du capital employé. Cette planification implique que les prix des produits ou services évoluent en ce sens. L'entreprise peut rechercher un autre type d'objectif : celui de stabiliser les prix et les marges. La plupart des entreprises redoutent les variations imprévisibles des prix de vente et par conséquent des marges brutes. Ces modifications sont dues par exemple à une guerre de prix entre concurrents. Cette lutte profite aux consommateurs, mais elle compromet la rentabilité des entreprises.

L'objectif recherché d'une entreprise peut également consister à se situer au niveau des concurrents. Il s'agit du cas dans lequel l'entreprise ne peut pas exercer d'influence sur le marché par ses prix. Elle porte alors son effort sur d'autres variables commerciales (qualités distinctives du produit, promotion, etc.) et ne fait qu'aligner ses prix de vente sur ceux des concurrents réputés les plus dangereux. Dans un autre registre, les marketeurs peuvent poursuivre l'objectif de conquérir une part de marché ou de maintenir leur part face à l'agressivité d'un concurrent. Cette situation peut être obtenue par le biais d'une politique de prix judicieuse. Enfin, la responsabilité sociale comme objectif a une incidence sur la stratégie prix. Dans certains cas, la direction cherche à pratiquer, pour des raisons de justice, de morale ou tout simplement d'image, des prix équitables. Diverses options de tarification sont donc possibles (Tableau 24).

TABLEAU 24 – OPTIONS DE TARIFICATION VISANT À ÉQUILIBRER LES OBJECTIFS

Options stratégiques	Justifications	Résultats
1. Maintenir les prix et la qualité. Sélectionner la clientèle.	L'entreprise peut compter sur la fidélisation de sa clientèle. Elle est prête à abandonner les clients les moins intéressants.	Parts de marché et rentabilité réduites.
2. Accroître les prix et la qualité perçue.	L'accroissement des prix couvrira les coûts. L'amélioration de la qualité justifiera l'accroissement des prix.	Parts de marché réduites. Rentabilité maintenue.
3. Maintenir les prix et accroître la qualité perçue.	Option moins couteuse.	Parts de marché en croissance. Rentabilité réduite à court terme, mais potentiellement accrue à long terme.
4. Baisser légèrement les prix et accroître la qualité perçue.	On accède à la demande des clients de prix plus bas et l'on accroît la valeur de l'offre.	Parts de marché en croissance. Rentabilité réduite à court terme, mais maintenue à long terme.
5. Baisser fortement les prix et maintenir la qualité perçue.	Décourager la concurrence.	Parts de marché maintenues. Rentabilité affaiblie à court terme.
6. Baisser fortement les prix et la qualité perçue.	Décourager la concurrence tout en maintenant les marges.	Parts de marché et marges maintenues à court terme, mais rentabilité réduite sur le long terme.
7. Maintenir les prix et réduire la qualité perçue.	Réduire les dépenses marketing pour lutter contre la hausse des coûts.	Réduction de la part de marché. Maintien de la marge à court terme, mais rentabilité réduite sur le long terme.
8. Lancer un modèle moins cher.	Donner au client ce qu'il veut.	Volume accru, mais au prix d'une certaine cannibalisation.

Source : Kotler et Dubois, 2004.

236. **Structure d'un prix de vente et catégories de coûts** – La rentabilité d'une activité marchande implique un prix de vente supérieur à un prix de revient (coûts générés par la fabrication du produit ou la délivrance du service). Les coûts peuvent être analysés de plusieurs manières et il convient de revenir sur les diverses acceptions. Monroe (1979) décrit ces différents coûts comme le montre la figure 50.

Figure 50 – Éléments constitutifs d'un prix de vente

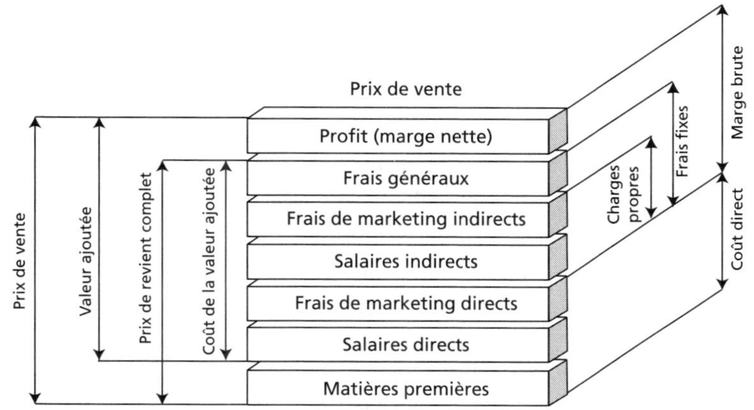

Source : Monroe, 1979.

En matière de coûts, la première distinction effectuée porte sur la variabilité. On distingue les coûts fixes des coûts variables. Les coûts fixes restent insensibles aux variations de la production (loyers, coûts des services, salaires fixes, etc.). Les coûts variables sont sensibles aux fluctuations de la production (salaires variables, coût proportionnels à l'activité, matières premières, achats de marchandises). La marge sur coût variable correspond à la somme des coûts fixes et de la marge nette (profit). La deuxième distinction à faire concerne les coûts directs et les coûts indirects. Lorsqu'on veut mesurer le prix de revient d'un produit, on peut opposer les coûts directs (attribués à la production de ce bien et de lui seul) et les coûts indirects qui sont les coûts communs nécessaires pour produire plusieurs biens Les coûts directs recouvrent les matières premières, par exemple. Les coûts indirects peuvent correspondre à des sommes engagées par le service recherche développement. Enfin, certains types de coûts sont devenus centraux dans l'analyse du prix. C'est le cas du coût moyen et du coût marginal. Le coût moyen est obtenu en divisant le coût total par le nombre d'unités produites. Le coût marginal est défini comme le coût d'une unité supplémentaire de produit. Le schéma de Monroe, permet de comprendre un certain nombre de concepts. Le coût de la valeur ajoutée d'un produit, conduit à calculer tous les coûts supportés par l'entreprise pour fabriquer ce produit ou délivrer ce service hormis les matières premières. La valeur ajoutée ajoute le profit. La marge brute correspond à l'ensemble des coûts indirects ajoutés à la marge nette.

***237.* L'effet d'expérience** – Dans des secteurs où la valeur ajoutée est élevée, on constate une baisse des coûts de la valeur ajoutée en fonction de l'accumulation de l'expérience dans la fabrication du produit. Ceci peut s'expliquer par l'existence d'un effet d'apprentissage que l'on peut mettre en parallèle avec les gains de productivité développés par les économistes. La loi d'expérience, permet de prévoir l'évolution du coût des produits de l'entreprise et de ses concurrents. Elle stipule que le coût unitaire de la valeur ajoutée d'un produit homogène, mesuré en unités monétaires constantes, diminue d'un pourcentage fixe et prévisible chaque fois que la production cumulée double. On peut souligner un certain nombre de remarques. L'expérience croît même si la production stagne ou diminue. Par contre, cette loi n'a rien d'inéluctable : les coûts ne baissent que si on veut les faire baisser. L'effet d'expérience est toujours plus fort au début du cycle de vie du produit (lancement et croissance). Enfin, l'effet d'expérience porte principalement sur les coûts de la valeur ajoutée, c'est-à-dire ceux sur lesquels l'entreprise exerce un contrôle.

Abell et Hammond ont identifié plusieurs causes distinctes des effets d'expérience (1979). Tout d'abord, les tâches répétitives amènent les agents à améliorer leur efficacité. C'est particulièrement le cas pour des travaux manuels où le temps permet d'améliorer les procédés. Ensuite, la spécialisation du travail permet d'accroître là encore l'efficacité. Les nouveaux procédés de fabrication peuvent également être source de réductions de coûts (robotisation, informatisation, etc.). Par ailleurs, les performances prévues pour un équipement donné peuvent être améliorées grâce à l'effet d'expérience. L'expérience peut en outre permettre au fabricant de diminuer le coût de ses ressources en jouant par exemple sur un personnel moins qualifié. Enfin, à condition de posséder une bonne connaissance des performances de sa production, l'entreprise peut redéfinir son produit de sorte à utiliser moins de ressources.

***238.* Le ciblage et la différenciation à l'origine de la stratégie prix** – Le positionnement des produits, services ou marques conditionne le niveau des prix. Par exemple, lancée par Toyota, la marque de véhicule automobile Lexus est clairement positionnée vers le haut de gamme. Le prix payé pour chaque véhicule est conditionné non seulement par la qualité des matériaux, du *design* ou des finitions, mais également par ce que représente la marque (réussite sociale, alternative aux marques existantes sur ce créneau). Les prix pratiqués sont donc à la hauteur du positionnement de la marque, c'est-à-dire sur le haut de gamme. À l'inverse une marque peut parfaitement décider de mettre en œuvre une stratégie prix agressive. C'est le cas de Citroën qui, pour conquérir de nouvelles parts de marché avec sa gamme C (C1 à C5) hors haut de gamme C6 et C8, a décidé d'appliquer une stratégie promotionnelle systématique dans les concessions de la marque (rabais, reprise de l'ancien véhicule, offre d'options supplémentaires, etc.). Cette politique est doublée d'une présence promotionnelle forte sur le petit écran avec des périodes promotionnelles nationales. Il est notable que ce choix est contraire à celui effectué par Peugeot pourtant dans le même groupe (PSA). Dans le secteur aérien, certaines compagnies *low cost* ont mis en place une stratégie de niche. Ainsi le développement de l'aéroport de Paris Beauvais Tillé s'explique par la volonté de compagnies comme Ryanair, Wizzair, Flyme ou Blue Air, de relier les capitales européennes à Paris sans proposer les mêmes caractéristiques de destination que la concurrence tout en se démarquant et en faisant des économies, notamment sur le coût lié à l'accueil des avions (taxes d'aéroport moins élevées).

Section 2
Les méthodes de fixation de prix

239. Suivant le type de méthode choisi pour fixer les prix, les conséquences seront différentes, notamment au niveau de la rentabilité de l'entreprise. La fixation des prix peut s'effectuer de diverses manières. On peut fixer les prix à partir des coûts, à partir de la demande, ou à partir des prix de marchés.

§ 1. Fixation des prix à partir des coûts

***240.* L'analyse du point mort** – Le point mort représente le volume des ventes nécessaire pour parvenir à couvrir les coûts fixes. Pour ce volume le résultat est nul. L'étude du point mort permet de mesurer la sensibilité vis-à-vis des changements de prix. Le processus est relativement normé (Simon, Jacquet, Brault, 2005). Il s'agit dans un premier temps de fixer un prix, puis de calculer la marge unitaire en ôtant le coût variable unitaire du prix. On considère que la fonction de coût est linéaire c'est-à-dire que le coût variable unitaire est constant et égal au coût marginal. Dans l'étape suivante, on calcule le point mort en divisant les coûts fixes par la marge unitaire. On obtient ainsi le volume des ventes nécessaire pour atteindre l'équilibre comptable (Encadré 38).

Encadré 38 : Application : analyse du point mort

Une entreprise chinoise de textile décide de vendre des T-shirts sur le marché français. Elle supporte des coûts fixes à hauteur de 50 000 € et décide de commercialiser ses produits à 10 € pièce. Le coût variable par unité est estimé à 5 €. On peut aisément calculer le point mort, c'est-à-dire le nombre d'unités à vendre à partir duquel l'entreprise commence à faire des bénéfices.

$$\text{Point mort} = \frac{\text{Total des coûts fixes}}{(\text{Prix unitaire} - \text{coût variable par unité})} = \frac{50\,000\ €}{(10\ € - 5\ €)} = 10\,000 \text{ unités}$$

Le graphique suivant montre que le point mort (calculé en nombre d'unités) est à l'origine de la zone des bénéfices, puisque c'est à partir de ce point que le revenu de l'entreprise dépasse les coûts qu'elle supporte.

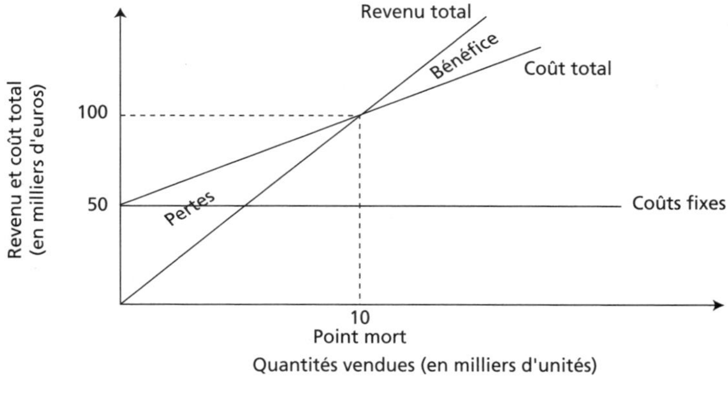

Enfin, il est procédé à une estimation de la faisabilité de ces objectifs de vente. Si le volume des ventes réel est en mesure de dépasser ces objectifs, le produit contribue globalement de façon positive au résultat. Bien entendu moins la marge est importante, plus le point mort (en nombre d'unités à vendre) est difficile à atteindre. Il serait dangereux de penser que l'on peut abaisser le niveau du point mort en augmentant le prix (donc la marge). En effet, le point mort décroît de plus en plus lentement lorsque les prix augmentent. Par ailleurs, des prix élevés entraînent une baisse du volume des ventes, ce qui rend le point mort difficile à atteindre.

241. **La méthode du coût complet** – C'est la technique la plus simple. Elle consiste à calculer un coût de revient complet. On additionne la totalité des coûts directs et indirects exposés pour produire et pour vendre le produit ou le service, puis on ajoute une marge. La méthode est utilisée lorsqu'on fabrique un seul type d'article ou lorsque la production est peu diversifiée. Pour certains, la fixation de prix sur la base d'un coût complet par une entreprise de service offrant une large gamme de services à une clientèle hétérogène semble peu pertinente. En revanche, les méthodes fondées sur les coûts partiels présentent de l'intérêt (Koutou, 1997).

Encadré 39 : Application de la méthode du coût complet

Une entreprise fabrique 10 000 produits identiques. Le coût total atteint 210 000 €.

Le coût unitaire moyen est donc de 210 000 / 10 000 = 21 €

Si on ajoute une marge de 5 %, le bénéfice sera 10 500 € et le prix de vente unitaire de 22,05 €

Le coût complet présente l'inconvénient de ne pas tenir compte des variations possibles, des aléas de production Si au lieu de produire 10 000 unités, l'entreprise n'en fabrique que 7 000, le coût unitaire moyen sera de
210 000 / 7 000 = 30 € (et non 21 €). La marge de 5 % appliquée précédemment pour un bénéfice identique implique de fixer un prix unitaire à 31,5 €. Si le prix d'acceptabilité est inférieur, la baisse du prix impliquera une diminution de la marge que l'entreprise s'était fixée. Si l'entreprise applique le prix de vente unitaire décidé au départ pour 10 000 produits, elle fera une perte de : 210 000 – (22,05 x 7 000) = 56 650 ?.

242. **La méthode des coûts partiels (*direct costing*)** – On peut séparer les coûts en deux groupes : les coûts fixes et les coûts variables. Les coûts fixes doivent être supportés, quel que soit le niveau d'activité. On ne répartit donc pas ces frais sur le volume de la production de tous les produits, c'est-à-dire qu'on les traite comme des pertes *a priori*. Pour obtenir le prix de vente, on ajoute une marge au coût variable unitaire de chaque produit, de façon à couvrir les frais de structure (coûts fixes) irréversibles. La somme de toutes les marges doit dépasser les coûts fixes pour réaliser un bénéfice. Le principe est ici que les produits contribuent différemment (en fonction de leur situation concurrentielle) à la couverture des charges fixes (Encadré 40).

Encadré 40 : Application de la méthode des coûts partiels

Une entreprise fabrique trois sortes de produits différents : A, B et C. Elle produit respectivement 5 000 exemplaires de A, 1 000 exemplaires de B et 4 000 exemplaires de C. Les coûts variables pour chacun des produits sont respectivement de 20 000 € pour le produit A, 40 000 € pour le produit B et 30 000 € pour le produit C. Les coûts fixes de l'entreprise s'élèvent à 70 000 €. La méthode des coûts partiels consiste à déterminer le coût généré par chaque catégorie de produit afin d'arriver à un coût unitaire qui ne soit pas une moyenne pour les produits de l'ensemble de l'entreprise. Si les coûts variables sont clairement identifiés, les coûts fixes eux sont généraux. Il va donc falloir les ventiler en fonction du nombre de produits. Ainsi, on a :

Coûts Fixes de A : 70 000 / 2 = 35 000 € (la production de A représente la moitié de l'ensemble de la production).
Coûts Fixes de B : 70 000 /10 = 7 000 € (la production de B représente 1/10e de l'ensemble de la production).
Coûts Fixes de C : 140 000 / 5 = 28 000 € (la production de C représente 2/5e de l'ensemble de la production).

On a donc :
Coûts A : 20 000 + 35 000 = 55 000 € avec un Coût unitaire pour A = 55 000 / 5 000 = 11 €
Coûts B : 40 000 + 7 000 = 47 000 € avec un Coût unitaire pour A = 47 000 / 1 000 = 47 €
Coûts C : 30 000 + 28 000 = 58 000 € avec un Coût unitaire pour A = 58 000 / 4 000 = 14,5 €

Si l'on avait appliqué la méthode du coût complet on serait arrivé à 160 000 / 10 000 = 16 € par produit. Cela n'est absolument pas représentatif du coût supporté par le produit B. Cette méthode permet de segmenter par type de production et d'éventuellement appliquer des marges différentes en fonction du produit afin de s'adapter aux catégories de clientèles.

L'application de cette méthode souffre de quelques critiques, notamment sur son opérationnalité. Il est admis de compter dans les charges variables la main d'œuvre. Pourtant il arrive que la plupart des employés soient présents dans l'entreprise depuis plus de 10 ans. Ces charges ne sont pas variables, mais fixes. Il convient donc de répertorier (et pas seulement au niveau de la main d'œuvre), ce qui relève des charges fixes et des charges variables. Cette évaluation est très rarement mise en place, ce qui implique que cette méthode aboutisse à des résultats imprécis.

§ 2. Fixation des prix à partir de la demande

***243.* De la relation classique entre demande et prix à l'élasticité prix** – En général la demande est une fonction décroissante du prix, ce qui veut dire que la demande diminue si le prix augmente et vice-versa (Figure 51). Mais il arrive que cette relation ne soit pas respectée. Lorsque le prix d'un bien de première nécessité (pain) augmente, des consommateurs peuvent acheter moins de biens coûteux (viande) et plus de biens courants pour pallier ce manque. C'est l'effet de Giffen (Marshall, 1920).

Figure 51 – La relation classique entre demande et prix

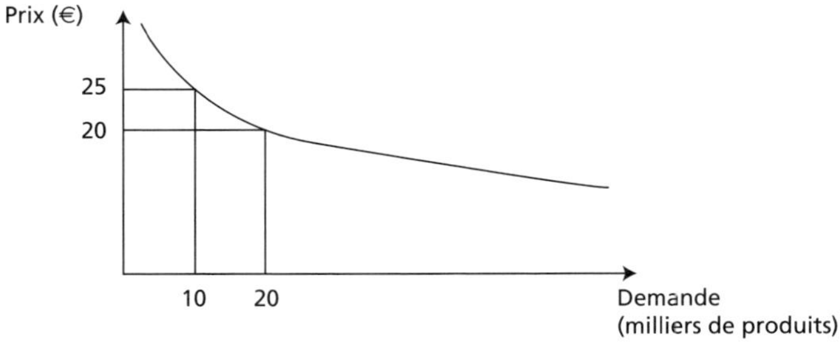

De même lorsque le prix d'un bien augmente, certains consommateurs en achètent plus, par peur d'une prochaine augmentation. Cet effet de spéculation est observable à la veille d'augmentations annoncées (carburants, tabac, etc.). Enfin, dans certains cas, on peut observer l'effet de Veblen. Plus le prix d'un bien est élevé, plus une certaine catégorie de consommateurs demande ce bien par signe de distinction sociale et non pour la satisfaction réelle qu'il peut apporter (Veblen, 1899). Pour mesurer la relation entre le prix et la demande, on peut utiliser l'élasticité prix (Encadré 41). Celle-ci se définit comme le pourcentage de variation du volume des ventes comparé au pourcentage de variation du prix. La plupart du temps, Il arrive que la relation qui relie le volume des ventes et le prix s'inverse. Des prix plus élevés ne sont pas dissuasifs et augmentent même le volume des ventes. Ce phénomène peut être observable lors du lancement de nouveaux produits : c'est l'effet de mode. Mais l'augmentation peut également être perçue comme un signe positif de qualité ou de prestige du produit. On observe ce phénomène pour les produits de luxe.

Encadré 41 : Comprendre l'élasticité

$$\text{Élasticité-prix} = \frac{\text{\% Variation du volume des ventes}}{\text{\% Variation du prix}}$$

On peut appréhender l'élasticité par le signe et par le degré de proximité ou d'éloignement de la valeur 1.
Si la valeur de l'élasticité est négative, cela signifie que les pourcentages de variation évoluent chacun dans un sens contraire (soit la variation du volume des ventes est à la hausse et la variation du prix est à la baisse, soit le contraire). Si la valeur de l'élasticité est positive, cela signifie que les deux pourcentages de variations évoluent dans le même sens : soit à la hausse, soit à la baisse.
La valeur absolue 1 (quelque soit le signe) signifie que les deux variations évoluent dans les mêmes proportions. Une élasticité qui serait supérieur à la valeur absolue 1, implique que la variation du volume des ventes évolue plus que proportionnellement à celle de la variation du prix. À l'inverse, une élasticité qui serait inférieure à la valeur absolue 1, est la résultante d'une variation du volume des ventes moins que proportionnelle à celle de la variation des prix. Si la valeur observée est proche de 0, on dira que la demande est inélastique (carburant, tabac, etc.)

Certaines conditions peuvent conduire à une élasticité prix élevée, même s'il faut rester très prudent sur une généralisation systématique de ces tendances (Dolan, 1995). Ainsi, Simon, Jacquet et Brault estiment qu'une très forte similitude des produits entre eux impliquant une faible différenciation et une fréquence d'achat importante, peut faciliter cette élasticité élevée. Il en va de même lorsqu'il est facile pour le client de comparer les prix et/ ou lorsqu'il possède une faible perception du risque. La bonne connaissance par le client des produits, le fait que le paiement du produit se fasse par le décideur, la faible fidélité, la bonne qualité largement répandue, la distribution étendue, les prix élevés en valeur absolue, sont autant de critères qui militent pour une élasticité prix élevée. On peut citer d'autres éléments allant dans ce sens comme une guerre des prix entre acheteurs et revendeurs, une faible importance de l'image de marque ou du prestige, ou une activité promotionnelle intense dans la catégorie de produit considérée. Le calcul de l'élasticité peut se révéler être un outil intéressant, notamment si il est utilisé dans le cadre du calcul d'élasticités croisées. En effet, c'est notamment le cas pour mesurer le lien entre la demande et le prix de produits substituables ou complémentaires.

244. Target costing et target pricing – Afin que les produits fabriqués ou les services proposés ne soient pas écartés par les consommateurs au motif que leur prix est jugé trop important, il peut être judicieux d'intégrer dès leur étude et leur conception, la dimension prix. Le *target costing* est une technique japonaise d'adéquation des coûts aux attentes des marchés. Cette méthode consiste à faire en sorte que le coût de chaque composant, exprimé en pourcentage du coût total du produit, corresponde à l'importance de la fonction qu'il remplit, exprimé en pourcentage de la valeur marchande totale. Cela revient à éliminer les coûts sans valeur pour le client. Par ailleurs, il peut être opportun de partir d'un prix psychologique maximal pour définir ensuite un niveau de qualité. Il s'agit alors de *target pricing*. L'expérience menée par le groupe Renault sur la voiture à moins de 5 000 € en est une illustration. Partant du principe que les marchés des pays industrialisés constituaient essentiellement un marché de renouvellement où la concurrence est forte, il s'est avéré intéressant pour le groupe de se tourner vers les pays à fort potentiel de développement mais où le pouvoir d'achat des ménages est très inférieur. Il a donc été décidé de concevoir un véhicule répondant au confort et aux règles de sécurité d'aujourd'hui sur une base de prix inférieure ou égale à 5 000 €. La Logan, commercialisée sous la marque Dacia (appartenant au groupe Renault) a rencontré dès sa sortie un vif succès, y compris en France où sa commercialisation devait à l'origine rester confidentielle.

§ 3. Fixation des prix à partir des prix de marché

***245.* La fixation du prix au niveau du prix moyen du marché** – Il s'agit de la situation où s'établit un prix moyen du marché, au terme d'un consensus implicite ou au contraire explicite. Les intervenants ont tendance à fixer leurs prix à des niveaux très voisins de celui-ci. Ce procédé est avantageux dans certaines situations. C'est notamment le cas lorsque les coûts sont difficiles à mesurer (absence de système de comptabilité analytique au sein de l'entreprise). C'est également le cas lorsque le prix moyen pratiqué dans la branche procure une rentabilité jugée suffisante. Enfin, on peut retrouver ce type de cas lorsque l'entreprise craint les concurrents et leurs réactions face à une variation de prix. On retrouve cette technique soit sur un marché oligopolistique, soit sur un marché concurrentiel très vif. Cette technique peut amener des comportements anticoncurrentiels donc sanctionnables par des autorités compétentes (Encadré 42). Les ententes de prix ou les cartels entre les principaux acteurs d'un secteur, sont strictement interdits dans la plupart des pays par une législation concurrentielle sévère, car ces opérations s'effectuent au détriment du consommateur. D'un autre côté, il convient de ne pas tomber dans une guerre des prix qui pourrait avoir des conséquences désastreuses sur la rentabilité des entreprises sur le secteur. C'est donc un équilibre entre concurrent qu'il convient de trouver pour assurer une relative pérennité de l'activité. L'une des méthodes possibles pour éviter la guerre des prix consiste à menacer explicitement les concurrents d'une réplique immédiate aux baisses de prix, voire à exécuter cette menace. Cette stratégie de dissuasion, pour rester crédible doit s'appuyer sur la faisabilité des énoncés.

Encadré 42 : L'entente, extension de la fixation du prix au niveau du prix moyen du marché

(Source : « Amende record pour entente illicite entre les trois principaux opérateurs de téléphonie mobile », Le Monde, 1er décembre 2005).

Une amende record de 534 millions d'euros a été infligée aux trois principaux opérateurs de téléphonie mobile français, Orange, SFR et Bouygues Telecom par le Conseil de la concurrence, jeudi 1er décembre au matin, pour entente ayant faussé le jeu de la concurrence. Sur cette somme, Orange devra verser 256 millions d'euros, SFR 220 millions, et Bouygues Telecom, le plus petit des trois en termes de parc de clients, 58 millions. Le Conseil, dans une décision longue de près de 90 pages rendue mercredi, reproche deux types de pratiques à ces opérateurs : s'être échangé entre 1997 et 2003 des informations confidentielles et stratégiques portant sur le nombre de nouveaux abonnements et de résiliations et donc de s'être auto surveillés ; s'être entendus entre 2000 et 2002 pour geler leurs parts de marché. Le Conseil a jugé ces pratiques « particulièrement graves » et ayant entraîné « un dommage à l'économie très important ». Le Conseil a depuis pu constaté que « cette concertation s'est effectivement traduite par une relative stabilité, à moyen terme, des parts des trois opérateurs ». Cette situation a facilité un relèvement des prix et « l'adoption de mesures défavorables au consommateur ». (...) Cette amende est la conclusion de la procédure engagée à la suite d'une auto saisine du Conseil en août 2001 et d'une plainte déposée en 2002 par l'association de consommateurs UFC-Que Choisir contre la façon dont les opérateurs décomptaient les temps de communication de la même manière.

***246.* La fixation du prix en dessous ou au-dessus du prix de marché** – Le positionnement prix participe au positionnement global du produit, du service ou de la marque. Il peut s'envisager au dessus ou en dessous du prix moyen. Si la stratégie est de se situer en dessous, la conséquence directe est de proposer moins de services, mais les prix sont inférieurs à la concurrence. Easy jet par exemple ne sert pas de boisson gratuite à bord de ses appareils et recourt exclusivement à la billetterie électronique. De même, des distributeurs comme Wal-Mart aux États-Unis, Darty ou Leclerc en France pratiquent une stratégie de prix bas. Ils appliquent la méthode du *Every Day Low Pricing* (EDLP), stratégie de prix très active, qui consiste à réactualiser les prix en permanence en fonction de la concurrence, de sorte à maintenir une image de prix bas chez les clients. L'idée de base est que la mise en place de promotions non seulement coûte de l'argent à l'entreprise, mais ne facilite pas l'image « bas prix » de l'entreprise donc met à mal la confiance (Lal et Rao, 1997). Si à court terme, la réduction de prix permet d'atteindre l'objectif fixé (réduction des stocks, augmentation du trafic, etc.), il est légitime de s'interroger sur les conséquences à moyen et long terme de cette exception devenue règle. En effet, une baisse des prix perturbe la relation du consommateur à l'achat. Comment expliquer cette baisse autrement que par l'hypothèse que le consommateur a jusqu'ici payé trop cher un produit ? Ainsi, ce qui peut apparaître comme une action positive à court terme, peut impliquer non seulement une crise de confiance du consommateur envers la marque, mais également une crise de la valeur du produit ou service jusqu'ici payée par le consommateur (Auckenthaler, Alloncle et Van Hieu, 1995). Par ailleurs, si l'on peut concevoir qu'une stratégie promotionnelle ait pour objectif de remettre le produit faisant l'objet de cette promotion, en situation d'être acheté, il va s'en dire que l'opération en elle-même génère des revenus additionnels. Certains travaux montrent qu'une promotion sur un prix n'a généralement pas d'effets monétaires permanents, et ce, quelles que soient les parties en présence. Par contre, il semble que les fabricants bénéficient pleinement des effets de la promotion en termes de revenus, contrairement aux distributeurs (Srinivavan *et alii*, 2004). On comprend mieux cette stratégie du EDLP. Si la stratégie est de se situer au-dessus du prix moyen, c'est au contraire pour justifier soit de services associés au produit ou service de base, soit d'éléments de différenciation légitimant le prix vers le haut. Il peut s'agir d'entreprises qui possèdent une image de marque prestigieuse (Cartier, Hermès, etc.) ou de firmes proposant des services supplémentaires comme l'accès à un réseau important, l'unicité d'un savoir faire, etc.

***247.* La fixation des prix sur les marchés publics faisant l'objet d'adjudications** – L'État, les collectivités territoriales ou les entreprises publiques sont souvent des clients dans le cadre d'un B to B un peu particulier. En effet, les relations commerciales avec ces entités sont réglementées et encadrées par des procédures particulières : les procédures d'appel d'offres. Ces dernières peuvent prendre plusieurs formes (Cova et Salle, 1997). L'appel d'offres ouvert au moins disant (adjudication ouverte) est une forme progressivement tombée en désuétude et ne représente plus que quelques procédures dans les marchés publics. Chaque vendeur soumet une offre scellée et le choix est effectué à l'ouverture des plis sur le critère du meilleur prix. Le problème évident dans cette technique est l'absence de prise en compte de qualité du produit ou du service. L'appel d'offres ouvert au mieux disant (appel d'offres ouvert) introduit le rapport qualité/prix. On l'utilise la plupart du temps dans les marchés publics. La procédure est la même que pour l'adjudication ouverte. L'appel d'offres restreint au moins disant (adjudication restreinte) est une procédure un peu plus lourde. À partir d'un appel à candidature, chaque vendeur peut envoyer un dossier de présélection. Une première sélection des dossiers est effectuée par le client sur la base de critères comme la solidité financière, les références ou les compétences techniques. Cette présélection peut parfois porter sur une période donnée et non un lot ou un appel d'offre. À cette liste de vendeurs présélectionnés, est envoyé l'appel d'offres et la procédure reprend comme pour l'adjudication ouverte. L'appel d'offre restreint au mieux disant (appel d'offres restreint) est une technique qui après une présélection reprend la procédure de l'appel d'offres ouvert. Enfin, l'appel d'offre négocié avec mise en concurrence ou appel d'offres fermé (marché négocié), est de plus en plus utilisé à la fois dans les marchés privés, mais aussi dans les marchés publics dans la mesure où l'objet de la transaction est difficile à définir. À partir d'une liste de vendeurs présélectionnés (les critères de la présélection ne sont pas rendus publics), le client adresse un appel d'offres. Le choix n'est pas fait à l'ouverture des plis. Les offres sont étudiées sur un ensemble de critères proches du mieux disant. Le client retient quelques vendeurs (trois ou quatre) dans une phase complémentaire, dite de négociation. Le choix est fait après négociation avec tous les vendeurs retenus sur tous les aspects de l'offre pour aboutir à une solution optimale pour le client. Quelle que soit la procédure, la proposition de l'entreprise (le prix proposé) vise à maximiser un bénéfice espéré pour chaque offre. Ce bénéfice espéré est obtenu en multipliant le bénéfice de l'entreprise à chaque offre par la probabilité estimée d'obtenir le contrat. Le bénéfice espéré le plus haut désigne l'offre à faire à la collectivité territoriale, ou à l'entreprise publique. Il est à noter que certaines entreprises privées utilisent cette procédure, notamment lorsqu'elles ont des achats importants en quantité à effectuer.

Section 3
Stratégies et tactiques de prix

248. La nature des interlocuteurs a une importance capitale dans la stratégie prix. Les stratégies et tactiques de prix peuvent être étudiées du point de vue du fabricant et du point de vue du détaillant. On peut néanmoins observer des grandes tendances en matière de stratégies et de tactiques de prix. De manière générale les stratégies prix s'organisent autour de deux logiques : l'écrémage ou la pénétration. Par ailleurs on observe depuis une quinzaine d'années, surtout dans les services, l'émergence de la flexibilité des prix. Enfin, les tactiques promotionnelles basées sur les prix visent à influencer les décisions d'achat des consommateurs.

§ 1. Écrémage ou pénétration : la problématique de la stratégie prix

***249.* Une stratégie d'écrémage** – Cette stratégie consiste à fixer un prix relativement élevé de sorte à toucher au début de l'opération de lancement une clientèle limitée, quitte à baisser le prix à un stade ultérieur. Également appelée *skimming*, la stratégie d'écrémage consiste à exploiter les volontés de payer les plus fortes dans un premier temps, quitte à diminuer les prix ensuite. Cette technique a été utilisée par France Telecom lors du lancement des premiers mobiles. On retrouve cette logique lors du lancement de produits *high tech* ou première édition d'ouvrage. Une stratégie d'écrémage possède plusieurs avantages. Elle se fonde en premier lieu sur l'observation selon laquelle les ventes sont moins sensibles aux prix pendant la phase de lancement qu'elles ne le deviendront quand le produit arrivera à maturité et que l'imitation se sera réalisée. Cette politique sera d'autant plus choisie par l'entreprise dans la mesure où elle considère que le cycle de vie du produit nouveau est court (phénomène d'imitation). Elle est judicieuse dans la mesure où l'entreprise dispose d'un groupe de clients suffisamment important possédant une demande inélastique (Dean, 1950). En outre, l'écrémage permet de profiter d'un segment de marché acceptant les prix élevés avant qu'on ne tente d'exploiter d'autres groupes de consommateurs plus sensibles aux niveaux des prix. Cette stratégie permet également de sonder la demande. Par ailleurs, tant que les procédés de fabrication ne sont pas tout à fait au point et que les coûts risquent de dépasser les estimations, il semble risqué d'anticiper ce qu'un prix réduit pourrait susciter comme accroissement de clientèle. Enfin, des prix élevés pour une demande favorable au produit entraînent un plus petit volume de vente en phase de lancement et de développement que ne le ferait une politique de bas prix.

***250.* Une stratégie de pénétration** – Cette stratégie consiste à conquérir rapidement une part importante d'un vaste marché, grâce à un prix bas alléchant, mais à l'aide aussi d'une publicité intense et d'une politique de distribution de masse. La stratégie de pénétration est préférable lorsque le volume des ventes est très sensible au prix, même en période de lancement. Elle est également préconisée quand il est possible de réaliser des économies sur les coûts unitaires de production et de distribution en lançant des grandes quantités. Lorsque les informations indiquent que le produit sera immédiatement menacé par une vive concurrence dès le lancement, ce type de stratégie est conseillé. Il en va de même pour des situations où il n'existe pas de marché d'élite (il n'y a pas de segment de clientèle prêt à payer un prix élevé pour acquérir la dernière nouveauté). Le tableau 25 indique un comparatif entre les stratégies d'écrémage et de pénétration.

TABLEAU 25 – TABLEAU COMPARATIF ENTRE STRATÉGIE DE PÉNÉTRATION ET STRATÉGIE D'ÉCRÉMAGE

Stratégie d'écrémage	Stratégie de pénétration de marché
• Résultats élevés à court terme, peu influencés par les rabais mis en place ; • Pour les véritables innovations, enregistrement de gains importants dans une situation de monopole, réduction du risque concurrentiel à long terme et amortissement rapide des dépenses en R&D ; • Gains effectués au début du cycle de vie du produit, réduction des risques d'obsolescence du produit ; • Création d'un espace d'évolution des prix vers le bas, utilisation des effets positifs des modifications de prix rendue possible ; • Exploitation progressive de la volonté de payer ou « rente de consommateur », grâce à une différenciation de prix dans le temps ; • Élimination du problème des augmentations de prix parfois nécessaires par une descente progressive et « prudente » des prix ; • Signification positive des prix élevés en termes de prestige et de qualité ; • De grandes capacités de production ne sont pas immédiatement nécessaires, rendant le lancement moins exigeant en ressources financières.	• Forte marge totale grâce à de gros volumes de vente compensant les faibles marges unitaires ; • Construction d'une position de marché forte/ dominante à long terme (quantités vendues et/ ou prix futurs élevés) grâce à des effets de report positifs sur biens de consommation durables/ non durables ; • Utilisation d'économies d'échelle statiques, baisse de coûts à court terme ; • Augmentation rapide des quantités vendues cumulées, et grâce à l'effet d'expérience, écart de prix avec les concurrents difficile à rattraper pour ces derniers ; • Réduction du risque d'échec en raison du faible prix d'introduction ; • Effet de découragement sur les concurrents potentiels tentés de s'introduire sur le marché.

Source : Simon, Jacquet, Bruault, 2005.

§ 2. La flexibilité des prix : l'émergence du *yield*

251. **La flexibilité des prix pour une meilleure segmentation** – Les entreprises de services sont caractérisées par une très grande sensibilité à la relation client. La politique de prix, tout comme les autres éléments du marketing mix n'échappe pas à la règle. Certes, le prix unique dans les services n'a pas disparu, mais comme le souligne Durande-Moreau (2002), il existe une typologie de réduction ou de hausse de prix selon l'individualité du client, sa participation ou selon le temps. En ce qui concerne l'individualité du client, on peut concevoir un tarif réduit pour un statut. La SNCF, grâce à des cartes destinées à des clients de tranches d'âges différentes (« Sénior » pour les plus de 65 ans, « 12-25 » pour cette tranche d'âge, « Enfant plus » pour les familles avec enfant de moins de 12 ans). L'individualité du client peut également être visée par des tarifs réduits pour une particularité (uniquement pour les femmes, lors d'un anniversaire, pour les handicapés, etc.). La flexibilité du prix selon la participation du client peut prendre la forme de réduction pour *self service* (*self banking*, cafétérias, etc.), pour participation à la servuction ou pour contribution à la vente du service (réduction sous réserve de donner des contacts).

Les prix différenciés s'expliquent par le fait que chaque client a une relation (et une rentabilité) différente avec l'entreprise. Un prix différencié permet de récompenser les clients réguliers (Woolf, 1999).

252.* Le *yield management – En ce qui concerne la flexibilité des prix selon le temps, on peut noter une réduction en période creuse (en fonction des saisons ou du trafic). Les prix saisonniers sont systématiques, ce qui peut pousser les consommateurs à agir en conséquence. La connaissance et la prévisibilité de ces réductions peut impliquer une perte pour l'offreur dans la mesure où un transfert massif de ses clients se ferait d'une période de pleine saison à un période hors saison (Tellis, 1988). La flexibilité du prix selon le temps peut prendre la forme d'un prix élevé pour l'obtention de services rapides. Par ailleurs, les réductions pour réservation précoce ou achat tardif permettent également de moduler le prix. Le *yield management* est « une méthode d'optimisation cherchant à maximiser le revenu de l'entreprise de service sous la contrainte d'une capacité disponible qu'il faut allouer en fonction de la demande exprimée » (Capiez, 2003). En d'autres termes, il s'agit de maximiser le revenu que l'on considère comme la résultante de facteurs antagonistes: le chiffre d'affaires et le taux d'occupation. À ce titre, Il convient de rechercher une solution intermédiaire sous contrainte d'améliorer le profit. Le but est donc d'agir sur la gestion de la capacité et sur la fixation des prix. Le *yield management* s'applique aux entreprises auxquelles se posent des problèmes de capacité de remplissage : compagnies aériennes, hôtellerie, location de voitures, croisières, etc. De manière opérationnelle, le *yield* alloue les places, sur le moment en fonction des clients qui se présentent et à des prix différents. La force du système est de gérer l'offre de manière interactive. Pour autant plusieurs conditions sont nécessaires pour son application. D'abord, il convient de posséder un stock périssable et/ ou une demande saisonnière qui rendent important le moment de la vente. Ensuite, il convient de posséder des coûts fixes élevés et des coûts marginaux relativement faibles de la vente de l'unité additionnelle. Une capacité fixe en totalité ou à court terme est également nécessaire. Enfin, il doit être possible d'acheter ou de réserver à l'avance les produits ou les prestations de service. Bien évidemment, il existe des avantages à recourir au *yield management* : maximisation du profit, réalisation d'un chiffre d'affaires élevé, remplissage satisfaisant. Quelques inconvénients peuvent décourager une entreprise voulant se lancer dans ce processus. D'abord, le coût informatique du système, implique que les entreprises aient atteint une taille suffisante pour supporter ces coûts. Ensuite le système souligne les difficultés à gérer la force de vente. Enfin, il convient de mettre en place en *front office* une procédure de gestion du mécontentement des consommateurs. Le *yield management* n'étant pas encore intégré par les consommateurs, il s'agit de leur expliquer les raisons de prix différents.

§ 3. Tactiques promotionnelles

***253.* Les prix rompus** – Les prix ronds sont parfois légèrement modifiés. On suppose que le client en voyant 119 € au lieu de 120 € sera favorablement impressionné et achètera l'article qui paraît meilleur marché qu'au prix rond. Cette théorie est très discutable et discutée. L'utilisation des prix se terminant par 9 crée une impression de prix relativement bas. Anderson et Simester (2003) en effectuant une enquête basée sur une variation de prix, ont montré qu'il y avait une réelle incidence positive sur la demande lorsque le chiffre 9 terminait le prix. De fait lorsque les monnaies nationales ont fait place à l'euro dans les pays de la zone euro, cette technique s'est rapidement imposée, même si les repères des consommateurs n'étaient pas encore présents. Cela veut donc dire que de manière intrinsèque, la perception du chiffre se terminant par un 9 est intégrée par les consommateurs, indépendamment du rapport qu'ils ont à la valeur de leur monnaie. On peut s'interroger sur le différentiel perception/vécu à propos de cette technique. Les travaux de Schindler montrent que cette impression ne correspond pas à la réalité vécue sur le marché par les consommateurs (2001). Au contraire, les prix se terminant par 99 ont moins de chance de figurer parmi les prix les plus bas que les prix ayant une autre terminaison.

***254.* Les prix d'appel** – Il s'agit de prix promotionnels dont les valeurs sont fixées le plus bas possible, dans le but d'attirer les clients, afin que ces derniers achètent consciemment ou par impulsion les autres produits dont les marges sont plus élevées que celles des produits d'appel. Cette technique est particulièrement utilisée par les distributeurs pour mettre en valeur leurs propres marques. Néanmoins, l'expérience montre que les clients achètent de plus en plus les premiers prix. En 2005, L'alerte pour le n° 2 mondial de la distribution Carrefour, qui s'est traduit par une baisse massive des résultats du groupe et le limogeage du PDG a impliqué un changement de stratégie. Le constat faisait état d'un problème de positionnement non seulement par rapport aux enseignes de *hard discount*, mais également par rapport aux enseignes traditionnelles. Carrefour était jugé trop cher. Il a donc été décidé de repositionner Carrefour en lançant entre autres la marque n° 1. Cette marque, caractérisée par ses prix d'appel, a pour mission de jouer son rôle de marque repère d'appel auprès de la clientèle achetant les produits de la marque Carrefour. Elle a également comme mission d'attirer les consommateurs achetant les premiers prix.

***255.* Les démarques** – La démarque connue mesure la dépréciation que l'on doit appliquer au prix de vente des articles pour faciliter leur écoulement et pour épurer les stocks des articles vieillis ou défraîchis. Les causes pratiques peuvent être extérieures (météorologie perturbant une saison, concurrents proposant le même produit à un prix inférieur, livraison tardive d'articles saisonniers, etc.). Les causes peuvent également être liées à l'entreprise (mauvais achats, absence de contrôle de la qualité des marchandises livrées, mauvaise appréciation des prix de vente, fins de séries, etc.). C'est un outil commercial efficace entre les mains du commerçant qui peut modifier certains prix sans risquer de détériorer sa marge. Elle est évaluée en pourcentage du chiffre d'affaires. Orsoni (1982) propose de différencier la procédure de démarque entre les articles classiques et les articles saisonniers. Ainsi, pour un article classique dont la demande est régulière, dans le cas où les ventes sont inférieures aux prévisions, on admet que l'élasticité reste constante par période d'un mois et reste voisine de un. Pour les articles saisonniers caractérisés par le risque, la période d'observation doit par mesure de prudence être plus réduite et la décision de démarque moins systématique, mais plus vive (de 30 à 50 % de réduction). La démarque inconnue est mesurée par la différence entre l'inventaire théorique et l'inventaire physique où l'on compte les produits effectivement stockés en rayon et en réserve. Cela résulte des vols, erreurs d'étiquetage, etc.

Application : Classius et Rayon

La marque automobile Forgen possède sur le segment B1, deux modèles : Le modèle « Cassius » plus ancien (sorti en 1996) et plus petit, et le modèle « Rayon », sorti en 2003. Le tableau suivant montre l'évolution des prix moyens et des quantités vendues des deux véhicules.

		2004	2005	2006 (estimations)
Classius	Prix (en €)	8 400	8 050	8 300
	Quantités	106 000	102 000	90 000
Rayon	Prix (en €)	12 195	12 600	12 800
	Quantités	80 000	95 000	100 000

Exercice :

1. Calculez les élasticités suivantes :
– pour la Classius, entre les années 2004 et 2005 et 2005 et 2006. Qu'en concluez-vous ?
– pour la Rayon, *idem.*

2. Calculez les élasticités croisées suivantes pour les mêmes périodes :
– demande de la Rayon /Prix de la Classius
– demande de la Classius/Prix de la Rayon
– qu'en concluez-vous ?

3. Quelles sont les conditions de recevabilité de l'hypothèse de cannibalisation de la Rayon sur la Classius ?

Corrigé : Classius et Rayon

1. Élasticités simples :

$$\varepsilon \text{ Classius}_{(2005\text{-}2004)} = \frac{\dfrac{10200 - 10600}{10600}}{\dfrac{805 - 840}{840}} = 0{,}91$$

ϵ Classius (2006-2005) = – 3 79
ϵ Rayon (2005-2004) = 5,65
ϵ Rayon (2006-2005) = 3,32

Pour la Classius, la seconde élasticité semble montrer que le prix constitue un frein à l'achat.
Pour la Rayon, sur les deux années calculées, on assiste à un effet de mode, compte tenu de la récence du modèle. C'est un effet Veblen.

2. Élasticités croisées :
ϵ Demande Rayon / Prix Classius (2005-2004) = – 4,5
ϵ Demande Rayon / Prix Classius (2006-2005) = 1,69
ϵ Demande Classius / Prix Rayon (2005-2004) = – 1,14
ϵ Demande Classius / Prix Rayon (2006-2005) = – 7,41
Il semble que la demande de la Classius soit freinée par l'attrait de la Rayon.
Il a été montré que le prix n'était pas une barrière en ce qui concerne la Rayon.

3. L'hypothèse de cannibalisation est recevable sous certaines conditions :
– la cible des deux modèles doit être identique ;
– il n'existe pas d'autres véhicules de taille comparable sur le marché.

Bibliographie

– D.E. Abell, J.S. Hammond, *Strategic market planning*, Englewood Cliffs, Prentice-Hall, 1979.
– E. Anderson, D. Simester, « Mind your pricing cues », *Harvard Business Review*, 81, 9, 96-103, 2003.
– B. Auckenthaler, P. Alloncle, M. Van Hieu, « Le prix: malentendus et contre-vérités perverses », *Revue Française du Marketing*, 155, 5, 81-88, 1995.
– M. Burk Wood, E. Le Nagard-Assayag, *Marketing planning, stratégie, mise en œuvre et contrôle*, Paris, Pearson Education, 2005.
– A. Capiez, *Yield management, optimisation du revenu dans les services*, Paris, Lavoisier, 2003.
– B. Cova, R. Salle, « Pricing des soumissions aux appels d'offres dans la grande industrie », *Revue Française du Marketing*, 161, 1, 89-101, 1997.
– J. Dean, « Pricing policies for new products », *Harvard Business Review*, 28, 6, 45-53, 1950.
– P. Desmet, « Effet signal d'une réduction promotionnelle du prix : concept et expérimentation », *Recherche et Applications en Marketing*, 19, 1, 25-38, 2004.
– R.J. Dolan, « How do you know when the price is right? », *Harvard Business Review*, 73, 5, 174-183, 1995.
– B. Du Marais, *Droit public de la régulation économique*, Paris, Dalloz, 2004.
– A. Durrande-Moreau, « Services et tactiques de prix : quelles spécificités ? », *Décisions Marketing*, 25, janvier-mars, 17-28, 2004.

– C. Dussart, P. Lion, « Ces impayables marges arrière », *Décisions Marketing*, 41, 91-96, 2006.
– N. Ferry-Maccario, *Droit du Marketing*, Paris, Pearson-Education, 2005.
– M. Giletta, « Prix, la grande évasion ! », *Revue Française du Marketing*, 108, 3, 17-32, 1986.
– J.-E. Koutou, « La fixation des prix des services : la prise en compte des coûts », *Revue Française du Marketing*, 161, 1, 83-88, 1997.
– P. Kotler, B. Dubois, *Marketing Management*, 11e édition, Paris, Pearson Education, 2004.
– R. Lal, R. Rao, « Supermarket competition: the case of every day low price », *Marketing Science*, 16, 1, 60-80, 1997.
– R. Lal, M. Sarvary, « When and how is the internet likely to decrease price competition? », *Marketing Science*, 18, 4, 485-503, 1999.
– C. Lovelock, J. Wirtz, D. Lapert, *Marketing des services*, 5e édition, Paris, Pearson Education, 2004.
– A. Marshall, *Principles of Economics*, 8th edition, London, MacMillan, 1920 (1st edition, 1890).
– K.B. Monroe, *Pricing: making profitable decision*, New-York, Mc Graw-Hill, 1979.
– T.T. Nagle, R.K. Holden, *The strategy and tactics of pricing*, 3rd edition, Englewood Cliffs, Prentice-Hall, 2001.
– M. Natter, H. Hruschka, « Evaluation of aggressive competitive pricing strategies », *Marketing Letters*, 9, 4, 337-347, 1998.
– J. Orsoni, « Un outil de la politique des prix : la démarque connue », *Revue Française de Gestion*, 8, 34, 85-93, 1982.
– R.M. Schindler, « Relative price level of 99-ending prices: image versus reality », *Marketing Letters*, 12, 3, 239-247, 2001.
– H. Simon, F. Jacquet, F. Brault, *La stratégie prix*, 2e édition, Paris, Dunod, 2005.
– S. Srinivasan, D. Pauwels, D.M. Hanssens, M.G. Dekimpe, « Les promotions bénéficient-elles aux fabricants, aux distributeurs, ou aux deux ? », *Recherche et Applications en Marketing*, 19, 3, 73-90, 2004.
– G.J. Tellis, « The price elasticity of selective demand: a meta-analysis of econometric models of sales », *Journal of Marketing Research*, 25, 4, 331-341, 1988.
– T. Veblen, *The theory of the leisure class*, New-York, Dover Publications, 1994 (1st edition 1899).
– B. Woolf, *Le marketing de la différence*, Paris, Village Mondial, 1999.
– M. Zollinger, « Le jugement comparatif des prix par le consommateur », *Recherche et Applications en Marketing*, 19, 2, 73-97, 2004.

Chapitre 3
La stratégie de distribution

Plan du chapitre

Résumé

La stratégie de distribution peut être envisagée à géométrie variable suivant la nature de l'acteur. En effet, elle concerne non seulement le client, mais aussi les fournisseurs, producteurs et distributeurs. Par ailleurs elle mobilise des techniques issues des autres disciplines traditionnelles de la gestion comme les systèmes d'information, les ressources humaines ou le contrôle de gestion. Ce troisième élément du marketing mix peut constituer au même titre que les autres, une source de différenciation pour l'entreprise.

256. Ce troisième élément du marketing mix, est probablement celui qui a le plus évolué depuis l'émergence du marketing. « *Place* » dans les 4P (avec *price, product* et *promotion*), insiste sur l'amalgame avec le lieu de la rencontre entre le produit ou le service et le consommateur. Cette dimension géographique s'explique à une époque où les Technologies de l'Information et de la Communication (TIC), n'existent pas encore. Aujourd'hui la distribution est multiple tant par les acteurs qui interviennent dans le processus, que par les techniques utilisées et les moyens mis en œuvre. Elle est au centre des préoccupations des entreprises, tant au niveau de la relation client que des méthodes et outils innovants mobilisés à cet effet. En ce sens la distribution se situe au centre d'enjeux stratégiques (section 1). La prise en compte des possibilités du multicanal dans le cadre de la relation client et la mise en place d'une logistique *ad hoc* fait l'objet de la section 2. Enfin, les acteurs de l'entreprise ou qui agissent pour le compte de l'entreprise dans le cadre de la force de vente seront étudiés en section 3.

Section 1
Enjeux stratégiques de la distribution

257. La distribution est au cœur d'un certain nombre d'évolutions, de restructurations et de réflexions. Il convient en premier lieu de préciser l'objet et les fonctions de la distribution, avant de s'intéresser aux techniques mises en place par les professionnels de la distribution pour non seulement répondre à une demande exigeante mais également intégrer le processus amont (les fournisseurs) dans une démarche intégrante. Par ailleurs, il semble nécessaire de revenir sur l'évolution de la prise en compte de la dimension géographique ainsi que sur les relations de pouvoir qui peuvent amener à choisir un type d'organisation ou de structure.

§ 1. Objet et fonctions de la distribution

***258.* La double signification de la distribution** – Le terme « distribution » peut être envisagé de diverses manières. Il peut faire référence à des acteurs spécifiques sur le marché, chargés de mettre à disposition le produit ou le service auprès d'un large public. Les grandes enseignes de distribution ont progressivement changé les habitudes de consommation des clients, tout en modifiant les rapports de force avec les systèmes de production. Il est légitime de s'interroger sur les raisons à l'origine du développement de ce nouvel acteur dans les années 1960. C'est en réalité le besoin de simplification des relations commerciales qui a favorisé l'émergence du distributeur. En étant intermédiaire entre les offreurs (producteurs, fabricants) et la demande (clients), le distributeur permet à chacun des acteurs du marché de se concentrer sur une seule relation au lieu d'en avoir une multitude (Figure 52).

Figure 52 – À quoi sert un distributeur ?

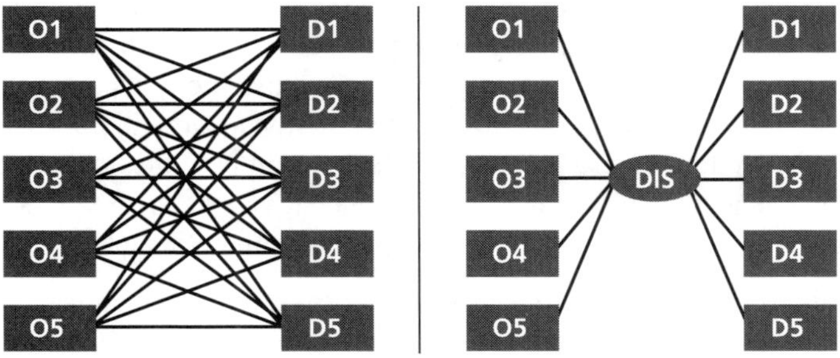

Source : Micallef, 1982.

Il peut également s'agir de l'ensemble des activités qui s'exercent depuis le moment ou le produit sous sa forme d'utilisation, entre dans le magasin commercial du producteur ou du dernier transformateur, jusqu'au moment ou le consommateur en prend possession. Intuitivement, c'est donc la distribution physique qui reste en mémoire et non les services immatériels. La distribution physique, c'est d'abord le transport, c'est-à-dire l'acheminement des biens et services du centre de production vers le lieu de consommation. C'est aussi le fractionnement représenté essentiellement par le conditionnement. Il s'agit de transformer un produit générique en produits disponibles pour le public. La distribution physique recouvre également l'assortiment, permettant d'offrir un choix sur le lieu de vente du produit ou du service. Il s'agit de réunir sur un même point de vente plusieurs types et modèles de produits. L'objectif est de satisfaire les besoins des consommateurs. Le stockage est également un élément de la distribution physique important, dans la mesure où il permet d'assurer la continuité de l'offre de produits et de juguler les fluctuations dues aux aléas de la production. Bien entendu, l'objectif du distributeur pour cet élément est de diminuer les coûts. Enfin, l'information est présente tout au long du parcours entre producteurs, distributeurs et consommateurs. À côté de la distribution physique, il existe les services annexes. Les entreprises de distribution ajoutent des services aux objets matériels qu'elles vendent (proximité du domicile, horaires d'ouverture, livraison, entretien, courtoisie, etc.). C'est aujourd'hui sur cette valeur ajoutée que se prennent l'essentiel des bénéfices.

259. **Les fonctions de la distribution** – Les raisons de la percée de la distribution tiennent au fait qu'elle répond à des fonctions multiples. Sa première fonction est de rechercher des débouchés commerciaux. En cela, la distribution s'est donnée comme mission de recueillir de l'information en mettant en place des outils permettant de faire le lien avec le client (enquêtes terrain, traçage du client, études des paniers d'achat, etc.). Par ailleurs, la distribution possède une fonction promotion qui consiste à élaborer et diffuser des communications persuasives relatives à l'offre. La distribution constitue en outre le lien entre fabricants ou producteurs et clients. Dans cette logique, la négociation (recherche d'accord sur les termes de l'échange) y est intégrée. Il en va de même de la prise de commande, qui est transmise au fabricant à partir des intentions d'achat des clients. La distribution inclut dans ses fonctions une dimension financière, dans la mesure où celle-ci est nécessaire pour gérer notamment les stocks. Par ailleurs, dans la mesure où les opérations de distribution peuvent être incertaines, la prise de risque est souvent considérée comme une fonction à part entière dans la distribution. Enfin, cette dernière incorpore la facturation et la gestion des encaissements ainsi que le transfert de propriété du vendeur vers l'acheteur. Ces fonctions de la distribution traduisent une réalité qui peut être mesurée en termes de flux

***260*. Les flux induits par la distribution** – Lorsque l'on envisage la distribution en termes de flux, c'est le flux de propriété qui intuitivement vient à l'esprit.

Le processus de distribution implique pourtant une diversité de flux impliquant des acteurs différents et dans directions parfois opposées (Figure 53). Ainsi, l'intervention du transport et de l'entreposage, laisse entrevoir l'existence d'un flux de marchandises impliquant d'autres acteurs que dans le flux de propriété. Le flux monétaire et l'intervention des banques constituent le corollaire au flux de marchandises. De même l'intégration au processus des professionnels de la publicité introduit un type de flux particulier : le flux promotionnel. Enfin, dans une société de plus en plus marquée par l'influence de l'information, il convient de noter l'existence d'un flux d'information présent à tous les niveaux du processus de distribution. Mais cette diversité de flux n'est pas uniforme. La représentation peut changer d'un secteur à l'autre.

Figure 53 – Les flux commerciaux dans la distribution des chariots élévateurs de Kotler *et alii*

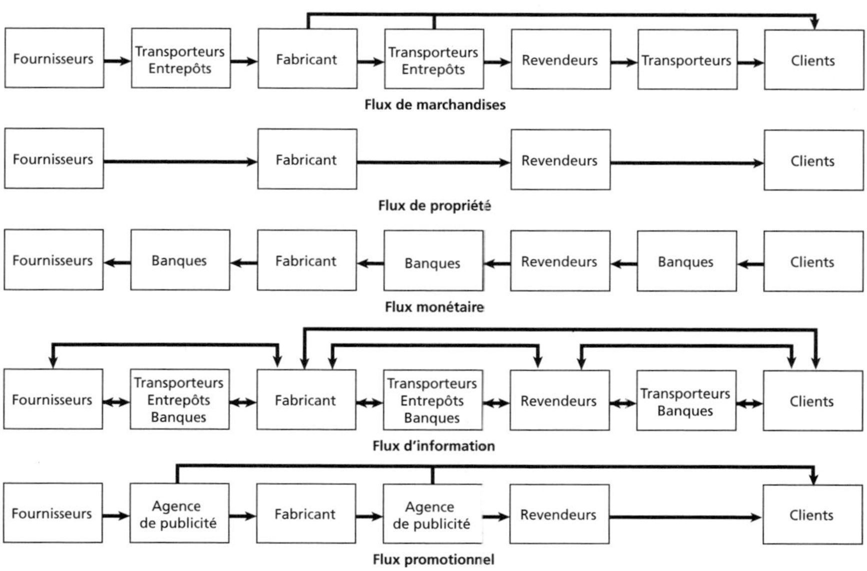

Source : Kotler et alii, 2006.

***261.* Les niveaux d'un circuit de distribution** – Un circuit de distribution est « *une filière d'agents de distribution assurant les transferts successifs du produit entre le producteur et les clients finaux* » (Lindon, Jallat, 2002). La vente directe est une technique présente dans de plus en en plus de secteurs avec l'émergence d'Internet et de la vente par correspondance (VPC) comme moyen de commercialisation. Traditionnellement, certaines marques comme Avon dans les cosmétiques ou Tupperware dans le petit équipement de la cuisine en ont fait leur moyen de distribution favori, ce dernier allant même jusqu'à constituer un élément de reconnaissance pour les consommateurs. Mais l'image de la vente directe (les fameuses réunions Tupperware pour ménagères autour d'un café) s'est fortement détériorée depuis quelques années. La marque a donc été obligée de casser les clichés de ses clients en introduisant une fonction utilitariste aux réunions : des ateliers cuisine « savoir-faire »[1]. Ce canal de distribution, longtemps unique pour Tupperware ne l'est plus aujourd'hui. La marque est présente dans des galeries marchandes en France et dans des supermarchés en Grande Bretagne. La vente directe reste le circuit de distribution privilégié de la marque, notamment avec le développement d'un site Internet permettant l'achat en ligne aux États-Unis. Par ailleurs, les circuits à un niveau de transaction sont constitués par les producteurs eux-mêmes. Le fabricant ou le producteur connaît bien sa clientèle puisqu'il est en contact direct avec elle et il maîtrise ses prix, ce qui constitue un avantage. Par contre, il supporte de lourdes charges. Les circuits à deux niveaux de transaction sont constitués par un intermédiaire notamment les détaillants, les concessionnaires, les sociétés de VPC (circuit court), mais également les centrales d'achat (circuit court intégré). Le producteur ou le fabricant contrôle la distribution. Puisque la marge du grossiste est économisée, le prix offert au consommateur final sera plus attrayant. Néanmoins, la fonction de grossiste est endossée par le producteur ce qui entraîne des frais de vente, de stockage, de communication auprès des détaillants. Les circuits à trois niveaux et plus sont considérés comme des circuits longs. Traditionnellement, certains secteurs sont organisés ainsi : salaison, diamant, etc. Le problème saillant reste la difficulté de contrôle du commerce de détail, notamment au niveau du prix. Ce souci est relativisé par le fait que le producteur n'a pas à s'occuper de la répartition de ses produits au niveau des détaillants et les frais de stockage sont supportés par le grossiste.

§ 2. Du *merchandising* au *category management*

***262.* Le *merchandising* : des applications multiples** – La relation finale avec le client est capitale. Les points de vente ont pour mission entre autres, d'optimiser la relation produit/superficie. Le *merchandising « regroupe toutes les techniques commerciales qui permettent de déterminer la localisation et l'aménagement adéquats du lieu de vente, ainsi que la présentation des produits qui y sont vendus, dans des conditions physiques et psychologiques optimales* » (Lehu, 2003). Selon

1. « Tupperware casse les clichés de ses clients », *Les Échos*, 3 novembre 2004.

Wellhoff et Masson (2003), dans sa conception française, le *merchandising* peut être appréhendé de diverses façons. C'est une nouvelle forme de techniques de vente, dont les axes principaux sont l'assortiment, la présentation, l'animation et la gestion. Par exemple, la simple modification du *facing*[2] peut améliorer les résultats commerciaux d'un produit. Le *merchandising*, c'est également l'ensemble des actions tendant à la meilleure valorisation possible du produit auprès du distributeur et du consommateur. Le *merchandising* constitue également l'aide apportée à un produit vendu en libre-choix, qui doit se défendre tout seul. C'est enfin une évolution des méthodes commerciales en phase avec l'évolution rapide et permanente des techniques de distribution moderne. Le développement des produits dérivés payants ou non payants relève de cette logique (Encadré 43). Le *merchandising* peut être appliqué au magasin lui-même. Ainsi, un certain nombre de règles minimalistes sont à respecter en la matière. L'extérieur du point de vente est sans nul doute primordial dans le cadre de l'attractivité. La visualisation de l'enseigne, les abords et le parking, sont des éléments à soigner car ils donneront ou ne donneront pas l'envie au client d'entrer dans le magasin. Il en va de même de l'intérieur du magasin, de l'entrée à la sortie des caisses. Le marketing sensoriel peut permettre de travailler l'ambiance et la différenciation entre les zones du magasin (Cova et Louyot-Gallicher, 2006).

Encadré 43 : Les produits dérivés, l'une des formes du merchandising
(Source : « Du foot business pur jus », Le Monde, 14 mars 2000).

« Tu veux l'OM ou le RC Lens ? », demande à sa soeur Milàn, neuf ans, le nez plongé dans le frigo. Ce n'est pas une boutade : huit grands clubs ont désormais droit de cité dans les réfrigérateurs français depuis que la société Fruité a transformé une boisson en produit dérivé du football. Exit les traditionnels tee-shirts et écharpes, le premier produit alimentaire aux couleurs d'un club de foot fait son entrée dans les hyper et supermarchés. Son nom ? « Soif de foot ». Comment l'Olympique de Marseille, les Girondins de Bordeaux, l'Olympique lyonnais, le Racing Club de Lens, le FC Nantes, le Paris-Saint-Germain, l'AS Saint-Etienne et le Racing Club de Strasbourg ont-ils atterri entre bouteilles de lait et boissons gazeuses ? Encore une affaire de gros sous. Tout a commencé en juin dernier par un coup de téléphone de Jean-Luc Tivolle, le directeur général de l'entreprise savoyarde Fruité, à l'Olympique de Marseille. Le club phocéen le renvoie sur l'Union des clubs professionnels de football (UCPF), qui regroupe les clubs de L1 et L2. Fruité présente son produit : trois briques souples de jus multifruits habillées des couleurs et de l'emblème d'un club. La cible: les supporteurs et, plus largement, « tous les jeunes fans de foot ». Huit clubs sont sélectionnés pour leur notoriété et leur implantation géographique. Et, en contrepartie de leur entrée dans le rayon des jus, on leur propose une somme d'argent minimum garantie (confidentielle), complétée d'un pourcentage (également confidentiel) sur les ventes. La proposition tombe à pic : le foot business a du mal à faire décoller son merchandising, même si les droits télévisés explosent. Alors que les subventions municipales sont en forte baisse (6 % à 7 % des budgets de L1 en moyenne), les clubs ont un besoin croissant d'argent. Le PSG et l'Olympique lyonnais travaillent à un projet de télévision, dans la foulée de celle créée par l'OM le 16 janvier 1999.

2. Le *facing* est l'unité de visualisation d'un produit, vu de face sur une tablette de présentation. Il peut être mesuré en unité de produits ou en centimètres. Ce qui compte, c'est l'emprise sur la tablette (rayonnage). Pour les produits présentés différemment, le *facing* peut prendre la forme de *peg-board* (articles sous coque enfilés sur des crochets), de piles de produits (en linéaires ou têtes de gondole) ou de palettes.

(…) Le fait que M. Tivolle soit un fan de foot ne suffisait pas à motiver sa démarche. Certes, Fruité estime être légitime dans le sport pour avoir, notamment, réussi à faire dire à Michel Platini, dans les années 1980, « *On n'a pas le tempérament à boire du raplapla* » (« Fruité, c'est plus musclé ! »). Mais il a surtout été appâté par l'élargissement du public du football, sa féminisation – même si ce sont à 80 % des hommes qui vont dans les stades – et la pérennisation de l'effet Coupe du monde. (…).

***263.* La relation distributeur-fournisseur dans une optique client** – Comme le soulignent Benoun et Héliès-Hassid (2004), trois concepts sont intimement liés : le *trade marketing*, l'ECR (*Efficient Consumer Response*) et le *category management*. Le *trade marketing* illustre la prise de conscience par les industriels que le consommateur n'est pas le seul contributeur au profit et que le distributeur est un facilitateur dans le succès des ventes. L'ECR montre la prise en compte par les industriels et les distributeurs du fait, que la réalisation conjointe du bien-être du consommateur peut être une opération mutuellement bénéficiaire. Le *category management* traduit l'intégration d'un raisonnement consommateur dans l'organisation des magasins. Il démontre une plus grande efficacité que dans une organisation par métiers.

***264.* Le développement du trade marketing** – Le *trade marketing* peut être défini comme le marketing de la relation entre producteurs et distributeurs. Quatre types de difficultés sont fréquentes (Dupuis et Benoun, 2003). D'abord, le partage des informations est délicat dans la mesure où ces dernières sont souvent considérées comme sensibles sur le plan concurrentiel. Les systèmes d'échange d'informations (EDI – Echange de données informatisées) entre fabricants et distributeurs permettent en effet de diminuer entre autres de manière drastique les coûts habituellement engendrés par le traitement des factures. Ensuite, dans un environnement changeant, il reste difficile d'inscrire ces relations dans la durée. En troisième lieu, il convient de déterminer l'ensemble commun des préoccupations du fabricant et du distributeur en matière de *merchandising*. Enfin, il convient de respecter la cohérence de la communication d'une marque avec la communication d'enseignes qui développent leurs produits exclusifs et doivent maintenir un certain niveau de concurrence entre les marques des producteurs. Le *trade marketing* peut se traduire par des actions diverses. La co-gestion de marques, temporaire ou durable, peut résulter d'une politique fondée sur le développement du *trade marketing*. Elle implique un partage des responsabilités et des résultats. Malgré une logique dominante d'affrontement entre PME et grande distribution, il semble que des voies de coopérations soient parfois envisagées. Ainsi les marques de distributeurs peuvent chercher à s'appuyer sur le savoir-faire des PME pour concevoir et réaliser leurs produits. Certains travaux montrent qu'en coopérant avec les PME, les grandes marques de distributeurs veulent accroître non seulement leur efficience, mais aussi leur légitimité, notamment auprès des parties prenantes que sont l'État et les consommateurs (Messeghem, 2005). Le lancement de produit en partenariat traduit également la logique du *trade marketing*. Ainsi, à la fin de l'année 2005, le lancement du nouveau parfum

« Alien » de Thierry Mugler a été réalisé en collaboration avec les Galeries Lafayettes. Pour créer l'événement, il a été nécessaire de construire dans la coupole du magasin principal un obélisque de dix mètres de haut, surmonté d'un flacon géant d'Alien. Le *trade marketing* peut également donner lieu à la mise en place d'opérations promotionnelles sur mesure. Les fabricants profitent d'événements organisés sur le lieu de vente (périodes promotionnelles, de fêtes, etc.) pour proposer une opération exclusive au niveau local.

***265.* L'ECR, élément important de la logistique** – L'ECR (*Efficient Consumer Response*) peut être défini comme une stratégie des relations industrie commerce visant à apporter des réponses plus satisfaisantes aux attentes des consommateurs et une meilleure rentabilité aux acteurs de la chaîne de l'offre. Ce concept répond au dilemme du distributeur. La difficulté consiste à offrir aux consommateurs les produits qu'ils attendent au moment où ils les désirent et au meilleur prix, sachant que le stockage constitue un coût important qui remet en question une ou plusieurs de ces conditions. Les progrès effectués dans le traitement de l'information ont permis d'envisager une relation très étroite avec les fournisseurs au bénéfice du client. Par exemple, à la lecture des codes-barres au passage en caisse, les produits sont immédiatement enregistrés et commandés au fournisseur. Ce gain de temps se traduit par un processus plus opérationnel. Pour le client, cela permet d'éviter les ruptures d'approvisionnement. Pour le distributeur, il s'agit d'éviter de stocker des produits, sources de coûts importants. Pour le producteur, les chiffres constituent un outil de signal et de prévision car il pourra adapter sa production aux fluctuations (produire moins ou produire autrement).

266.* Le développement du *category management – Les modèles d'influence de l'atmosphère (Kotler, 1973), montrent que l'environnement du client (notamment les éléments sensoriels comme les odeurs, la musique, les couleurs, etc.) ont une influence directe sur l'état émotionnel de l'individu et sur ses comportements. Des travaux ont montré que ces modèles devaient être associés à d'autres processus que les états affectifs. L'appropriation physique de l'espace est une de ces composantes (Bonnin, 2003). Les points de ventes sont généralement confrontés à un dilemme. D'un côté, les travaux sur l'aménagement spatial des magasins montrent, qu'une segmentation de l'espace en univers physiques favorise le positionnement de la marque sur un registre ludique du magasinage. De l'autre, l'organisation classique en gondoles semble plus fonctionnelle. L'existence d'univers dans les GMS (regroupement de rayons dans une logique orientée consommateur), traduit l'engouement des distributeurs pour le *category management*. Les GSS comme Décathlon ont organisées leurs magasins en univers. Les GMS généralistes comme Auchan se tournent de plus en plus vers le regroupement des rayons vers des problématiques clients. Ainsi, Auchan Val d'Europe a réorganisé son magasin en univers : « mieux s'occuper de soi », « mieux s'occuper de sa maison », « mieux s'occuper de ses loisirs » ou « mieux se nourrir ». Quatre enjeux fondamentaux rythment l'actualité de la grande distribution. L'évolution de l'assortiment dans le temps, sa déclinaison sur un parc de magasins de tailles différentes, son degré d'adaptation locale et sa taille au sein de chaque catégorie, nécessitent d'adopter des stratégies spécifiques. Le *category management* peut aider à répondre à ces enjeux[3]. « *Le category management est un concept et un process entre un distributeur et un fournisseur qui permet de gérer les catégories en tant qu'unités stratégiques orientées consommateur en vue de lui délivrer une valeur ajoutée spécifique* » (Cogitore, 2003). Une catégorie est un ensemble de produits et/ ou de services, perçus par le consommateur comme satisfaisant son attente. Cet ensemble de produits et/ ou de services comprend des produits et/ ou des services complémentaires et substituables.

Gruen (1999) définit le processus de *category management* en huit étapes (Figure 54). Chaque produit doit être intégré à une catégorie. La définition des catégories implique que l'on étudie l'utilisation chez le consommateur et que l'on prenne en compte certaines variables comme l'emballage (on différencie les jus de fruits selon qu'ils sont longue conservation, réfrigérés, ou congelés). Il convient ensuite d'attribuer un rôle à chaque catégorie (routine, de proximité, occasion, etc.). L'évaluation des catégories constitue l'étape suivante. L'objectif est d'évaluer les points forts, les points faibles, les opportunités et les risques de chaque catégorie en étudiant en détail les sous-catégories, segments et marques en fonction des informations issues des consommateurs, des distributeurs, des fournisseurs, et du marché. Les catégories sont ensuite notées en fonction de critères le plus souvent classiques comme la part de marché, le chiffre d'affaires, la rentabilité du capital investi fondée sur la marge brute et le résultat net. La note obtenue permet de définir les objectifs du responsable. L'étape suivante consiste à déterminer des stratégies de marketing pour chacune des catégories. La plupart du temps les stratégies consistent à augmenter le trafic des consommateurs, renforcer les transactions, la contribution au résultat, la génération de trésorerie, l'animation, etc. Associées aux stratégies, les tactiques planifient les tâches à accomplir tant au niveau du *front office* (présentation, prix pratiqués, assortiment en rayon, tactique promotionnelle) qu'au niveau du *back office* (approvisionnement, distribution des produits, etc.). La mise en œuvre précise qui doit exécuter le plan par catégorie quand et comment. Bien entendu, un réexamen des catégories est effectué régulièrement afin de s'assurer de la cohérence de l'ensemble.

Figure 54 – Le processus de *category management*

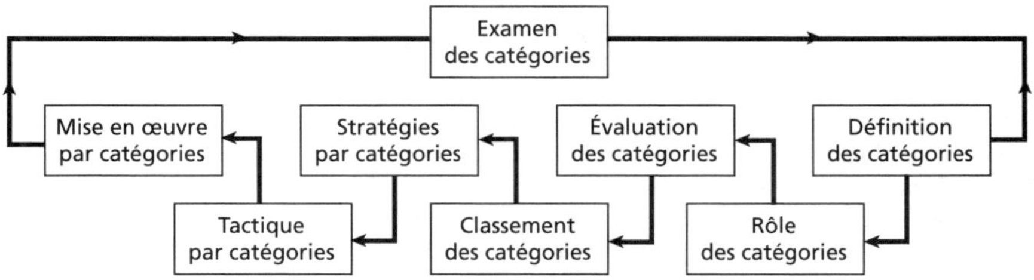

Source : The partering Group, Gruen, 1999.

3. A.-S. BAYLE-TOURTOULOU, « Assortiment : l'apport du category management », *L'art du management*, Les Échos, 4 novembre 2004, p.7.

§ 3. La problématique de la localisation

267. **Occuper le terrain** – Les acquisitions pour cause de meilleure couverture spatiale se multiplient. Elles visent soit à améliorer la présence de la marque, soit à diminuer les coûts. Cette présence à visée mondiale, se retrouvent dans l'industrie avec des accords entre constructeurs européens, américains et japonais afin d'avoir un pied sur tous les marchés. Réussir à couvrir le monde avec ses produits ou ses magasins, c'est se garantir une puissance d'achat, un risque contre les récessions locales, un accès aux plus grands médias ainsi qu'une meilleure efficacité logistique (Cliquet, 2002). Cette conquête de l'espace n'est pas seulement planétaire. Elle se déroule également au niveau national et au niveau local. Il ne s'agit pas de laisser des trous dans le maillage des territoires : mieux vaut parfois être carrément absent que présent de manière insuffisante. En effet, la localisation géographique constitue pour les consommateurs l'un des deux critères principaux qui expliquent l'achat ou le non achat (le second étant le prix). Le problème est de savoir si les magasins doivent asseoir leurs politiques de communication sur les facteurs incitant les consommateurs à fréquenter, ou plutôt de tenter de lever les freins principaux de fréquentation (Kalika, 1984). Ce constat est partagé par Cliquet, qui considère que l'attraction commerciale peut s'expliquer par au moins trois grands facteurs structurels : la classification des biens et services, le principe du moindre effort et la distance (1992). La localisation des points de vente semble donc primordiale au regard des résultats des enquêtes menées auprès des consommateurs. La conception d'une stratégie de localisation de points de vente nécessite d'évoquer deux aspects importants : le type de produits ou d'activités retenu, l'éventuel positionnement en termes de prix et/ ou de qualité ou en termes d'âge et donc la segmentation choisie. En ce qui concerne le type de produits, l'utilisation de données géomarketing est particulièrement intéressante (Encadré 44). Un commerce spécialisé dans l'ameublement ou dans l'aménagement de la maison, doit tenir compte du nombre de consommateurs propriétaires de leur habitation car ces derniers seront plus enclins à investir (Cliquet, 2002).

Encadré 44 : Applications du géomarketing
(Source : L'Herminier (S.), « Le géomarketing donne plus d'autonomie au point de vente », La Tribune, 30 septembre 2004).

Le géomarketing deviendrait-il l'outil décisionnel incontournable au service du développement local des entreprises ? (...) Le géomarketing qui consiste à croiser et modéliser des données cartographiques aux données internes et externes d'une entreprise en proposant de nouveaux indicateurs, induit de multiples applications. Dans ce contexte, intervient le lancement de la base de données Asterop-TNS Secodip, qui modélise la consommation des ménages (panel de 9 000 ménages), par catégorie de produits (450 environ) et par magasin (9 000 hypers, supers et supérettes dans l'hexagone). Cette base de données permettra à Auchan ou à Monoprix de connaître le potentiel de vente de leur zone de chalandise non plus par rayon, mais par produit (...). En intégrant dans la négociation commerciale les estimations de vente d'une enseigne par ligne de produit (café soluble, moulu, décaféiné ou en grains), industriels et distributeurs disposeront d'une base de connaissance objective pour optimiser le travail des *category managers* et rationaliser les opérations de *merchandising*. La localisation de l'offre devient un facteur différenciant fort (...). Le spécialiste de la location de véhicules Ada souhaite exploiter ce cocktail de données pour ouvrir de nouveaux points de vente sans cannibaliser son réseau. (...) Au cours d'un « pilote », Ada a réalisé que 50 % de la population qui rayonnait autour de son franchisé de la rue de Rome n'avait pas de véhicule. L'entreprise a donc créé une offre « location mensuelle ». L'analyse du franchisé de l'avenue des Ternes, situé à quelques centaines de mètres, a révélé en revanche une population à fort pouvoir d'achat qui déserte la capitale le week-end. La société a concocté un forfait week-end avec des modèles type cabriolet. (...)

***268.* Suivre un client mouvant à la recherche de gains de temps** – Les consommateurs se déplacent davantage, plus rapidement, selon des trajectoires plus complexes, en utilisant des modes de transport variés. Cette mobilité implique entre autres de développer une nouvelle logique d'implantation et de communication des points de vente afin de suivre les flux de clientèle et d'ajuster l'offre en fonction des migrations quotidiennes, hebdomadaires ou saisonnières, ou en fonction de leur impossibilité à se déplacer. Volkswagen a été l'un des pionniers à utiliser les données de mobilité pour la gestion de son réseau de distribution. Partant du principe que les clients achètent et entretiennent leur véhicule à proximité de leurs lieux de vie, la marque a fait une étude sur la région Ile-de-France afin de s'assurer que le réseau couvrait toutes les zones stratégiques. Bien entendu, il s'est avéré que certains espaces intéressants en termes de densité n'étaient pas couverts (Dion et Cliquet, 2002, Dion et Michaud-Trévinal, 2004). Phénomène de société, le manque de temps est souvent associé à la mobilité. Ainsi, pour beaucoup de produits, le gain de temps constitue une accroche marketing. Les facteurs temps et mobilité influent de plus en plus sur les comportements des consommateurs et leurs prises de décisions. TNS Media Intelligence a récemment intégré dans sa base de données comportementale et plurimédia SIMM (système d'information média marché) quatre mesures de la mobilité. Ainsi, les déplacements (mobilité physique), les formats et les enseignes de distribution (mobilité des courses), les médias et la mobilité numérique constituent la chronomobilité[4].

§ 4. Distribution et pouvoir

***269.* Les politiques de référencement** – « *Le pouvoir d'une institution du canal est sa capacité à contrôler les variables de décision des stratégies marketing d'une autre institution intervenant à un niveau différent du même canal. Pour que ce contrôle soit qualifié de pouvoir, il doit être différent du niveau de contrôle initial que l'institution dominée avait sur sa propre stratégie* » (El-Ansary et Stern, 1972). La mesure du pouvoir se révèle au niveau du référencement des produits. Du côté des distributeurs, plusieurs types de situations peuvent caractériser les décisions de référencer. Ainsi, dans la plupart des cas, aucune liberté

4. « Les nouveaux chemins de la mobilité », *Les Échos*, 30 mai 2005.

n'est laissée aux directeurs de magasins en raison d'un référencement systématique à une centrale d'achat. Mais il se peut également qu'une partie seulement des référencements soit décidée par la centrale d'achat. Dans certains cas enfin, le double référencement permet au magasin d'avoir le choix de suivre ou non la centrale. Du côté des producteurs, l'objectif est de se faire référencer. Les arguments utilisés pour être référencé sont multiples. Ils peuvent être liés à des avantages réels du produit (qualité, prestige) qui peuvent avoir des retombées positives sur l'image du distributeur. Ils peuvent également porter sur les prix et les conditions commerciales (vente en laisser sur place). La marge du distributeur peut être importante. Les arguments sont également susceptibles d'être liés à la fiabilité du producteur (fiabilité, rapidité et régularité des livraisons, service après-vente, etc.). En outre, le paiement de droits de référencement (achat du linéaire), peut influencer favorablement une décision de référencement. Il est limité à certains rayons. Il ne s'agit pas d'une garantie donnée sur une très longue période. Si le produit a une rotation très faible, il sera « déréférencé » au bout de quelques mois et le producteur ne sera pas remboursé. Par ailleurs, des efforts publicitaires importants dans le but d'obtenir une image de marque forte, implique de meilleures chances de référencement et facilitent les négociations commerciales. Les aides et conseils à la vente consistent à mettre à la disposition du distributeur des documents écrits ou du personnel (animateurs de vente, démonstrateurs, etc.) qui aideront le distributeur à vendre le produit. La promesse d'exclusivité accordée par le producteur à un ou plusieurs distributeurs ou à un canal particulier peut être un élément stratégique dans la négociation. Enfin d'autres facteurs sont susceptibles de rentrer en compte dans l'aptitude à se faire référencer. La nationalité du producteur, l'histoire des rapports entre producteur et distributeur, le volume d'affaires traité sur d'autres marques et d'autres produits sont autant d'éléments facilitant le référencement.

Les stratégies de référencement des producteurs peuvent prendre des orientations diverses. Une politique sélective a pour but de pénétrer certaines enseignes. Cette politique est généralement choisie lorsque le produit, le service ou la marque éprouve un besoin de différenciation au niveau de la distribution. L'attaque périphérique constitue l'alternative. Il s'agit de « rentrer par la petite porte ». Cela peut prendre notamment la forme d'une action promotionnelle, dans une région ou un point de vente. Pour mesurer l'importance de la présence d'une marque dans un réseau de distribution, il est souvent fait référence aux concepts de distribution numérique et de distribution valeur (Encadré 45).

Encadré 45 : Qu'est-ce que la DN et la DV ?

La **distribution numérique** d'une marque est le taux de présence de la marque dans les points de vente qui référencent la catégorie de produits à laquelle elle appartient.

$$DN = \frac{\text{Nombre de points de vente détenant la marque}}{\text{Nombre de points de ventes référençant la catégorie de produit}} \times 100$$

Exemple : la marque de Café « Presto' » détient une DN de 60 dans les grandes et moyennes surfaces. Ceci signifie que 60 % des GMS commercialisent cette marque.

La **distribution valeur** d'une marque ou d'une référence exprime le poids que représentent les magasins détenteurs de cette marque dans les ventes globales de la catégorie de produit à laquelle elle appartient.

$$DV = \frac{\text{Chiffre d'affaires de la catégorie de produits à laquelle appartient la marque réalisé par les points de vente détenant la marque}}{\text{Chiffre d'affaires de la catégorie de produits à laquelle appartient la marque réalisé par les points de vente référençant la catégories de produits}} \times 100$$

Exemple : la marque de Café « Presto' » détient une DV de 80 dans les GMS. Ceci signifie que les GMS qui détiennent la marque réalisent dans leur ensemble 80 % des ventes de café dans ce canal de distribution. On peut en déduire que la marque est référencée dans les GMS qui génèrent un volume de vente important dans le domaine du café.

***270.* Le cadre législatif de la distribution en France** – Sur le plan légal, la loi Dutreil du 5 août 2005 (modifiant la loi Galland du 1er juillet 1996) réglemente la distribution en France. Cette loi, limite le taux des marges arrière, pratiques systématiquement utilisées par les grands distributeurs, et réglemente la vente à perte en abaissant le seuil de revente à perte. Un distributeur ne peut vendre en dessous de ce seuil. Parallèlement la législation portant sur l'urbanisme commercial est particulièrement développée en France (Encadré 46).

Encadré 46 : L'évolution de la législation de l'urbanisme commercial en France

1969 – Loi du 31 décembre : Création dans chaque département d'une Commission Départementale d'Urbanisme Commercial (CDUC) et au niveau national d'une Commission Nationale d'Urbanisme Commercial (CNUC) composée d'élus locaux, de représentants des activités commerciales et artisanales et de représentants d'associations de consommateurs ;

1973 – Loi du 27 décembre (Loi Royer) :
- instauration d'un régime d'autorisation préalable pour la création de magasins d'une surface de vente supérieure à 1500 m² dans les communes de plus de 40 000 habitants ;
- Mise en place d'une procédure d'autorisation distincte du permis de construire.

1989 – Loi du 31 décembre (Loi Doubin) : La construction de lotissements commerciaux est soumise à une autorisation préalable ;

1993 – Loi du 29 janvier (Loi Sapin) : Les CDUC sont remplacés par des Commissions Départementales d'Équipement Commercial (CDEC) et la CNUC est remplacée par la Commission Nationale d'Équipement Commercial (CNEC). Toutes les demandes d'autorisation déposées auprès de la CDEC doivent être accompagnées d'une étude d'impact permettant de mieux apprécier les répercussions du projet sur le commerce existant. La CDEC donne un avis dans un délai de 3 mois. S'il est négatif le demandeur peut demander un recours auprès de la CNEC dans les 2 mois suivant l'avis de la CDEC. La CNEC dispose de 4 mois pour examiner ce recours.

1996 – Loi du 5 juillet (Loi Raffarin) :
- le seuil d'autorisation d'ouverture d'un magasin est abaissé à 300 m² ;
- un plan indicatif de la future surface de vente doit être fourni ainsi que la délimitation et l'évolution démographique de la zone de chalandise, l'équipement commercial existant, le chiffre d'affaires annuel attendu et une étude d'impact du projet ;

- tout changement d'activité doit être soumis à une autorisation pour les magasins dépassant 300 m² dans l'alimentaire et 2 000 m² dan le non alimentaire ;
- la création de magasins de plus de 6 000 m² est soumise à une enquête publique ;
- après un refus de la CNEC, une nouvelle demande pour un projet de magasin identique ne peut être déposée pendant une période d'un an.

2000 – Loi du 13 décembre 2000, relative à la solidarité et au renouvellement urbains (loi « S.R.U. ») ajoute trois nouveaux critères à l'examen des projets d'équipement commercial : l'impact global du projet sur les flux de voitures particulières et de véhicules de livraison, la qualité de la desserte en transports publics ou avec des modes alternatifs, et les capacités d'accueil pour le chargement et le déchargement des marchandises.

271. **La franchise** – C'est une méthode de collaboration entre une entreprise (le franchiseur) et plusieurs entreprises (les franchisés) ayant pour objet d'exploiter un concept (comprenant des signes de ralliement de la clientèle, un savoir-faire et une collection de produits, services et/ ou technologies) mis au point par le franchiseur. La franchise peut prendre plusieurs formes. Dans un arrêt resté célèbre (28 janvier 1986, Pronuptia), la Cour de Justice des Communautés Européennes a distingué trois types de franchise. Les contrats de franchise de service, constituent la situation où le franchisé offre un service sous l'enseigne, le nom commercial voire la marque du franchiseur, et se conforme aux directives de ce dernier. C'est un cas très fréquent. Les restaurants Mc Donald's, les salons de coiffure Jean-Louis David ou les clubs de remise en forme Moving ont adopté ce type de franchise. Les contrats de franchise de production, permettent à ce que le franchisé fabrique, lui-même, selon les indications du franchiseur, des produits qu'il vend sous la marque de celui-ci. Elle peut être artisanale, industrielle ou agricole. Coca-Cola ou Yoplait fonctionnent ainsi. Les contrats de franchise de distribution, contribuent à ce que le franchisé se borne à vendre certains produits dans un magasin qui porte l'enseigne du franchiseur. Dans ce cadre, le franchiseur peut être producteur (Eram) ou diffuseur (Geneviève Lethu). La franchise possède des avantages et implique des exigences tant pour le franchiseur que pour le franchisé (Tableau 26).

TABLEAU 26 – LES AVANTAGES ET LES EXIGENCES DE LA FRANCHISE POUR SES ACTEURS

Avantages franchiseur	Avantages franchisé
– moyen de financement privilégié d'un réseau commercial ; – moyen de limiter la capacité de réaction de la concurrence par la conquête rapide d'un marché, la puissance d'achat d'un réseau et l'occupation avec des emplacements de premier ordre ; – valorisation de la marque et fidélisation de la clientèle par les actions publicitaires sur le terrain ; – contrôle de la distribution ; – planification de la production (pour les franchises de production et de distribution).	– propriété de l'entreprise et indépendance juridique ; – bénéfice de l'image de marque et de la réputation de l'enseigne auprès des consommateurs ; – bénéfice d'un système de gestion commerciale conçu et expérimenté par le franchiseur (gains de temps et réduction du risque financier) ; – bénéfice d'une compétitivité (réseau et capacité d'innovation du franchiseur) ; – accès à une maîtrise professionnelle supérieure grâce à la formation, aux conseils et à l'assistance permanente.

Exigences franchiseur	Exigences franchisé
– coût de mise au point et d'expérimentation du concept ; – coût de développement ; – coût d'assistance ; – coût de recherche et d'innovation ; – obligation de développer une stratégie de différenciation par rapport à la concurrence ; – renonciation à l'exploitation directe de tout ou partie d'un territoire ; – condamnation à réussir, sous peine de dépréciation de la marque en cas de désintégration du réseau.	– obligation d'appliquer la stratégie commerciale du franchiseur ; – obligation de respecter les normes du concept et les standards de qualité ; – obligation de suivre l'évolution du concept et du savoir-faire ; – obligation fréquente de s'approvisionner auprès du franchiseur ou de fournisseurs référencés ; – obligation de rétribuer le franchiseur pour ses apports sous la forme d'une redevance initiale forfaitaire (droit d'entrée) et/ ou d'une redevance proportionnelle (royalties) en contrepartie de la licence de marque, de l'assistance et de la formation permanente, de la recherche.

Section 2
Logistique, circuits et canaux de distribution

272. En matière de distribution, chaque décision est issue d'une orientation stratégique. Cette orientation peut se choisir au niveau du circuit de distribution, du canal de distribution ou de la logistique.

§ 1. Stratégies et circuits de distribution

273. **Choix stratégiques de distribution** – Les caractéristiques du produit, du service ou de la marque, amènent à envisager des solutions adaptées à chaque situation en matière de distribution. Ainsi, la distribution peut être qualifiée d'intensive, de sélective, d'exclusive en fonction des situations. La distribution intensive permet à tous les points de vente d'écouler les produits de l'entreprise, assurant une couverture maximale du marché. Elle touche notamment les biens de consommation courante et permet à ce qu'un produit ou un service soit disponible sur-le-champ et à diverses localisations. Elle correspond à une politique de commercialisation de masse d'un produit. Ce type de distribution implique des centres de stockages multiples, un effort commercial important du producteur afin de convaincre pour être référencé.

La distribution sélective correspond au choix inverse. Elle permet aux seuls points de vente sélectionnés par l'entreprise, selon ses propres critères, d'écouler ses produits. Cette stratégie est souvent employée pour des produits de haute technicité. La distribution sélective correspond aux produits ou services disponibles en quantité réduite et possédant une valeur élevée. Ce choix stratégique permet également de limiter le nombre de détaillants et le nombre d'intermédiaires, évitant ainsi les aléas inhérents à ce type d'organisation. L'objectif de ce type de distribution est d'effectuer des profits importants sur des volumes réduits. Comme le nombre de points de vente et d'intermédiaires sont moins nombreux, le producteur est plus exigeant vis-à-vis des intermédiaires sur le plan de la promotion commerciale. Il est possible de changer de stratégie et d'étendre un circuit de distribution sélectif vers une nouvelle formule de vente et une nouvelle enseigne. Toutefois il convient de rester prudent. En effet, certains travaux ont démontré que dans de tels cas, on observe une évolution de l'image de marque dans l'esprit du consommateur dans le sens d'une réduction des écarts perceptuels entre la marque et l'enseigne sur les éléments d'image qui les définissent. Lorsque la marque véhicule une image de qualité plus importante que celle de l'enseigne de distribution, cette réduction peut être dommageable pour la marque (Huvé-Nabec, 2004).

Il est possible d'envisager un type de distribution encore plus encadré que la distribution sélective. La distribution exclusive permet aux seuls points de vente ayant signé un contrat de vente exclusive d'écouler les produits de l'entreprise. Cette stratégie est adaptée pour les produits de luxe. Les avantages sont appréciables : meilleur contrôle de la commercialisation, collaboration plus efficace des intermédiaires et coût de distribution moins élevé. Bien sûr, ce système implique des limites comme notamment la limitation géographique du nombre de distributeurs, la dépendance vis-à-vis des intermédiaires ou l'importance de l'effort de promotion au niveau national.

***274.* Le choix d'un circuit de distribution** – Un circuit de distribution est l'ensemble des canaux de distribution impliqués dans le processus de commercialisation (du producteur au consommateur) d'un produit. Cette notion est proche de celle de réseau de distribution. Le circuit désigne généralement la structure de distribution alors que le réseau s'intéresse davantage aux individus (distributeurs, intermédiaires). L'évaluation d'un circuit se fait en étudiant la couverture de la cible (part de marché visé, part des acheteurs réguliers et importants, saisonnalité des ventes, etc.) et le potentiel du circuit (évaluation en termes de chiffre d'affaires pour une DV, chiffre d'affaires moyen par point de vente, etc.). L'adéquation entre le circuit de distribution et le producteur est primordiale. Plusieurs conditions minimales doivent être réunies pour que le choix intervienne. Concernant l'expérience, le choix est motivé par le fait que le circuit ait de l'expérience au niveau de la vente du produit ou du service. Il convient alors de s'assurer que les politiques (prix, services, assortiment) soient adaptées au besoin du producteur. De même, ce dernier doit vérifier l'adéquation de l'image du circuit de distribution à celle du produit ou de la marque. Les marques de luxe ne se retrouvent généralement pas dans les GMS. Le choix peut également être motivé par le dynamisme. Le problème pour le producteur est de savoir *ex-ante* si le distributeur adoptera une attitude passive ou au contraire active. *Idem* en ce qui concerne la dynamique promotionnelle. Le distributeur peut parfois prendre en charge la promotion, les services attachés à la vente et à l'après-vente. C'est le cas par exemple de Darty. En ce qui concerne le contrôle de la distribution, il est nécessaire d'étudier la perméabilité des circuits, c'est-à-dire la facilité à se faire référencer à travers la nature des critères pris en considération par le distributeur et la mobilisation des coûts de référencement. La compatibilité entre circuits de distribution est un élément important à étudier. Un produit ne peut généralement pas, sauf s'il est générique et que son image importe peu, utiliser tous les circuits de distribution. Par contre, il est possible qu'un même produit soit distribué dans deux circuits différents sous des noms différents. Ainsi, certains produits de la marque L'Oréal commercialisés dans les GMS, se retrouvent en pharmacie ou parapharmacie sous la marque Vichy avec un nom et un *packaging* différent. Enfin, l'évaluation d'un circuit de distribution passe également par une étude sur l'évolution probable des circuits. De manière générale, le producteur recherche des circuits souples et adaptables.

§ 2. Le choix et la gestion des canaux de distribution

275. **Définition du canal de distribution** – Comme le souligne Filser (1989), c'est seulement lorsque le producteur a défini sa cible et son positionnement qu'il est en mesure d'organiser ses canaux de distribution. Un canal de distribution est un ensemble d'agents de distribution possédant des caractéristiques juridiques et commerciales communes (Lindon, Jallat, 2002). Stern et El Ansary (1988) ont défini quatre étapes dans la définition du canal de distribution. La première étape définit le niveau de service désiré par le consommateur final. La deuxième étape délimite le rôle de chaque institution du canal afin d'atteindre ce niveau de service. La troisième étape a pour rôle d'utiliser le pouvoir économique et social pour que chaque institution remplisse correctement ses fonctions. Enfin, la dernière étape définit des mécanismes de résolution des conflits au sein du canal.

276. **Les contraintes de choix d'un canal de distribution** – Les contraintes pour choisir les canaux de distribution sont relatives au marché, au produit, à l'entreprise et à l'intermédiaire. Les contraintes relatives au marché sont assez nombreuses. La première condition porte sur le nombre de clients potentiels. S'il est important, la vente par intermédiaire sera préférée. En revanche s'il y a peu de clients intermédiaires comme par exemple sur un marché industriel, ou dans le cas de la vente à des collectivités, l'entreprise utilisera sa propre force de vente pour une négociation directe, le coût de distribution étant réduit. La situation géographique des clients est également à étudier. Si ceux-ci sont concentrés, le coût de contact est relativement bas et l'entreprise pratiquera la vente directe au moyen de quelques entrepôts et magasins de détail lui appartenant. Les vendeurs pourront également faire des visites aux clients (leurs frais seront rapidement couverts). Dans le cas inverse, le coût de contact élevé poussera à faire appel à un grossiste. Les habitudes d'achat des clients constituent également une contrainte. En règle générale les habitudes sont difficiles à changer (déplacements, contact avec le distributeur, forme des achats, etc.). Par ailleurs, les buts et la façon dont les produits sont utilisés par les clients interviennent également. Par exemple, un même produit utilisé de manière industrielle ou domestique sera distribué selon deux voies différentes. Les prix aussi constituent une contrainte de choix. Si les prix sont stables, l'utilisation des intermédiaires ne pose pas de problème. Si les prix varient en fonction du marché, le producteur aura des difficultés à harmoniser les prix au niveau de tous les points de vente, d'où un recours à la vente directe lorsqu'elle est possible. La quantité vendue en une seule vente peut également conditionner le choix du canal. Plus la quantité achetée en une seule fois par un détaillant est importante, plus la vente directe à ce détaillant est économique. Ainsi, le producteur aura intérêt à vendre directement à une centrale d'achat qui regroupe les commandes d'un ensemble de magasins à succursales. L'étude des canaux utilisés par les concurrents peut influencer le choix. Tout dépend si l'entreprise souhaite adopter un circuit original qui échappe aux concurrents ou si elle veut être présent sur le lieu de vente en même temps que les concurrents. Enfin, l'organisation institutionnelle des canaux, le niveau de développement économique du pays ou de la région ainsi que les moyens de transport constituent d'autres éléments de contrainte conditionnant le choix des canaux.

Les contraintes de choix d'un canal peuvent être relatives au produit. La valeur unitaire du produit peut pousser vers un type de canal. Une valeur unitaire élevée favorise la vente directe. Chaque produit vendu rentabilise le contact individuel entre le vendeur et le client. De même, le volume et le poids du produit impliquant des niveaux de coûts de transport et de manutention différents pourront influencer le choix. Le caractère technique du produit peut nécessiter une qualification de la force de vente. Un produit industriel spécialisé nécessite un service de vente qualifié que seul le fabricant est en mesure d'assurer. La vente directe sera donc préférée. Le caractère périssable du produit implique le choix d'un canal permettant un acheminement rapide du produit, dans les meilleures conditions possibles de conservation. Par ailleurs le degré de standardisation influe également sur le choix du canal. Plus le produit est standardisé et plus sa diffusion par intermédiaires est aisée. Si chaque acheteur désire un produit répondant à ses désirs spécifiques, la vente directe sera plus particulièrement adaptée. Enfin, le cycle de vie du produit peut également influencer le choix du canal. Si le produit est à sa phase de développement, et s'il constitue une véritable innovation, la vente directe sera préférée dans la mesure où la force de vente sera consacrée à la diffusion de l'information auprès des consommateurs (démonstration, publicité, essais, etc.). Si le producteur est dans l'impossibilité d'assurer lui-même la vente, il passera par des agents ou courtiers ou par des distributeurs exclusifs qui auront appris à connaître le produit.

Le choix du canal de distribution peut aussi dépendre de contraintes relatives à l'entreprise. La situation financière solide, permet à l'entreprise de mettre en place une structure de distribution adaptée aux objectifs à long terme (canal court). Si la situation est moins saine, le besoin de trésorerie immédiate déterminera le choix du canal. Il est à noter que la sensibilité aux fluctuations saisonnières conduira à reporter sur les intermédiaires le coût d'entretien d'une force de vente permanente. Par ailleurs, il est fréquent qu'une nouvelle entreprise préfère un système de vente directe plus coûteux mais qui permette un contrôle plus étroit du marché, de la distribution, des prix, de la qualité et de la promotion du produit. Le choix du canal est également fonction des objectifs commerciaux que s'est fixé l'entreprise.

Selon que le producteur veut stabiliser sa part de marché ou au contraire la développer, son choix se portera sur un mode de distribution adapté à l'un ou l'autre des objectifs (au niveau des points de vente). Enfin, l'expérience de gestion rassure, ce qui pousse les entreprises à faire appel à des intermédiaires expérimentés en début d'activité.

Les contraintes de choix du canal de distribution peuvent également être liées à l'intermédiaire lui-même. La nature des services que ce dernier offre, doit systématiquement faire l'objet d'une étude approfondie. La présence permanente d'une force de vente sur les lieux de vente du produit lancé, l'existence d'entrepôts et de services de stockage d'un grossiste, le nombre et la répartition des points de vente des détaillants sont des éléments qui entrent en compte dans la décision. Les objectifs commerciaux des intermédiaires ne sont pas toujours compatibles avec ceux du producteur. L'un peut préférer une plus grande stabilité des prix alors que l'autre visera au contraire une plus grande flexibilité. En outre certains intermédiaires ne travaillent qu'en exclusivité alors que les producteurs recherchent une distribution intensive. La marque Dorotennis cible les femmes sportives et se définit plus généralement comme « un Lacoste au féminin ». Son activité tourne autours de collections (ensembles coordonnés). Les grands distributeurs, notamment spécialisés n'ont pas intégré le concept et il n'est pas rare de trouver des articles d'un même ensemble dans deux rayons différents d'un même magasin. Partant de ce constat, la marque lance ses propres magasins et compte être présente dans une soixantaine de boutiques en trois ans (objectif 2007) soit en propre, soit par affiliations, soit par partenariats[5].

§ 3. La gestion de la logistique

277. **L'évolution de la distribution influencée par celle de la logistique** – La logistique commerciale « *rassemble toutes les activités mises en œuvre pour gérer de façon rentable, les flux de produits et de marchandises depuis leur point d'origine jusqu'à leur lieu d'utilisation, en fonction des besoins exprimés par le marché* » (Kotler *et alii*, 2006). Certains travaux montrent que la distribution est influencée par des tendances de fond au niveau de la logistique (Paché, 2003). Ainsi, la logique de rationalisation logistique au niveau des flux de produits induit une politique de réduction des stocks, le processus se déroulant de l'aval vers l'amont du canal. Des techniques de différenciation retardée se développent, ce qui pose le problème de la lisibilité auprès du consommateur et surtout de sa réaction lorsqu'il aura conscience de cette situation. Par ailleurs, le contrôle des opérations logistiques constitue, pour l'entreprise qui l'exerce, une source incontestable de pouvoir dans la compétition verticale. Elle peut orienter à son avantage les stratégies des partenaires commerciaux. En outre, le développement de collaborations verticales entre industriels et distributeurs participe à l'amélioration des indicateurs de

5. « La marque Dorotennis défend ses couleurs », *Les Échos*, 21 et 22 novembre 2003.

performance logistique. En France, la grande distribution a traversé trois périodes en matière de logistique. Après avoir été exclusivement intéressés par leurs activités d'achat, les distributeurs ont peu à peu intégrés leurs activités de logistique, pour finalement depuis le début des années 1990, choisir un mode collaboratif de relations avec les fournisseurs (Senkel, 2005). Cette activité, traditionnellement vécue comme passive et coûteuse est progressivement devenue stratégique et source de marge nette (encadré 47). À l'image de la chaîne de valeur, les professionnels considèrent désormais qu'il existe une chaîne logistique. L'exécution de la chaîne logistique (*Supply Chain Execution* – SCE) regroupe la gestion d'entrepôts, le transport et la logistique[6].

Encadré 47 : Les évolutions de la logistique
(Source: Styx (H.), « La logistique devient une arme offensive redoutable », Dynamique Commerciale, 85, Décembre 2002-Janvier 2003 – http://www.dyn-com.com/dyncom85/dossier/dossier_3.htm).

« *Les investissements sont importants, les gains le sont plus encore. Ils sont énormes* », assène Gérard Prouvost, directeur général du groupement de franchisés Gitem. D'activité opérationnelle de support, la logistique est en passe de prendre une place de premier plan dans la réflexion stratégique des distributeurs, quand elle n'en devient pas l'enjeu numéro un. En effet, il ne s'agit plus seulement de transporter des marchandises d'un point à un autre (un poste qui pèse 40 à 50 % de la facture logistique des enseignes), « *mais, de gérer avec les fournisseurs des flux continus d'informations et de biens* », souligne Gil Yaniv, associé au cabinet conseil Diagma. Et ceci afin de répondre à trois enjeux : la personnalisation croissante des biens et des services réclamée par les clients ; l'exigence plus forte de ponctualité et de fiabilité ; et l'optimisation du rendement des capitaux employés, ce qui suppose une lutte sans merci contre les stocks. Ainsi, plusieurs modèles d'intégration de la chaîne logistique coexistent selon le secteur et la taille du point de vente. Mais qu'il s'agisse des intégrés ou des franchisés, ils traduisent toutefois une même volonté selon Gil Yaniv : « *grappiller des points de marges et réduire les coûts* ». Depuis quelques années, les distributeurs se sont engagés vers une politique de centralisation des informations et des flux, avec la suppression des stocks magasins, la massification des références sur des plates-formes régionales ou nationales et l'intégration de la commande électronique voire de l'EDI (Échanges de données informatisées). « *La grande majorité des enseignes ont abordé la chaîne logistique uniquement comme un outil défensif* », précise le consultant en stratégie industrielle et logistique, Thierry Jouenne. Pourtant, elle peut être une arme offensive redoutable, qui offre de nouvelles opportunités et des avantages concurrentiels certains. En témoignent les percées des enseignes intégrées telles que H&M ou Zara... Si, traditionnellement, la collaboration entre industriels et distributeurs relevait davantage de rapports de force entre comptes clés et acheteurs, les pratiques industrielles, logistiques et commerciales sont en train d'évoluer. Ainsi, la mise en place d'outils d'échange d'informations comme l'EDI, la GPA (Gestion partagée des approvisionnements) et enfin le CPFR (gestions concertées des prévisions de ventes – Collaborative Planning, Forecasting and Replenishment) permet aujourd'hui de développer de nouvelles relations de proximité. (...)

6. M. DEMPSEY, « A la recherche du chaînon manquant », Supplément : *Comprendre la chaîne logistique, Les Échos*, 25 octobre 2004.

278. **La structure du système logistique** – Il est essentiellement fondé sur le système de distribution physique comprenant lui-même deux sous-systèmes : le transport et l'entreposage. Le transport concerne les moyens de transport : rail, air, route, pipeline, eau, etc. Il concerne également les transporteurs : expéditeurs, chemin de fer, colis postaux, fret aérien, compagnies de navigation, etc. L'entreposage est souvent assimilé au stockage et à la manutention (réception, entreposage, fractionnement, emballage, ordonnancement, expédition, livraison, localisation, etc.). Mais il recouvre également le *merchandising* (conditionnement, financement, classification, présentation, vente, crédit, etc.). Le tableau 27 détaille les principales décisions en matière de logistique.

TABLEAU 27 – LES PRINCIPALES DÉCISIONS DE LOGISTIQUE

Manutention	Stockage	Transport
– préparation de la commande ; – chargement/ déchargement ; – manipulation dans l'entrepôt ; – conditionnement des produits ; – co-packing* ; – co-manufacturing**.	– location des entrepôts et plates-formes ; – nombre d'entrepôts ; – organisation des entrepôts ; – répartition des aires de stockage.	– chois d'un mode de transport ; – moyens propres et/ou externalisés ; – gestion des moyens ; – livraison directe/ livraison sur entrepôts ; – tournée de livraison.

* Produit d'un industriel conditionné par une autre entreprise, généralement un prestataire logistique.
** Produit réalisé conjointement par deux entreprises à des fins de différenciation retardée.
Source : Dupuis et Benoun, 2003.

279. **Coûts et avantages de la logistique** – Partant du principe qu'un stock hors du magasin ne sert à rien et pire, coûte de l'argent, les professionnels de la distribution ont développé des stratégies de distribution à flux tendus. Cela implique un bouleversement de la chaîne logistique. Ce choix présente de nombreux avantages, notamment une rotation rapide des stocks, l'absence de palettes errantes dans les réserves, l'ouverture des cartons seulement au réassort impliquant le besoin de moins de personnel, le coût de construction allégé par l'absence de réserves. La contrepartie est que toute rupture de stock est visible, ce qui cause automatiquement une fuite de la clientèle vers les concurrents. Il convient d'intégrer ce coût à celui de la logistique. De manière générale, le coût de la logistique peut être assimilé à la somme des coûts de transport ainsi que des coûts d'entreposage (fixes et variables). À ces éléments, comme il vient d'être exposé, d'autres variables devraient être ajoutées, notamment le coût des ventes perdues en raison des retards à la livraison. Certains éléments devant faire l'objet d'une évaluation, sont à intégrer dans le système. L'espace, le temps, et les relations avec les concurrents doivent être pris en compte dans le calcul du coût de la logistique. Les gains obtenus grâce à une amélioration de la logistique peuvent se mesurer à plusieurs niveaux. Une logistique bien organisée permet de baisser les coûts de distribution physique, ce qui peut permettre soit d'augmenter la marge, soit de baisser les prix finaux. La logistique peut améliorer la rentabilité des investissements en stocks, grâce à une meilleure rotation des produits. Enfin, en permettant de délivrer un meilleur service, la logistique peut constituer un avantage concurrentiel.

Section 3
La force de vente

280. La force de vente est un vecteur de communication très important. Pour les PME ou entreprises industrielles, c'est parfois le seul moyen de promotion des produits. Il s'agit de l'ensemble du personnel chargé de vendre les produits de l'entreprise et de stimuler la demande auprès d'une clientèle acquise ou prospectée. Il convient d'étudier dans un premier temps les fonctions et les acteurs de la force de vente. Puis dans un deuxième temps, une analyse de l'organisation de la force de vente sera menée. Le dernier point abordé portera sur les éléments motivationnels de la force de vente.

§ 1. Les fonctions et les acteurs de la force de vente

281. **Les fonctions de la force de vente** – La force de vente est souvent assimilée uniquement à la vente, ce qui donne une idée tronquée de la réalité. Sans la recherche de nouveaux clients, il ne peut y avoir d'activité pérenne. La prospection constitue donc l'une des activités des plus importantes de la force de vente. L'objectif est d'élargir la clientèle afin de rechercher de nouveaux clients, étudier leurs problèmes et proposer des solutions adéquates. La vente consiste à prendre les commandes soit sous forme de recueil d'ordres (vente stricte) lorsque le client est vraiment fidélisé et qu'il n'y a pas d'effort supplémentaire à effectuer pour le convaincre d'acheter, soit en argumentant pour le convaincre. Il s'agira alors d'approcher le client, de faire une présentation commerciale, de répondre aux objections et de conclure. Le suivi du client constitue une fonction importante de la force de vente. L'objectif est de fidéliser la clientèle. Cette activité consiste à suivre les ventes et conseiller et aider le client dans diverses circonstances. Dans le cadre de la gestion de ses stocks, le vendeur peut rappeler à son client le moment de commande pour éviter par exemple les ruptures de stocks. Dans un cadre promotionnel, le vendeur peut assurer un début de SAV, etc. Ces exemples ne sont pas exhaustifs et bien entendu le suivi du client peut amener à créer de nombreux services fidélisants. Enfin, la gestion du retour d'informations constitue un axe fort de la force de vente. L'objectif est de connaître les réactions de la clientèle afin d'informer l'entreprise sur notamment les comportements des prospects et des clients, les attitudes des distributeurs ainsi que les actions des concurrents.

282. **Les acteurs de la force de vente** – Traditionnellement on différencie les VRP (Voyageur représentant placier) et les agents commerciaux des salariés traditionnels (Figure 55).

Figure 55 – Les différentes formes et statuts de la force de vente

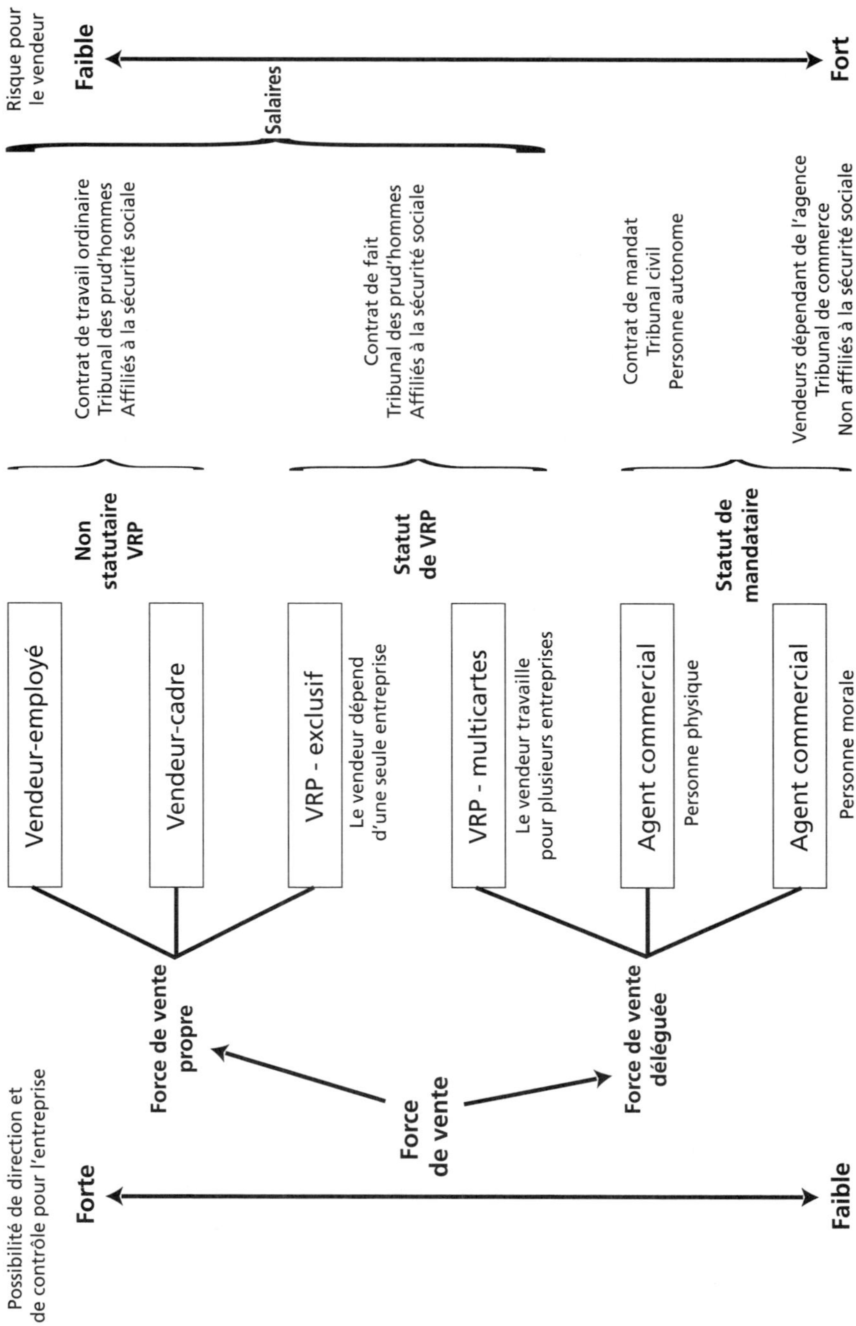

Source : Zeyl et Dayan, 2003.

Le VRP est une personne physique dont l'activité consiste à prospecter une clientèle. Son activité doit être constante et exclusive. Il n'a pas le statut de commerçant et ne peut de ce fait effectuer des opérations pour son propre compte. Il est lié à l'entreprise par un contrat. Il peut être attitré c'est-à-dire salarié d'un seul employeur ou multi-carte (salarié de plusieurs entreprises). Ce statut confère aux VRP des avantages importants en fin de contrat, en particulier en cas de rupture abusive de contrat du fait de l'entreprise. Le VRP peut prétendre en effet à une indemnité de clientèle. Les agents commerciaux ne sont pas salariés mais agissent de manière stable et continue pour le compte de l'entreprise. C'est souvent la formule choisie à l'international dans la mesure où elle n'oblige pas l'entreprise à posséder ses propres vendeurs sur place.

§ 2. L'organisation de la force de vente

***283.* Les types de prospection/vente** – Il est possible de définir une typologie des actions de la force de vente en fonction des clientèles. Le tableau 28 détaille cette typologie.

TABLEAU 28 – TYPES DE PROSPECTION / VENTE

Types d'actions	Clientèle	Exemple de produits
Vente aux distributeurs	Détaillants ou distributeurs	Produits grand public ou produits banalisés
Prospection de prescripteurs	Prescripteurs	Moquettes, médicaments, etc.
Vente à dominante technique	Entreprises et particuliers	Portables, appareils photo numérique, etc.
Démarchage	Clients nouveaux	Encyclopédies, cuisines, etc.

Il convient néanmoins de préciser que chaque membre de la force de vente doit préalablement avoir une idée précise de sa mission. Excepté pour le démarchage, tous les types d'action nécessitent des connaissances sur le produit vendu (vente à dominante technique) ou un relationnel fort avec les clients (vente aux distributeurs et prescripteurs). Dans ces conditions, on assiste la plupart du temps à une segmentation de la force de vente en fonction des clientèles et donc des types de vente.

***284.* La structure de la force de vente** – On peut envisager plusieurs types de modes d'organisation : par zones géographiques, par produits, par types de clients ou par un mix de deux ou trois de ces critères. Le choix dépend de la stratégie qui a été définie. Le découpage géographique est une solution souvent combinée avec d'autres variables, notamment lorsque la gamme de produits est relativement homogène et lorsque la clientèle demande un contact permanent et disponible. C'est également la seule organisation possible lorsque l'entreprise travaille avec une force de vente déléguée. Cette forme revêt plusieurs avantages, notamment la minimisation des frais de déplacement (puisque le vendeur habite sur place) et l'identification d'une zone d'action délimitée permettant d'évaluer plus facilement les résultats. Les limites de ce découpage tiennent aux contraintes géoéconomiques. Les secteurs sont inégaux et les lieux de décision ne sont pas forcément situés sur le secteur (notamment en B to B). On peut également s'interroger sur la capacité d'un vendeur à commercialiser toutes les gammes de produits de la société. Le découpage par produits intervient lorsque les produits sont très diversifiés, ou nombreux au point que le vendeur ne puisse plus les suivre. Il est également choisi dans le cadre du B to B lorsque les interlocuteurs chez le client sont différents. Les avantages de cette organisation sont liés à la capacité du vendeur : non seulement il peut mieux argumenter face aux produits concurrents, mais en plus, il ne sera pas tenté de faire des choix entre les produits. Le coût, par des frais de déplacement importants, constitue un frein. De même, le cloisonnement en interne et le fait qu'en externe la multiplicité des interlocuteurs pour les clients multi produits ne soit pas forcément appréciée, réduit la portée de ce découpage. L'organisation par type de clientèle intervient lorsque l'entreprise fabrique des produits voisins mais destinés à des marchés différents. C'est également le cas lorsque les catégories de clientèles sont très variées dans le comportement d'achat ou la demande de services. L'intérêt d'une telle organisation se mesure dans la meilleure connaissance du comportement d'achat de la clientèle appartenant à un même marché, ou des clients ayant une fonction ou une structure similaire. Les limites relèvent de la difficile adéquation avec l'organisation de la clientèle : le client peut avoir des activités multi marchés et rester donc difficile à classer, le client peut couvrir une zone différente de celle du vendeur. Les coûts supplémentaires sont donc également à intégrer.

***285.* Coût et évaluation de la force de vente** – La dimension coût est probablement l'un des éléments des plus préoccupants de la force de vente. Le coût d'une visite permet de mesurer le ratio d'activité et de rentabilité du représentant. Il se calcule par mois en prenant en compte l'ensemble des salaires, des charges sociales et des frais de route (nuitées, restauration, transports, frais de réception) nécessaires à la visite. Ce montant est divisé par le nombre de visites effectuées. Outre le coût de la visite, il est possible d'évaluer l'activité d'un représentant en prenant en compte un certain nombre de ratios (Encadré 48).

Encadré 48 : Ratios d'activité et de rentabilité du vendeur

Les ratios d'activité et de rentabilité suivants, loin d'être exhaustifs peuvent permettre d'évaluer le travail fourni par un représentant :
– nombre de visites de client par jour, semaine ou mois ;
– nombre de commande par client visité par semaine ;
– nombre de kilomètres par visite ;
– nombre de journées administratives ;
– chiffre d'affaires et marge brute de la zone d'intervention du représentant ;
– chiffre d'affaires et marge brute par visite.

Pour déterminer la force de vente adaptée, il convient d'appliquer le nombre de visites théoriques nécessaires au nombre de clients et de rapporter le tout au nombre de visites possibles. Pour autant la durée d'une visite varie en fonction du type de vente. En outre, la dissémination des clients peut impliquer des temps de transport susceptibles de grever le temps alloué à la visite en elle-même. Même si ce temps est généralement intégré par convention à la durée de la visite, il n'en reste pas moins qu'en cas de clientèle hétérogène, il conviendra de construire un modèle adapté.

§ 3. Le marketing des ressources humaines : la force de vente

286. Le dernier maillon du processus commercial, directement en relation avec le client, fait l'objet d'attentions particulières. L'étude de Doyle et Shapiro (1980) montre que les déterminants principaux de la motivation des vendeurs sont d'abord la clarté de la nature de la tâche à effectuer, puis la personnalité et le besoin de réalisation. Le système de rémunération n'arrive qu'en troisième position devant la qualité du management.

287. **La clarté de la mission et la participation aux objectifs** – La motivation de la force de vente s'obtient en premier lieu par une clarification des activités des vendeurs. Il convient d'inventorier les tâches à réaliser et de fixer en collaboration avec le vendeur des objectifs (quotas). Le principe de base réside dans la participation. Comme le montre le tableau 29, les objectifs marketing doivent permettre via une stratégie *ad hoc* d'impliquer la force de vente.

TABLEAU 29 – EXEMPLE DE LIEN STRATÉGIE/FORCE DE VENTE

Objectif de marketing	Stratégie	Justification	Implication de la force de vente
Augmenter la pénétration chez notre clientèle actuelle	1. Faire des réductions par quantités, même si les livraisons sont étalées pendant toute une période de l'année.	L'achat sera plus économique pour le client s'il achète uniquement à un vendeur.	Le vendeur devra essayer d'obtenir des contrats de livraison sur toute l'année. Il aura ainsi une possibilité de faire une baisse de prix, mais il lui faudra aussi par la suite faire les visites d'entretien de relations avec l'acheteur et s'assurer de la régularité des livraisons.
	2. Spécialiser le force de vente par type d'industrie.	Les vendeurs sont plus aptes à discuter les problèmes de l'acheteur, mieux admis et trouveront certainement de nouvelles applications de leurs produits chez ces clients.	Organisation de séminaires de formation spécialisée pour les vendeurs afin de mieux leur faire comprendre les problèmes de l'industrie. Spécialisation selon différents types de clientèle, donc vraisemblablement nécessité de réorganiser les secteurs.

	3. Imaginer un programme de formation des clients.	L'acheteur moyen va trouver d'autres utilisations possibles du produit et par là acheter plus.	Le vendeur pourra comme argument en faveur de sa société, citer cette assistance technique.
Augmenter le nombre de clients	1. Donner des primes aux nouveaux clients pour les prendre dans l'engrenage.	Le client ne veut pas passer à côté de cette fourniture gratuite.	Argument supplémentaire : possibilité de parler gestion.
	2. Donner des primes pour chaque nouveau client.	Le vendeur plus motivé va accroître son nombre de prospections et gagner de nouveaux clients.	Niveau de la politique de prospection. Niveau de la rémunération et de la motivation.
	3. Accroître le nombre d'appareils de démonstration que l'on peut laisser au client pendant une période d'essai.	Cela augmente la possibilité pour les prospects d'apprendre à connaître le produit, donc plus de prospects seront convertis en clients.	Possibilité de proposer plus souvent des essais. Nécessité de pousser à l'essai.
Accroître la part de marché	1. Baisser les prix.	Une baisse de prix doit permettre d'obtenir plus de commandes et donc d'accroître la part de marché.	Un plus pour l'argumentation.
	2. Améliorer la qualité du produit sans augmenter le prix.	A moins que la demande soit insensible à la qualité, cette amélioration devrait permettre d'accroître la part de marché.	Un plus pour l'argumentaire, mais sera plus difficile à mettre en avant que la baisse des prix.
	3. Intensifier l'effort de prospection.	Un plus grand nombre de visites devrait entraîner un plus grand nombre de commandes.	Nécessité de recruter de nouveaux vendeurs et de réorganiser les secteurs.

Source : Zeyl et Dayan, 2003.

***288.* La rémunération des représentants** – Il existe trois composantes de base dans le système de rémunération de la force de vente : le fixe, la commission et la prime. Le fixe correspond à un salaire de base, indépendant du chiffre d'affaires, qui cherche à garantir un niveau de revenu afin que le vendeur soit « motivable » par son travail. La rémunération fixe des vendeurs tendrait à décroître au profit de la rémunération variable, lorsque les vendeurs consacrent davantage de temps à la vente proprement dite plutôt qu'aux activités annexes, lorsqu'ils disposent de ressources plus importantes pour vendre et lorsque leurs clients ont besoin de davantage d'informations (John et Weitz, 1989). La commission est une rémunération proportionnelle au chiffre d'affaires ou à un autre indicateur de résultat. Elle est très stimulante, surtout si elle est à taux progressif. Pourtant le régime des commissions incite le vendeur à négliger la prospection. La prime est une composante attachée à des objectifs temporaires. Elle est accordée au-delà d'un certain chiffre d'affaires. Elle favorise la réalisation d'objectifs particuliers. La commission et la prime se prêtent à de nombreuses variantes. Les commissions peuvent être fixes, variables, avec des variations progressives ou dégressives au-delà d'un certain seuil. Les primes peuvent être liées à des objectifs qualitatifs (formation, action particulière sur une famille de produits, etc.) ou quantitatifs. Les entreprises, la plupart du temps optent pour un système mixte en pondérant les trois composantes.

***289.* De la motivation par la performance à la motivation par l'apprentissage** – Traditionnellement l'évaluation des résultats du vendeur, ne prenaient en compte que la vente en elle-même, ignorant tout le processus nécessaire en amont pour obtenir ce résultat. De même, la vente a souvent été assimilée à une suite de recettes et de méthodes prédéfinies, qui généralement laissaient peu de place au dialogue. Cette vision behavioriste de la relation entre le vendeur et le client a été progressivement remise en cause. Les travaux de Weitz (1978) se fondent sur l'efficacité du vendeur centrée sur la capacité de ce dernier à influencer les décisions des clients. Selon cette approche, il est primordial de percevoir les opinions et valeurs des clients et d'élaborer des stratégies de vente fondées sur ces impressions. Les recherches du même auteur ont abouti quelques années plus tard à la notion de vente adaptative (Weitz, 1981 ; Spiro et Weitz, 1990). Dans cette optique, les vendeurs sont plus motivés par des objectifs d'apprentissage que par des objectifs de performance. En d'autres termes, les vendeurs travaillent plus intelligemment et non davantage. Certains travaux ont montré des différences de comportements de vendeurs en fonction des buts fixés. Les vendeurs motivés par des objectifs de performance travaillent plus pour atteindre leurs objectifs alors que les vendeurs motivés par des objectifs d'apprentissage pratiquent la vente adaptative (Sujan, Weitz et Sujan, 1988 ; Sujan Weitz et Kumar, 1994). Ces résultats sont importants car ils modifient la grille d'analyse communément admise des critères d'évaluation de la performance des vendeurs. La performance est ainsi requalifiée au profit de critères qui peuvent être quantitatifs ou qualitatifs (Figure 56).

Figure 56 – Les critères d'évaluation de la performance du vendeur les plus répandus

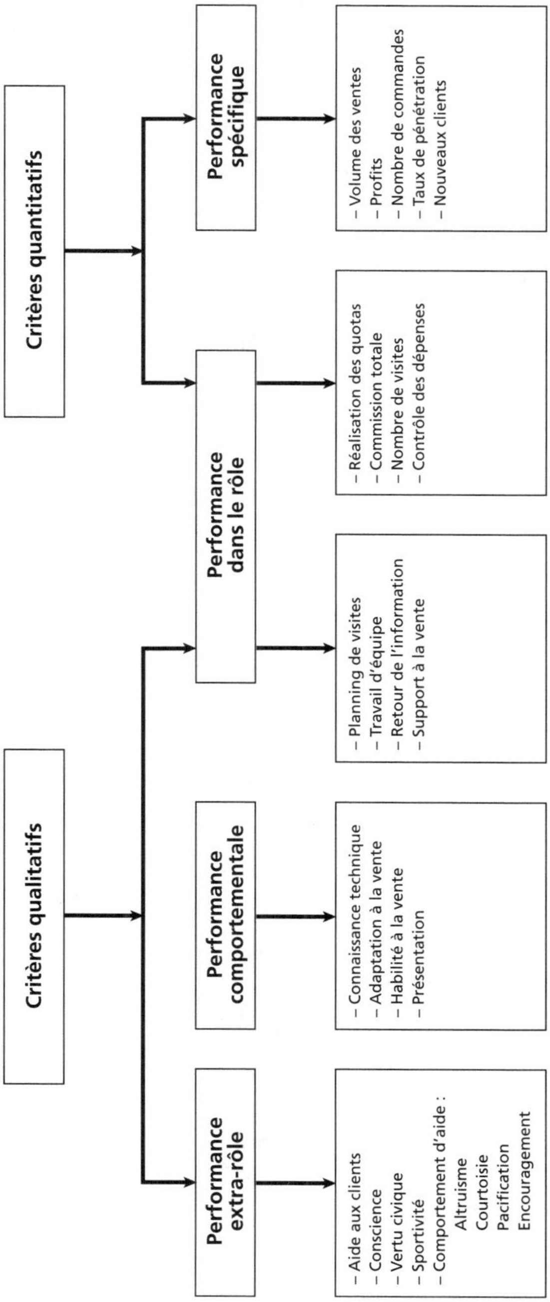

Source : Parissier et alii, 2005.

Application : Chewing gum Gomète

Le producteur de chewing gum Gomète distribue sa production par l'intermédiaire de quatre canaux principaux.
– 1 000 000 produits par l'intermédiaire du canal C1, vendus 1,25 € l'unité ;
– 600 000 produits auprès du canal C2, vendus 2,00 € l'unité ;
– 500 000 produits via le canal C3, vendus 2,10 € l'unité ;
– 100 000 produits par l'intermédiaire du canal C4, vendus 1,80 € l'unité.

Afin de déterminer la rentabilité du canal, vous avez extrait de la comptabilité analytique les données suivantes :
– Analyse des coûts variables :
Coûts de fabrication : 1,00 €
Coûts des centres de conditionnement, vente et transport (en €):

Canal/Centre	Conditionnement	Vente	Transport
C1	10/39	5/18	À charge du client
C2	5/13	5/18	25/27
C3	4/13	1/13	2/27
C4	2/39	1/9	À charge du client
Total	390 000	90 000	135 000

– Les charges fixes de cette entreprise s'élèvent à 480 000 €.

Exercice :

Déterminez la rentabilité de chaque canal selon que les charges de structure sont réparties en fonction :
1. du nombre de canaux ;
2. des quantités vendues ;
3. du chiffre d'affaires.

Corrigé : Chewing gum Gomète

	C1	C2	C3	C4	Total
Quantité	1 000 000	600 000	500 000	100 000	2 200 000
Prix de vente unitaire	1,25	2,00	2,10	1,80	
Chiffre d'affaires	1 250 000	1 200 000	1 050 000	180 000	3 680 000
Coût de fabrication unit.	1,00	1,00	1,00	1,00	
Marge unitaire	0,25	1,00	1,00	0,80	
Marge globale	250 000	600 000	550 000	80 000	1 480 000
Conditionnement	100 000	150 000	120 000	20 000	390 000

Vente	25 000	25 000	30 000	10 000	90 000
Transport	-	125 000	10 000	-	135 000
Marge sur coût variable	125 000	300 000	390 000	50 000	865 000
Coûts fixes					480 000
Résultats					385 000

Hypothèse 1 :

Hypothèse 1	C1	C2	C3	C4	Total
Coûts fixes	120 000	120 000	120 000	120 000	480 000
Résultats	+ 5 000	+ 180 000	+ 270 000	– 70 000	385 000

La ventilation des coûts fixes en fonction du nombre de canaux de distribution a peu de sens ici dans la mesure où il existe une hétérogénéité importante entre les canaux au niveau des quantités et des prix.

Hypothèse 2 :

Hypothèse 1	C1	C2	C3	C4	Total
Coûts fixes	218 181,8	130 909,1	109 090,9	21 818,2	480 000
Résultats	– 93 181,8	– 169 090,9	+ 290 909,1	+ 28 181,8	385 000

Si l'on ne prend en compte pour ventiler les coûts fixes, que les quantités distribuées par canal, le canal 1 grève les résultats, alors que les contributions au résultat pour les autres canaux sont positives : 34,6 % pour le canal 2, 59,6 % pour le canal 3 et 5,8 % pour le canal 4.

Hypothèse 3 :

Hypothèse 1	C1	C2	C3	C4	Total
Coûts fixes	163 043,5	156 521,7	136 956,5	23 478,3	480 000
Résultats	– 38 043,5	+ 143 478,3	+ 253 043,5	+ 26,521,7	385 000

En prenant en compte la dimension prix (en utilisant la répartition en fonction du chiffre d'affaires), le canal 1 grève une nouvelle fois les résultats mais proportionnellement moins que dans l'hypothèse 2. La contribution aux résultats pour les autres canaux est sensiblement identique : 33,9 % pour le canal 2, 59,8 % pour le canal 3, 6,3 % pour le canal 4.

Bibliographie

– M. Benoun, M.-L. Helies-Hassid, « Category management, mythes et réalités », *Revue Française du Marketing*, 198, 3/5, 73-86, 2004.

– G. Bonnin, « La mobilité du consommateur en magasin : une étude exploratoire de l'influence de l'aménagement spatial sur les stratégies d'appropriation des espaces de grande distribution», *Recherche et Applications en Marketing*, 18, 3, 7-29, 2003.

– G. Cliquet, *Management stratégique des points de vente*, Paris, Dalloz-Sirey, 1992.

– G. Cliquet, « Le marketing spatial », *in* G. Cliquet, *Le géomarketing, méthodes et stratégies du marketing spatial*, Paris, Lavoisier, 17-33, 2002.

– S. Cogitore, *Le category management*, Paris, Dunod, 2003.

– E. Colla, « L'expansion internationale du discount alimentaire », *Décisions Marketing*, 30, 51-61, 2003.

– B. Cova, M.C. Louyot-Gallicher, *Innover en marketing*, Paris, Lavoisier, 2006.

– D. Dion, G. Cliquet, « Le comportement spatial du consommateur », *in* G. Cliquet (Ed), *Le géomarketing, méthodes et stratégies du marketing spatial*, Paris, Lavoisier, 37-66, 2002.

– D. Dion, A. Michaud-Trévinal, « Les enjeux de la mobilité des consommateurs : de la gestion des stocks à la gestion des flux de clientèle », *Décisions Marketing*, 34, 17-27, 2004.

– S.X. Doyle, B.P. Shapiro, « What counts most in motiving your salesforce? », *Harvard Business Review*, 58, 3, 133-140, 1980.

– M. Dupuis, M. Benoun, « La relation fournisseur-distributeur et les outils de la distribution », *in* C. Michon (Ed.), *Le marketeur, les nouveaux fondements du marketing*, Paris, Pearson Education, 355-381, 2003.

– A.I. El-Ansary, L.W. Stern, « Power measurement in the distribution channel », *Journal of Marketing Research*, 9, 1, 47-52, 1972.

– M. Filser, « Taille critique et stratégie du distributeur : analyse théorique et implications managériales », *Décisions Marketing*, 15, 7-16, 1998.

– M. Filser, *Canaux de distribution*, Paris, Vuibert, 1989.

– M. Filser, V. Plichon, « La valeur du comportement de magasinage. Statut théorique et apports au positionnement de l'enseigne », *Revue Française de Gestion*, 30, 148, 29-43, 2004.

– T.W. Gruen, « Le category management, nouvelle science de la distribution », *in* Collectif, *L'art du marketing*, Paris, Village Mondial, 218-223, 1999.

– L. Huvé-Nabec, « L'extension du circuit distribution sélectif d'une marque : quelles répercussions sur l'image de la marque et sur celle de l'enseigne ? », *Décisions Marketing*, 35, 49-60, 2004.

– G. John, B.A. Weitz, « Salesforce compensation: an empirical investigation of factors related to the use of salary versus incentive compensation », *Journal of Marketing Research*, 26, 1, 8-16, 1989.

– M. Kalika, « Le choix d'un magasin : qu'est-ce qui fait courir les consommateurs ? », *Revue Française du Marketing*, 98, 2, 66-76, 1984.
– P. Kotler, « Atmospheric as a marketing tool », *Journal of Retailing*, 49, 4, 48-64, 1973.
– P. Kotler, B. Dubois, K.L. Keller, D. Manceau, *Marketing Management*, 12e édition, Paris, Pearson Education, 2006.
– J.-M. Lehu, *Stratégie de fidélisation*, Paris, Editions d'Organisation, 2003.
– D. Lindon, F. Jallat, *Le marketing*, 4e édition, Paris, Dunod, 2002.
– K. Messeghem, « Les distributeurs en quête de légitimité : le cas des accords de coopération avec les PME », *Décisions Marketing*, 39, 57-66, 2005.
– A. Micallef, *Gestion commerciale des entreprises*, 3e édition, Paris, Dalloz, 1982.
– G. Paché, « Tendances d'évolution des canaux de distribution : un éclairage à partir des stratégies logistiques », *Décisions Marketing*, 31, 7-14, 2003.
– C. Parissier, A. Mathieu, S. Echchakoui, « Comment définir et mesurer la performance du vendeur ? », *Décision Marketing*, 40, 63-73, 2005.
– D. Rouzies, « Barton Weitz : la vente », *in* A. Jolibert (Ed.), *Les grands auteurs en marketing*, Paris, EMS Editeur, 183-195, 2001.
– M.-P. Senkel, « Evolutions logistiques dans la grande distribution : de l'optimisation à la coordination de flux », *Décisions Marketing*, 39, 67-78, 2005.
– R.L. Spiro, B.A. Weitz, « Adaptative selling: conceptualization, measurement and validity », *Journal of Marketing Research*, 27, 9, 61-69, 1990.
– L.W. Stern, A.I. El Ansary, *Marketing channels*, 3rd edition, Englewood Cliffs, Prentice-Hall, 1988.
– H. Sujan, B.A. Weitz, N. Kumar, « Learning orientation, working smart and effective selling», *Journal of Marketing*, 58, 3, 39-52, 1994.
– H. Sujan, B.A. Weitz, M. Sujan, « Increasing sales productivity by getting salespeople to work smarter», *Journal of Personal Selling and Sales Management*, 8, 2, 9-19, 1988.
– B.A. Weitz, « Relationship between salesperson performance and understanding of customer decision process », *Journal of Marketing Research*, 15, 4, 501-517, 1978.
– B.A. Weitz, « Effectiveness in sales interactions: a contingency framework », *Journal of Marketing*, 45, 19, 85-103, 1981.
– A. Wellhoff, J.-E. Masson, *Le merchandising*, 6e édition, Paris, Dunod, 2005.
– A. Zeyl, A. Dayan, *Force de vente, direction, organisation, gestion*, 3e édition, Paris, Editions d'Organisation, 2003.

Chapitre 4
La stratégie de communication

Plan du chapitre

Section 1 : Enjeux stratégiques de la communication
- § 1 : Une diversité de champs d'application
- § 2 : Les objectifs de la communication
- § 3 : Le message élément de base de la communication

Section 2 : Les stratégies de communication : le mix de communication
- § 1 : La communication par les médias
- § 2 : Le hors média

Section 3 : Théories de la communication
- § 1 : Les théories de la perception et de l'attention
- § 2 : Les théories de la persuasion

Résumé

La communication est souvent la partie émergée du marketing, et nombreux sont les amalgames souvent effectués à tort. L'évolution de notre société vers plus d'information, rend cet élément du marketing mix incontournable pour l'entreprise et l'organisation en général. On est loin de la conception anglo-saxonne de la « promotion » relative aux 4P. La diversité des canaux de communication couplée à une recherche toujours plus poussée d'un relationnel plus fort avec le client, aboutit à concevoir des politiques de communication *ad hoc*.
La communication possède des enjeux stratégiques importants. Les objectifs stratégiques que les dirigeants se fixent trouvent ici une application directe. Par ailleurs, il convient de mettre en évidence toutes les dimensions (et elles sont nombreuses) impliquées dans une politique de communication. Non seulement les acteurs concernés sont multiples, mais les moyens employés dans le cadre de la communication sont également pluriels et évolutifs.
Afin d'atteindre l'objectif de communication, une clarification de la cible visée semble d'emblée incontournable. Qu'il s'agisse de s'adapter au consommateur ou de l'influencer, les théories relatives aux sciences sociales aident à la compréhension et au développement de la communication.

290. Dans notre société aujourd'hui rythmée par l'information, notamment avec l'omniprésence des technologies de l'information et de la communication, une entreprise peut vendre un produit sans publicité, mais pas sans communication.

Communiquer, c'est mettre en commun une information, une attitude, une idée en faisant intervenir une source, un message, un destinataire et un support de message. Très classiquement (Shannon et Weaver, 1949), le schéma du processus de communication admet une phase de codage et de décodage (Figure 57).

Figure 57 – Le processus de communication

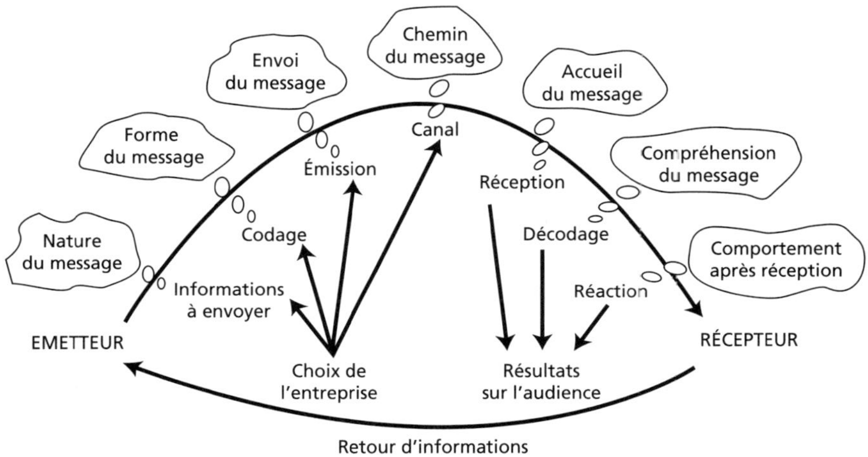

Source : Inspiré de Shannon et Weaver, 1949.

Cette représentation du processus de communication, plutôt descriptive, marque la volonté d'analyser la relation entre l'offreur et le demandeur et pas uniquement en *front office*. En effet, la communication constitue un enjeu de taille pour l'entreprise et plus généralement pour n'importe quelle organisation (section 1). Il est nécessaire de l'envisager très en amont sans toutefois se perdre au niveau opérationnel. Par ailleurs, la diversité des moyens de communication implique de mettre en place un mix de communication afin de posséder une politique de communication intégrée et cohérente (section 2). Enfin, il est indispensable d'étudier les théories de la communication (section 3). Ces dernières sont nécessaires non seulement à la compréhension et à la conception de messages, mais aussi à l'utilisation de techniques et d'outils.

Section 1
Enjeux stratégiques de la communication

291. La communication, élément du marketing mix souffre d'une absence de définition de périmètre. Tout peut être communication : déclaration, communiqué, publicité, action promotionnelle, façon de s'habiller ou de s'exprimer, ou de ne rien dire… Dès lors il convient de donner une définition à la politique de communication. « *C'est l'ensemble des actions menées par une entreprise en vue d'influencer les attitudes et les comportements de ses publics cibles* » (Lindon, 1994). Les publics cibles ne sont pas forcément des consommateurs. Ils peuvent viser les salariés, les étudiants (futurs salariés), les actionnaires, les banques, etc. (Malaval, Décaudin, 2005). La communication fait l'objet d'une diversité de champs d'application qu'il convient d'étudier. Ses objectifs peuvent être analysés avec des grilles de lecture différentes. L'élément central de la communication est le message. Celui-ci doit faire l'objet d'attentions particulières.

§ 1. Une diversité de champs d'application

292. La communication se retrouve dans de nombreux domaines: entreprises, institutions, particuliers, partis politiques, syndicats, mouvements associatifs, religions, etc. Afin d'appréhender plus précisément la communication dans une organisation, il est nécessaire de recourir à une typologie. Deux types de communications sont alors envisageables.

***293.* La communication corporate** – La communication *corporate* met en valeur l'entreprise (AACC corporate et Hurel du Campart, 2003). Celle-ci peut avoir pour objectif de souligner les performances de l'entreprise. On parlera alors de communication d'entreprise. Ce type de communication s'appuie sur des faits et s'adresse à des publics spécialisés en attente de ce type de communication, qui ne manqueront pas de vérifier l'information véhiculée. La contrainte forte de la communication d'entreprise est de respecter la vérité, ce qui en limite la créativité. Pour exemple, les résultats financiers du groupe Renault en 2005 mettent en évidence une très bonne rentabilité de la capitalisation boursière, positionnant le groupe à la deuxième place du secteur automobile derrière Toyota. Cet argument a été utilisé à plusieurs reprises par Carlos Ghosn, notamment lors de la conférence de presse de présentation des résultats du groupe[1], mais également à diverses occasions moins formelles comme des interviews du PDG en marge de grands prix de Formule 1. La communication *corporate* peut également viser à insister sur les valeurs de l'entreprise. La communication institutionnelle, s'adressant aux publics internes et externes se conçoit comme une communication universelle développant les valeurs fondamentales de l'entreprise comme son projet, son identité, sa culture ou la légitimation de ses activités. Il s'agit d'une communication symbolique. Compte tenu du succès de Renault en Formule 1 en 2005, il ne faisait aucun doute de la décision de la firme de continuer l'aventure dans les années à venir. La raison tient au fait que l'image de Renault qui aujourd'hui est globalement positive et tournée vers l'innovation, peut difficilement trouver meilleur véhicule de communication que le championnat du monde de Formule 1. Symboliquement, derrière la victoire en grand prix, c'est la performance, l'innovation et la créativité qui est attribuée par le public à cette marque. Une communication institutionnelle réussie peut avoir des

1. « Carlos Ghosn : la stratégie du silence », *Les Échos*, 9 février 2006.

conséquences inattendues. Ainsi certains distributeurs comme Leclerc, n'hésitent pas à mettre en place une véritable stratégie de communication axée sur l'environnement. Des travaux ont montré que la suppression des sacs en caisse pouvait avoir des implications managériales importantes (Gauthier et Reynaud, 2005). Au niveau de l'image véhiculée par cette initiative, il semble que l'objectif initial d'efficacité économique soit dépassé et que l'enseigne ait acquis une légitimité comme acteur du développement durable. On peut noter que la communication institutionnelle en France est en fort développement.

294. **La communication commerciale** – La communication commerciale met en valeur ce qu'achète le client. Si elle se fait sur un registre de performance, on parlera de communication de produit. Cette dernière sera fondée sur les caractéristiques objectives du produit ou du service. Il sera systématiquement recherché une différenciation par rapport aux autres produits, tout en tentant d'apporter des réponses à des problèmes de consommation. Pour Renault, comme pour la quasi-totalité des constructeurs automobiles, le lancement d'un nouveau modèle ou son relooking passe par un visuel appuyé. Le discours associé doit faire apparaître le bénéfice consommateur. La nouvelle campagne de publicité télévisée pour le modèle Laguna en 2005, mettant en scène les retrouvailles de deux anciens amis Fred et Paul sur un ton humoristique, exempte le constructeur de faire un descriptif des fonctionnalités du produit. Le modèle question-réponse positionne la communication par la suggestion : « *Regrettez-vous vraiment vos vingt ans ? Nouvelle Renault Laguna, tout bien réfléchi* ». La communication commerciale peut viser à montrer les valeurs de la marque. La communication de marque, est fondée sur un positionnement choisi sur des valeurs affectives et symboliques. Cette communication ne doit pas trop s'écarter de celle de ses produits. Dans les années 1980, Renault et ses « *voitures à vivre* », a clairement connu un problème de positionnement. Fort du succès de certaines innovations (Espace, Twingo, etc.), la marque s'est dotée d'un nouveau logo, jugé plus moderne et d'un nouveau slogan en phase avec le ressenti de Renault : « créateur d'automobiles ».

§ 2. Les objectifs de la communication

295. À l'image de Lapalisse avec la prose, tout le monde fait de la communication à partir du moment où il existe des relations humaines. Cette communication peut se traduire par des éléments clés perceptibles dans la vie de tous les jours (tenue vestimentaire, communication non verbale, etc.). Dès lors que l'on raisonne sur des organisations, il convient de mettre en œuvre une politique de communication sur la base d'objectifs à définir dès le départ. Une conception traditionnelle axée sur le triptyque cognition, affection et conation constitue une première approche. D'autres typologies existent et trouvent une application directe dans la publicité, notamment celle développée par Rossiter et Percy. Ces typologies peuvent permettre d'appréhender les réalités multiples de la communication d'aujourd'hui, en particulier le raisonnement en termes de communication d'entretien ou de crise.

***296*.** **Cognition, affection, conation, base de communication** – L'analyse dominante de l'objectif de communication date des travaux de Lavidge et Steiner (1961). Selon eux, trois types d'objectifs de communication sont systématiquement présents. L'objectif cognitif met en avant les éléments relatifs à la connaissance (information du consommateur sur les fonctionnalités ou la disponibilité d'un produit par exemple). L'objectif affectif privilégie les éléments relatifs aux sentiments. Il conviendra alors de faire aimer le produit. Enfin, l'objectif conatif insiste sur le comportement du consommateur. C'est à ce niveau que l'on mobilisera toutes les techniques destinées à faciliter l'acte d'achat. Chaque prise de décision dans le domaine de la communication fait l'objet d'une hiérarchisation de ces objectifs. Les responsables en communication se servent de cette hiérarchisation. Traditionnellement, la hiérarchie d'apprentissage (Cognitif plus important que l'affectif, lui-même plus important que le conatif) a intéressé les chercheurs (Figure 58). Les travaux de Vakratsas et Ambler (1999), reviennent sur les modèles développés, notamment dans une optique de publicité. Certains modèles sont spécifiquement tournés vers le lancement de produits nouveaux (Robertson, 1971).

Figure 58 – Des modèles de hiérarchie d'apprentissage

	AIDA	ACCA	Adoption (Robertson)	Lavidge et Steiner
Cognitif	Attention ↓	Attention ↓ Compréhension ↓	Connaissance ↓ Compréhension ↓	Notoriété ↓ Connaissance ↓
Affectif	Intérêt ↓ Désir ↓	Conviction ↓	Attitude ↓ Conviction ↓	Préférence ↓ Conviction ↓
Conatif	Achat	Action	Essai ↓ Adoption	Intention ↓ Achat

Source : Lendrevie et Brochand, 2001.

Mais la hiérarchie d'apprentissage n'est pas la seule manière d'aborder la communication. Tout dépend de la nature du produit à promouvoir. Il arrive souvent que la dimension cognitive ne soit pas celle qui prédomine. Les enfants ne disposent pas d'une expérience importante en matière de consommation et d'exposition à un message publicitaire. Du coup, leurs réactions seront essentiellement émotionnelles. Le modèle de la hiérarchie de la réaction émotionnelle, développée par Derbaix (1975, 1982), illustre cet état de fait en montrant le caractère prépondérant de l'affectif sur le conatif, puis du cognitif.

***297.* La typologie d'objectifs de Rossiter et Percy** – Les travaux de Rossiter et Percy mettent l'accent sur le processus suivi par un consommateur lors de sa décision d'achat (1997). Chaque étape peut constituer un objectif possible pour la publicité.
– *Étape 1 : Créer ou développer la demande primaire.* Répondant à un besoin, la publicité pourra stimuler la demande. Si le besoin est ressenti et bien perçu par le consommateur potentiel, la publicité ne se justifie pas, notamment en ce qui concerne les produits à faible implication. Si le besoin est ressenti mais oublié et négligé, la publicité peut rappeler l'existence du produit, notamment pour les produits dont l'achat et l'utilisation sont peu fréquents. Si la perception du besoin est faible ou inexistante, la publicité peut promouvoir activement les avantages procurés par le produit (notamment pour les nouveaux produits).
– *Étape 2 : Créer et entretenir une attitude favorable à la marque.* Il s'agit de créer ou d'entretenir la notoriété reconnaissance (sur le lieu d'achat par exemple) et amener le client à constater l'existence du besoin. Il s'agit aussi de créer ou d'entretenir la notoriété souvenir (travailler pour que la marque soit spontanément envisagée lorsque le besoin se manifeste).
– *Étape 3 : Créer et entretenir une attitude favorable à la marque.* Pour atteindre l'affectif, il convient de mettre en évidence les caractéristiques pour lesquelles la marque dispose d'un avantage sur ses concurrentes. L'image voulue ne doit pas être trop éloignée de la perception de la marque.
– *Étape 4 : Stimuler l'intention d'achat.* Si l'acheteur est faiblement impliqué dans l'acte d'achat, l'objectif n'est pas de stimuler l'intention d'achat. Si par contre l'acheteur est impliqué, alors la publicité pourra avoir une influence sur la décision d'achat ou de rachat.
– *Étape 5 : Faciliter l'achat de la marque.* La mobilisation des autres variables du marketing mix doit viser cet objectif. Prix de vente acceptable, disponibilité du produit, promesses produit tenues, compétences de la force de vente, sont autant d'éléments qui permettent la rencontre avec le consommateur et l'achat.

***298.* Communication d'entretien, communication de crise ?** – Les entreprises ont bien compris l'importance du levier que peut représenter une bonne communication. Le développement des médias, la mondialisation ainsi que l'accélération de la circulation de l'information sont des évolutions qui poussent les entreprises à soigner leur communication, qu'elle soit d'entretien ou dans le cadre d'une gestion de crise.

***299.* La communication d'entretien** – Face au nombre important et croissant de sollicitations publicitaires de toutes sortes, le consommateur est souvent perdu. L'une des activités principales des entreprises est de mettre tout en œuvre pour rester présente dans l'esprit du consommateur potentiel. Comme nous l'avons déjà souligné, la mémoire est sélective et l'information retenue s'altère très rapidement. Il est donc primordial de communiquer sur d'autres registres que celui d'un lancement de produit, d'une participation à un événement, ou d'une gestion de crise. Chaque année, les spots télévisés Coca-Cola, mettant en scène pendant l'hiver les tribulations d'une famille d'ours polaires, fleurissent sur nos petits écrans au moment de Noël. Il s'agit de rappeler l'existence de la marque en période creuse pour la consommation de la célèbre boisson. Il n'y a pas de volonté d'expansion. De même, en France, la compagnie aérienne nationale entretien sa communication par des campagnes de publicité sur tous les médias, sans qu'il n'y ait à la base de produit nouveau à promouvoir. Là encore Air France utilise une publicité d'entretien afin de rester dans « l'ensemble évoqué » par les clients potentiels. On peut remarquer que la communication d'entretien n'a de sens que pour les entreprises leaders sur leurs marchés. Il ne s'agit pas d'adopter une communication agressive, mais bien au contraire de viser à garder ses positions, face à la concurrence.

Si l'objectif peut être de fidéliser les clients existants et de prospecter de nouveaux consommateurs (encore que ce dernier objectif réponde à une communication de lancement de produit ou de service), il peut viser parfois à rassurer les investisseurs. La communication d'entretien est vécue par les bénéficiaires comme une volonté de ne rien cacher aux parties prenantes. Cette communication *corporate* d'entretien s'est particulièrement développée dans les années 1980. Il convient donc de segmenter la cible en fonction du message à faire passer. En effet, la communication d'entretien peut avoir des objectifs différents suivant les cibles visées. Un investisseur sera par exemple rassuré par le montant du dividende qu'il percevra. Cela implique parfois de rationaliser l'organisation de l'entreprise au prix de plans sociaux, de chasse aux coûts pouvant avoir des répercussions sur la qualité des produits ou sur l'intégrité du processus de production. Ces éléments lorsqu'ils sont connus des consommateurs peuvent altérer profondément l'image de la marque et ainsi diminuer le capital de marque. Les déboires de Nike, quand a été mis à jour par les journalistes, l'existence d'usines délocalisées en Asie du sud-est employant des enfants pour produire des chaussures de sport, en sont un exemple frappant. Son Président et fondateur de l'époque, Philip Knight a même été obligé d'intervenir pour gérer la crise et rassurer les clients.

***300.* La gestion de crise** – Si certaines situations peuvent être aisément qualifiées de crise, pour les journalistes, tout est facteur de crise et il est difficile d'en donner une définition. Selon une étude d'Euro-RSCG C&O auprès des médias, il existe une défiance des entreprises à l'égard des journalistes, qui sont vécus comme des amplificateurs du problème. Cela explique les communiqués qualifiés d'« écrans de communicants »[2]. Cette position peut se comprendre si l'on constate certains cas. Les situations de crise impliquent parfois que les entreprises aient à gérer des dommages plus ou moins importants. Louppe et Hermel (2002), ont mis en évidence une typologie de dommage marketing, fonction du niveau de gravité de la crise. Cette gravité est elle-même fonction des coûts de réparation des dommages causés (Figure 59).

2. « Les médias face à l'entreprise en crise », *Les Échos*, 6 octobre 2005.

Figure 59 – Gravité des dommages marketing issus de crise et coût de réparation associés

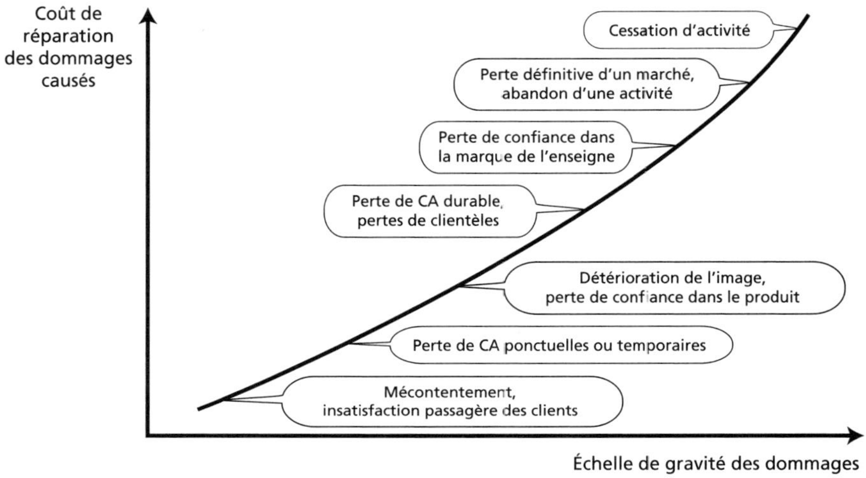

Source : adapté de Louppe et Hermel, 2002.

La gestion de crise peut être appréhendée temporellement. Pour anticiper et gérer une situation de crise, il convient de prendre des mesures avant, pendant et après ce type de situation.

301. **L'avant crise** – Avant la crise, c'est le développement de la prévention et la mise en œuvre de scénarios. De nombreuses entreprises, faute de prévention, sont démunies lorsque la crise arrive. Ce constat laisse à penser qu'il est nécessaire de s'y préparer en amont. Certaines actions sont donc nécessaires notamment le développement d'une culture de crise où il s'agit de sensibiliser à l'importance d'une préparation à la gestion de crise. Tous les échelons de l'entreprise doivent être concernés. L'avant crise doit permettre la constitution d'une cellule de crise destinée à regrouper les compétences nécessaires pour répondre rapidement et précisément à l'urgence de la crise (direction, instances juridiques, communication, techniciens, etc.). Sous l'autorité d'un coordinateur, cette cellule devra se réunir régulièrement pour faire le point. Une procédure d'urgence doit être mise en place pour être en mesure d'alerter la cellule très rapidement. C'est également avant la crise que doit intervenir l'étude de situations de crise extérieures à l'entreprise (y compris dans des secteurs différents) pour développer un apprentissage en interne. *Idem* en ce qui concerne le diagnostic du degré de préparation de l'entreprise. Il s'agit notamment de repérer les facteurs susceptibles d'être exposés à la crise mais également les atouts qui peuvent être mobilisés pour faire face à ce type de situation. À cette occasion, il est utile de sélectionner les scénarios de crises les plus probables et les plus graves. La sélection se fait en fonction du secteur d'activité, de la structure financière (cotation en bourse, entreprise familiale, etc.) et de la stratégie (lancement de produits, restructuration, phases critiques, etc.). Il existe à cet effet des grilles générales qui recensent les divers événements déclencheurs. Pour chacun deux, il est nécessaire de mesurer son degré potentiel de gravité, les moyens de les éviter, et, le cas échéant, il convient de prévoir la meilleure réaction à avoir en cas de crise. L'avant crise est également le moment de la mise en place de mécanismes de détection des crises par la détermination des signes avant-coureurs et leur intégration dans le système de prévention. *Idem* en ce qui concerne la mise en place des plans de crise. Il est important que toutes les parties prenantes impliquées dans ces scénarios sachent exactement comment se comporter en de telles circonstances (exemple : la prise de parole des dirigeants face aux médias). Il est important de bien identifier les attentes de chacune des parties prenantes. Il est prudent de s'entourer de spécialistes des différents domaines, extérieurs si possibles, en mesure de jouer le rôle d'experts avertis en cas de problèmes (laboratoires indépendants, sociétés d'audit). Ils constituent autant de garanties du sérieux de l'entreprise en cas de besoins. Enfin, l'avant crise est le moment de la vérification régulière des informations et notamment l'évaluation du degré de prévention, de préparation, de réaction et de capitalisation. Ces procédures de veille de crise sont destinées autant à s'organiser en prévision d'une crise qu'à s'en prémunir : mieux vaut prévenir que guérir.

***302.* Pendant la crise : La gestion de crise** – Dès que la crise prend forme, la réactivité prévaut. Il convient alors de mobiliser un certain nombre d'actions dont la première est d'activer la cellule de crise. Le temps de réaction est l'une des composantes capitales tant dans la gestion que dans la communication de crise. Il importe également de mettre en place des systèmes d'information qui doivent garantir une information rapide, complète et légitime. Il est important d'identifier les sources d'information et les interlocuteurs prioritaires ainsi que de canaliser l'information et de distiller les renseignements importants. La gestion de crise implique également la prise en charge des victimes lorsqu'il y en a. Il s'agit de rapidement porter secours et soutiens aux victimes et à leurs proches. Il est également important de mettre à disposition un service d'information. Ce moment permet aussi de mettre en place une mesure de la gravité de la crise. Le recours à des experts (techniciens, médecins, comptables, avocats, etc.) permet de limiter tant la gravité de la crise que son développement sensible. Ils sont une aide à la validation de l'évaluation de la gravité de la crise. *Idem* en ce qui concerne l'évaluation de la stratégie de communication à tenir. L'interlocuteur choisi doit être vécu par les interlocuteurs comme crédible et légitime. La communication doit être pensée sur le long terme, et doit être rapide, cohérente et transparente. Enfin, la mise en place d'un dispositif de réduction de crise. Elle se traduit par la prise des dispositions nécessaires pour limiter les conséquences de la crise. Une communication de crise bien gérée permet de métaboliser les événements déclencheurs. L'exemple en Octobre 2005 de la gestion de la crise provoquée par une intoxication alimentaire au steak haché dans les magasins Leclerc est intéressant. Dès la diffusion de l'information dans les journaux télévisés, les reportages montraient la cellule de crise au travail en train d'appeler les consommateurs ayant acheté les lots de viande contaminés. Le lendemain, Michel Edouard Leclerc, montait lui-même au créneau (sans veste et les manches de chemise relevées) et expliquait dans le reportage que la quasi-totalité des lots avaient été récupérés grâce à la performance de ces équipes. Cette communication a été relayée sur d'autres supports médias et notamment sur le blog « De quoi je me M. E. L. », de Michel Edouard Leclerc. La crise, qui aurait pu être grave, a été réglée en trois jours. La gestion « parfaite » d'une crise peut même renforcer l'image de marque de l'entreprise au lieu de la ruiner : mais tirer bénéfice d'une crise ne relève pas du hasard.

***303.* Après la crise : Les leçons tirées et la reconstruction de l'image** – La manière dont la crise a été préparée et gérée est déterminante. Mais trop souvent, on oublie la phase d'après crise, pourtant primordiale pour l'avenir de l'entreprise. Dans cette optique, il est important de définir des actions à long terme. La crise est souvent synonyme de cicatrices tant au sein de l'entreprise qu'à l'extérieur. Il convient donc de rassurer l'ensemble des parties (employés, syndicats, actionnaires, force de vente, fournisseurs, clients, partenaires, médias, groupes de pression, tribunaux, services de police, autorités, etc.) sur les dispositions engagées dans le passé et à l'avenir pour garantir une couverture maximale des risques. L'après crise doit également permettre l'évaluation du fonctionnement de la cellule de crise. Il est primordial d'adopter les modifications nécessaires pour améliorer la prévention et la gestion de la crise: rapidité de mise en place de la cellule, qualité des sources d'information, carences perçues, etc. Le renforcement de l'image de l'entreprise intervient également lors de cette période. Le mal le plus fréquent d'une crise est le coup porté à l'image de marque de l'entreprise. Or, le capital marque de l'entreprise est la meilleure garantie contre les méfaits et la propagation d'une crise. Il faut donc reconstruire et recapitaliser l'image de marque de l'entreprise.

Certains auteurs ont bien mis en évidence les spécificités de la communication de crise (Lagadec, 1993 ; Libaert, 2001 ; Roux-Dufort, 2000). La professionnalisation des métiers dans la communication a poussé à développer des méthodes pour savoir agir en situation de crise. Pourtant, comme le souligne D'Almeida (2001, p.73), « *Le rétrécissement de l'horizon temporel à l'instant conduit les organisations et les individus à vivre en situation de crise permanente* ». Ce nouvel état devenant structurel, l'état de crise devient ordinaire. Ainsi, puisque tout devient urgent, le jugement s'obscurcit et les mécanismes de prise de décisions se modifient. Cette situation chronique de crise à laquelle sont soumises toutes les organisations s'explique par la pression du système médiatique.

§ 3. Le message, élément de base de la communication

***304.* Le fond du message : Que dire ?** – En premier lieu, la cohérence implique que le message soit en adéquation avec l'identité de l'émetteur, faute de quoi la communication sera inefficace. Europe 1 se veut une radio généraliste en phase avec les lieux de vie et plus généralement la vie de tous les jours. Par conséquent, sa campagne de publicité télévisée montre les déboires d'un jeune auditeur cherchant à écouter sa station préférée. Le message est cohérent dans la mesure où il existe un lien entre la vie quotidienne et l'activité de l'annonceur et que ce lien est décrit de manière détournée dans l'annonce. Par ailleurs, plus le message sera complexe, plus il sera difficile de le faire comprendre. Ceci est d'autant plus vrai que les arguments sont nombreux et s'adressent à des facettes de personnalité différentes. Ainsi, le message reçu en tant qu'actionnaire peut être totalement différent de celui reçu en tant que militant écologique ou membre d'une association de consommateurs. En second lieu, le message doit se singulariser afin d'être remarqué, mémorisé et attribué (Libaert, 2000). La distinction, impliquant une bonne connaissance de la communication concurrentielle, peut s'effectuer de manière forte ou atténuée. Les campagnes de publicité pour le lancement de Virgin Cola en 1998 ont clairement montré la volonté de se démarquer des autres producteurs de carbonates. Un ton décalé, jeune, humoristique et impertinent a été choisi dès le début de vie du produit avec uniquement le nom de la marque pour slogan. Paradoxalement le message était présent dans le non dit.

***305.* La structure symbolique : comment le dire symboliquement ?** – La visibilité du message est indispensable. Cette visibilité s'exprime à un double niveau. Au niveau de la signalétique d'abord, l'ensemble des supports de communication doit être porteur du message. Chaque signe émis par l'entreprise doit pouvoir s'analyser et se comprendre en référence au message (code couleur, typographie, communiqués de presse). Au niveau de la connaissance interne ensuite, le message doit être abondamment diffusé. L'appropriation du message par les acteurs internes de l'entreprise participe à la diffusion à l'extérieur. Ce qui est visé, c'est que chaque agent devienne ambassadeur de la marque. Le contenu du message peut s'articuler autour de trois types d'axes : rationnel, émotionnel et éthique. Le choix d'un axe rationnel privilégie la dimension économique et réfléchie de la cible. L'argumentation est fondée sur la promesse, et l'utilisation d'éléments rationnels permet de mettre en avant la qualité, l'économie et la performance. La préférence pour un axe émotionnel témoigne du souci à engendrer une réaction affective. Dans ce registre, la peur, la culpabilité ou la honte renvoie à des messages négatifs. Par contre, l'humour, l'amour, l'orgueil ou la joie ont une connotation positive. Enfin, l'optique axe éthique cherche à cibler le sens moral du récepteur, l'intérêt général, le respect de l'environnement, etc. Pour rendre cet axe crédible, il est fréquent d'utiliser des messages légèrement contradictoires qui suscitent l'interrogation.

***306.* La structure logique : comment le dire logiquement ?** – Un message pourra varier en fonction de la cible visée. Certains éléments de base touchant à la logique doivent être connus. On peut s'interroger sur un certain nombre d'éléments inhérents au message. Ainsi, en premier lieu le caractère implicite ou explicite des conclusions d'un message peut être discuté. Dans certains cas, il vaut mieux ne pas expliciter la conclusion. C'est notamment le cas lorsque l'audience n'a pas confiance dans l'émetteur. Elle pourra être hostile à une démarche visant à l'influencer. De même, lorsque le message est simple et l'audience experte, elle peut considérer que la conclusion va de soi. Une explicitation pourrait être vécue comme un affront à l'audience. Enfin, lorsque le message touche à des problèmes d'ordre personnel, l'audience peut s'opposer à une interférence de l'émetteur. Ces exemples montrent que l'explicitation des conclusions est loin d'être la règle et peut même provoquer l'effet inverse à celui recherché. En deuxième lieu, on peut s'interroger sur la présence ou non dans le message, de la faiblesse du produit de la marque ou de l'idée. Dans une logique d'argumentaire, il peut être dangereux de fournir à une audience naturellement sceptique des armes qui peuvent se retourner contre l'émetteur. Cette stratégie est d'autant plus dangereuse qu'aucune parade n'a été envisagée pour contrer point par point les reproches ou éléments négatifs touchant le produit, la marque ou l'idée. En troisième lieu, il est nécessaire de choisir le degré d'interactivité entre l'émetteur et l'audience. Un message à sens unique (sans *feed back*) est d'autant plus efficace que l'audience est initialement favorable au point de vue développé dans le message. Par contre, un message à double sens est d'autant plus efficace que le niveau de connaissance de l'audience est élevé et/ ou que l'audience est soumise à une contre propagande. Enfin, la question de la place de l'argument principal dans le message est également à étudier. L'argument doit figurer au début si le message est à sens unique pour éveiller l'attention et retenir l'intérêt. Il en va de même si le message est à double sens et si l'audience est hostile. Par contre si l'audience est captive, l'argument principal doit se situer à la fin du message.

307. **La source du message : qui doit le dire ?** – La légitimité du message peut s'obtenir grâce à la personne qui véhicule le message. Dans le cadre du comportement du consommateur, nous avons vu qu'il était possible d'avoir une influence dans plusieurs types de situations. Si la source du message a un pouvoir d'expertise (médecins, savants, professeurs, etc.), le message pourra apparaître naturellement crédible à condition de mettre en avant le côté technique en relation avec la spécialité de l'expert. Si la source du message entre dans le cadre d'une relation de confiance (amis, connaissances, individus désintéressés, etc.), là encore le message sera accueilli positivement à condition que la source ne change pas de registre de relation avec l'audience (intéressement, etc.). Enfin, si la source du message est emprunte de popularité (personnes exposées médiatiquement), le message pourra être reçu positivement par l'audience. Il faut néanmoins insister sur le fait que fonder sa communication uniquement sur le caractère connu (*people*) d'une personnalité peut avoir des conséquences négatives sur l'image d'un produit, dans la mesure où elle est trop en décalage avec le produit promu ou l'audience.

308. **Forme et format du message** – En fonction du support choisi, le message peut être mis en valeur différemment. Ainsi, sur support écrit, on insistera sur le titre, le texte, l'image, la couleur, alors que les mots, le ton, la voix, le rythme prévaudront sur un support radio. Le support audiovisuel privilégiera les expressions faciales, les gestes, les vêtements, les attitudes, les styles. Le message peut également être véhiculé par le produit lui-même ou son emballage *via* l'aspect, l'odeur, le bruit, la forme et la couleur. Les caractéristiques formelles du message ont également une influence sur l'attention. Ainsi, le cheminement visuel accorde plus d'importance à l'accroche ou au visuel qu'au *body copy* par exemple. Certaines règles en matière de conception de message sont à respecter (Tableau 30).

TABLEAU 30 – LES CAPTEURS DE L'ATTENTION

Variables	Ce qu'il est préférable de faire...
Taille du message	Espace minimal à respecter. Loi du carré.
Couleur	La couleur valorise le produit. Respect de la symbolique des couleurs. Grandes variations interculturelles.
Intensité du mouvement	Varier l'intensité sonore. Préférer l'affichage mobile à l'affichage statique.
Contraste	Loi du contraste.
Emplacement	Page de droite plus lue que la gauche. Partie supérieure gauche de la page lue en premier.

Source : Dubois, 1994.

La loi du carré n'est pas une fin en soi, mais certaines études ont démontré que l'on pouvait doubler un score d'attention, en multipliant par quatre la surface d'exposition. La loi du contraste a pour objet quant à elle, de créer une rupture volontaire par rapport à ce qui précède ou suit. Cela peut prendre diverses formes, notamment être la seule publicité en noir et blanc de la plage publicitaire, les autres étant en couleurs ou bien être silencieux si les autres messages sont tonitruants. Le choix des couleurs dans une annonce n'est pas un hasard. Il résulte de la rencontre entre la nature du message à délivrer et le code stylistique des couleurs, lui-même imprégné de l'histoire, de la culture, des us et coutumes de notre société. Cela implique qu'un produit qui se veut mondial s'adapte au niveau des couleurs, et des choix créatifs, aux représentations communément admises dans le pays ciblé.

Phénomène de mode, les couleurs n'hésitent pas à s'afficher sur les produits, cassant progressivement les codes établis. Les constructeurs automobiles proposent de recolorer l'intérieur ou l'extérieur de leurs modèles en proposant des kits permettant de changer au gré des envies et des humeurs l'aspect de leur véhicule. Les fabricants d'électroménager ont pendant longtemps conçu des modèles exclusivement de couleur blanche. De plus en plus ces firmes sont obligées de proposer une alternative (couleur, inox, etc.) à leurs clients. Pourtant certains domaines comme l'alimentation restent la chasse gardée du non coloré. Dans ce secteur, si les consommateurs sont attirés par la couleur, ils ne passent pas forcément à l'acte d'achat. En effet, la couleur évoque les colorants[3]. Le tableau 31 apporte quelques significations (issues du mode occidental) aux couleurs utilisées.

---

3. « Les produits voient la vie en couleurs », *Les Échos*, 15 juin 2005.

TABLEAU 31 – LA SIGNIFICATION DES COULEURS DANS LES PAYS « OCCIDENTAUX »

Couleur	Signification...
Blanc	Pureté, innocence, sagesse, naissance, légèreté, volume, propreté, perfection
Noir	Tristesse, deuil, mélancolie, impression de masse, étroitesse, luxe, rigueur
Gris	Classe, intelligence
Bleu	Fraîcheur, légèreté, jeunesse, noblesse, tendresse, ciel, justice, spiritualité, féminité, hygiène
Rouge	Vie, puissance, chaleur, colère, passion, fougue, dynamisme, masculinité
Jaune	Chaleur, bien-être, éternité, durabilité, joie, royauté
Vert	Jeunesse, renouveau, espérance, force, longévité, nature, campagne, santé, repos
Orange	Adaptation, entrain, équilibre, énergie, convivialité
Violet	Irréalité, rêve, secret, apaisement, puissance, noblesse
Mauve	Tempérance, lucidité, équilibre entre passion et intelligence
Rose	Bonheur

Le ton et les mots employés pour délivrer un message sont également importants. Bien souvent, les récits d'entreprises sont habités par une stratégie visant à engager les acteurs dans un processus de compréhension spécifique. Utiliser le « nous » consiste à associer le destinataire à l'origine énonciative, à présupposer un collectif fait de sentiment d'appartenance à la communauté produite par le discours. Le « nous » vise à l'identification collective (D'Almeida, 2001). Les figures de styles sont également destinées à positionner le propos et à situer le statut du message. Elles peuvent viser à capter l'attention du sujet, faire mémoriser un message ou suggérer une idée.

De manière générale les figures de style visant à capter l'attention sont couplées avec un visuel ayant le même objectif. Avec la multitude de communications prenant ou non la forme d'annonces publicitaires, il devient difficile de se démarquer et de sortir du lot. C'est la raison pour laquelle, il existe une surenchère liée à cette soif d'exister dans le paysage publicitaire[4]. L'attention peut résulter d'une surprise, d'une incompréhension, d'un double sens ou d'un émerveillement (Tableau 32).

4. HURON (D.), « Faut-il choquer pour vendre ? », 2005 (http://www.david-huron.fr).

TABLEAU 32 – LES FIGURES DE STYLES PERMETTANT D'ATTIRER L'ATTENTION

Figures	Exemples
La prosopopée : on prête la parole à des êtres absents ou inanimés	« Les chats achèteraient Whiskas »
L'approche dilatoire : on retarde la présence d'un sujet grammatical dans un texte ou dans une longue phrase de sorte à créer le suspens	« né d'une vision unique au cœur de l'emploi, (...), Publicis Consultants »
Le détournement : il consiste à adopter un ton ou adapter une formule (proverbe, titre, best-seller, ou film à grand succès) connus de tous	« Les gens l'appellent l'idole des jeunes » (Montblanc)
L'antiphrase : on exprime ironiquement par le discours autre chose que ce que l'on dit. Intensifie le propos par le paradoxe, étonne, rend perplexe (notamment par un décalage entre le visuel et l'accroche)	« Ralentissez, parce qu'une brève rencontre bouleverse souvent toute une vie » (Mercedes-Benz) « Pour ouvrir un hypermarché en France, il vaut mieux avoir un bon dossier » (Leclerc)

Les figures de styles peuvent également viser à mémoriser un message (Tableau 33). Cette mémorisation passe souvent par des constructions de phrases et des jeux de mots qui sont destinés à faciliter l'acquisition du message par l'individu. Cet aspect se rapproche de la logique des réclames observées des années 1950 à la fin des années 1970. Par nature, nombre de slogans ou plus généralement d'annonces restent mémorisés dans l'esprit des clients. L'ère de la réclame est révolue. La publicité est devenue chose courante au point que dans les années 1980, un magazine de télévision hebdomadaire lui soit consacré et obtienne un beau succès d'audimat. Christian Blachas ne s'est pas trompé en intitulant son émission *Culture pub*, car effectivement toute une génération a grandit avec le développement de la publicité, créant ainsi un référent culturel commun. Cela explique que l'on ne s'adresse pas au consommateur uniquement en le considérant comme un être rationnel ou pire conditionné. On peut aussi utiliser son intellect pour faire passer un message. Dans cette optique, la suggestion reste un moyen recherché, notamment en utilisant des figures de style *ad hoc* (Tableau 34).

TABLEAU 33 – LES FIGURES DE STYLES PERMETTANT DE MÉMORISER

Figures	Exemples
La répétition : c'est la redondance d'un mot ou d'un groupe de mot.	« Si j'u va bien, c'est Juvamine, Si j'u va bien, C'est Juvamine ».
L'allitération : répétition d'un son et d'un type de son.	« Aussi bon cru que cuit, qui l'eut cru » ou « une saucisse sèche sans s'assécher » de Justin Bridou.
L'anaphore : on commence par les mêmes mots les divers membres d'une phrase. Cela permet de décliner toutes les qualités d'un produit ou d'une marque.	« Rien que des hits, rien que des tops, rien que des tubes, rien que des succès, rien que tout ce qu'on a aimé, rien que tout ce qu'on aimera toujours, rien que des trésors, rien que de l'or. RFM, la radio en or ».

La paranomase : c'est le rapprochement de termes voisins par la sonorité qui permet de faire le lien entre la marque et sa qualité.	« Legal, le goût » ; « RTL, c'est essentiel » ; « Entremont, c'est autrement bon ».
La tautologie : c'est définir le même par le même. Cela permet de jouer sur le prestige d'un produit.	« Elle est bonne, et en plus elle est bonne » (huile Lesieur).
La rime : c'est la répétition régulière d'une syllabe.	« Antikal, le calcaire, c'est son affaire ».
L'oxymore : cela consiste à rapprocher des mots en contrariété pour créer une expression paradoxale.	« Lotus : fort en douceur » ; « Pensez à ne pas l'oublier » (Le Rouy).

TABLEAU 34 – LES FIGURES DE STYLES PERMETTANT DE SUGGÉRER

Figures	Exemples
La métaphore : c'est la désignation d'un objet, d'une idée, par un mot référant à un autre mot.	« La fourmi de Volkswagen » (Polo) ; « MAIF, l'assureur militant ».
L'antanaclase : construction qui permet la polysémie du sens du discours.	« Babette, je la lie, je la fouette et parfois elle passe à la casserole » (Crème liquide Babette).
L'onomatopée : construction formée par un mot imitant le son naturel.	Nom de marques : Crunch, Krisprolls, Coca-Cola, Pepsi Cola, Pshcitt, Kit Kat, Cacolac, etc.
La litote : procédé par lequel on dit peu pour exprimer beaucoup.	« Total, vous ne viendrez plus chez nous par hasard » ; « Fanta, welcome to the world ».
La synecdoque : procédé permettant de désigner la partie pour le tout ou inversement.	« Freedent, des milliers de dents l'ont choisi ».
La métonymie : elle consiste à désigner un objet par un autre objet.	« RTL2, ce n'est pas de la radio, c'est de la musique ».
L'euphémisme : construction permettant de masquer le caractère grossier, indécent ou pénible d'un mot par l'emploi d'un synonyme.	« Vania, chaque matin, habillez-vous de fraîcheur ».
La prolepse : c'est l'énoncé des objections de l'adversaire avant celui-ci, afin de mieux anéantir ces critiques.	« Vous ne direz jamais plus ' jamais une Fiat ' ».

Section 2
Les stratégies de communication : le mix de communication

309. On ne communique pas de la même manière en fonction des objectifs que l'on se fixe et de l'environnement en présence. Par ailleurs, il n'existe pas de « *one best way* » en matière de communication. Les outils de communication sont nombreux et il est nécessaire de les combiner pour optimiser sa stratégie de communication. C'est ce que l'on appelle le mix de communication. Ce dernier concerne à la fois la publicité, le marketing direct, la promotion des ventes, les relatons publiques, ainsi que les techniques de sponsoring et de mécénat. C'est la réunion du média et du hors média.

§ 1. La communication par les médias

310. Un média est un moyen de communication et de diffusion d'informations. Cinq types de médias sont traditionnellement évoqués : la presse, la télévision, l'affichage, la radio et le cinéma (Tableau 35). L'émergence de la publicité sur Internet trouble les règles du jeu. En effet, le développement rapide du commerce en ligne et son corollaire en termes de stratégie de communication implique de plus en plus de considérer Internet comme un média à part entière. Le web constitue un nouvel espace publicitaire dont le principal intérêt est de permettre un ciblage très précis et de favoriser l'interactivité entre l'annonceur et le client. Par exemple, le ciblage contextuel développé par Reboul et Xardel sélectionne les messages en fonction des centres d'intérêts connus du visiteur (1998). Pour autant, un certain nombre de pratiques sont détestées par les consommateurs (popup). Les professionnels de l'Internet ont formé en 2004 un syndicat (SRI – Syndicat des Régies Internet) et ont pour volonté de demander au BVP (Bureau de Vérification de la Publicité) de créer une charte moralisant la publicité sur Internet[5].

TABLEAU 35 – DÉPENSES DE COMMUNICATION DES ANNONCEURS EN 2004 (MÉDIAS)

Médias	Dépenses en milliards d'euros	PDM sur total %
Total presse	**4,381**	**14,1**
Presse Quotidienne	**1,066**	**3,4**
Quotidiens nationaux	0,291	0,9
Quotidiens régionaux	0,775	2,5
Autre presse	**3,315**	**10,7**
Presse magazine	1,601	5,1
Presse hebdomadaire régionale	0,078	0,3
Presse gratuite généraliste	0,923	3
Presse professionnelle	0,511	1,6
Collectivités locales	0,202	0,7
Télévision	**3,998**	**12,8**
Affichage	**1,414**	**4,5**
Grand format	0,644	2,1
Transport	0,318	1
Mobilier urbain	0,328	1,1
Autres	0,202	0,3
Radio	**0,971**	**3,1**
Cinéma	**0,103**	**0,3**
Total 5 grands médias	**10,867**	**34,8**

Source : France Pub.

5. « Le BVP s'attaque à la moralisation d'Internet », *Les Échos*, 19 mai 2005.

La communication sur Internet risque de devenir un élément stratégique des entreprises présentes sur ce média, dans la mesure où les autres éléments du mix de communication n'apparaissent avec le temps pas aussi flatteurs que les spécialistes de la nouvelle économie le laissaient entendre il y a quelques années. Pour Jallat et Ancarani (2005), les prix pratiqués *on line* ne sont pas forcément inférieurs à ceux observés dans le commerce *off line*. Or, l'élément prix a été l'un des éléments moteurs de la décision d'acheter sur Internet pour beaucoup de consommateurs. Puisque le prix risque de ne plus être un vecteur crédible de communication, il conviendra de trouver d'autres arguments et d'adapter sa communication au net (Tableau 36). Comme le souligne Zyman, référence dans le petit monde de la publicité, « *exprimé simplement, l'objectif de la publicité est de vendre plus de choses, à plus de gens, plus souvent, pour plus d'argent* » (Zyman, 2003). Cette définition a le mérite d'être claire, mais ne traduit pas la position de certains auteurs et praticiens. Sans renier l'objectif d'accroissement du chiffre d'affaires, il peut être envisageable que d'autres missions plus larges soient concernées par la publicité (Vernette, 2000). La production et la diffusion d'une communication pertinente sur le produit ou le service peuvent constituer une finalité à part entière. Il semble donc moins évident qu'il n'y parait de définir des règles objectives de choix de médias et de support comme le laisse entendre Zyman.

TABLEAU 36 – SYNTHÈSE DES OUTILS DU MARKETING ON-LINE

Outils	Contexte	Avantages	Inconvénients
Référencement	Enregistrement du site sur les moteurs de recherche et dans les annuaires téléphoniques.	Faible coût. Source de trafic potentiellement importante.	Nécessaire mais pas suffisant.
Bannières	Bandeaux publicitaires dans des espaces prédéfinis sur les sites.	Forte contextualisation du contenu. Développement d'offres spécifiques.	Coût élevé sur les sites à fort trafic. Taux de clics faibles, voire décroissants.
Partenariats	Échanges de liens hypertexte simples et échange de contenu.	Parfaite adéquation avec la nature même du média électronique. Permet d'enrichir le contenu d'un site. Développe le trafic généré par un public pré ciblé.	Coûts de négociation et de référencement élevés. Absence de contrôle direct sur le contenu.
Affiliation	Partenariat simplifié et rémunéré	Faible coût de négociation. Coût variable en relation directe avec le succès de l'opération (rémunération à la commission).	Contrôle difficile. Problèmes de réputation et de reconnaissance dépendant de l'image des sites sources qui dirigent l'internaute vers le site cible.

Mailing listes	Marketing direct *via* des mails envoyés aux souscripteurs.	Intéressant quand l'opération est bien ciblée et que l'entreprise concernée a obtenu l'accord du récepteur.	Risque de Spam nocif pour l'image de marque de l'entreprise.

Source : Jallat, 2003.

Le choix des médias est effectué selon des critères plutôt variés. D'abord il convient de définir la caractéristique de la couverture de la cible visée (étendue géographique, densité, sélectivité, rapidité, probabilité d'exposition, etc.). Ensuite, les caractéristiques du mode de communication (visuel, auditif, imagé, textuel, mobile, fixe, etc.) peuvent être mises en avant. Enfin, une attention toute particulière doit être portée à l'accessibilité (coût, délais, disponibilité, etc.). Ce choix peut être apprécié selon un certain nombre de critères inhérents à la nature des médias eux-mêmes (Tableau 37). On peut envisager de choisir un support selon trois critères (Moors, 2004) : la puissance, l'économie ou l'affinité. La puissance, c'est le nombre d'individus touché par un support, exprimé en pourcentage ou en milliers d'individus. L'échelle de puissance classe par ordre les supports ayant le plus de lecteurs. L'audience d'un support est l'ensemble des personnes en contact avec ce support. L'échelle d'économie se calcule à partir du prix tarif de la page quadrichromie, divisé par le nombre de personnes de la cible. Puisque les personnes visées sont nombreuses, on utilise dès lors le coût pour mille (CPM), qui pour un support donné, mesure le rapport entre le coût d'une insertion et l'audience (pour toucher mille individus). Enfin l'affinité mesure la proximité entre le support et la cible. L'affinité se mesure par l'audience utile (sous-ensemble du support correspondant à la cible visée). L'audience utile est aussi appelée couverture et il est parfois intéressant de calculer le taux de couverture pour pouvoir choisir entre plusieurs supports, celui qui sera le plus approprié.

TABLEAU 37 – CRITÈRE DE QUALITÉ DES MÉDIAS

Quantité d'information transmise	–	–	++	–	–	–
Rapidité de mise en œuvre	– –	++	+++	–	–	–
Durée physique du message	–	–	+	++	+	–
Capacité à influencer une image	+++	+	+	+++	++	+++
Capacité à influencer une attitude par l'imaginaire	+	+	–	+	+	+++
Capacité à influencer un esprit régional	–	+	+++	–	++	–

Source : Dubois, 1997.

D'autres critères sont souvent à prendre en compte comme la duplication ou la triplication entre supports (ou entre médias) : un téléspectateur de M6 peut lire le magazine capital et écouter BFM. Il est à noter que la tendance observée, notamment chez les jeunes, est la consommation simultanée de médias[6]. C'est donc l'émergence du cumulatif avec tout ce que cela implique comme difficultés pour imposer son image. L'accumulation d'audience (les insertions successives dans une revue ne toucheront pas exactement les mêmes personnes d'un numéro à l'autre) et la qualité de l'audience (pour certains médias, l'étude par tranches horaires pour chaque jour de la semaine révèle des profils différents) constituent des critères permettant de choisir les supports médias.

L'efficacité d'une publicité est couplée à la manière dont le lecteur va la traiter. Dichter considère trois étapes. La manière d'être touché par la publicité renvoie aux motivations mobilisées. Ensuite, il s'agit de connaître les effets psychologiques issus de la publicité sur le lecteur en s'interrogeant sur ce qu'il en retire. Enfin, les effets comportementaux sont mesurables au niveau des conséquences sur les ventes (Dichter, 1949). Pour autant nous ne sommes pas tous égaux devant la publicité. Nous avons déjà souligné que la publicité pouvait être appréhendée différemment suivant l'expérience des individus en la matière. Des travaux ont montré que le scepticisme à l'égard de la publicité pouvait relever d'un transfert intergénérationnel (Obermiller et Spangenberg, 2000).

§ 2. Le hors média

311. En termes d'importance la communication hors média représente près des deux tiers des dépenses totales de communication (tableau 38).

TABLEAU 38 – DÉPENSES DE COMMUNICATION DES ANNONCEURS EN 2004 (HORS MÉDIA)

Hors média	Dépenses en milliards d'euros	PDM sur total %
Annuaires imprimés et électroniques	**1,079**	**3,5**
Marketing direct	**10,049**	**32,2**
Mailings	4,898	16,3
Distribution de prospectus	0,731	2,4
Éditions publicitaires	3,654	12,1
Autres	0,766	2,4
Promotion	**4,823**	**15,4**
Salons et foires	**1,367**	**4,4**
Parrainage	**0,811**	**2,6**
Mécénat	**0,35**	**1,1**
Relations publiques	**1,673**	**5,4**
Achat d'espace internet	**0,179**	**0,6**
Total hors média	**20,016**	**65,2**

Source : France Pub.

6. Une étude du baromètre médiamétrie montre que 71 % des 16-20 ans déclarent être en contact avec plusieurs médias en même temps. « Médias : les jeunes consomment tout à la fois », *Les Échos*, 18 mai 2006.

En dehors des médias traditionnels qui viennent d'être évoqués, il est à souligner le développement des « médias tactiques » (ou médias style de vie) qui correspondent à de nouveaux supports marketing s'adressant au consommateur potentiel à des moments où il est peu sollicité[7]. Cela peut prendre la forme d'inscriptions sur un carton de pizza, sur un ticket de parking ou dans les toilettes d'un restaurant. Ces démarches créatives sont considérées comme faisant partie du hors-média au même titre que la promotion des ventes, le marketing direct, les relations publiques, ainsi que le sponsoring et le mécénat.

A. La promotion des ventes

312. Selon Ingold, la promotion des ventes est « *une démarche associant un ensemble de techniques et de moyens de communication, mis en œuvre dans le cadre du plan d'action commerciale de l'entreprise, afin de susciter auprès des cibles visées, la création ou le changement d'un comportement à court ou à long terme* » (1995). Bien souvent la promotion communique à une cible un avantage certain ou incertain, immédiat ou différé, afin d'obtenir soit une modification immédiate et directe de la demande finale (accélération, augmentation, régulation), soit une modification immédiate du comportement des prescripteurs, des consommateurs (essai), des distributeurs ou des vendeurs (concours), se répercutant sur la demande finale. D'autres auteurs insistent sur la dimension « progression de la demande » et définissent la promotion comme « *une offre conditionnelle visant à stimuler le comportement de cibles du processus d'achat contribuant à court ou moyen terme, à accroître la demande* » (Desmet, 2002). La promotion des ventes est ainsi considérée comme un accélérateur de consommation. Certains travaux montrent que l'augmentation des ventes en période promotionnelle résulte très majoritairement d'un transfert de clients d'autres marques (Gupta, 1988). La dimension concurrentielle est donc marquée au niveau de la promotion des ventes. Il convient d'étudier dans un premier temps les cibles, objectifs et principes d'action de la promotion pour s'intéresser ensuite aux techniques promotionnelles proprement dites.

313. **Cibles, objectifs et principes d'action promotionnelle** – Plusieurs acteurs jouent un rôle dans l'acte d'achat. Il est naturel de les prendre en compte lors de la définition de l'action promotionnelle. Suivant que cette dernière est non ciblée ou ciblée sur l'acheteur (fidèle, non fidèle, épisodique, potentiel), ou focalisée sur l'utilisateur ou le prescripteur, les objectifs et principes d'action seront différents (Desmet, 2002). Ainsi, plusieurs principes sont à retenir. Une action promotionnelle non ciblée peut avoir comme objectif de déstocker, de développer les volumes ou de réagir ou d'anticiper une action de la concurrence. Il s'agira alors de réduire le prix. Ensuite, la promotion peut viser une clientèle de non fidèles. S'il s'agit d'accroître le taux de nourriture, il conviendra d'attirer l'attention et d'animer sur le lieu de vente. Si l'objectif est de faire circuler dans la gamme, il

7. « Les médias tactiques occupent le terrain », *Les Échos*, 24 avril 2006.

suffira d'accroître la visibilité. Enfin si l'on vise à favoriser le rachat, on utilisera les techniques permettant de faire prendre en main, d'augmenter la valeur perçue du service/produit et/ ou d'en réduire le prix. La promotion peut par ailleurs correspondre à une clientèle fidèle. Si l'objectif est d'accroître les quantités achetées, il conviendra de baisser le prix unitaire. S'il est d'accroître les actes d'achat, il suffira de donner un capital (*via* un programme de fidélisation par exemple). Si l'objectif est de retenir le client fidèle, on pourra lui faire constituer un capital (en adhérant à un programme de fidélisation). Enfin l'obtention d'un parrainage peut constituer à la fois un objectif et un principe d'action permettant d'étendre la pénétration de la marque grâce à la clientèle fidèle en utilisant une technique promotionnelle. Les acheteurs épisodiques, sont ciblés lors d'une action promotionnelle au niveau du déclenchement de l'acte d'achat. L'essentiel ici est de baisser la dépense et/ ou de réduire le coût. L'action promotionnelle peut cibler les acheteurs potentiels (qu'ils soient non acheteurs ou nouveaux acheteurs). Ainsi, si l'objectif est de faire connaître, d'éduquer ou d'informer, le principe d'action sera de réduire le risque perçu du produit. Si l'objectif est de faire essayer ou de favoriser l'apprentissage, il conviendra de réduire le risque financier perçu. Enfin la mise à disposition ou l'obtention d'un premier achat peut s'obtenir par une réduction de prix. La promotion peut également agir sur l'utilisateur. L'objectif de satisfaction du client s'obtient par une meilleure information et l'apprentissage de l'usage. En outre, les distributeurs sont par définition des prescripteurs de la marque. L'action promotionnelle vers cette cible peut avoir pour objectif d'éviter les ruptures en animant la marque sur le lieu de vente par exemple. L'accroissement du stock peut être obtenu par une réduction de prix consentie au distributeur. Le déclenchement de la commande est favorisé par une rémunération de service. Enfin, l'accroissement de l'exposition en rayon ou hors rayon ainsi que la stimulation de la recommandation est d'autant plus aisée qu'une opération conjointe aura été montée entre la marque et le distributeur. Enfin, la stimulation de la recommandation auprès des vendeurs et prescripteurs autres que des distributeurs peut s'obtenir par la formation, la stimulation (concours) ou la récompense (cadeau).

***314.* Les techniques de promotion des ventes** – De manière très schématique, on peut dresser une typologie de promotions des ventes en fonction des objectifs recherchés (Ingold, 1995). Tout d'abord, la promotion client permet de proposer au client un avantage immédiat, différé ou hypothétique, lié à l'achat du produit. Elle peut viser l'essai du produit, le rachat, la fidélisation, la rétention, les achats à prix réduit, l'augmentation des quantités achetées, des quantités consommées, de la fréquence d'achat ou l'essai de nouvelles variétés. En deuxième lieu, la promotion distributeur propose aux entreprises de distribution des avantages ponctuels afin de les inciter à augmenter leurs stocks et/ ou de financer des actions de revente auprès de leurs propres clients. Ce type de promotion se retrouve lorsque l'on vise le référencement de nouveautés, le stockage, une amélioration du linéaire, une obtention de mise en avant, ou une participation aux actions publicitaires. La promotion commerciale, troisième type de promotion, comprend les opérations commerciales organisées par les distributeurs au bénéfice de leurs propres clients en utilisant en partie les moyens financiers mis à leur disposition par les fabricants. L'objectif peut consister à faire découvrir un point de vente, fidéliser la clientèle, augmenter la fréquence de visite, cibler un premier achat, l'achat dans de nouveaux rayons ou l'augmentation du panier moyen. Enfin, la promotion réseau vise à inciter tous les acteurs (force de vente, grossistes, détaillants) à consentir un effort particulier pour en promouvoir la vente en jouant sur l'intérêt individuel. La promotion réseau cherche à augmenter les quantités vendues, obtenir des gains de distribution, mettre en place de nouveaux produits, augmenter la duplication de format ou de variétés, et/ ou obtenir des actions de revente. Du point de vue du client, on peut traditionnellement envisager plusieurs mécanismes promotionnels comme le montre le tableau 39. Compte tenu du développement rapide de ces techniques et des litiges potentiels pouvant en résulter, les juristes rapidement sollicités ont développé un nouveau champ de compétence : le droit du marketing (Ferry-Maccario, 2005 ; Manara, 2003).

TABLEAU 39 – PRINCIPAUX MÉCANISMES PROMOTIONNELS

Techniques de prix	*Principe :* réduire le coût d'un achat. *Mécanismes :* produit en plus, format spécial, lot, offre spéciale, réduction de prix, coupon, ristourne en caisse, remboursement de la différence, offre de remboursement, reprise produit, crédit gratuit, remboursement parking.
Primes	*Principe :* offrir un produit ou service en plus de manière certaine. *Mécanismes :* prime directe, prime différée, prime contenant, prime collection, offre auto-payante, boutique, club, cadeau, cadeau de parrainage.
Jeux et concours	*Principe :* offrir un produit ou service en plus de manière incertaine selon un critère de hasard (jeu de loteries) ou un autre critère (concours). *Mécanismes :* loterie, *sweepstake*, jeux, *winner per store*, *instant win*, visiteur mystère, concours.
Techniques d'essai	*Principe :* réduire le risque et mettre gratuitement au contact du produit/ service. *Mécanismes :* échantillon, démonstration, dégustation, offre d'essai, garantie satisfait ou remboursé.

Source : Desmet, 2002.

***314.* Les techniques de réductions de prix** – L'avantage monétaire est non spécifique et fongible. Il peut être immédiat ou différé. Ces techniques sont utilisées autant par les fabricants que par les distributeurs. Plusieurs types de mécanismes peuvent être envisagés (Tableau 40). Les réductions de prix directes s'appuient sur le principe d'une réduction immédiate et inconditionnelle du prix. Les bons de réduction visent une réduction de prix conditionnelle à la détention d'une « clé ». Les remboursements se fondent sur le règlement différé d'une somme à soi-même. La prise en charge de frais, est une technique ayant pour objectif de faciliter l'achat. Parmi ces techniques de réduction de prix, le *couponing* consiste à émettre des bons de réduction dont peuvent bénéficier les consommateurs (Encadré 49).

L'utilisation des coupons est déterminée par leur valeur faciale (montant de réduction consentie). Le *couponing* est un des moyens de stimulation de la consommation des plus efficaces. Son évolution vers le *couponing* électronique permet de récompenser par des bons de réduction lors de leur passage en caisse, les consommateurs fidèles et/ ou d'attirer dans le même magasin des consommateurs occasionnels.

TABLEAU 40 – PRINCIPAUX MÉCANISMES DE PRIX

Mécanismes	Techniques	Exemples
Réductions de prix directes	Offre spéciale Prix d'essai Offre de gratuit Prix barré Escompte de caisse	« 30 % jusqu'à épuisement des stocks ». « Pour son lancement, prix exceptionnel à 2 € ». « Dans ce paquet, 25 %gratuit ». « 50 % sur les articles avec une étiquette bleue ». « 2 € remboursés à votre passage en caisse ».
Bons de réduction	Coupon à valoir Coupon croisé Bons d'achat Coupon personnalisé Reprise produit	« 5 € de réduction à l'intérieur de cette boîte ». À l'achat d'un produit, distribution de coupons de réduction sur un autre produit. « Bénéficiez de ce bon à valoir sur le magasin ». « M. Winner, bénéficiez de ce coupon ». « Reprise Argus + 1 000 € pour tout achat neuf ».
Remboursements	Offres de remboursement Satisfait ou remboursé	« 1 € remboursé pour l'achat de cette boîte ».
Prise en charge de frais	Crédit gratuit Crédit promotionnel Parking gratuit Port gratuit	« Paiement en 3 fois sans frais ». « Crédit exceptionnel à 1 % ». « Nous offrons le parking à nos clients ». « Frais de port offert, au-delà de 70 € ».

Source : adapté de Desmet, 2002.

Encadré 49 : Les principaux types de bons de réduction

Bon de réduction libre : coupon délivré auprès de consommateurs potentiels sans lien avec un achat préalable ;
Bon de réduction animation : coupon délivré dans le point de vente et donnant droit à une réduction déduite en caisse ;
Bon de réduction immédiat : coupon détachable et donnant droit à une réduction immédiate sur le produit porteur ;
Bon de réduction croisé : coupon valable sur l'achat ultérieur d'un autre produit que le produit porteur ;
Bon de réduction libre-service : coupon proposé aux acheteurs potentiels par un système de mise à disposition libre dans le point de vente.

Au niveau des contraintes légales, certaines conditions doivent être respectées. Le crédit gratuit est interdit sauf pour une courte durée. L'annonce d'une réduction ou d'un prix barré, doit correspondre à une réalité. L'annonceur doit pouvoir prouver le prix de référence utilisé (prix le plus bas pratiqué lors des 30 jours précédents ou lors de la dernière offre en VAD). Dans le cas contraire, il peut être accusé de publicité mensongère. Par ailleurs, les prix imposés sont interdits, c'est-à-dire qu'un fabricant ne peut contrôler le prix de vente d'un distributeur indépendant. Le distributeur est contraint à l'interdiction de la revente à perte.

316. **La promotion-produit** – Les techniques liées à la promotion-produit obéissent à des principes divers. Le produit en plus vise à offrir à la vente un produit identique au produit principal. Les primes visent à offrir à la vente un produit ou service différent du produit principal acheté. Les lots recouvrent la vente d'un multiple du produit principal ou de plusieurs produits principaux différents. La promotion fidélisation permet de vendre un produit dont le prix peut être réduit par la possession d'une « clé » (preuve d'achat). Enfin, les cadeaux répondent au principe d'offre d'un produit/service sans achat (Tableau 41).

TABLEAU 41 – PRINCIPAUX MÉCANISMES DE PROMOTION-PRODUIT

Mécanismes	Techniques	Exemples
Produit en plus	Produit girafe Unité de consommation en plus	Conditionnement modifié pour un contenant supérieur. « le deuxième à moitié prix ».
Primes	Prime directe Prime à collectionner Prime contenant Prime différée	« Sur ce coupon, 1 € de réduction en caisse ». « Collectionne les fiches panini dans chaque boîte… ». Verres à moutarde, boîtes diverses, etc. A valoir sur le prochain achat (code barre à découper).
Lots	Lot homogène Lot mixte Coffrets Lot prime	Ensemble de produits identiques (avec assortiment). Ensemble de produits différés. Package spécialement conçu. « Dans ce lot de mousse à raser, un rasoir gratuit ».
Promotion fidélisation	Offre auto-payante Boutique Club	Prix avantageux d'un produit A pour l'achat d'un produit B. Produits à acquérir via des points de fidélisation. Offres spéciales réservées aux membres.
Cadeaux	Cadeau Offre de parrainage	« Vous avez gagné un grille pain, venez le retirer… ». « Nous vous offrons 5 000 miles pour tout nouvel adhérent que vous nous aurez adressé ».

Source : adapté de Desmet, 2002.

Les contraintes légales liées à la promotion-produit sont nombreuses. En premier lieu, afin de ne pas favoriser une situation où le bénéfice d'un produit passerait obligatoirement par l'acquisition d'un autre produit, les produits doivent être disponibles séparément sur le même point de vente. Le groupage n'est autorisé que pour des produits de faibles valeurs ou ceux qui sont indispensables au fonctionnement normal du produit. Si le prix net de l'objet vendu est inférieur ou égal à 80 euros : le montant maximum de l'objet donné en prime est égal à 7 % du prix net. Si le prix net de l'objet vendu est supérieur à 80 euros, le montant maximum de l'objet donné en prime est égal à 5 euros + 1 % du prix net, avec un montant maximum limité à 60 euros[8]. Les biens, produits et prestations de service indispensables à l'utilisation normale du produit (par exemple piles pour jouets, tuiles, brique ou visserie pour maison), ne sont pas considérés comme des primes. *Idem* en ce qui concerne les prestations de services gratuites ne faisant pas habituellement l'objet d'un contrat à titre onéreux (contrôle du gonflement des pneus offert à l'occasion d'un plein de carburant). Les facilités de stationnement offertes par les commerçants, les SAV, les transports gratuits de clientèle, le prêt de véhicule pour le transport d'objets vendus, la livraison à domicile des marchandises achetées par le client, la mise à disposition d'un véhicule de courtoisie par le garagiste ne constituent pas non plus des primes. Par contre, les produits complémentaires sont considérés comme une prime (autoradio dans une voiture par exemple). Enfin, les primes doivent être marquées de façon indélébile sur la face normale d'utilisation.

***317.* La réduction du risque** – Cette technique promotionnelle consiste à prendre en charge certaines conséquences négatives d'un achat. La baisse du coût de l'essai s'appuie sur le principe d'une offre d'une information, prestation de service ou de produit gratuit sans achat. Les garanties offrent une reprise ou une compensation conditionnelle après un achat (Tableau 42).

TABLEAU 42 – PRINCIPAUX MÉCANISMES DE RÉDUCTION DU RISQUE

Mécanismes	Techniques	Exemples
Baisse du coût de l'essai	Essai gratuit Échantillon, dose d'essai Dégustation Démonstration	« Venez essayer nos nouveaux modèles ». Échantillons de parfumeurs. Essentiellement en PLV. *Idem.*
Garanties	Satisfait ou remboursé Remboursement de la différence	« Si après 3semaines… on vous rembourse ». « Si vous trouvez moins chez ailleurs, on vous rembourse trois fois la différence ».

Source : adapté de Desmet, 2002.

L'échantillon doit rester marginal et comporter la mention « échantillon gratuit – ne peut être vendu » sur sa face normale d'utilisation

***318.* Les jeux et concours** – En ce qui concerne les jeux et concours, il convient de différencier les jeux de hasard de ceux faisant intervenir les compétences des candidats. Bien évidemment, la plupart du temps les deux techniques sont mélangées (concours, puis tirage au sort). Plusieurs éléments sont à souligner lorsque l'on utilise la loterie. Tout d'abord la gratuité pour le consommateur doit être totale (jusqu'au remboursement possible des timbres). Il n'y a pas d'achat obligatoire de produit, donc il doit être clairement montré que l'attribution des lots

8. Cf. site Internet de la Direction générale de la consommation et de la répression des fraudes : http://www.finances.gouv.fr/DGCCRF/04_dossiers/concurrence/fichespro/06primes.htm

résulte d'un tirage au sort. L'offre doit clairement préciser que la participation n'est soumise à aucune obligation d'achat. Le bon de participation doit permettre au participant d'indiquer clairement s'il désire participer seulement ou participer et commander. Le bon de participation au jeu doit ainsi être distinct du bon de commande. Les chances de toutes personnes participant à ces opérations doivent être strictement égales, qu'elles aient répondu favorablement ou non à l'offre commerciale qui leur a été proposée. Par ailleurs un règlement détaillé des opérations doit être établi et sera adressé à toute personne qui en fait la demande. Le règlement doit être déposé chez un officier ministériel et les opérations doivent se dérouler telles que précisées dans le règlement. Il doit pouvoir être obtenu gratuitement. L'adresse à laquelle envoyer la demande doit être indiquée clairement, ainsi que le nom de l'huissier chez lequel ce règlement a été déposé. La loterie peut s'envisager par un tirage différé ou par révélation immédiate (loterie par téléphone, produit gagnant, etc.). Elle peut être localisée sur un lieu de vente (*winner per store*). Cette technique permet d'animer les points de vente en ayant une gestion délocalisée des lots. Il est également possible de procéder au jeu en plusieurs étapes. Le *sweepstake* est une loterie avec pré-tirage où lors d'un premier tirage sont sélectionnés sur la liste des participants « involontaires » (base de données de clients ou de prospects) autant de noms qu'il y a de lots. Lors d'un second tirage chaque nom est associé à un lot.

Les concours peuvent être organisés sur questions objectives ou sur une création dans la mesure où un jury aura été constitué. Si les loteries font l'objet de réglementations spéciales, les autres jeux, restent également particulièrement encadrés. Ainsi, il est systématiquement demandé à ce que soient mentionnés la nature et le nombre minimum de lots. Ces derniers doivent être présentés dans les documents de telle façon que la confusion ne puisse s'installer dans l'esprit du participant quant à leur valeur. Les documents de présentation de l'opération promotionnelle ne doivent pas en outre être de nature à susciter la confusion avec un document administratif, bancaire, ou de presse libellé au nom du destinataire. Les seules personnes qui peuvent être citées dans un message personnalisé sont celles qui ont effectivement gagné par le passé et dans la mesure où le règlement stipulait que les gagnants autorisent la citation de leurs noms et adresses. Lorsque la participation est matérialisée par un document portant un numéro d'identification, la méthode d'attribution des numéros doit être clairement explicitée dans le règlement ou la proposition. L'organisateur s'engage à distribuer tous les lots de valeur ou à les donner à une organisation de bienfaisance pour ceux qui n'ont pas pu être remis à des participants. Une liste des gagnants des lots de valeur est envoyée à tout participant qui en fait la demande. Aucune ambiguïté ne devra se manifester sur les frais éventuels de mise à disposition des lots.

Si l'intérêt de la promotion ne se dément pas, il est fréquent d'être confrontés à des opérations promotionnelles aux pratiques douteuses consistant à faire une publicité large (sur la base de fichiers) mettant en valeur l'importance de l'offre sur un produit ou le cadeau qui sera reçu. Une fois obtenue la visite ou l'appel téléphonique du client, le vendeur l'orientera vers un autre produit plus rentable que celui initialement promu. Ces techniques de dérive de vente (*bait and switch*), s'appuient sur des pratiques comme le refus de montrer ou de vendre le produit promu, la rupture de stocks planifiée par des commandes insuffisantes, l'acceptation d'un acompte initial avant de détourner le client du produit promu, etc. Les associations de consommateurs sont montées au créneau pour interdire ces techniques, mais paradoxalement certains auteurs militent pour les rendre légales dans la mesure où le bien être collectif n'en souffrirait pas (Hess et Gerstner, 1998).

B. Le marketing direct

319. Le développement simultané de l'Internet et du *one to one* a positionné le marketing direct comme une démarche incontournable. Il repose sur la formation, le développement et l'utilisation d'une base de données et établit à distance une relation d'échange personnalisée et incitative entre l'entreprise et ses clients et fournisseurs grâce à l'utilisation de médias spécifiques (catalogues, courriers, appels téléphoniques, NTIC), et/ ou à l'utilisation spécifique de mass-médias (Dubois et Jolibert, 1998). Le statut du marketing direct a quelque peu évolué. En effet, il s'insère aujourd'hui beaucoup plus dans une démarche de relation client que par le passé et n'est plus uniquement vécu comme une série de techniques de *front office* permettant de toucher directement le client. Par convention et pour des raisons évidentes de présentation le marketing direct sera ici considéré comme la traduction communicationnelle de la relation client, cette dernière ayant déjà fait l'objet d'un chapitre. Plusieurs techniques sont utilisées dans le cadre du marketing direct.

Le *mailing* (publipostage) est l'outil le plus utilisé par les entreprises. Il permet une grande liberté de création et de présentation. Dans sa forme la plus courante, il se possède quatre éléments : une enveloppe, une lettre, un dépliant produit et accessoirement un dépliant promotionnel. L'une des variantes du publipostage est le *bus mailing*, qui regroupe un certain nombre de cartes-lettres en un seul envoi, ce qui permet de réduire les frais postaux. Dans le même ordre d'idées, l'asile colis consiste à profiter d'un colis ou d'une facture pour y joindre des messages. Si le *mailing* est personnalisé, l'imprimé sans adresse (ISA) ne l'est pas. Cette technique peut prendre la forme de prospectus, catalogue, dépliant, etc., et permet de couvrir une zone géographique donnée par une distribution systématique. Les acteurs de la grande distribution utilisent particulièrement cette formule pour couvrir leur zone de chalandise. Le marketing direct s'appuie sur tous les moyens de communication. Ainsi, le télémarketing s'appuie sur le *phoning*. D'un côté, la réception d'appels est un point de passage obligé pour la prise de commande ou la demande d'informations. De l'autre, l'émission d'appels permet de créer du trafic de qualifier les prospects et d'obtenir des rendez-vous. L'application du marketing direct à l'Internet a donné naissance à l'*E-mailing*. Compte tenu de l'engorgement des boîtes aux lettres électroniques, les internautes ont développé une certaine aversion aux messages non ciblés. L'utilisation d'une campagne de *E-mailing* est donc conditionnée par un ciblage préalable. Une campagne mal coordonnée (où les propriétaires des adresses électroniques sont peu en phase avec le message délivré) peut aboutir à l'inverse de l'effet escompté. Enfin, le marketing direct peut prendre la forme du démarchage à domicile. Il s'agit d'un contact direct au domicile du prospect où l'entreprise cherche à créer les conditions favorables à l'achat de ses produits.

Pour Bloch et Michon (2003), le marketing direct présente un certain nombre d'avantages. Il permet en premier lieu de disposer d'une cible précise. En effet, les clients ou prospects visés peuvent être sélectionnés avec précision grâce à l'exploitation de bases de données. Il permet également une personnalisation, car l'élaboration d'un message personnalisé est possible à partir de la précision de la cible et de la connaissance des besoins et attentes de cette dernière. Par ailleurs, le marketing direct incite à l'action. L'objectif clairement identifié est d'obtenir une réponse de la part du récepteur du message. En ce sens, l'offre commerciale, si elle est correctement transmise, constitue une amorce de dialogue. Le marketing direct permet en outre de ne laisser que peu d'information aux concurrents. Comme le message se transmet de manière directe entre l'émetteur producteur et le récepteur consommateur, les parasites issus de la concurrence sont amoindris. Enfin, au niveau du contrôle, le marketing direct permet une meilleure productivité dans la gestion de l'échange. De surcroît, la rentabilité des campagnes est directement mesurable.

C. Les relations publiques et la création d'événements

320. **Les techniques de relations publiques** – Les relations publiques sont à la fois absentes et incontournables. Absentes, parce qu'il n'y a pas de grande fonction dans l'entreprise qui lui soit dédiée. Incontournables parce que les relations publiques répondent à plusieurs sollicitations (Gentil, 1983). Il s'agit d'abord de gérer l'image. En ce sens, le responsable des relations publiques est un généraliste capable de dominer tous les mécanismes de l'opinion des divers publics en interne et en externe. C'est également une réponse en termes de stratégie d'écoute. En effet, le fait d'être au contact avec le public permet de faire remonter de l'information de terrain. Enfin, c'est une réponse en termes de stratégie d'action dans la mesure où il ne s'agit pas de communiquer sur du court terme, mais au contraire de viser à instaurer des relations de confiance à moyen et long terme. Les relations publiques n'ont pas pour objectif immédiat un accroissement des ventes. Elles visent à promouvoir une image de marque favorable de l'entreprise dans le but de développer son activité à terme. Le public peut être constitué de consommateurs, de fournisseurs, de clients, du personnel et des faiseurs d'opinion.

Les techniques de relations publiques peuvent prendre diverses formes. Il peut s'agir d'inaugurations d'établissements par des personnalités politiques locales ou régionales pour obtenir sinon l'appui du moins l'aval des notables. Le thème de la création nette d'emploi sur le territoire est porteur dans cette optique. Autres techniques très utilisées, les invitations, réceptions, conférences de presse ont pour but de créer l'événement. Elles sont destinées aux journalistes prescripteurs. La publication de catalogues de prestige est destinée à présenter les activités de l'entreprise à l'extérieur. Les relations publiques peuvent aussi prendre la forme de journées portes ouvertes permettent de satisfaire la curiosité, de réduire l'appréhension (usines chimiques ou nucléaires) ou de dédramatiser l'implantation d'un établissement. À Paris, les journées portes ouvertes organisées au mois de juin par la Garde Républicaine dans certaines casernes, sont devenues en quelques années très populaires. La bonne image de cette composante de la Gendarmerie a eu un impact positif sur l'ensemble de l'arme. Les relations publiques passent également par la participation aux foires, expositions, congrès et colloques. Si ce type de manifestation peut parfois aboutir à la signature de contrats ou à la vente, l'objectif initial est essentiellement relationnel. Il s'agit d'affirmer le positionnement par rapport à la concurrence et parfois d'engager des discussions avec les concurrents qui peuvent devenir des partenaires. Enfin, les relations publiques ne sont pas à envisager uniquement en externe. Les concours et réceptions internes sont destinés à améliorer la communication interne et les relations inter-entreprises. Commencée à la fin des années 1980, la vogue des incentives, voyages et colloques pour motiver les équipes et affirmer la cohésion de l'entreprise, trouve encore aujourd'hui de l'écho, même si la contraction des moyens disponibles à cet effet modifie quelque peu les expériences.

321. **Relations publiques et événementiel : force d'appoint à une stratégie de communication** – La légitimation des opérations de relation publique passe par une évaluation et un contrôle de ses effets. Toute la difficulté tient au fait qu'il est complexe de recueillir une l'information pertinente. Des techniques existent et son utilisées : sondages avant et après, étude d'image, surface rédactionnelle obtenue, analyse du contenu rédactionnel, nombre de demandes, de visiteurs, de prospects, audience de l'opération, obtention d'une décision, etc. Pour autant, la question de l'imputabilité des résultats aux relations publiques est pertinente dans la mesure où d'autres actions de communication sont simultanément mises en œuvre au sein d'une même entreprise. L'exemple décrit dans l'encadré 50 montre qu'il est nécessaire de planifier une campagne et de jouer sur tous les registres de la communication.

Encadré 50 : La stratégie millimétrée d'Axe Click en France
(Source : « Le retour des lancements événements », Les Échos, 29 mars 2006).

Le « teasing »
Novembre 2005 : quelque 300 VIP reçoivent lors de soirées privées des « clickers », petits appareils permettant de décompter œillades et sourires.
Décembre 2005 : sur les plateaux de télévision, des jeunes filles arborent des tee-shirts portant le nom de l'animateur et le slogan « j'te kiffe donc j'te clicke ».
Fin janvier 2006 : les petits engins à décompter sont distribués à la sortie des collèges et lycées de 11 villes.

La « révélation »
5 février 2006 : la marque apparaît enfin. TF1 diffuse en exclusivité un spot de 60 secondes, mettant en scène l'acteur américain Ben Affleck. La marque s'offre pour la première fois les services d'une célébrité, mais choisit de ne pas lui faire utiliser son produit. Le score des conquêtes féminines du

comédien en fin de journée est bien inférieur à celui d'un jeune homme avec qui il partage un ascenseur et qui, lui, se parfume avec la nouvelle fragrance. Un spot de 40 secondes prend ensuite le relais sur différentes chaînes.
Fin février 2006 : une campagne d'affichage fait défiler des chiffres sur les « clickers ».

« L'amplification »
Du 7 au 24 mars 2006 : création de six cafés éphémères dans cinq villes pour que les jeunes viennent tester leur capacité de séduction. Le plus performant va servir de modèle à une campagne d'affichage.

Il est fréquent de développer des opérations de relations publiques dans le cadre de création d'événement. De plus en plus de marques n'ayant aucun rapport avec le monde de la nuit, s'intéressent à cette clientèle. Il s'agit non seulement de s'attaquer à cette cible au fort pouvoir d'achat, mais également d'apparaître comme branché en créant l'événement dans des lieux qui n'ont rien à voir avec les zones commerciales communément admises. Il n'est pas question de publicité, mais plus simplement d'être vu dans un endroit où il convient d'être vu. Accompagner les clients en Mini Cooper ou maquiller les clientes sur place (Séphora) est un bon moyen de marquer des points[9].

D. Mécénat et *sponsoring*

322. Selon Perlstein et Piquet (1985), le *sponsoring* et le mécénat possèdent plusieurs objectifs (Tableau 43). Ils permettent d'augmenter la notoriété de la marque chez les consommateurs, de créer une prédisposition favorable auprès des cibles particulières, d'améliorer l'image de marque, de renforcer l'image de l'entreprise dans son environnement, et de permettre une cohésion interne du personnel. Par ailleurs la communication par l'événement ajoute incontestablement une dimension affective ce qui colle à l'évolution globale de la communication. Il s'agit pour les entreprises d'améliorer leur image sociale.

TABLEAU 43 – DIFFÉRENCES ENTRE MÉCÉNAT ET SPONSORING

	Sponsoring	**Mécénat**
Finalité	Économique	Industrielle
Éthique	Utilitariste	Du don
Domaine d'application	Sportif	Culturel
Cible	Prospect	Collectivités
Techniques de communication	Publicité médiatisée	Relations interpersonnelles et publiques
Échéance	Court terme	Long terme
Contrat	Détails	Liberté
Contrôle d'efficacité	Rentabilité	Pas de contrôle (ROI)

Source : Desbordes, Ohl, Tribou, 2001.

9. « Les marques fréquentent les boîtes de nuit », *Les Échos*, 23 mars 2006.

Le mécénat est un soutien matériel apporté à une œuvre ou à une personne pour l'exercice d'activités présentant un intérêt général. Cette action de communication vise des retombées à long terme et cherche à créer une image sympathique et valorisante de la société. Le mécénat permet de générer d'autres rapports avec les clients, comme auprès des actionnaires et des salariés. La banque BNP-Paribas, *via* sa fondation, mise sur ce moyen pour s'ancrer sur les territoires. Des opérations de relation publique (par des invitations de clients, actionnaires, journalistes, partenaires) sont organisées autour des artistes ou des œuvres aidées[10]. Il est fréquent que pour s'investir dans le mécénat, une entreprise crée une fondation porteuse de valeurs bénéfiques à son image. Le développement rapide des fondations en France donne une nouvelle orientation à la communication des entreprises. Ainsi, la fondation Yves Rocher soutient des opérations de protection et de valorisation du monde végétal, la fondation Ronald Mc Donald agit pour le bien être des enfants et de leurs familles, etc. Le mécénat peut permettre à une entreprise non seulement d'améliorer son image de marque, mais aussi de souder son personnel autour d'une bonne cause pour devenir vecteur de communication interne. Le bénéficiaire d'une action de mécénat doit être un organisme d'intérêt général. Sous certaines conditions les dépenses de mécénat sont déductibles des impôts. C'est notamment le cas lorsqu'une entreprise fait un don (déduction au titre de l'impôt sur les sociétés), parraine une opération (déduction au titre des frais généraux), ou achète une œuvre contemporaine, acquiert une œuvre reconnue ou participe à une rénovation de monument (Encadré 51).

Encadré 51 : L'évolution du mécénat en France

(Source : Extrait de « Le mécénat s'ancre durablement dans les entreprises en France », Les Échos, 13 mars 2006).

Pour le mécénat d'entreprise, 2005 se révèle un excellent millésime. Selon le sondage CSA-Admical (...), 18 % des entreprises d'au moins 200 salariés le pratiquent désormais. Elles y ont consacré 1 milliard d'euros l'an dernier, encouragées par la loi du 1er août 2003 doublant les avantages fiscaux qui y sont liés. (...) Preuve que le mécénat irrigue désormais l'ensemble du monde des affaires, les PME se taillent une place de choix : 53 % des entreprises mécènes emploient 200 à 499 salariés, contre 32 % réunissant un millier de salariés ou plus. De même, le mécénat est de moins en moins une affaire parisienne, puisqu'il concerne à 57 % des sociétés basées en région, traduisant leur volonté de s'ancrer dans leur environnement. Phénomène nouveau, 30 % des entreprises pratiquent le mécénat de compétences. Au lieu d'apporter seulement de l'argent, elles encouragent leurs salariés à donner de leur savoir et de leur temps à une cause culturelle ou humanitaire. Si les entreprises améliorent ainsi leur image, elles font de ces opérations un vecteur de communication interne, renforçant la cohésion et la motivation des troupes. Cette évolution va de pair avec l'intérêt croissant des entreprises pour la solidarité qui concerne les deux tiers des actions. La culture reste également un champ d'intervention privilégié, investi par 52 % des mécènes, contre 22 % pour le sport, 19 % pour l'environnement, et 11 % pour la recherche. Les firmes pratiquent souvent des opérations de « mécénat croisé », associant sport et solidarité, ou culture ou culture et environnement. La répartition des opérations par secteur d'activité montre que 39 % des entreprises concernées proviennent des services et 35 % de l'industrie (...).

10. « Le mécénat bancaire, efficace vecteur d'image », *Les Échos*, 16 février 2005. Également, « La France cède à la vogue des fondations d'entreprise », *Les Échos*, 31 mars 2005.

Le *sponsoring* est un échange de nature commerciale associant une entreprise à une initiative dont elle veut utiliser directement pour son compte le bénéfice d'image. L'objectif en sponsorisant est de renforcer l'image de la société, accroître la notoriété d'un produit ou d'une marque ou prospecter de nouveaux marchés. En 2003, SFR, a lancé une coupe de France universitaire de Rando Raid, devenue championnat universitaire l'année suivante. Cette opération vise la participation d'étudiants à des épreuves sportives organisées en sélectives où se mêlent course d'orientation, VTT et canoë. Outre le fait d'associer la jeunesse et le dynamisme à la marque, cette opération vise également à garder le lien avec cette cible possédant un potentiel fort. Les tournées et sélectives sont également l'endroit de présentations aux étudiants des dernières évolutions des produits et services de la marque. Le *sponsoring* peut être fiscalement intéressant. Lorsqu'une entreprise effectue un versement, remet un bien en nature ou fournit une prestation, moyennant une contrepartie, il s'agit d'un échange de nature commerciale. Depuis 1985, toute dépense de parrainage est déductible du bénéfice imposable au titre des frais généraux selon plusieurs modalités.

Section 3
Théories de la communication

323. La professionnalisation de la communication résulte de travaux de théoriciens qui ont mené des expériences dans le champ de la communication sur les terrains de l'entreprise et de l'organisation plus généralement. On peut distinguer d'une part les théories de l'attention et de la perception, et d'autre part les théories de la persuasion.

§ 1. Les théories de la perception et de l'attention

324. La fin du marketing de masse a eu pour conséquence la fin de la communication de masse. La considération de l'individu et non plus seulement du groupe a modifié considérablement le rapport à la communication. Pour souligner l'individualisation de la communication, il est nécessaire de revenir sur la sélectivité de l'attention ainsi que sur des éléments comme l'implication, les chocs et les seuils de sensation. Lorsque l'on aborde la perception, il convient en outre d'étudier la théorie de la dissonance cognitive.

235. **L'attention est sélective** – Chaque individu porte un intérêt différent aux éléments environnementaux. Le spécialiste accorde une attention plus grande à des sujets qui pour le non spécialiste peut paraître insignifiant. Le chef d'orchestre entendra la moindre petite fausse note dans sa formation, alors que même les mélomanes avertis ne s'en seront pas rendu compte. Le couturier remarquera les derniers changements de la mode, lesquels sont passés inaperçus aux yeux du reste de la population. En fait, on perçoit l'environnement de manière sélective et on prête attention aux *stimuli* répondant à nos besoins internes. Pour illustrer ce constat d'une pluralité de perception d'un environnement, on reprend très souvent les images d'Epinal ou les exemples de la Figure 60.

Figure 60 – Exemples de sélectivité du regard

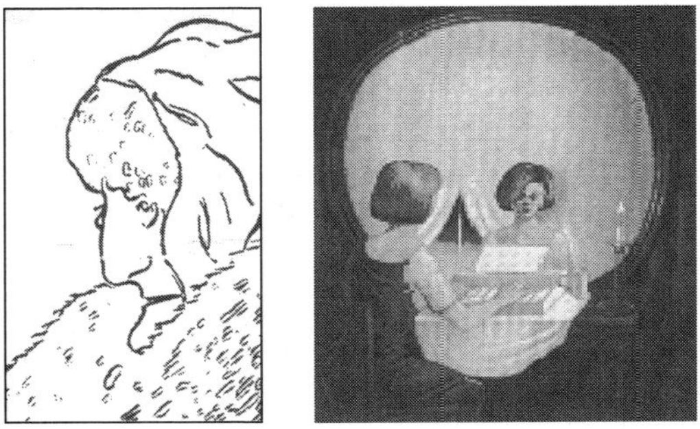

Source : « Les deux femmes » et « Jeune femme à son bureau ».

En fonction des *stimuli* reçus et de sa propre constitution, chaque individu réagira différemment, y compris dans le temps. Ainsi, il est important de préciser que l'attention joue un rôle de filtre qui contrôle la quantité et la nature de l'information reçue par les individus. Ce filtre possède trois fonctions principales. Il protège le consommateur contre une overdose d'informations. Il aide le consommateur dans son processus de décision en sélectionnant rapidement l'information présentant un intérêt *a priori* pour l'aider à résoudre ses problèmes de consommateur. Il apporte un certain confort au consommateur dans la mesure où il pourra déformer une information pour qu'elle soit conforme à l'idée que le consommateur a préalablement sur le produit ou la marque.

***326.* Implication, choc et seuils de sensation** – L'objectif des spécialistes en communication est d'avoir une influence sur l'état psychologique individuel. Pour y arriver plusieurs stratégies sont possibles : l'implication, le choc et les seuils de sensation. Dans la mesure où l'individu est beaucoup plus réceptif aux messages permettant de résoudre un problème même temporaire, le recours au concept d'implication semble bienvenu. Pour Laurent et Kapferer (1986), l'implication se définit comme « *un état de tension et d'excitation provoqué par une situation d'achat* ». Toute la difficulté réside dans le fait que les individus développent des niveaux d'implication différents en fonction des produits. Si l'achat n'est pas suffisamment impliquant, la stratégie de communication peut se focaliser sur l'aspect « mauvais choix » en insistant sur un élément que le consommateur aurait négligé par exemple. De nombreuses marques ont choisi cette stratégie de communication parfois utilisant un détour (Roc Hydra Plus montre un tableau qui se craquelle pour illustrer le vieillissement de la peau du visage, Cif un patin qui raye la glace pour démontrer les méfaits des produits d'entretien concurrents sur l'électroménager), parfois en utilisant une démonstration scientifique (Tonigencyl incorpore dans ses spots le célèbre schéma de la dent avec l'endroit où les bactéries attaquent), ou tout simplement en prouvant par l'image (Calgon montre une résistance de machine à laver entartrée).

Face à la sollicitation d'une multitude de communications, l'individu ne se sentira pas forcément concerné par une annonce. La surprise et le choc peuvent permettre d'influencer l'état psychologique individuel. Des techniques se sont développées en ce sens. Une campagne de publicité peut dans un premier message délivrer une information dénuée de sens, ambiguë ou susceptible de créer un suspens. Le but est d'exciter la curiosité. Dans un second temps la campagne apporte une réponse. C'est ce que l'on appelle le *teasing*. L'afficheur Avenir a marqué les esprits dans les années 1980 en utilisant pour la première fois à grande échelle en France cette technique. Les promesses tenues du mannequin Myriam sont restées dans tous les esprits (Figure 61).

Figure 61 – Première campagne de publicité française à grande échelle utilisant le *teasing*

Source : Campagne Myriam pour l'afficheur Avenir.

Des annonceurs ont choisi d'aller plus loin en créant un choc par un message provocateur ou une image violente. Cet alignement sur l'école anglo-saxonne est contesté dans la mesure où l'efficacité de ces campagnes reste débattue (Teyssier, 2004). Certaines campagnes de la sécurité routière française sont fondées sur le choix idéologique de montrer les images de résultats d'accidents réels, par nature violentes. Si la violence est dans ce cas en rapport avec la cause défendue, le choc peut être intentionnellement recherché par une marque sans pour autant que celui-ci ne soit en rapport avec le produit ou le service vendu. Les déboires de la marque Benetton, qui a poussé assez loin le concept dès 1991, sont là pour le rappeler. Les consommateurs n'ont pas compris les raisons de l'utilisation de certains clichés (le baiser entre un prêtre et une nonne, le jeune homme alité en phase terminale de sida, etc.) pour promouvoir la marque. Cette erreur de communication, caractérisée de voyeurisme par certains détracteurs a eu des conséquences néfastes sur l'image de Benetton.

Mesurer les sensations semble une tâche particulièrement difficile. Pourtant, on peut vraiment mesurer dans l'absolu certaines d'entre elles. Ainsi est-on capable d'isoler chacun des ingrédients d'une recette, d'entendre un insecte ramper par terre, ou de sentir une goutte de parfum dans un espace clos suffisamment vaste. Chacun développe ses propres seuils absolus. En publicité cela se traduit par l'occupation d'un seuil minimal d'espace, pour que le message soit vu ou entendu. Mais un *stimulus* peut aussi être perçu de manière inconsciente ou subliminale. Kapferer pour expliquer l'inconscient prend comme exemple le fait de prendre quotidiennement le même trajet pour se rendre au travail et de ne pas être conscient d'avoir pris le volant (1986). Les *stimuli* (panneaux de signalisation, autres véhicules, etc.) permettent d'adopter une conduite automatique. Dans les expériences subliminales, même s'il le désire, l'individu ne peut pas avoir conscience du *stimulus*.

327. **La théorie de la dissonance cognitive** – La dissonance est un concept psychologique qui exprime une contradiction entre nos attitudes et une information reçue de l'extérieur. Une personne qui a une attitude défavorable à l'égard d'une entreprise, parce qu'elle a renvoyé son beau frère par exemple, acceptera difficilement la qualité du nouveau produit de celle-ci. Il y a dissonance lorsque le consommateur reçoit des informations discordantes qui vont le déranger, perturber ses opinions et ses attitudes à tel point que cela peut l'amener à remettre en cause les choix qu'il a fait dans le passé, ou les choix qu'il s'apprêtait à faire. La dissonance cognitive est temporaire. L'information dissonante doit provenir de sources suffisamment crédibles pour qu'elle ne soit pas prématurément écartée. La dissonance résulte d'une incapacité à supporter la contradiction. Elle amène à réduire ou à éliminer cette tension qui menace le moi. La théorie de la dissonance cognitive a été développée par Festinger en 1957 et reste aujourd'hui très utilisée. Pour l'illustrer, les campagnes pour les grandes causes parce qu'elles touchent tout le monde, peuvent aider à comprendre les cheminements de l'attitude multiples possibles des consommateurs face à l'afflux d'une information qui n'est pas toujours maîtrisée. La lutte contre le sida en fournit un bon exemple (Figure 62).

Figure 62 – Application de la théorie de la dissonance cognitive : la lutte contre le sida

Source : Agence Française de Lutte contre le Sida, 1995.

En 1994, les missions de l'agence française de lutte contre le sida (AFLS) sont intégrées au sein du ministère chargé de la Santé, et la Communication est confiée au Comité Français d'Éducation pour la Santé en tant qu'opérateur. C'est l'année où la sensibilisation est à son apogée comme en témoignent à la fois le succès du premier Sidaction et les résultats de l'enquête KABP (connaissances, attitudes, croyances et comportements face au sida en France) qui montrent notamment un accroissement de la conscience individuelle du danger. Le sida est déclaré priorité de santé publique. C'est dans ce contexte qu'est conçue la campagne de prévention presse de l'été 1995. Elle aborde une multiplicité de situations et comportements à risque (première relation sexuelle, multi partenariat, usage de drogues, etc.) en indiquant de manière très claire et factuelle les moyens d'y faire face. Quelles sont les réactions possibles face l'annonce ci-dessus ? L'une des premières réactions naturelles sera d'éviter l'information dissonante (en zappant sur une autre chaîne, en détournant le regard, en tournant la page, etc.). La deuxième réaction peut viser à réduire la portée de l'information dissonante. Cela peut prendre la forme d'une recherche d'information contradictoire, ou la sélection d'une partie seulement de l'information. La troisième réaction possible est la remise en cause la crédibilité de l'information dissonante, notamment par la source. Enfin, et c'est l'objectif de l'annonce, l'individu pourra changer son comportement ou modifier profondément ses opinions et ses attitudes. À la lumière de cet exemple, on comprend mieux les difficultés de la communication pour un produit comme le préservatif, qui vise à changer les habitudes et comportements.

Les conséquences de la théorie de la dissonance cognitive sur la publicité sont multiples (Lendrevie et Brochand, 2001). Il convient en premier lieu de fixer des objectifs réalistes pour qu'il soient acceptés *a minima*. La marque Charal utilise l'humour pour dédramatiser la consommation de viande dans une période où les crises alimentaires font douter les consommateurs. En deuxième lieu, il convient de crédibiliser l'information publicitaire, notamment en utilisant des leaders d'opinions incontestables. Les campagnes sanitaires ont une meilleure efficacité lorsqu'elles sont relayées par des documents sur les lieux de consultation médicale. Enfin, puisque l'objectif est de changer en profondeur les comportements des individus, il est nécessaire de communiquer sur la durée et en continu.

§ 2. Les théories de la persuasion

328. Certains travaux ont démontré l'intérêt d'opter pour une communication persuasive. Non que la communication à caractère informationnel ne soit pas nécessaire, mais tout simplement pour agir plus directement sur l'objectif conatif de la communication (Hunt, 1976). Certains auteurs ont pu mettre en évidence des leviers créatifs adaptés au positionnement recherché des publicités (Tableau 44).

TABLEAU 44 – TYPOLOGIE DES LEVIERS CRÉATIFS

L'argumentation rationnelle	L'appel aux sentiments et aux émotions	La stimulation et l'incitation à l'essai
Le message de raison (appel au respect des valeurs)	Appel à un personnage symbolique ou mythique (effet de transfert affectif)	Réduction du risque perçu ou du coût psychologique (effet de facilitation)
Le message argumenté, l'expertise technique (appel à la logique)	Évocation d'une situation émotionnelle, tranche de vie (appel à l'émotion)	Événement créateur d'ambiance collective (effet de groupe)
La démonstration (effet de preuve)	Message faisant allusion à la sexualité, à la sensualité (appel à la libido)	Gain financier (effet prime)

Source : Lambin, Chumpitaz, De Moerloose, 2005.

Il ne s'agit pas d'être exhaustif, mais plutôt de présenter les principales théories le plus clairement possible

329. **L'approche économique : le consommateur rationnel** – Théorie la plus ancienne datant du XVIIIe siècle, elle cherche à représenter l'homme comme un être logique au comportement dicté par la raison et le calcul. Être rationnel, c'est savoir faire le meilleur usage des ressources dont on dispose pour atteindre ses objectifs, c'est-à-dire la satisfaction de ses besoins (de s'accomplir, d'estime, d'appartenance, de sécurité et physiologiques).

L'approche rationnelle conduit à une communication persuasive qui cherche à argumenter et à convaincre le consommateur avec des faits, des démonstrations et des preuves. On positionne le produit ou la marque autour de leur fonction utilitaire. Une part importante est laissée aux schémas, aux explications, aux modes d'emploi dans les annonces de presse. En ce qui concerne les spots télé, on privilégiera le torture-test, le témoignage ou la démonstration. Une annonce qualifiée de rationnelle possédera un schéma pédagogique type (Figure 63) Tout élément tendant à attester du sérieux et de la crédibilité indiscutable du produit ou service vanté sera utilisé.

Figure 63 – Le schéma pédagogique dans l'approche rationnelle

- Cible : *Vous avez besoin de...*

↓

- Produit : *je vous propose...*

↓

- Promesse : *correspondant à votre besoin...*

↓

- Preuve : *et d'ailleurs la preuve, c'est que...*

Les années 1970 avaient déjà inauguré le registre de la caution professionnelle avec Vigor, nettoyant ménager : « la puissance industrielle au service de la maison ». Trente ans après, les valeurs véhiculées par l'industrie ne correspondent plus à celles des consommateurs. Néanmoins, le recours à la caution professionnelle est toujours aussi présent. On n'hésite plus à faire témoigner les dermatologues vantant les mérites des produits cosmétiques ou les plombiers pour des solutions anticalcaires[11]. L'encadré 52 (publicité Braun), constitue un exemple de rationalité par l'image. L'approche rationnelle n'est pas la seule dans la mesure où le consommateur peut être considéré autrement.

Encadré 52 : Un exemple de publicité rationnelle : le cas Braun

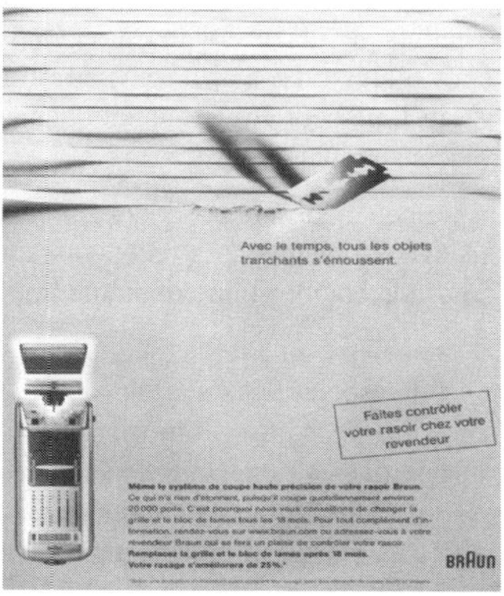

Cette campagne de publicité Braun, par le biais d'une image indirecte souligne les méfaits du temps sur les rasoirs électriques et conseille aux possesseurs de rasoirs électriques de faire contrôler leurs appareils. Il s'agit d'une publicité d'entretien.

Le visuel d'un produit en pièces détachées est présent et le body copy est essentiellement rationnel. L'utilisation de chiffres, de termes techniques et de vocabulaire lié au conseil est un signe de communication axée sur la rationalité.

De plus, le schéma pédagogique est présent :
– cible : possesseur de rasoir électrique ;
– produit : SAV ;
– promesse : amélioration des performances de l'appareil de 25 % ;
– preuve : par l'inverse avec le visuel de la lame de rasoir qui ne coupe plus, mais déchire le papier.

***330.* L'approche behavioriste: le consommateur conditionné** – Selon ce modèle, la communication influence le consommateur de sorte que lorsqu'elle a été répétée plusieurs fois, elle agit de façon mécanique, entraînant un comportement réflexe du consommateur. Cela implique que la répétition apparaît comme plus importante que la création. Ce modèle est notamment appliqué pour les produits à faible implication. L'idée est que le conditionnement doit pousser à l'achat par un processus de mémorisation. C'est une application des thèses de Pavlov. En publicité, cela se traduit entre autres par le développement de slogans publicitaires: « Pas d'erreur, c'est Lesieur » ; « Avec Carrefour, je positive ! », « L'Oréal, parce que je le vaux bien ». Le problème est de garder le message dans l'esprit du consommateur. Or, au bout d'un certain temps, la réponse au *stimulus* s'affaiblit. C'est la phase d'extinction. Si l'on retient 100 % d'un évènement comportant une série de faits sur le moment, le souvenir ne subsistera plus qu'à

11. « La caution professionnelle prospère », *Les Échos*, 28 juin 2005.

80 % deux semaines après, puis à 65 % la troisième semaine pour finalement tomber aux environs de 5 % au bout de trois mois. On comprend mieux les renforcements et les rappels. Les techniques de behaviorisme mécaniste peuvent prendre diverses formes.

Certains comportements d'achat sont facilités par des actes réflexes. En effet, l'utilisation d'offres de courte durée ou de mots susceptibles d'inciter à l'achat sont devenus courants, notamment en ce qui concerne les techniques promotionnelles. C'est le cas des expressions comme « gratuit », « nouveau », « promotion », « soldes », etc. Le choix des couleurs vise parfois également des actes réflexes, notamment lorsqu'il est utilisé sur les signalétiques des couleurs vives ou fluorescentes. Le matraquage direct consiste à viser la répétition. Par exemple, une même affiche est présente plusieurs fois de suite à un même endroit, des prospectus reviennent fréquemment dans les boîtes aux lettres, le même slogan est répété sur les ondes, voire plusieurs fois dans un spot télévisé (« Si j'u va bien, c'est Juvamine »). L'inconvénient de cet outil est qu'il ne peut être systématiquement utilisé sous peine de fatiguer voire braquer le consommateur.

Le matraquage semi-direct est une technique permettant de composer des annonces différentes lors d'une même campagne mais avec un élément de reconnaissance prenant la forme d'un thème commun et/ ou d'une composition commune impliquant une complémentarité.

Dans l'exemple de la figure 64, le concept est d'associer deux stations du métro parisien pour construire un visuel d'illustration de nature humoristique. La construction des annonces est identique (concept, disposition, couleurs utilisées). La campagne fondée sur le marketing semi-direct multiplie les annonces de ce type, ce qui permet de ne pas être trop répétitif tout en imposant un style de communication.

Figure 64 – Campagne RATP faisant apparaître du marketing semi-direct

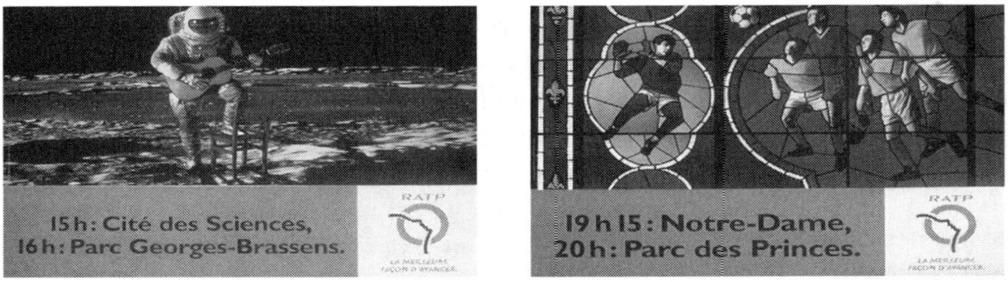

Source : Campagne RATP.

Le matraquage indirect consiste à utiliser tous les moyens de rappel de la marque ou du produit au sein de l'annonce. Cela peut prendre la forme d'une reprise intentionnelle des couleurs du logo dans le visuel, d'une construction habile d'un message sur un même registre et un même langage, d'un nom de marque réparti sur toute l'annonce, par un slogan identitaire, la présence d'un logo, etc.

L'encadré 53, montre que les marques de luxe, peuvent ponctuellement utiliser le matraquage indirect.

Encadré 53 : Exemple de matraquage indirect : le petit Chaperon rouge de Chanel n°5

En 2000, Chanel a choisi de donner un nouveau souffle à son parfum devenu mythique : n° 5. Le thème retenu est l'histoire du petit chaperon rouge. Estella Warren a été choisie pour incarner le parfum et succéder ainsi à Carole Bouquet. L'adaptation à la télévision et au cinéma a été confiée à Luc Besson. L'annonce presse ci-contre, souligne une volonté de souligner le mystère et l'identité de la marque. La superposition des bouteilles de parfums et les nombreuses étiquettes montrent qu'un positionnement entre autre behavioriste a été choisi.

Le conditionnement du consommateur est généralement obtenu par l'accumulation de matraquages et d'éléments susceptibles de conditionner le consommateur. La libération de la concurrence peut impliquer la présence de campagnes de communication utilisant massivement le matraquage. Il est important que ce dernier ne lasse pas les auditeurs, lecteurs ou téléspectateurs. En l'espace de quatre mois et partant de zéro, le 118 218 a atteint un taux de notoriété spontanée de 55 %[12]. Ce résultat est issu de la formidable campagne de publicité utilisant au départ le *teasing*, puis de nombreuses variantes de situations mettant en scène des personnages décalés construits sur des référents communs (les spécialistes françaises de l'aérobic des années 1980 : Véronique et Davina).

***331.* L'approche motivationniste par la publicité suggestive** – Petty et Cacioppo (1986) à l'origine du modèle ELM (Cf. comportement du consommateur) ont montré que la volonté de traiter l'information est considérée comme un élément crucial pour sélectionner la bonne stratégie de persuasion. La faible implication a pour conséquence que l'attention se reporte sur les éléments secondaires comme l'atmosphère, l'humour, la musique, etc. La forte implication pousse à recourir à l'argumentation en démontrant l'existence de bénéfices fonctionnels ou économiques, en s'appuyant sur des faits précis et vérifiables. Selon cette approche, les comportements des individus ne peuvent être expliqués par une

12. « Le fabuleux destin de la campagne 118 218 », *Les Échos*, 23 mars 2006.

réponse mécanique à des *stimuli* extérieurs. Les actes ont une histoire. Pour proposer une nouvelle explication des comportements humains, on a donc forgé un nouveau concept, celui de motivation. C'est un résultat de tension qui conduit l'individu à agir jusqu'à ce que cette tension soit réduite à un niveau qu'il juge tolérable.

Plusieurs auteurs ont développé des typologies de motivation. Pour Joannis (1993), les motivations peuvent être hédonistes (la recherche de plaisir), oblatives (le désir de faire du bien), ou d'auto-expression (le besoin de chacun d'exprimer qui il est). D'autres auteurs vont plus loin dans leur volonté de modéliser les motivations. Ainsi, les travaux de Haas (1981) distinguent nettement plusieurs tendances (six) pouvant être appliquées à la publicité. L'égoïsme est une motivation importante pouvant trouver des applications publicitaires au travers de la conservation, la domination, ou la sexualité. L'altruiste se reconnaîtra par une mise en scène autour de la sympathie, l'imitation ou le devoir. L'égo-altruisme est caractérisé par la présence d'amour-propre et d'ambition. Les motivations idéalistes se reconnaissent par l'utilisation de la religion, de la justice, du progrès, et/ou de l'esthétisme. Les motivations psycho-biologiques utilisent les émotions et les passions. Enfin, l'annonce basée sur la famille, le groupe, la collectivité ou le travail pourra être caractérisée de sociologique. Plusieurs motivations peuvent évidemment être présentes sur une annonce (Encadré 54).

Encadré 54 : Exemple de publicité motivationniste : l'exemple du Xsara Picasso de Citroën

Le lancement de la Citroën Xsara Picasso a été présenté comme un événement par la marque dans la mesure où le modèle s'attaquait à un nouveau segment de marché. L'annonce ci-contre n'énonce rien. Elle suggère plusieurs éléments. La marque dessinée sur le mur reprend les formes du véhicule sur la route, comme si un dessin était devenu réalité. Cette situation illustrant la conception d'une œuvre fait l'amalgame entre le modèle et le célèbre peintre. La motivation est donc en premier lieu idéaliste.

Comme son nom l'indique, la publicité suggestive n'énonce pas; elle suggère. La publicité suggestive peut parfois dépasser certaines limites et aboutir à une publicité subliminale.

332. **L'approche psychosociale, le consommateur conforme** – Le consommateur vit en interaction avec d'autres personnes. Il appartient ou il cherche à appartenir à un ou plusieurs groupes. Or, ce sont les groupes qui déterminent, en partie, le comportement et les attitudes de chacun de leurs membres. Le consommateur se réfère donc à un certain nombre de normes. Les travaux de Baudrillard (1974), montrent que l'on ne consomme jamais l'objet en soi. Les objets sont manipulés comme des signes distinctifs permettant une affiliation à un groupe pris comme référence sociale, ou au contraire une démarcation par rapport au groupe d'appartenance initial dans le but d'accéder à un groupe de statut supérieur. Il en découle une publicité intégrative au travers de laquelle les produits (ou marques) acquièrent une personnalité. On utilise à ces fins des clichés qui fonctionnent toujours, comme le montre l'exemple de l'encadré 55.

Il convient de rester vigilant sur l'utilisation des clichés. En effet, ce qui peut constituer un cliché pour une population peut s'avérer hors de propos par ailleurs. La vision que nous avons d'une destination est par exemple conditionnée par des expériences collectives parfois limitées. Par exemple, si dans une campagne de publicité une compagnie aérienne reliant la Corée à l'Europe s'adresse au marché coréen, elle pourra se permettre de faire l'amalgame entre les destinations européennes en utilisant des clichés communs. Le touriste coréen ne fait pas de différence entre la France, l'Italie ou le Royaume Uni. Par contre ces clichés ne pourront pas être utilisés sur une cible japonaise, qui elle, fait la différence.

Encadré 55 : L'approche psychosociale : exemple de la Renault Clio

La campagne pour la Renault Clio de 1992, montre le véhicule dans des situations improbables pour les français (Clio en Chine, en Russie et en Italie). Relayés par des spots télévisés mettant en évidence les qualités de finition du modèle, ces annonces ont pour objectif de remettre en question les présupposés sur les signes extérieurs de réussite sociale ainsi que sur le luxe automobile. Le message délivré a pour objectif de réévaluer avec humour le statut de ce modèle à succès, en mettant en scène des personnages de rang social élevé.

Application

Enoncé : **1. Game international**

La société *game international* fabrique des logiciels de jeux à destination des enfants. En tant que responsable marketing, vous devez lancer le dernier né de la gamme (*devil's cow*) à destination des 6-12 ans au Liechtembourg. Ce petit pays compte selon les dernières estimations 10 millions de jeunes de moins de 20 ans dont 60 % correspondent à notre cible. Le produit a été conçu de telle sorte qu'il intéresse autant les filles que les garçons. Votre direction oriente la campagne de communication vers la télévision et plus particulièrement vers les annonces avant et après les émissions quotidiennes pour la jeunesse. Vous possédez les renseignements suivants :

Tableau 1

Support	Audience	Coût de 2 passages	Part des moins de 10 ans	Part des plus de 10 ans
Fric & Frac	2 700 000	60 000	55	45
Le monde de Téo	2 900 000	70 000	40	60
Mini frimousse	1 500 000	40 000	60	40
Clémentine show	2 000 000	50 000	55	45
Zamuss TV	1 700 000	40 000	45	55
Les Gloups	2 300 000	55 000	70	30

Tableau 2 : les moins de 10 ans

Support	Part des moins de 6 ans	Part des 6-8 ans	Part des 8-10 ans
Fric & Frac	20	40	40
Le monde de Téo	10	30	60
Mini frimousse	30	40	30
Clémentine show	40	30	30
Zamuss TV	5	55	40
Les Gloups	50	30	20

Tableau 3 : les plus de 10 ans

Support	Part des 10-12 ans	Pars des 12-15 ans	Part des plus de 15 ans
Fric & Frac	40	30	30
Le monde de Téo	40	40	20
Mini frimousse	50	30	20
Clémentine show	60	30	20
Zamuss TV	40	40	20
Les Gloups	70	20	10

Exercice : Sur la base d'une campagne d'un mois,

1 – Établissez deux plans correspondant aux échelles de puissance et d'économie. Qu'en déduisez-vous ?

2 – On choisit de s'intéresser à deux émissions : Le monde de Téo et Fric & Frac. Sachant que la duplication d'audience est de 560 000 dont 80 % appartiennent à notre cible, vous êtes chargés de fournir les éléments suivants : la duplication d'audience utile, l'audience nette globale, la couverture, le GRP et la répétition moyenne.

Corrigé : Game international

Calculons pour chacune des émissions, l'échelle de puissance et l'échelle d'économie :

Pour Fric & Frac :

– Puissance : 2 700 000 (0,44+0,18) = 1 674 000

– Économie : $\frac{60\ 000 : 2}{1\ 674\ 000}$ = 0,0179

Support	Puissance	Économie
Fric & Frac	1 674 000	0,0179
Le monde de Téo	1 740 000	0,0201
Mini frimousse	930 000	0,0215
Clémentine show	1 200 000	0,0208
Zamuss TV	1 100 750	0,0182
Les Gloups	1 288 000	0,0213

L'échelle de puissance privilégie le Monde de Téo devant Fric & Frac alors que l'échelle d'économie classe premier Fric & Frac et Zamuss TV en deux. On choisira donc Fric & Frac dans le cas où les deux échelles seraient retenues.

2 – Calculs

– Duplication d'audience utile : 560 000 x 0,8 = 448 000

– Couverture : 1 674 000 + 1 740 000 – 448 000 = 2 966 000

– Audience nette globale : 2 700 000 + 2 900 000 – 560 000 = 5 040 000

– Nombre de contacts utiles : 2 966 000 + 448 000 = 3 414 000

– GRP : 3 414 000 : 6 000 000 = 0,569

– Cible totale : 0,6 x 10 000 000 = 6 000 000

– Répétition moyenne : 3 414 000 : 2 966 000 = 1,151

Énoncé :

2. Guerlain

Exercice :

Cette annonce de Guerlain pour l'eau de toilette pour homme « Habit rouge » date de 1996. Cette annonce a été présentée dans de nombreux magazines.
Il vous est demander de déterminer les moyens mis en œuvre dans cette annonce pour :
1 – Attirer l'attention du lecteur ;
2 – Persuader le lecteur.

Corrigé : Guerlain

Cette annonce ne possède pas de body copy et laisse une place importante au visuel qui constitue un montage. Cette présentation répond aux critères communément admis chez les annonceurs « luxe » (apprentissage attribué).

1 – Les éléments utilisés pour attirer l'attention sont multiples :
– Le choix des couleurs (tendance rouge/marron) renvoie à des références comme le classicisme, la vie, la santé et le triomphe.
– Le visuel est étonnant, voire improbable.
– Le flacon d'eau de toilette est particulièrement mis en évidence, non seulement grâce au contraste des couleurs, mais également par le choix de son emplacement comme une signature indéfectible du logo.

2 – Plusieurs approches sont utilisées pour persuader le consommateur.
– L'approche rationnelle est soutenue grâce à la présence marquée du produit. L'annonce suit un schéma pédagogique. La cible est constituée des hommes classiques dynamiques ayant une tendance à l'extraversion. Le produit, c'est

l'eau de toilette habit rouge. La promesse est contenue dans le visuel incroyable : la réunion de deux lieux et activités très éloignés (un concours équestre d'obstacle et un théâtre), mais ayant comme dénominateur commun le spectacle. La promesse est que l'eau de toilette participe au « spectacle » de la vie. La preuve est apportée en image.

– L'approche behavioriste se retrouve essentiellement dans le matraquage indirect au niveau du visuel. La couleur rouge est omniprésente (étiquette de la bouteille, nom du produit, veste du cavalier, rideau, décor, etc.). L'utilisation soutenue de cette couleur pousse la revendication identitaire vers le produit. À noter que cette campagne publicitaire est sortie en même temps que celle d'autres parfums de la marque (Vétiver et Héritage). Pendant quelques semaines, au moins deux des trois annonces étaient présentes dans les magazines cibles. La structure était identique (visuel étonnant et dominant, part importante laissée au visuel produit, même signature, etc.). Le matraquage semi-direct a été très marqué.

– La dimension suggestive de cette annonce est très présente. Le cavalier semble venir de la scène et se dirige vers les fauteuils (spectateurs). On retrouve le dénominateur commun spectacle entre l'équitation et le théâtre. Pour autant ces deux mondes ne sont pas si éloignés puisqu'ils impliquent chacun de leur côté un certain standing. La bouteille d'eau de toilette se situe à la rencontre des deux mondes sur le visuel. La fragrance, positionnée au niveau des postérieurs du cheval, source d'énergie souligne le surpassement, la performance et le brio. L'approche motivationniste souligne essentiellement deux types de motivations : égoïste (pour la domination de la monture), et idéaliste (pour la recherche de l'esthétisme).

– L'approche psycho-sociale est soulignée par le stéréotype de l'homme en tenue de concours sur son cheval. La norme défendue ici est le savoir être des grandes familles, illustré par ses loisirs. Classicisme, représentation et puissance constituent les caractéristiques du parfum.

Cet exemple montre que la persuasion peut être recherchée par des approches multiples et complémentaires. Tout est une question de dosage.

Bibliographie

– AACC Corporate, S. Hurel du Campart, *La communication corporate*, Paris, Dunod, 2003.

– J. Baudrillard, *La société de consommation*, Paris, Gallimard, 1974.

– A. Bloch, C. Michon, « L'action publicitaire : la communication hors médias», *in* C. Michon (Ed.), *Le marketeur, les nouveaux fondements du marketing*, Paris, Pearson Education, 335-352, 2003.

– N. D'Almeida, *Les promesses de la communication*, Paris, PUF, 2001.

– C. Derbaix, « L'enfant, la communication publicitaire et la hiérarchie des effets », *Revue française du Marketing*, 89, 2, 31-47, 1982.

– C. Derbaix, « Les réactions des consommateurs à la communication publicitaire et la hiérarchie des effets », *Revue Française du Marketing*, 58, 4, 7-26, 1975.

– M. Desbordes, F. Ohl, G. Tribou, *Marketing du sport*, 2e édition, Paris, Economica, 2001.

– P. Desmet, *La promotion des ventes, du 13 à la douzaine à la fidélisation*, 2e édition, Paris, Dunod, 2002.

– E. Dichter, « A psychological view of advertising effectiveness », *Journal of Marketing*, 14, 1, 61-66, 1949.

– B. Dubois, *Comprendre le consommateur*, Paris, Dalloz, 1994.

– P.-L. Dubois, « Publicité », *in* P. Joffre and Simon (Y.), *Encyclopédie de Gestion*, Paris, Economica, 1997.

– P.-L. Dubois, A. Jolibert, *Le marketing, fondements et pratique*, 3e édition, Paris, Economica, 1998.

– N. Ferry-Maccario, *Droit du marketing*, Paris, Pearson Education, 2005.

– L. Festinger, *A theory of cognitive dissonance*, New-York, Harper and Row, 1957.

– C. Gauthier, E. Reynaud, « L'impact de la communication environnementale, le cas E. Leclerc », *Décisions Marketing*, 39, 21-32, 2005.

– M. Gentil, « Relations publiques : l'âge adulte », *Revue Française du Marketing*, 92, 1, 65-72, 1983.

– S. Gupta, « Impact of sales promotions on when, what and how much to buy », *Journal of Marketing Research*, 25, 4, 342-355, 1988.

– C.R. Haas, *Pratique de la publicité*, Paris, Dunod, 1981.

– J. Hess, E. Gerstner, « Yes, bait and switch really benefits consumers », *Marketing Science*, 17, 3, 283-289, 1998.

– S.D. Hunt, « Informational vs.persuasive advertising – An appraisal », *Journal of Advertising*, 5, 3, 1976.

– P. Ingold, *Promotion des ventes et action commerciale*, Paris, Vuibert, 1995.

– F. Jallat, « Le marketing électronique », *in* C. Michon (ed.), *Le marketeur, les nouveaux fondements du marketing*, Paris, Pearson Education, 409-427, 2003.

– F. Jallat, F. Ancarani, « Marketing sur Internet. Une étude comparative des prix sur le marché français », *Revue Française de Gestion*, 31, 158, 207-224, 2005.
– H. Joannis, *De l'étude de motivation à la création publicitaire et promotion des ventes*, Paris, Dunod, 1993.
– H. Joannis, V. De Barnier, *De la stratégie marketing à la création publicitaire*, 2e édition, Paris, Dunod, 2005.
– J.N. Kapferer, « Une rumeur de la publicité : la manipulation par les images subliminales », *Revue Française du Marketing*, 110, 5, 67-75, 1986.
– P. Lagadec, *Apprendre à gérer les crises*, Paris, Editions d'Organisation, 1993.
– J.-J. Lambin, R. Chumpitaz, C. De Moerloose, *Marketing stratégique et opérationnel, du marketing à l'orientation marché*, 6e édition, Paris, Dunod, 2005.
– G. Laurent, J.-N. Kapferer, « Les profils d'implication », *Recherche et Applications en Marketing*, 1, 41-56, 1986.
– R.J. Lavidge, G.A. Steiner, « A model of predictive measurement of advertising effectiveness », *Journal of Marketing*, 25, 6, 59-62, 1961.
– J. Lendrevie, B. Brochand, *Publicitor*, 5e édition, Paris, Dalloz, 2001.
– J. Lendrevie, A. De Baynast, *Publicitor*, 6e édition, Paris, Dalloz, 2005.
– T. Libaert, *Le plan de communication*, Paris, Dunod, 2000.
– T. Libaert, *La communication de crise*, Paris, Dunod, 2001.
– D. Lindon, *Le marketing*, 3e édition, Paris, Nathan, 1994.
– A. Louppe, L. Hermel, « Marketing et situation de crise », *Revue Française du Marketing*, 186, 1, 5-21, 2002.
– P. Malaval, J.-M. Décaudin, *Pentacom, Communication : théorie et pratique,* Paris, Pearson Education, 2005.
– C. Manara, *Droit du marketing*, Paris, Ellipses, 2003.
– C. Michon, « L'action publicitaire : la communication par les grands médias», *in* C. Michon (ed.), *Le marketeur, les nouveaux fondements du marketing*, Paris, Pearson Education, 303-332, 2003.
– B. Moors, *Les clés de la publicité aujourd'hui*, Paris, Maxima-Laurent du Mesnil Editeur, 2004.
– C. Obermiller, E.R. Spangenberg, « On the origin and distinctness of scepticism toward advertising », *Marketing Letters*, 11, 4, 311-322, 2000.
– R.E. Petty, J.T. Cacioppo, « The elaboration likelihood model of persuasion », *in* L. Berkowitz (Ed.), *Advances in experimental social psychology*, New-York, Academic Press, 123-205, 1986.
– J. Perlstein, S. Piquet, « La communication dans l'événement : sponsoring et mécénat », *Revue Française du Marketing*, 105, 1, 27-40, 1985.
– P. Reboul, D. Xardel, *Le commerce électronique*, Paris, Eyrolles, 1998.
– T.S. Robertson, *Innovative behavior and communication*, New-York, Rinehart and Winston, 1971.
– J.R. Rossiter, L. Percy, *Advertising and promotion management*, New-York, McGraw-Hill, 1997.

– C. Shannon, W. Weaver, *The mathematical theory of communication*, University of Illinois Press, 1949.

– C. Roux-Dufort, *Gérer et décider en situation de crise*, Paris, Dunod, 2000.

– J.-P. Teyssier, *Frapper sans heurter. Quelle éthique pour la publicité ?*, Paris, Armand Colin, 2004.

– D. Vakratsas, T. Ambler, «How advertising works: what do we really know? », *Journal of Marketing*, 63, 1, 26-43, 1999.

– E. Vernette, « Théories de la communication et efficacité publicitaire», *in* E. Vernette (dir.), *Publicité, théories, acteurs et méthodes*, Paris, La Documentation Française, 13-42, 2000.

– S. Zyman, *Les derniers jours de la publicité*, Paris, First Editions, 2003.

Titre 2

Éléments de décision marketing

333. Les éléments entrant dans le processus de décision en marketing sont nombreux. Il convient donc de rationaliser et de hiérarchiser les priorités. Le marketing-mix traduit opérationnellement les choix stratégiques de l'entreprise. Pour autant, d'autres sujets saillants, abordés ou non dans le marketing-mix, sont susceptibles de faire l'objet d'une attention toute particulière du décideur. La dimension concurrentielle et les environnements qui ont été abordés auparavant laissent peu de place à l'improvisation. Si l'adaptation est nécessaire, le plan reste une étape incontournable en marketing et en communication (Chapitre 1). La transversalité dans l'entreprise, si souvent recherchée, a besoin pour se développer d'un support lisible, partagé par tous. Dans le même ordre d'idées, la communication de l'entreprise et plus particulièrement la publicité, constitue également un socle fédérateur à la fois interne et externe. Dans cette optique les dimensions créative et budgétaire de la publicité forment un élément-clé de décision marketing (Chapitre 2). Enfin, la démarche marketing ne servirait à rien s'il n'existait pas d'évaluation et de contrôle permettant une amélioration du présent et du futur (Chapitre 3). Ces éléments de décision marketing, associés au marketing mix tendent à développer un marketing global, c'est-à-dire prenant en considération tous les aspects d'une réalité : le stratégique et l'opérationnel, l'individuel et le collectif, etc.

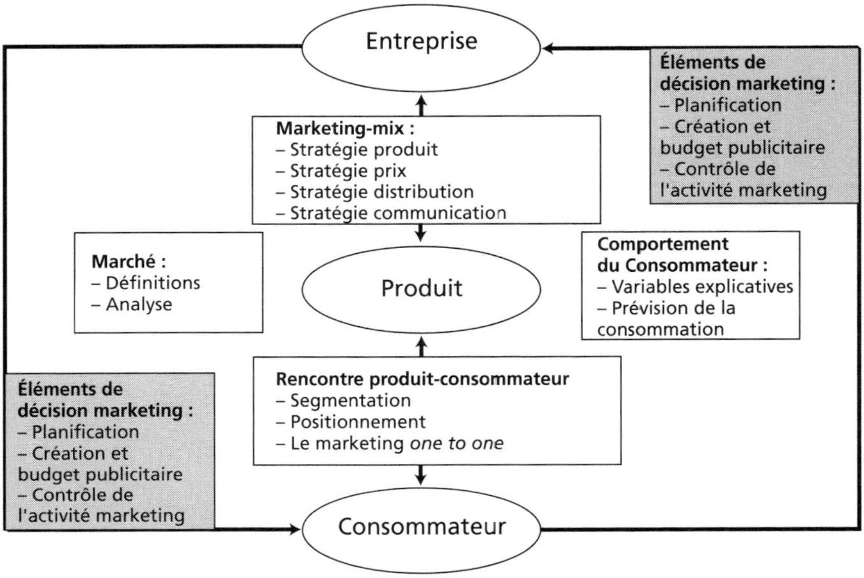
Entreprise
Éléments de décision marketing :
– Planification
– Création et budget publicitaire
– Contrôle de l'activité marketing
Marketing-mix :
– Stratégie produit
– Stratégie prix
– Stratégie distribution
– Stratégie communication
Marché :
– Définitions
– Analyse
Produit
Comportement du Consommateur :
– Variables explicatives
– Prévision de la consommation
Rencontre produit-consommateur
– Segmentation
– Positionnement
– Le marketing one to one
Éléments de décision marketing :
– Planification
– Création et budget publicitaire
– Contrôle de l'activité marketing
Consommateur

Chapitre 1
La planification : dénominateur commun de la communication et du marketing

Plan du chapitre

Résumé

La planification est une constante de toute démarche s'inscrivant à moyen et long terme. Même si l'environnement est mouvant et nécessite une constante réévaluation des données, moyens et objectifs, le plan constitue une opportunité d'exprimer une réelle stratégie dans le temps. La planification se retrouve au niveau de la direction stratégique de l'entreprise (*business plan*), et peut être décliné en plans marketing et plans de communication.

334. Selon le stratégor (2005), la planification d'entreprise est « *un processus formalisé de prise de décision qui élabore une représentation voulue de l'état futur de l'entreprise et spécifie les modalités de mise en œuvre de cette volonté. La planification d'entreprise est donc une démarche explicite, qui s'appuie sur une méthode et qui se déroule dans le temps et dans l'espace selon un programme préalablement déterminé* ». La planification se distingue donc par sa présentation formalisée. Appliquée au marketing, la planification désigne le processus structuré reliant la mission, la stratégie organisationnelle et la stratégie des divisions de l'entreprise correspondant aux différents domaines d'activité stratégique[1], aux diverses décisions et actions marketing. Pour Burk Wood et Le Nagard-Assayag (2005), il s'agit d'étudier et analyser la situation marketing, les marchés et les clients, définir l'orientation, les objectifs, les stratégies et les programmes marketing relatifs aux segments de clientèle visés, déterminer comment le service client et le marketing interne pourront soutenir les stratégies marketing et mettre en œuvre, évaluer et contrôler les programmes marketing en vue d'atteindre les objectifs prévus. La planification marketing (section 2) n'est possible que si une stratégie marketing a bien été définie. Cette dernière découle d'un *business plan* (section 1). La planification se retrouve à tous les niveaux de décision y compris au niveau de la communication (section 3), découlant du plan marketing.

Section 1
Le *business plan*

335. Le *business plan « est une synthèse claire des objectifs de l'entreprise, des stratégies utilisées pour atteindre ces objectifs, des ressources mobilisées et des instruments de mesure choisis pour montrer que les objectifs ont été atteints »* (Holtz, 1994). Il est composé d'informations organisées en thèmes et destinées à apporter des éléments de réponse à des investisseurs éventuels et à les convaincre de financer le projet. Monod (2003) distingue quatre types de *business plan*. Le projet « *money machine* » (retour sur investissement) est essentiellement axé sur la dimension financière. Elle part du principe que l'entreprise possède une idée rentable. Le deuxième type de business plan s'appuie sur l'idée que l'entreprise a trouvé la niche de marché. Dénommé « *competitive advantage* » (avantage concurrentiel), il est particulièrement tourné vers la concurrence. Le troisième type de *business plan* est fondé sur la qualité de la structure. Qualifié de « *dream team* » (équipe de rêve), ce type de *business plan* est fondé sur l'idée que l'équipe est l'élément phare du projet. Enfin, le *business plan* de type « *killer app* » (innovation radicale) est organisé autour des technologies et systèmes d'information. Il s'appuie sur la qualité de l'innovation dans le projet. Le *business plan* est formé de ces quatre thèmes : projet, concurrence, structure, Technologies et systèmes d'information.

---

1. Un domaine d'activité stratégique (DAS) est un segment de l'environnement de l'entreprise, à l'intérieur d'un secteur d'activité, qui offre des perspectives propres de croissance, de rentabilité et qui nécessite des stratégies d'approche spécifiques sur lequel l'entreprise a décidé d'agir avec une vision et une démarche propre à elle-même.

§ 1. L'étude du projet

336. **Offre, demande et objectifs du projet de l'entreprise** – L'identification de la demande indépendamment des clients est une idée force. En effet, il est possible que le client ait une idée très précise de ce qu'il désire, mais il est également possible que ce ne soit pas le cas. C'est une fois encore la mise en évidence du dilemme en marketing portant sur l'influence de l'offre sur la demande et inversement. Dans ces conditions, l'appréhension de la demande peut se faire en deux temps. Le recours à la segmentation permet de séparer les catégories de clients en fonction de leurs besoins. L'analyse des clients permet d'identifier la multiplicité des marchés auxquels l'entreprise sera confrontée (B to B, B to C, B to E pour le marché du travail, B to A pour les relations avec les administrations, etc.). La définition de l'offre se révèle par la mise en perspective des produits et services offerts au regard de l'évolution des secteurs économiques concernés. Certains services en amont ou en aval de l'offre peuvent avec le temps se rapprocher voire être intégrés, alors que d'autres vont s'éloigner. Par exemple, si l'on regarde l'évolution d'IBM qui au départ fabriquait essentiellement du *hardware* (ordinateurs), aujourd'hui le groupe est fondamentalement axé sur les services gravitant autours des systèmes d'information. Par ailleurs, l'offre peut être précisée en étudiant les classes de produits, notamment celles de l'INPI, pratique pour la mise en œuvre d'un dépôt légal de brevet ou de marque commerciale. Les objectifs du projet sont compréhensibles si une mission a été clairement définie. La mission, renvoyant au caractère « citoyen », contribue à des objectifs généraux comme l'emploi, le développement économique, le désenclavement territorial ou le respect de l'environnement. Les objectifs doivent également s'appuyer sur une vision, c'est-à-dire la description de l'entreprise et de son environnement une fois que le projet aura abouti.

337. **Financement, rentabilité et planning du projet** – La dimension financière est essentielle pour juger de la faisabilité d'un projet. Le bilan de l'entreprise doit être présenté de manière simplifiée. La trésorerie est un élément important dans la mesure où son absence peut créer des dysfonctionnements dans l'activité. La rentabilité peut être mesurée en terme de ROI. Le planning doit être envisagé au niveau technique en ayant identifié auparavant toutes les étapes nécessaires pour aboutir au produit ou au service. Ce planning prend la forme d'un diagramme de Gantt (1919) qui identifie les étapes en fonction d'un calendrier (Figure 65). Il en va de même du planning commercial et de celui des ressources humaines.

Figure 65 – Diagramme de Gantt relatif à l'organisation d'un événement sportif

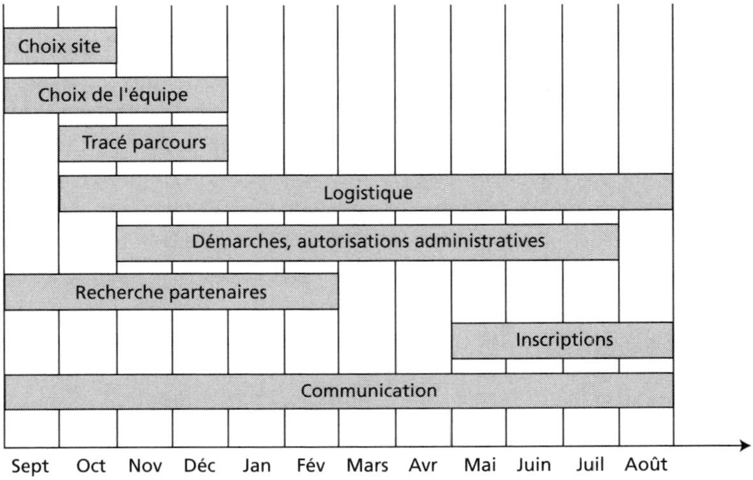

338. **Évaluation des risques du projet** – Les risques encourus par les entreprises sont multiples et ont des causes diverses. Ils peuvent en premier lieu provenir d'incertitudes ou d'ambiguïtés liés à l'activité. Un *business plan* ne peut avoir d'optique exhaustive en matière de risque. À tout le moins, il peut considérer les situations les plus probables ou celles qu'il aura envisagées, pour se couvrir. Pour ce qui est des risques liés aux facteurs techniques, il convient d'isoler toutes les difficultés potentielles à chaque étape de la fabrication (pour les produits) et de la commercialisation. La méthode des scénarios constitue un recours efficace et réactif à ce type de risque. Enfin, les facteurs organisationnels eux-mêmes peuvent également faire l'objet de risques. Certaines méthodes ont été développées pour apporter des solutions à ces risques internes[2].

§ 2. L'étude de la concurrence

339. **Des outils obéissant à deux visions de la réalité** – Pour appréhender la réalité de l'entreprise, il est possible de prendre deux postures. La première consiste à considérer qu'il existe une réalité objective et que les outils utilisés traduisent l'effectivité d'une situation. La segmentation, les matrices de portefeuille ou le cycle de vie se situent dans cette optique. La seconde posture traduit l'existence d'une certaine subjectivité dans les relations et dans la réalité décrite. C'est la reconnaissance que le conflit est possible. Le positionnement concurrentiel de Porter et la différenciation partagent cette vision.

2. IBM a mis en œuvre la méthodologie MITP (Managing the implementation of the total project) aux États-Unis, au Canada et au Royaume-Uni (Monod, 2003).

***340.* Matrices et cycles de vie** – L'étude de la concurrence peut s'effectuer à l'aide d'outils déjà abordés précédemment. Les matrices des cabinets de consultants (BCG, A.D. Little) permettent de positionner les activités de l'entreprise en fonction de la croissance du secteur et de la part de marché ou du positionnement technologique et/ ou concurrentiel (BCG, 1972 ; Marchesnay, 2004). De même, l'analyse du cycle de vie du produit permet d'effectuer des prévisions sur l'avenir produit par produit. La matrice de Ansoff (1965), permet de qualifier le type de politique à développer en fonction de l'état du marché et des types de produits (Tableau 45). Ainsi, l'extension de marchés consiste non seulement à augmenter la fréquence d'achat ou la quantité d'achat unitaire, mais aussi à détourner les clients des concurrents. La pénétration de marché, consiste à entrer généralement sur un marché très concurrentiel où il sera difficile d'être rentable. Le développement de produits correspond à l'innovation classique. Elle concerne de nouveaux produits, de nouvelles caractéristiques du produit, et/ ou des services supplémentaires associés au produit. La diversification est une stratégie de réorientation de l'entreprise à des fins diverses (rééquilibrage financier, positionnement stratégique, etc.).

TABLEAU 45 – LA MATRICE DE ANSOFF

Marchés / Produits	Actuels	Nouveaux
Actuels	**Pénétration de marché** 	**Extension de marchés** 
Nouveaux	**Développement de produits** 	**Diversification** 

Source : Inspiré de Ansoff, 1965.

***341.* Forces concurrentielles, forces, faiblesses, menaces et opportunités** – Les cinq forces de Porter (1982), permettent d'identifier les acteurs ayant une influence sur l'activité de l'entreprise. Cet outil intègre l'idée du conflit contrairement aux outils précédemment évoqués. Cette posture a été introduite avec le modèle SWOT (*Strengths, weaknesses, opportunities, threats*) ou LCAG (Learned *et alii*) au milieu des années 1960 (Figure 66). En premier lieu, à partir d'une analyse interne de l'entreprise, mesurant ses forces et ses faiblesses, il est possible d'identifier des compétences distinctives (*core competencies*). Selznick en 1957 puis Ansoff en 1965 ont proposé ce concept afin de rendre compte du succès des organisations, à travers « *des activités dans lesquelles une entreprise est meilleure que ses concurrents* ». À long terme, au-delà des différentes activités, l'entreprise concentre son énergie sur quelques compétences clés, pour lesquelles elle capitalise un maximum d'expérience, en vue de les exploiter au mieux. Ces compétences sont au cœur de l'identité de l'entreprise. Elles constituent ce qu'elle sait faire en propre, c'est-à-dire l'essence même de son activité et sa raison d'être (Prahalad et Hamel, 1990). En second lieu, à partir d'une analyse externe de l'entreprise, mesurant les menaces et les opportunités, il est procédé à la détermination des facteurs-clés de succès. Ces derniers sont définis comme les « *caractéristiques, conditions ou variables qui, lorsqu'elles sont correctement suivies, maintenues et gérées, peuvent avoir un impact significatif sur le succès d'une firme dans un secteur donné* » (Leidecker et Bruno, 1984). Compétences distinctives et facteurs clés de succès permettent de déterminer des choix stratégiques déclinés en politiques fonctionnelles.

Figure 66 – Le modèle SWOT (LCAG)

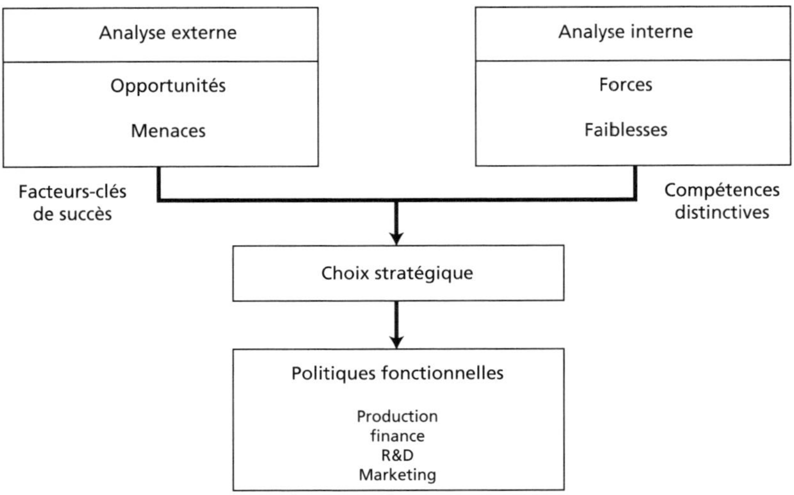

Source : Adapté de Learned et alii, 1965.

§ 3. L'analyse de la structure

342. Pour Chandler, la structure suit la stratégie (1962). Ainsi, les changements de structure interviennent lorsque les mauvais résultats s'accumulent. Cette vision n'est pas toujours partagée car la structure de l'entreprise ne se limite pas à l'organigramme. Si le découpage de l'organisation en désormais classiques fonctions, divisions ou matrices semble acté (Hellriegel *et alii*, 2004), il existe d'autres éléments structurels à étudier et à intégrer dans le *business plan*. Ainsi, l'externalisation de fonctions (*outsourcing*) peut permettre à l'entreprise de se consacrer uniquement à son cœur de métier en confiant à des spécialistes des fonctions qu'elle maîtrise moins bien et qui ne sont pas jugées stratégiques. La structure doit également prendre en compte la culture d'entreprise. Cette dernière est « *l'ensemble des interprétations qu'un groupe de personnes donne aux événements, et en particulier à la communication des dirigeants* » (Mintzberg, 1994). La culture d'entreprise permet l'existence d'interprétations communes et contribue à construire une communauté où la mission, la vision, les valeurs et les pratiques professionnelles sont partagées.

§ 4. Les technologies et systèmes d'information utilisés

343. Le *business plan* doit également comprendre des éléments relatifs aux systèmes d'information mis en place (Monod, 2003). Il convient de préciser notamment la gestion de la relation client et celle de la chaîne logistique. Il est également primordial de spécifier ce que compte faire l'entreprise par rapport aux achats électroniques, à la location de logiciels en ligne et aux progiciels de gestion intégrés (ERP). En outre, un certain nombre de questions se posent au sujet de la veille concurrentielle et de la coopération avec d'autres entreprises. Le *business plan* doit comporter des éléments relatifs à l'application de l'intelligence économique. En d'autres termes, il est nécessaire de spécifier comment l'entreprise compte effectuer une veille technologique ou concurrentielle. Par ailleurs, l'importance de l'Internet amène à s'interroger sur sa place au sein de l'activité de l'entreprise. Ainsi, la sélection électronique des fournisseurs (*electonic sourcing*) ou la gestion de l'innovation de produit (*product development management*) peut s'effectuer en ligne. Dans le même ordre d'idées, le recours aux places de marché électroniques (*electronic market places*) et à la gestion de la connaissance (*knowledge management*) s'appuient sur une technologie numérique réticulaire. Ces arguments doivent figurer dans le *business plan*.

Le *business plan* consiste donc à effectuer un diagnostic orienté du projet à défendre. Il est nécessaire car il apporte les réponses aux questions que toute activité commerciale doit se poser. Il contient la stratégie décidée par la direction de l'entreprise et à ce titre construit les bases pour bâtir un plan marketing. Bien entendu *business plan* et plan marketing se chevauchent à bien des endroits, car ils mobilisent les mêmes outils ou partent des mêmes informations.

Section 2
Le plan marketing

344. **Les avantages d'une bonne planification** – Sept types d'avantages peuvent être notés dans le cadre d'une planification marketing réussie. D'abord, elle peut permettre à une organisation d'accéder à un meilleur rang ou de consolider sa position pour mieux affronter l'avenir. Ensuite, elle peut contribuer au progrès de l'organisation vers les objectifs établis par la direction. Elle peut également aider les cadres responsables du marketing à prendre des décisions et à agir en vue de progresser plus rapidement sur la voie désirée. Une planification maîtrisée permet de maintenir une certaine souplesse dans l'organisation. Elle peut en outre susciter une coopération cohérente et enthousiaste en ce qui a trait aux problèmes organisationnels ce qui peut induire une meilleure coordination des efforts du personnel. La planification marketing peut montrer à la direction comment évaluer et contrôler les progrès accomplis dans la réalisation des objectifs spécifiés dans le plan. Enfin, elle peut aboutir à des résultats bénéfiques sur les plans social et économique. Kotler (2005) considère que le plan marketing comporte six étapes : analyse de la situation, objectifs, stratégie, tactiques, budget et mécanismes de contrôle (Tableau 46).

TABLEAU 46 – CONTENU D'UN PLAN MARKETING

Rubrique	Rôle
Analyse de la situation	**Résumé managérial :** il contient les principales recommandations soumises à l'approbation de la direction générale. **L'étude de l'environnement marketing :** elle résume les données essentielles relatives à l'environnement, à la demande, aux produits, à la concurrence et aux intermédiaires. **L'analyse attraits/ atouts :** elle dégage les principales opportunités et menaces, forces et faiblesses et axes de réflexion à prendre en considération dans le plan.
Objectifs	Cette partie spécifie les buts que l'entreprise se propose d'atteindre en termes de volume d'affaires, de part de marché et de bénéfices.
Stratégie marketing	Elle identifie les choix fondamentaux faits dans le domaine du marketing pour atteindre les objectifs visés.
Tactiques	Ils correspondent aux plans d'action. Pour chaque action, elles indiquent ce qui sera fait, quand, par qui et avec quels moyens et budget.
Budget	Il établit une prévision quantifiée et financière des résultats attendus.
Contrôle	Il précise le mode de suivi et l'évaluation du plan.

Source : Inspiré de Kotler, 2005 et de Kotler et Dubois, 1986.

§ 1. Analyse de la situation

***345.* Le résumé managérial et la table des matières** – Un plan marketing devrait toujours débuter par un résumé d'une ou deux pages rassemblant les faits essentiels, les buts et les principales recommandations. Un tel résumé a pour but de fournir à la direction générale des éléments d'appréciation globale de chaque plan ainsi qu'une indication des chiffres clés. Pour certains cas, les chiffres sont difficiles à avancer compte tenu du caractère non marchand de l'activité (Encadré 56). Excepté pour le résumé managérial, l'analyse de la situation reprend en grande partie les éléments développés dans le *business plan*.

Encadré 56 : Un exemple de résumé managérial : le CDT des Côtes d'Armor *(Source : Extrait du plan marketing du comité départemental du tourisme des côtes d'Armor 2005-2007. http://www.cotesdarmor.com/fr/planmarketing.php).*

Le tourisme est au cœur des grands enjeux économiques du département des Côtes d'Armor. Avec 23,7 millions de nuitées enregistrées et un chiffre d'affaires de 760 millions d'euros, le tourisme est le deuxième secteur d'activité du département après l'agroalimentaire. Cependant, les changements de comportement des consommateurs, la mondialisation de l'activité touristique et le renforcement de la concurrence nous obligent à redoubler d'efforts pour rester présents et performants sur le marché du tourisme et des loisirs. C'est dans ce cadre et pour répondre à ces enjeux que le Conseil Général des Côtes d'Armor s'était doté en 1996 d'un Schéma Départemental de Développement

Touristique, qui avait fixé les orientations stratégiques du développement touristique départemental. Le Plan Marketing réalisé en 2000 par le Comité Départemental du Tourisme répondait à l'un des objectifs et préconisations du Schéma. En 2003, un nouveau Plan de Développement Touristique a été mis en œuvre. Le CDT se devait donc de réaliser un nouveau Plan Marketing, et ce pour la période 2005-2007. Comme le précédent, ce document a été élaboré comme un véritable outil de référence et un guide technique à l'usage de l'ensemble des partenaires du Comité Départemental du Tourisme, outil qui permettra la poursuite et le renforcement d'une politique touristique rigoureuse, cohérente et concertée dans tous les domaines. Le Plan Marketing 2005-2007 du tourisme des Côtes d'Armor s'appuie sur 5 objectifs fondamentaux :

Fixer le cadre stratégique de l'action marketing touristique du département à moyen terme. C'est en optant pour l'inscription de la stratégie dans le temps, en la mettant en perspective et en la rendant plus visible auprès de l'ensemble des partenaires, que la démarche globale sera la plus efficace.

Établir une hiérarchie dans les priorités d'actions. Le CDT recherche une rentabilité maximale des actions entreprises. Le Plan Marketing permet d'identifier et de hiérarchiser les priorités.

Mettre en œuvre des actions coordonnées sur chacun des marchés. Presse, éditions, salons, actions de micro-marchés, marketing relationnel et fidélisation, publicité, opérations commerciales, le Plan Marketing détermine, en fonction de la stratégie établie, les actions à mener par le CDT en étroite collaboration et concertation avec l'ensemble de ses partenaires. En cela, le Plan Marketing permet de coordonner et donc de fédérer.

Proposer un instrument de cohérence aux partenaires du CDT, qui permette l'articulation de leurs stratégies propres avec celles du CDT. C'est en coordonnant les différentes initiatives et en proposant un cadre d'ensemble aux actions individuelles que le CDT démultipliera ses investissements propres et que le plan marketing touristique départemental se traduira en valeur ajoutée concrète dans l'économie touristique des Côtes d'Armor.

Définir un cadre d'appui argumentaire auprès du Conseil Général. Le Plan Marketing représente un outil argumentaire auprès de l'Assemblée Départementale, qui est ainsi en mesure d'accompagner le CDT dans ses propositions de communication et de promotion, en pleine connaissance des outils utilisés et des objectifs recherchés.

346. **L'étude de l'environnement marketing** – Dans cette partie, le rédacteur du plan analyse successivement: l'environnement au sens large, la demande, les produits, la concurrence, les intermédiaires. Ces données sont rassemblées au sein d'un « *fact book* ». L'environnement au sens large rassemble les tendances lourdes d'évolutions démographique, technologique, économique, politico-légale et socio-culturelle. Ces données sont identifiées et commentées. En ce qui concerne la demande, il s'agit ici de présenter les données essentielles relatives au marché auquel l'entreprise s'adresse : taille (volume/ valeur), évolution passée, répartition par segments. Une seconde partie est consacrée aux besoins du client, aux perceptions et images et aux tendances d'évolution du processus d'achat. Pour l'étude des produits, on indique dans cette section les résultats commerciaux, les contributions et les bénéfices dégagés par chaque ligne de produit au cours des dernières années ou, dans le cas de nouveaux produits, la répartition probable par grandes catégories. Enfin, concernant la concurrence, les principaux concurrents sont identifiés et étudiés du point de vue de leur taille, objectif, résultat (part de marché), stratégie marketing, accords de partenariat et toute autre caractéristique révélatrice de leurs intentions et comportements.

347. **L'analyse attraits / atouts** – À partir des données issues de l'environnement commercial, le responsable marketing précise les opportunités et menaces, forces et faiblesses ainsi que les axes de réflexion majeurs qui caractérisent la situation de l'entreprise ou de l'entité spécifiquement concernée par le plan. Les opportunités et menaces correspondent à des éléments externes susceptibles d'affecter l'évolution du secteur. On y retrouve les implications correspondantes en termes de réponses envisageables, compte tenu de leur degré de priorité. Un besoin d'achat que l'entreprise peut satisfaire de manière rentable, constitue un exemple d'opportunité. La valeur d'une opportunité est liée à son attrait et à sa probabilité de succès. Celle ci dépend à son tour des compétences distinctives de l'entreprise, c'est à dire des activités qu'elle exerce de manière particulièrement performante face aux facteurs clés du succès, c'est à dire aux conditions de maîtrise de l'opportunité. Une menace est un problème posé par une tendance défavorable ou une perturbation de l'environnement qui, en l'absence d'une réponse marketing appropriée, conduirait à une détérioration de la position de l'entreprise. Une menace est d'autant plus grave qu'elle affectera en profondeur la rentabilité de l'entreprise et qu'elle aura de grandes chances de se réaliser. La récession économique ou un changement de réglementation plus contraignant peuvent constituer des menaces.

Les forces et faiblesses s'appuient sur un diagnostic interne. Tout domaine d'activité a besoin d'être périodiquement évalué. Une matrice d'analyse en termes de forces et faiblesses est souvent utilisée à cet effet. On réexamine les compétences et ressources dans les différents domaines : finance, information, approvisionnement et ressources humaines (Tableau 47). Bien sûr, tous les facteurs ne sont pas d'égale importance, aussi faut-il les pondérer.

TABLEAU 47 – LES RESSOURCES DE L'ENTREPRISE

Ressources humaines : – savoir, compétences, motivation et taux de renouvellement du personnel ; – soutien de la direction ; – engagement, sens de l'initiative et esprit d'entreprise des individus ; – recrutement, formation, développement, rémunérations.	**Ressources informationnelles :** – systèmes de collecte et de stockage de données ; – outils d'analyse ; – liberté d'accès à l'information au sein de l'entreprise.
Ressources financières : – financement des actions de mix marketing ; – financement des études marketing ; – financement prévisionnel des programmes pluriannuels.	**Ressources d'approvisionnement :** – matières premières, pièces, composants ou services disponibles en quantité ; – relations au sein de la chaîne d'approvisionnement ; – gestion des stocks.

Source : Burk Wood et Le Nagard-Assayag, 2005.

Toutes les faiblesses ne sont pas forcément pénalisantes. Les plus inquiétantes sont celles qui handicapent le domaine d'activité de façon sensible. Néanmoins, il reste une question essentielle. Une entreprise doit elle se limiter aux opportunités correspondantes à ses forces actuelles ou bien acquérir les compétences qui lui faut dans le but d'attaquer de nouveaux territoires ? Une grande notoriété et une bonne réputation, une position de leadership, la stabilité financière ou un savoir faire technique constituent des exemples de forces. Un personnel non qualifié ou une absence de communication interne sont des exemples de faiblesses.

§ 2. Les objectifs

348. Les objectifs de marketing constituent la partie la plus importante du programme de marketing. Cette section décrit la décision finale de l'entreprise sur les objectifs et la stratégie de marketing pour la période de planification considérée. D'abord il est nécessaire de définir les objectifs de marketing à long terme aussi clairement que possible et de façon opérationnelle Ensuite il convient de cerner le marché cible avec précision, à l'aide des données de l'analyse des opportunités de marché. Dans un troisième temps, le plan marketing doit décrire les décisions concernant les variables du marketing mix. Deux types d'objectifs doivent être fixés : les objectifs financiers et les objectifs marketing. Les objectifs financiers sont le plus souvent exprimés en termes de taux de rentabilité à moyen terme, *cash flow* et bénéfices annuels. Les objectifs marketing s'appuient sur les objectifs financiers et traduisent ces derniers en termes de chiffres d'affaires, ventes et parts de marché. L'objectif de part de marché peut lui même être décliné en objectif de notoriété, couverture de distribution, etc. Il est rare qu'une entreprise poursuive un seul but. Les plus courants sont la rentabilité, la croissance du chiffre d'affaires, la conquête de parts de marché, la répartition des risques et l'innovation. Ces objectifs peuvent directement découler de la mission ou bien en constituer des conditions d'accompagnement. Pour être véritablement intégrés à un système de gestion par objectifs (GPO), ils doivent posséder un certain nombre de qualités. Ils doivent avant tout être hiérarchisés. Les divers objectifs que l'on s'efforce d'atteindre dans un domaine d'activité ont rarement tous la même importance. Il faut donc s'efforcer de les classer par ordre de priorité. Par exemple, un objectif de rentabilité peut être atteint en augmentant le bénéfice ou en réduisant le capital investi. Le profit résulte lui même du chiffre d'affaires et des coûts. Le chiffre d'affaires s'obtient en multipliant un volume par un prix. En procédant ainsi, on peut spécifier de plus en plus finement des objectifs globaux. Les objectifs doivent également être quantifiés. Déclarer « *qu'il faut accroître la rentabilité des investissements* » n'est guère satisfaisant. Préciser « *faire passer le taux de rentabilité de 9 à 12 % en deux ans* » constitue une nette amélioration. Les objectifs doivent rester réalistes. Adapter un taux de rentabilité impossible à atteindre engendre des frustrations. Le choix final devra se faire à partir de l'analyse des opportunités offertes sur le marché et les ressources internes de l'entreprise. La cohérence est également une des qualités des objectifs dans la mesure où l'entreprise ne peut pas à la fois optimiser tous ses objectifs. Toute entreprise doit donc trouver un équilibre entre la marge unitaire et la part de marché ; la pénétration des marchés existants et le développement des nouveaux marchés ; les objectifs financiers et les objectifs à caractère non lucratif (par exemple sociaux), la croissance et la sécurité.

§ 3. La stratégie marketing

349. Dans cette partie du plan, le responsable marketing ébauche les traits essentiels de la stratégie qu'il va mettre en œuvre. Une stratégie marketing n'est pas une collection d'actes isolés, mais une orientation générale de l'ensemble des efforts mis en œuvre pour atteindre les objectifs. Cette stratégie doit être décrite de façon aussi claire et concise que possible. En élaborant sa stratégie, le responsable marketing s'efforce de bénéficier du concours des autres fonctions et partenaires impliqués dans la mise en œuvre du plan : production, achat, finance, ressources humaines, etc. Par exemple, il peut contacter les services d'achats et de production de façon à vérifier que les matières premières ont été commandées en quantité suffisante et que les programmes de production sont compatibles avec les objectifs commerciaux. Il peut s'entretenir également avec la force de vente de façon à orienter ses efforts et avec les distributeurs afin de renforcer leur coopération. La formulation des stratégies s'inspire donc fortement de l'information recueillie lors de l'analyse de la situation. Il est important de se rappeler que les stratégies doivent toujours être cohérentes avec les objectifs.

Il existe plusieurs formes de stratégies marketing. Les stratégies marketing de croissance interviennent lorsqu'on anticipe un développement progressif de l'entreprise. Les résultats généralement attendus sont l'augmentation de la part de marché et l'augmentation du chiffre des ventes. Les stratégies marketing de stabilité peuvent s'appliquer lorsque le produit vendu est au stade de la maturité, que la clientèle est établie depuis longtemps, que le chiffre des ventes annuel subit une augmentation constante ou que certains changements dans l'environnement se produisent lentement. À l'opposé, les stratégies de retrait visent la réduction des coûts, une diminution du nombre de produits vendus ou de services offerts, l'association avec un partenaire ou le contrôle par une autre entreprise (Alon et Perrigot, 2003). Les stratégies de marketing différencié visent la satisfaction d'une large part de marché total, et ce par l'offre de plusieurs produits adaptés aux différents segments de marché. L'assureur AGF, membre du groupe Allianz est parti du constat que sa branche Assurance vie ne pouvait pas bénéficier pleinement de la croissance de ce marché. En 2003, le groupe réorganise ses activités assurance vie autour de quatre entités réseaux. « AVIP » est destiné aux conseillers en gestion de patrimoine, « Arcalis » s'adresse aux institutions financières, banques et sociétés de bourse, « Génération vie » est tournée vers la clientèle exclusive de la société Oddo &Cie (partenaire historique) et « Gaipare » est réservé aux courtiers spécialistes de l'assurance vie. Cette stratégie différenciée (une marque par segment) a permis dès 2005 de mesurer une forte croissance sur tous les segments. Enfin, les stratégies de marketing concentré consistent à mobiliser tous les moyens pour satisfaire un segment de marché très précis.

§ 4. Tactiques, budget, contrôle

***350.* Les tactiques** – La stratégie identifie la route à parcourir pour atteindre les objectifs que l'on s'est fixés. Il convient ensuite de déterminer des tactiques ou plans d'action. Ainsi, pour chaque décision concernée, il s'agira d'apporter des réponses en termes d'action spécifique envisagée, de moment de mise en place, de responsabilité, de moyens mis en œuvre et de coût. L'exemple d'Arkopharma (Encadré 57), montre les décisions annoncées pour améliorer la rentabilité opérationnelle de l'entreprise.

Encadré 57 : Le plan d'action marketing annoncé : l'exemple d'Arkopharma
(Source : « Arkopharma : un plan d'action stratégique pour améliorer la marge opérationnelle », Boursier.com, 19 septembre 2006 - http://www.boursier.com/vals/FR/arkopharma-un-plan-d-action-strategique-pour-ameliorer-la-marge-operationnelle-news-202094.htm).

Arkopharma annonce (…) en marge de ses résultats semestriels un plan d'action stratégique destiné à améliorer la rentabilité opérationnelle du groupe. Ce plan s'articule dans un premier temps autour du recentrage de l'activité sur le « *core business* » (arrêt de l'activité vétérinaire au 1er juillet 2006) et du recentrage du portefeuille produits (diminution de 35 % des références). Dans un second temps, le groupe entend procéder à la réduction des foyers de perte à l'international : fermeture de la filiale allemande, accord de distribution avec un partenaire en Australie et optimisation des coûts de la filiale américaine. Ces mesures vont permettre d'optimiser l'utilisation des ressources du groupe tant dans ses cycles de fabrication que dans ses processus de recherche et de développement de nouveaux produits. Ainsi restructuré et fort de ses positions de leader sur ses principaux marchés (minceur, tonique, ménopause, anti-stress, etc.), Arkopharma dispose des atouts nécessaires pour générer une croissance durable dans les prochaines années.

Le plan d'action marketing va bien au-delà de cet effet d'annonce. Il doit détailler chacune des décisions prises. La diminution du nombre des références doit être accompagnée d'un calendrier et de précisions relatives à l'arrêt de ces produits (pour éviter les invendus par exemple). Elle doit également être accompagnée d'une campagne de communication destinée à récupérer les clients perdus sur ces produits et les orienter sur d'autres produits de la marque.

***351.* Les comptes de résultat prévisionnels** – Le plan d'action permet au responsable marketing de préparer un budget présenté, le plus souvent, sous la forme d'un compte de résultat prévisionnel. Du coté des produits, figurent le nombre d'unités que l'on espère vendre et les prix de vente nets. Du coté des charges, on reporte les coûts de production, de distribution physique et de marketing, eux mêmes subdivisés en plusieurs rubriques. La différence apparaît sous forme de profit ou de perte prévisionnelle. Parfois, on prépare plusieurs budgets correspondant à des hypothèses optimistes ou pessimistes. Une fois approuvé, avec ou sans les modifications, le budget devient le document de référence pour l'achat de matière premières et la programmation de la production, pour les besoins en main-d'œuvre et les actions commerciales.

352. **Le contrôle** – Le processus de contrôle implique un ou plusieurs objectifs, un système de retour de l'information qui compare les réalisations aux objectifs, et un système qui permet de réajuster les activités pour les rendre compatibles avec les objectifs. La nécessité d'un système de contrôle est destinée à s'assurer que les objectifs de l'entreprise et du service marketing seront atteints et que l'entreprise est engagée dans la bonne direction. Le contrôle permet également de garantir l'efficacité de l'emploi des ressources de marketing et d'équilibrer les forces du marketing parmi les différents services. Il permet enfin de réévaluer les buts et les normes de performance du marketing. Ainsi, le contrôle ne peut être occasionnel. Comme la planification, il constitue un processus continu, et ses résultats devraient fournir au responsable du marketing des connaissances qui deviendront une partie des intrants de la future planification. Enfin, un bon système de contrôle prévoit des plans de secours. Ceux-ci précisent les actions à engager lorsque les obstacles sont spécifiquement identifiés (si notamment une guerre des prix ou une rupture d'approvisionnement intervient). L'élaboration de plans de secours oblige le responsable marketing à anticiper les difficultés qui pourraient contrecarrer sa stratégie.

Section 3
Le plan de communication

353. La planification intervient également au niveau de la communication. Le plan de communication est une démarche qui doit être pensée et mise en œuvre en même temps que le plan marketing (Autry, 2003). Il trouve sa légitimité dans la nécessaire coordination des moyens (budgétaires et humains) et des messages en fonction du temps. Il se présente sous la forme d'un document, constituant une feuille de route à suivre pour l'année et même au-delà (bien souvent 2 à 3 années). Les évolutions des environnements technologique, socioculturel, réglementaire et économique et social ont profondément modifié la relation à la communication, ce qui milite à intégrer dans la démarche des éléments multiples. Par ailleurs le plan de communication peut se concevoir de deux manières : en fonction des canaux de communication ou en fonction des familles de publics stratégiques.

§ 1. L'intégration d'éléments multiples

354. **Des cibles multiples** – La vision basique de la communication laissait entrevoir des cibles immobiles dont l'unicité de rôle garantissait les effets de l'unicité du message. La prise en compte d'acteurs différents comme cibles change la donne. L'entreprise s'adresse désormais non seulement à ses clients, et à ses collaborateurs, mais aussi à ses actionnaires et à la société civile (Figure 67). De surcroît la communication doit intégrer le fait que les acteurs peuvent avoir plusieurs rôles et être par exemple à la fois clients et citoyens ou actionnaires (voire les trois à la fois). Les entreprises doivent intégrer le fait que les espaces ne sont pas étanches (Lendrevie et De Baynast, 2004). Cette observation marque la fin de la communication « écran de fumée » dans la mesure où la cohérence des interventions conditionne la recevabilité des messages au niveau des cibles. Même les communications de crise sont orchestrées (donc pensées avant) sous peine d'être qualifiées de peu crédibles.

Figure 67 – Les 4 C : Des cibles multiples

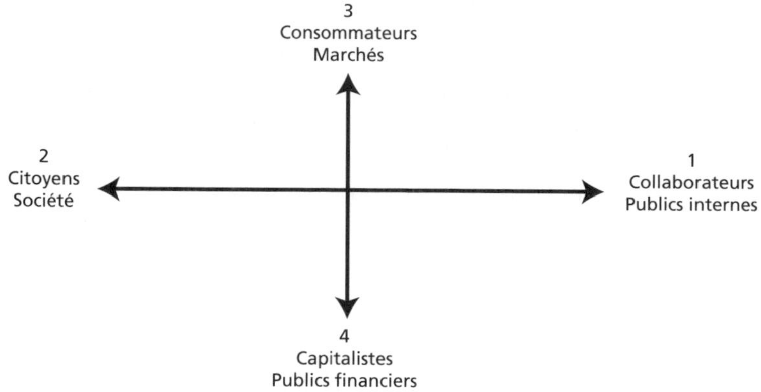

Source : Lendrevie et De Baynast, 2004.

***355.* Des supports multiples** – Le mix de communication implique de diversifier les canaux et supports pour optimiser l'impact de la communication. Un canal de communication peut être défini comme tout moyen permettant de véhiculer le message jusqu'à la cible (Shannon et Weaver, 1949). Les médias traditionnels (presse, affichage, radio, télévision, etc.), la force de vente, Internet, les nouvelles formes de médias s'adaptant aux évolutions de la société[3], sont autant d'opportunités et de clés d'entrée pour s'adresser aux consommateurs. Le développement du potentiel de communication, couplé à la mise en place de stratégies en milieu incertain, amènent les entreprises à devoir gérer un paradoxe : communiquer auprès des cibles correctement identifiées un message, sans disposer de visibilité à moyen long terme, tout en prenant en compte une complexité croissante du couple canaux-supports / clients-cibles (Libaert, 2004). Il convient donc de rendre cohérente une communication issue de multiples messages sur des canaux et supports différents. Le plan de communication est un programme qui indique la marche à suivre pour produire et diffuser les messages nécessaires à la conduite d'une action.

3. « J.C. Decaux Airport passe de la face à l'écran télévisuel », *Marketing Magazine*, 79, mai 2003.

§ 2. Le plan de communication classique : le raisonnement par canal

356. **La définition des objectifs et des ressources** – Il semble évident que la démarche du plan de communication varie en fonction de l'objectif visé. Suivant que celui-ci est d'accroître les ventes d'un produit, d'acquérir une notoriété ou d'annoncer un événement ponctuel, les canaux, supports, moyens humains et budgétaires mobilisés pourront eux-mêmes grandement varier. Car le plan de communication s'appuie sur une organisation préalable. En effet, il convient de prévoir dans le budget de l'action les frais de communication à engager (imprimerie, courrier, téléphone, BDD, etc.). Il s'agit également de définir le plan marketing pour dégager rapidement les lignes du plan de communication (quoi dire, à qui, comment, quand, où, etc.). Enfin, il est nécessaire d'avoir à disposition les fichiers d'adresses des destinataires (clients, prospects, partenaires, presse, etc.), et un inventaire des ressources disponibles en interne (budget, réseaux, etc.). Le budget, élément obligatoire du plan de communication doit être établi sur la durée du plan. Le montant alloué au plan d'action annuel, découle de cette pluri annualité (même si l'on observe un raccourcissement de la durée des plans de communication dans certains secteurs qui les rapproche des plans d'action budgétaires annuels). Le budget doit être pensé et comptabilisé de manière consolidée, c'est-à-dire que tous les coûts intervenant dans le plan de communication (matériels, main d'œuvre y compris dans d'autres directions de l'entreprise) sont à prendre en compte. De même il est nécessaire d'avoir une approche « glissante » du budget (Libaert, 2000) permettant une marge de manœuvre, dans la mesure où de nombreux éléments extérieurs peuvent perturber une budgétisation trop stricte d'un plan de communication. Cela implique de réviser le budget assez fréquemment en fonction des évolutions du secteur d'activité.

357. **La définition de la cible** – La connaissance de la cible peut venir d'une analyse fine de la clientèle. Cependant, lorsqu'il s'agit d'un nouveau service ou produit, il convient d'effectuer des études préliminaires sur le profil des futurs clients. Plusieurs techniques permettent d'obtenir ces informations : l'achat d'études sectorielles ou portant sur les habitudes de consommation d'une population, l'analyse des clients des concurrents, les questionnaires sur le terrain, les questionnaires téléphoniques ou par courriers électroniques, etc. Il convient de distinguer la cible marketing de la cible de communication. La cible marketing est constituée des individus (ou des organisations) soumis à l'ensemble des opérations marketing dans le but d'agir sur leur comportement d'achat ou d'utilisation d'une offre (fidéliser ou conquérir des clients). Elle répond à la question « à qui peut-on vendre ? ». La cible de communication est constituée des individus (ou des organisations) soumis aux seules actions relevant du mix de communication dans le but d'influer sur leur position personnelle (connaissance, attitudes, incitation) à l'égard de l'offre promue. Elle répond à la question « à qui doit-on s'adresser ? ». La cible de communication peut être plus large que la cible marketing dans la mesure où elle intègre non seulement les acheteurs ou les utilisateurs (cible marketing) mais aussi les prescripteurs et les relais d'opinion susceptibles d'influencer le comportement d'achat, sans acheter eux-mêmes.

***358.* Le plan média** – Il s'agit d'un produit de médias, de supports, d'un budget décomposé par poste et d'un calendrier où figurent dates et heures de passage des annonces, messages ou spots. Le plan média doit diffuser un message auprès d'un grand nombre d'individus, au moindre coût possible, le plus de fois possible, avec une cible la plus précise possible. Il doit s'efforcer de valoriser par une bonne stratégie de communication le produit tout en respectant le budget. Un plan média comprend plusieurs étapes : le *brief* média, le choix média / hors média, la stratégie média, le support planning et le plan de campagne. Le *brief* média est la présentation du problème à résoudre et les indications des différentes contraintes qui aideront le médiaplanneur à choisir ses médias et supports. Le *brief* média doit regrouper les informations sur l'entreprise, ses marques, ses produits et ses marchés (historique, part de marché, positionnement, etc.), l'identification et l'évaluation de la concurrence ainsi qu'une description et une analyse de l'environnement. Le *brief* comprend également un diagnostic marketing de l'entreprise et de chacune de ses marques, un historique de la communication des marques dans les médias et hors médias, le budget de communication ainsi que les contraintes juridiques spécifiques aux marchés concernés. Cette phase est également l'occasion de décrire les objectifs marketing, les objectifs spécifiques de communication ainsi que les cibles de communication (Figure 68).

Après avoir effectué le *brief*, l'étape suivante consiste à répartir le budget entre le média et le hors média. La cible permet de choisir le type de communication. Par exemple, le *mailing* va s'adapter à une cible hétérogène alors qu'une publicité sur une chaîne thématique s'adresse à un public très spécialisé déjà identifié. De même, la nature du produit à promouvoir va déterminer le type de communication et la conduite d'achat du consommateur. Un produit très technique et commercialisé en B to B aura peu de chance de se retrouver sur une publicité à l'image des PGC. La stratégie média consiste à choisir les médias et à répartir le budget par masse. Un support de communication est un élément matériel qui supporte réellement un message : le film pour le cinéma, le panneau pour l'affiche, le journal pour la presse. Il peut également prendre la forme d'un véhicule qui transporte un message publicitaire, d'un *Tee shirt*, d'un sac etc. Le *support planning* présente la sélection des différents supports de chaque média ainsi que les propositions de combinaison de supports d'un même média. Il décrit le nombre d'insertions et de passages, ainsi que le planning avec les tranches horaires. Le *support planning* présente également la répartition par masse budgétaire.

Figure 68 – Le *brief* média

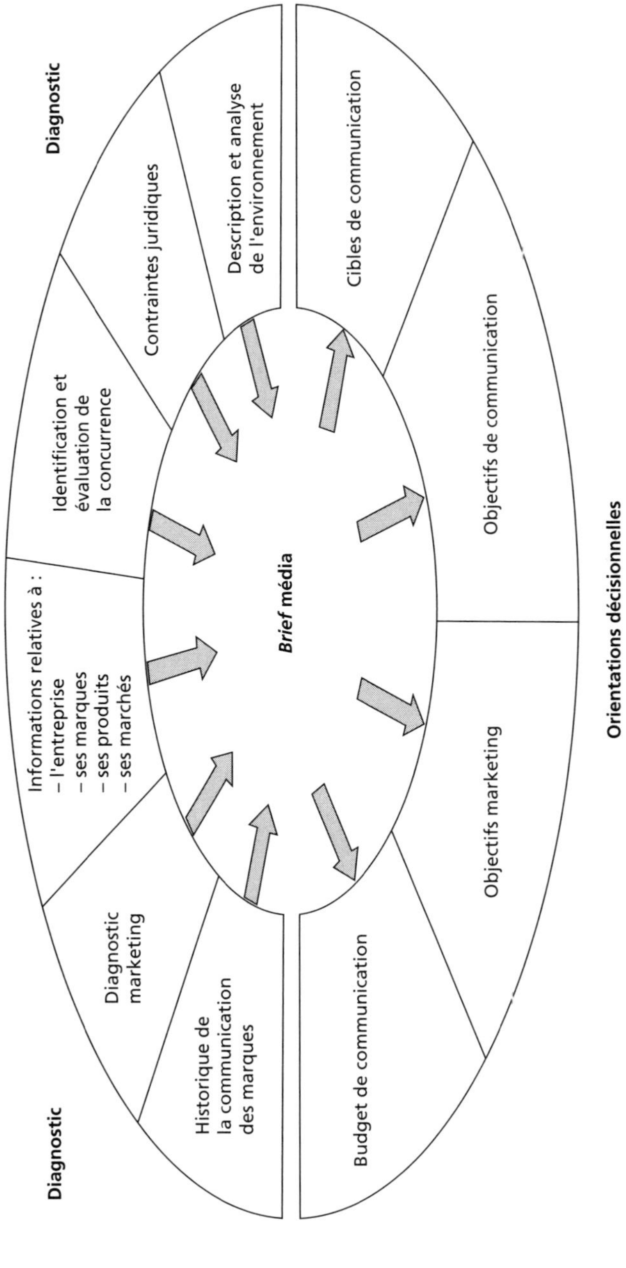

TABLEAU 48 – LE PLAN MÉDIA : EXTRAIT SIMPLIFIÉ DU SUPPORT PLANNING DES MODÈLES LUPO ET POLO DE VOLKSWAGEN POUR LE 1er TRIMESTRE 2002 EN FRANCE

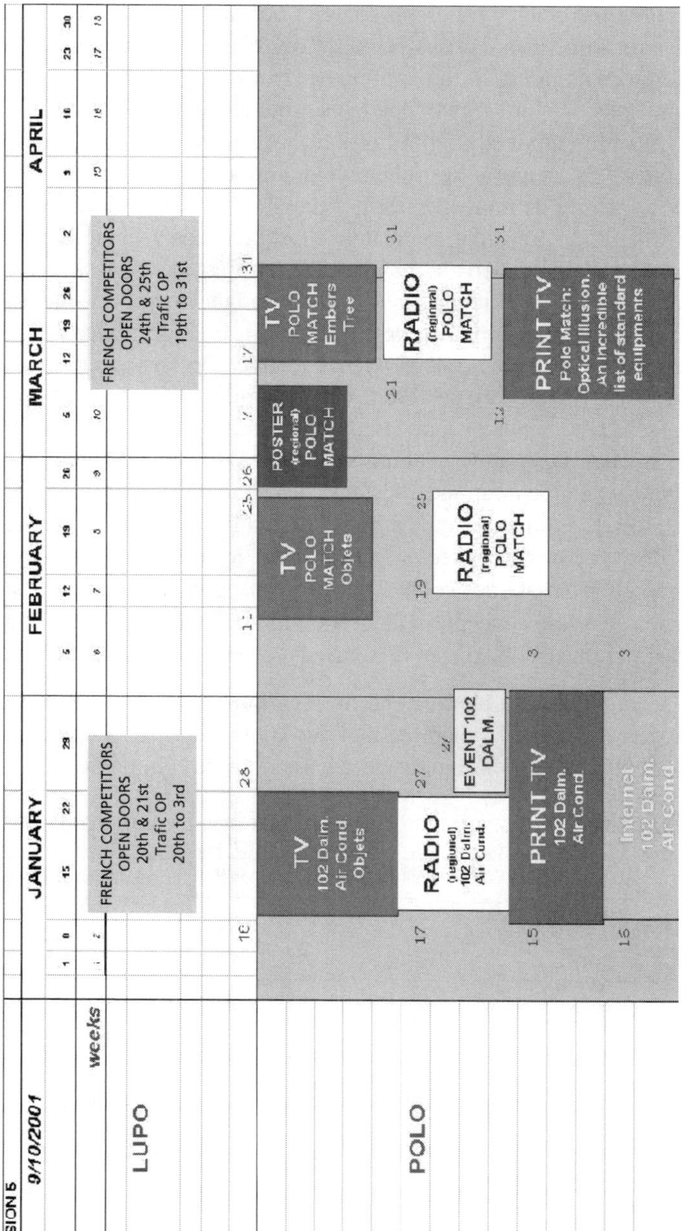

Source : CD Rom Masters Volkswagen du marketing 2002.

Le plan de campagne va dépendre de plusieurs éléments. La nature du produit influe sur le plan dans la mesure où les objectifs commerciaux peuvent être perturbés par des éléments intrinsèques au produit. La saisonnalité implique par exemple un rythme commercial soutenu pendant une période donnée, puis une saison creuse où il n'est pas possible de relancer les ventes, même avec une campagne de communication, à moins de trouver de nouvelles utilisations pour le produit. Dans un autre registre, certains produits pourront être considérés à risque. Les crises alimentaires à répétition ont fragilisé les objectifs commerciaux des producteurs. L'irruption des labels de qualité dans le domaine agro-alimentaire pousse à intégrer de nouvelles formes de plan de communication pour rassurer et redonner confiance aux consommateurs. Les points de vente influent également sur le plan de campagne dans la mesure où ils représentent des opportunités supplémentaires de commercialisation (périodes de lancement, de soldes, de blanc, ou des fêtes de Noël, des mères, des pères, etc.). Il s'agit donc d'endogénéiser ces éléments pour éviter tout télescopage. Certaines circonstances extérieures comme les périodes de fêtes ou les contextes favorables (événement sportif pour les marques de vêtements de sport) peuvent également constituer une opportunité en termes de planification de la communication. Dans les grandes occasions comme une finale de coupe du monde, les marques conçoivent même des plans différents en fonction du résultat anticipé afin de coller à l'événement. Il convient également d'intégrer les contraintes techniques, comme les délais de réservation de l'achat d'espace ou les creux des coûts d'achat d'espace, notamment au mois d'août. De même les délais de conception du produit lui-même sont à anticiper afin de ne pas programmer une campagne en décalage avec la commercialisation du produit.

***359.* Le calendrier du plan de communication** – Le calendrier indique l'échéance de l'action et accroît la visibilité de l'ensemble des actions de communication. Il favorise en outre la coordination entre les actions de communication.

TABLEAU 49 – EXEMPLE DE CALENDRIER DU PLAN DE COMMUNICATION

	Janvier	Février	Mars	Avril	Mai	Juin	Juillet
Relations avec l'agence	Synthèse annuelle			Point trimestriel			Point trimestriel
Relations avec le management	Synthèse annuelle				Présentation de la campagne de publicité		
Actions externes							
Relations publiques		Foire de Lyon	Congrès de la fédération		Parrainage d'un spectacle musical		
Journal		News mag n° 7		News mag n° 8		News mag n° 9	

Publicité						Lancement de la campagne	
Médias	Conférence de presse annuelle des Présidents		Déjeuners de presse PQN	Déjeuners de presse News magazine			
Lobbying		Rencontre d'élus nouveaux	Rencontres Médef	Rencontres CCI	Association d'élus		

Source : Libaert, 2000.

§ 3. Le plan de communication multicanale intégrée

***360.* De la définition des familles de public stratégiques aux plans d'actions** – Dans de nombreux cas, le plan de communication est focalisé sur les canaux de communication qui eux-mêmes déterminent les cibles. Dans le cadre d'une communication multicanale intégrée, la démarche ne part plus des médias mais des publics en relation avec l'entreprise (Lendrevie et de Baynast, 2004). Le plan de communication multicanale s'organise alors en six étapes (Figure 69). Il convient dans un premier temps de décomposer les publics de l'entreprise en cibles élémentaires (petits, moyens ou gros client ou clients occasionnels / clients fidèles, etc.). Ensuite les cibles élémentaires sont regroupées en familles homogènes. Ces dernières ne se limitent pas aux clients puisqu'elles comprennent les parties prenantes susceptibles de créer de la valeur pour l'entreprise (fournisseurs, publics, etc.). Les familles de publics stratégiques peuvent être touchées par des canaux communs : sites web, *newsletter*, radio, etc. L'identification et la hiérarchisation des familles stratégiques se fait en fonction du rôle joué dans la chaîne de valeur de l'entreprise (prescripteurs, personnel en contact avec la clientèle, etc.) et également en fonction des caractéristiques, des comportements et du potentiel d'achat des clients ou prospects.

Figure 69 – Les étapes de la communication multicanale intégrée

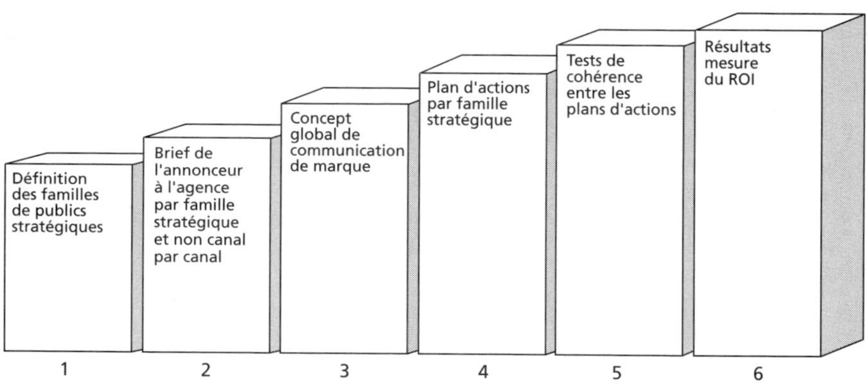

Source : Lendrevie et De Baynast, 2004.

À chaque famille stratégique, sont associés des objectifs quantitatifs exprimés en chiffre d'affaires, profit ou parts de marché et des indicateurs-clés de performance permettant d'expliquer les raisons de succès ou d'échec de l'atteinte des objectifs quantitatifs. Certaines familles, compte tenu de leur spécificité (leaders d'opinion notamment) nécessitent d'appliquer des objectifs particuliers. Après avoir identifié les familles stratégiques, l'étape suivante à la constitution d'une communication intégrée consiste à définir le *brief* par famille stratégique. Celui-ci doit contenir des éléments tous déclinés en fonction de la famille de publics stratégique : la stratégie marketing de l'entreprise, la position de l'annonceur et de ses principaux concurrents, l'analyse SWOT de la position de l'entreprise. De même, certains questionnements sont propres à chaque famille de publics stratégique : les approches quantitatives (notamment le potentiel), qualitatives (par exemple l'évolution des comportements) ou les objectifs et indicateurs clés de performance. Le concept global de communication de marque, étape supplémentaire, doit donner du sens aux propositions commerciales faîtes à chaque famille stratégique. Les plans d'action par famille stratégique sont construits en fonction de plusieurs éléments : architecture de canaux, de messages, d'indicateurs de performances, de budgets et de plannings.

Encadré 58 : Exemple fictif de communication multicanale intégrée
(Source : Inspiré de Lendrevie et De Baynast, 2004).

L'entreprise de services, Low c'auto, spécialisée dans la location de véhicules automobiles de tourisme possède un réseau important dont l'implantation est stratégique : aéroports (Orly, Roissy, Nice, Marseille, Toulouse, Bordeaux, Lyon, Nantes, Lille, Strasbourg, Fort-de-France et Pointe-à-Pitre), ports (Calais, Dunkerque, Boulogne-sur-mer, Dieppe, Le Havre, Caen-Ouistream, Cherbourg, Saint-Malo, Brest, Lorient, Saint-Nazaire, La Rochelle, Bordeaux, Bayonne, Sète, Marseille, Toulon, Nice), gares (50 plus grandes) et aux périphéries de certaines grandes agglomérations (25 en bout de réseau de transport en commun urbain).

Low c'auto a identifié **plusieurs familles de publics stratégiques** :
– Clientèle d'affaires ;
– Clientèle de loisir ;
En plus de ces familles stratégiques prioritaires, il existe des familles secondaires telles que :
– Les agents au contact de la clientèle ;
– Les prestataires de services en tourisme (compagnies aériennes, tour opérateurs, hôteliers, etc.) ;
– Les *travel managers* définissant la politique de voyage au sein des entreprises.
Le marché potentiel est de 800 000 clients pour la clientèle d'affaires et de 2 000 000 de clients pour la clientèle de loisirs.
Les objectifs de Low c'auto portent sur le chiffre d'affaires et le « *cost of sale* » maximum (fraction du chiffre d'affaires consacrée aux coûts de distribution, de marketing et de communication nécessaires à la réalisation de la vente). Ainsi, les objectifs fixés sont les suivants :

	Clientèle des loisirs	Clientèle d'affaires	Total
Objectifs de revenu en €	50 000 000	50 000 000	100 000 000
Objectif de *cost of sale* maximum	25 %	15 %	20 %

Compte tenu de la répartition en familles de cible stratégiques, il est clair que la clientèle d'affaires participe activement au résultat de Low c'auto. De même, les indicateurs-clés de performance peuvent être déclinés de la manière suivante :

	Indicateurs clés de performance Objet de l'évaluation	Critères d'évaluation et objectif chiffré
Clientèle d'affaires	1. Notoriété spontanée	Être cité en première position par les hommes d'affaires.
	2. Fréquence d'achat	Accroître la fréquence moyenne de location des membres du club privilège (programme de fidélisation).
	3. Recrutement des membres du Club	Recruter 2 000 nouveaux membres actifs dans le club privilège par an.
Clientèle de loisirs	1. Taux d'utilisation des véhicules	– atteindre 80 % pour la gamme A (véhicules de grande taille) ; – atteindre 85 % pour la gamme B (véhicules de taille moyenne) ; – atteindre 90 % pour la gamme C (véhicules de petite taille).
	2. Durée de location	Accroître la durée moyenne de location d'un véhicule.
	3. Recrutement des membres du Club	Recruter 500 nouveaux membres actifs dans le club privilège par an.
	4. Notoriété spontanée	Être cité en première position par la clientèle de loisirs.

Le budget global de la communication étant de 5 millions d'euros, il a été décidé de dédier 1 million d'euros à la communication de marque et 4 millions d'euros à la communication opérationnelle par famille avec la ventilation suivante : 1 million pour la clientèle d'affaires et 3 millions pour la clientèle de loisirs. Cette répartition s'explique notamment par la concentration de la clientèle d'affaires naturellement moins coûteuse en budget de communication.

Les éléments de base du *brief* :
– Pour la famille clientèle d'affaires :
Stratégie de l'entreprise sur la clientèle d'affaires : Sur chaque site d'implantation, tout est pensé pour minimiser le temps passé par le client à effectuer les démarches nécessaires à la location des véhicules. De fait, une procédure allégée pour les clients connus permet de gagner du temps. Par ailleurs, le prix constitue un second avantage concurrentiel avec un positionnement sur les prix bas. L'environnement est très concurrentiel dans la mesure où cette famille constitue pour les entreprises du secteur la principale contribution au bénéfice. Néanmoins, lorsque ce type de clientèle est fidélisé, il l'est pour longtemps.

– Pour la clientèle de loisirs :
Le positionnement sur les prix bas constitue un premier avantage concurrentiel. Par ailleurs des accords avec d'autres prestataires de services en tourisme (compagnies aériennes et hôtels) offrent non seulement des packs séjours clés en main à des prix intéressants, mais aussi la possibilité de bénéficier d'un accord de réciprocité sur les programmes de fidélisation de leur choix (club privilège ou autres programmes des partenaires). L'environnement est très concurrentiel, mais les tendances du marché sont à la hausse. En effet sur certaines implantations urbaines, on assiste à l'arrivée d'une nouvelle clientèle qui préfère louer un véhicule pour le week-end plutôt que d'en acquérir un à l'année, avec tous les désagréments et les coûts que cela comporte.

Le concept global de communication de marque est commun aux différentes familles de publics stratégiques : Low c'auto représente l'alternative en termes de prix et de services.

Le plan d'actions doit être envisagé pour chacune des familles de publics stratégiques. Il ne sera traité ici que celui de la clientèle d'affaires :

	Janv.	Fév.	Mars	Avril	Mai	Juin	Juillet	Août	Sept.	Oct.	Nov.	Déc.
One to many		ABC	ABC						ABC	ABC		
One to few									D			
One to one				EFG							HIJ	

Avec :
A – Opération *one to many*, publicité presse : campagne de publicité B to C dans la presse lue par les hommes d'affaires, et *travel managers*. Budget de 2 x 100 000 €.
B – Opération *one to many*, affichage : campagne d'affichage aux abords des aéroports, ports et gares correspondant à l'implantation des agences de location. Budget de 2 x 60 000 €.
C – Opération *one to many*, publicité radio : campagne radio locale dans les villes où low c'auto est présente. Budget de 2 x 100 000 €.
D – Opération *one to few*, Salon : stand et animation au salon top résa à Deauville (salon professionnel destiné aux prestataires de services). Budget de 60 000 €.
E – Opération *one to one* : mailing promotionnel sur la base des données des membres du club privilège. Les points sont multipliés par trois pour toute location intervenant dans les trois mois. Budget de 50 000 €.
F – Opération *one to one* : programme relationnel avec rappel de l'offre promotionnelle E dans la lettre d'information bimestrielle du club privilège. Budget de 100 000 €.
G – Opération *one to one*, *e-mailing* de relance de l'offre E. Budget de 10 000 €.
H – Opération *one to one*: *mailing* promotionnel sur la base des données des membres du club privilège. Les points sont multipliés par trois pour toute location de plus d'une semaine. Budget de 50 000 €.
I – Opération *one to one* : programme relationnel avec rappel de l'offre promotionnelle H dans la lettre d'information bimestrielle du club privilège. Budget de 100 000 €.
J – Opération *one to one*, *e-mailing* de relance de l'offre H. Budget de 10 000 €.

***361.* La rentabilité et l'efficacité des plans d'action de communication intégrée** – Toute la difficulté dans la mise en œuvre d'un plan de communication réside dans le fait de rester cohérent malgré la multiplicité des messages et la diversité des cibles. Les tests de cohérence constituent une aide en vérifiant notamment que les plans de communication correspondant aux familles stratégiques identifiées ne se télescopent pas. En effet, il est possible que certains individus soient exposés à plusieurs plans car appartenant à plusieurs familles de publics stratégiques. Cette cohérence doit être vérifiée à la fois dans les messages adressés aux consommateurs et dans les messages adressés aux distributeurs. Il convient par exemple de s'assurer que la force de vente soit motivée à pousser les produits sur lesquels l'entreprise communique. Également, il convient d'informer et de sensibiliser les grossistes et détaillants (surtout s'ils sont franchisés) des opérations de communication de la marque. Dans la mesure où le plan de communication fixe ses objectifs, il est nécessaire de mesurer les résultats de celui-ci. Si la communication est considérée comme un investissement, alors, il convient de mesurer le ROI. Le ROI intègre ici deux dimensions : la contribution à la construction du capital marque et la contribution aux ventes (Lendrevie et De Baynast, 2004). La recherche de la rentabilité est couplée à la mesure de l'efficacité du plan de communication. Cette dernière peut prendre la forme de post-tests (score de reconnaissance, score d'attribution, score d'agrément, etc.), de baromètre d'image (mesure quantitative des évolutions des différents facteurs du capital image c'est-à-dire la notoriété, l'identité ou l'attractivité). D'autres indicateurs peuvent contribuer à mesurer l'efficacité de la communication : dons progression des ventes etc., après une campagne de communication (Malaval, Décaudin, 2005).

Bibliographie

– I. Alon, R. Perrigot, « Marks & Spencer et son échec à l'international », *Décision Marketing*, 30, 41-50, 2003.

– H.I. Ansoff, *Corporate strategy*, New-York, Mc Graw-Hill, 1965.

– J. Autry, « Communications planning begins with your strategic plan… and it never ends », *Management Quarterly*, 44, 1, 35-44, 2003.

– A. Bloch, C. Michon, « La stratégie concurrentielle et le plan marketing », *in* C. Michon (Ed.), *Le marketeur, les nouveaux fondements du marketing*, Paris, Pearson Education, 139-158, 2003.

– Boston Consulting Group, *Perspectives on experience*, Boston, The Boston consulting Group, 1972.

– M. Burk Wood, E. Le Nagard-Assayag, *Marketing planning, stratégie, mise en œuvre et contrôle*, Paris, Pearson Education, 2005.

– B.J. Calder, E.C. Malthouse, « Managing media and advertising change with integrated marketing », *Journal of Advertising Research*, 45, 4, 356-361, 2005.

– A. Chandler, *Strategy and structure: chapters in the history of the industrial enterprise*, Cambridge, MIT Press, 1962.

– H.L. Gantt, *Organizing for work*, New-York, Harcourt, Brace & Howe, 1919.

– D. Hellriegel, J.W. Slocum, R.W. Woodman, *Management des organisations*, 5e édition, Bruxelles, De Boeck, 2004.

– H. Holtz, *The business plan guide for independant consultants*, New-York, John Wiley & Sons, 1994.

– P. Kotler, *Les clés du marketing*, Paris, Pearson Education, 2005.

– P. Kotler, B. Dubois, « Le plan marketing », *Revue Française du Marketing*, 110, 5, 5-17, 1986.

– P. Kotler, B. Dubois, K.L. Keller, D. Manceau, *Marketing Management*, 12e édition, Paris, Pearson Education, 2006.

– I. Learned, E.P. Christensen, R. Andrews, W.D. Guth, *Business policy, text and cases*, New-York, R.D. Irwin, 1965.

– J.K. Leidecker, V. Bruno, « Identifying and using critical success factors », *Long Range Planning*, 17, 1, 23-32, 1984.

– J. Lendrevie, A. De Baynast, *Publicitor*, 6e édition, Paris, Dalloz, 2004.

– T. Libaert, *Le plan de communication*, Paris, Dunod, 2000.

– T. Libaert, *Communication : la nouvelle donne*, Paris, Village Mondial, 2004.

– P. Malaval, J.-M. Décaudin, *Pentacom, communication : théorie et pratique*, Paris, Pearson Education, 2005.

– M. Marchesnay, *Management stratégique*, Paris, Les Editions de L'ADREG, 2004.

– M. Mc Donald, *Les plans marketing*, Bruxelles, De Boeck, 2004.

– H. Mintzberg, *The rise and fall of strategic planning*, New-York, The Free Press, 1994.

– E. Monod, *La méthode business plan pour la gestion de vos projets*, Paris, Editions d'Organisation, 2003.

– M.E. Porter, *Competitive advantage*, New-York, The Free Press, 1982.

– C.K. Prahalad, G. Hamel, « The core competence of the corporation », *Harvard Business Review*, 68, 3, 79-91, 1990.

– P. Selznick, *Leadership in administration*, New-York, Harper & Row, 1957.

– C. Shannon, W. Weaver, *The mathematical theory of communication*, Champaign, University of Illinois Press, 1949.

– *Strategor*, 4e édition, Paris, Dunod, 2005.

– J.-L. Swiners, « Les trois niveaux de la planification marketing et marketing mix », *Revue Française de Gestion*, 8, 37, 67-78, 1982.

– N. Van Laethem, L. Body, *Le plan marketing*, Paris, Dunod, 2004.

Chapitre 2

La communication, élément clé de la décision marketing : le cas de la création et du budget dans la publicité

Plan du chapitre

Résumé

La publicité est un élément clé du marketing. Les agences de communication ont développé depuis plus d'un demi-siècle des méthodes en interne sensées faire de la création la valeur ajoutée de la publicité. La concurrence dans les médias toujours plus rude entre annonceurs se joue en effet en grande partie sur la dimension créative. Encore faut-il allouer un budget approprié à la publicité.

362. Près de 11 milliards d'euros ont été dépensés par les annonceurs en 2005 dans la publicité sur le territoire français[1]. Ce chiffre résume l'importance de la publicité au sein de la stratégie de communication et plus généralement du marketing. Comme le soulignent Joannis et De Barnier, la communication publicitaire est nécessaire car « *les réseaux de vente la réclament, la concurrence vous y oblige, la distribution vous fait dépérir sans elle* » (2005). Certains auteurs insistent sur la controverse autour des effets économiques de la publicité. Les dépenses publicitaires sont en effet souvent utilisées pour créer un avantage concurrentiel et agir sur le marché. Les détracteurs des dépenses publicitaires

---

1. Source France Pub 2006, disponible sur le site de l'association des agences en conseil et en communication (www.aacc.fr)

tentent de montrer l'absence d'efficacité de la publicité. Ainsi, l'effet de la publicité sur les ventes serait de relativement courte durée et ne changerait pas les positions d'équilibre des marques (Bass et Darral 1972 ; Leone, 1995). En réalité, tout dépend de l'objectif assigné à celle-ci. Elle peut être informationnelle et ne pas viser à rechercher un quelconque pouvoir de marché. Par ailleurs, plutôt que de s'interroger sur les effets de la publicité sur les consommateurs, il serait intéressant de s'interroger sur ce que font les consommateurs de la publicité (Marion, 1984).

Ces divergences d'analyse ne doivent pas masquer le fait que la publicité reste la discipline reine de la communication. Outre une planification bien orchestrée, l'enjeu d'une publicité réussie se situe à deux niveaux : au niveau de la création publicitaire (section 1) et au niveau de la détermination du budget accordé (section 2).

Section 1
La création publicitaire

363. Les créatifs traduisent le message en idées, en symboles, en formes, en sons, en paroles, en situations, etc., une fois que l'objectif de communication publicitaire est bien compris. Il existe différentes approches créatives. Les plus couramment utilisées se retrouvent dans la figure 70. Il ne s'agit pas de dresser un inventaire exhaustif des approches créatives, mais d'en repérer les plus classiques et d'en expliciter les différences, car ces dernières ont une incidence sur le comportement du consommateur. Dans l'organisation du secteur publicitaire, les créatifs appartiennent dans la presque totalité des situations, à des agences de communication ou de publicité. Ainsi, la relation annonceurs/agence de communication est au cœur du fonctionnement du système (Michon, 2003). Les agences sont la plupart du temps à l'origine des modèles de création publicitaires. Les développements qui suivent traiteront de ces quatre approches idéologiques en matière de création publicitaire.

Figure 70 – Les différents types de création publicitaire

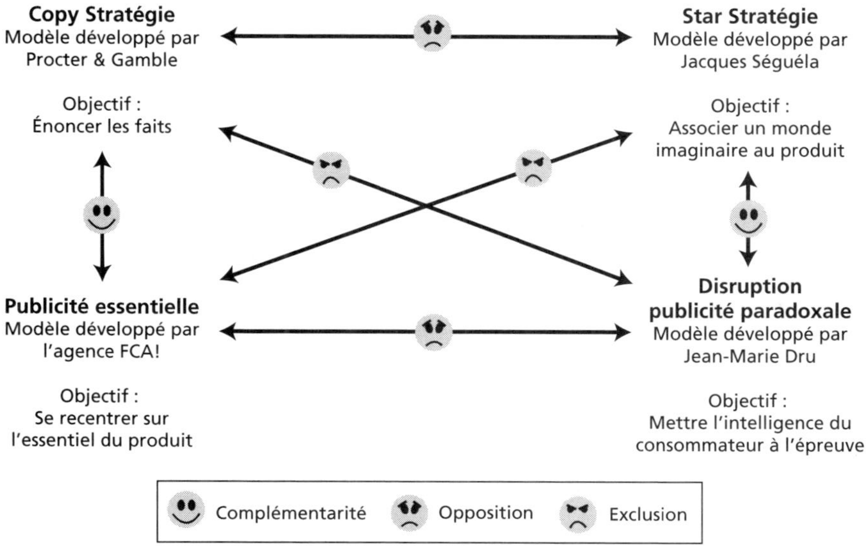

§ 1. Un modèle de base : la copy stratégie ou publicité référentielle

***364.* Le modèle de Procter & Gamble** – À l'origine, le problème n'est pas publicitaire mais marketing. C'est en quelque sorte le passage de la réclame à la publicité des années 1960. La copy stratégie consiste à choisir le contenu et la présentation des messages publicitaires. Elle s'appuie notamment sur la théorie de l'USP (*Unique selling proposition*) développée par Reeves (1961). Cette théorie défend un centrage du message sur une proposition exclusive, forte et attractive. En effet, il a été démontré que l'efficacité d'une publicité dépend de l'utilisation d'un langage simple, d'une présentation directe et d'un argumentaire. Néanmoins, si la marque n'est pas connue, il convient d'être créatif pour rester dans l'esprit du consommateur (Politz, 1960). L'application de la théorie de l'USP amène à adopter une stratégie *pull* (Jones, 1999), fondée sur le positionnement, la promesse, la justification, le bénéfice-consommateur et le ton.

Ainsi, pour que l'on puisse réaliser une copy stratégie, il convient d'adopter avant toute chose, un positionnement du produit par rapport à la concurrence. Ce n'est qu'après que l'annonceur se dotera d'une promesse qui conduira le consommateur à acheter tel produit plutôt que tel autre. C'est le message à communiquer à la cible de communication. Ce message est issu des études marketing réalisées sur le produit ou la marque, et correspond à l'avantage essentiel du produit pour la cible. La promesse est unique et simple pour que le consommateur s'en souvienne. La justification est constituée par les preuves qui montrent que l'axe de communication choisi pour promouvoir le produit est cohérent et plausible. Il peut s'agir d'une étude comparative, de la présentation des résultats d'utilisation ou de caractéristiques techniques, d'une démonstration produit, etc. Le bénéfice-consommateur, c'est l'avantage que va retirer le consommateur de la promesse produit. Cet avantage doit correspondre à un besoin ou à une motivation pour que les consommateurs interprètent l'avantage présenté comme un véritable bénéfice, tangible et concret. Enfin, le ton c'est l'ambiance générale à partir de laquelle le créatif construit sa création publicitaire (rationnel, démonstratif, informatif, symbolique, humoristique, etc.). Cette approche créative semble particulièrement adaptée pour les produits fonctionnels et utilitaires, ou pour lesquels la différenciation se fait sur des éléments techniques (Kapferer, 1985), comme le montre l'encadré 59.

Encadré 59 : La copy stratégie à la télévision : l'exemple d'Ariel

(Source : Campagne de Publicité Ariel « le petit haut de Lola », Procter & Gamble, 1998).

Campagne télévisuelle « le petit haut de lola » pour la lessive Ariel – 1998 (40 secondes)

Musique : base clarinette, musique douce. Clin d'œil aux dessins animés.
Image : jeune fille (12-13 ans) le matin se prépare pour aller au collège.
Voix off : « Ce petit haut, longtemps convoité, entièrement payé avec des piles de pièces de 1 franc, a connu…».

Musique : accélération et cuivre plus forts et caisse.
Image : jeune fille se remémore les tâches qu'elle s'est faîte sur ce vêtement.
Voix off : « …les hamburger party avec les copines, les petits-déjeuners mal réveillés, les spaghettis en famille… ».

Musique : reprise musique douce.
Image : retour sur jeune fille qui se regarde dans son miroir, puis départ vers le collège (sortie de la chambre).
Voix off : « …Et pourtant, c'est bien lui qui va encore émerveiller un public très difficile : les copines de 5e B du collège de la rue de Marseille…. ».

Musique : transition, mais sans changement.
Image : gros plan sur le baril de poudre de lessive laissé dans la lingerie et mise en lumière par l'ouverture de la porte. Comparaison de lavage avec une poudre classique. Ecran scindé en deux : à gauche le chemisier lavé avec une poudre classique, à droite le chemisier lavé avec Ariel (le logo est d'ailleurs présent). Pour montrer, les lavages successifs, un système de pages tournées est utilisé (3 fois). *Idem* pour montrer le chemisier bouloché à gauche et normal à droite.
Voix off : « …Vous savez pourquoi ? Parce qu'il n'a été lavé qu'avec Ariel. Ce n'est pas tellement une tâche. C'est dans le temps tâche après tâche qu'Ariel rend le petit haut de Lola impeccable tout en limitant les bouloches… ».

Musique : sonnette de vélo puis clarinette.
Image : Lola à vélo allant au collège, croisant Gilles. Travelling sur Gilles (gros plan sur ses chaussettes), Suivi de Gilles qui s'éloigne. Passage d'un inconnu avec un baril d'Ariel et au fur et à mesure de son passage, affichage du slogan : « impeccable à chaque fois et pour longtemps ».
Voix off : « …Mais au fait, vous connaissez l'histoire des chaussettes de Gilles ?
Avec Ariel c'est impeccable et pour longtemps ».

Promesse : Avec Ariel c'est impeccable à chaque fois et pour longtemps (slogan).
Justification : Torture test et comparatif.
Bénéfice consommateur : résoudre le problème de la propreté en tenant compte de la fragilité du linge. Le linge est fragile, mais l'adolescente l'est également. Il y a une volonté de faire un amalgame entre Lola et son chemisier.
Le ton : On raconte une histoire un peu à la manière d'une histoire pour enfant. Les instruments de musique utilisés (clarinette) vont en ce sens. La démonstration se fait avec un peu d'humour. On arrive à faire une histoire de rien et on ouvre sur une suite (les chaussettes de Gilles).

365. **Un dérivé de la copy stratégie : le plan de travail créatif** – L'agence Young & Rubicam est à l'origine du plan de travail créatif (PTC). Celui-ci réunit les éléments du *briefing* et de la copy stratégie traditionnelle pour une description synthétique du cadre et des objectifs publicitaires. Le PTC part d'un fait principal qui constitue une synthèse du diagnostic marketing. Ensuite, il convient de souligner le problème à résoudre en publicité, c'est-à-dire répondre à la question suivante : où (dans quels domaines) la publicité peut-elle jouer un rôle ? Puis, vient la détermination de l'objectif de la publicité. C'est la détermination des effets que devra avoir la publicité sur le consommateur. La stratégie créative proprement dite intervient ensuite. Elle comporte la définition de la cible (cible copy) en termes de CSP, de comportements et d'usages, de profils psychologiques et/ ou de styles de vie. Elle définit également le bénéfice consommateur et le support (éléments qui supportent prouvent ou justifient le bénéfice).

La figure 71 montre une campagne de publicité de 1995 pour le programme de fidélisation *Miles and More* de Lufthansa. Cette campagne, présente dans de nombreux hebdomadaires avait la particularité d'avoir une première accroche inscrite sur une carte d'inscription autocollante repliée en deux. En la décollant une seconde accroche apparaissait. Dans cette annonce quelque peu interactive, le fait principal peut être décrit ainsi : La clientèle, dans un marché en expansion et fortement concurrentiel, est peu fidèle. Elle fait justement jouer la concurrence. Le problème à résoudre en publicité s'énonce de la façon suivante: comment fidéliser la clientèle ? L'objectif de la publicité est de faire connaître les avantages du programme *Miles and More*. Au niveau de la stratégie de création, la cible vise les hommes d'affaires et ceux qui voyagent pour des raisons professionnelles. En terme de socio styles de l'époque, ce sont plutôt les optimiseurs qui sont visés (« inscrivez-vous vite! », « bonus », « vous rapporte »). Le bénéfice consommateur est clair: « Vous bénéficiez d'un bonus de 10000 miles ». Le support est un système de collage de carte qui permet de comprendre quels sont les avantages dont on dispose en adhérant à *Miles and More*.

Figure 71 – Le plan de travail créatif : l'exemple du programme Miles and More de Lufthansa

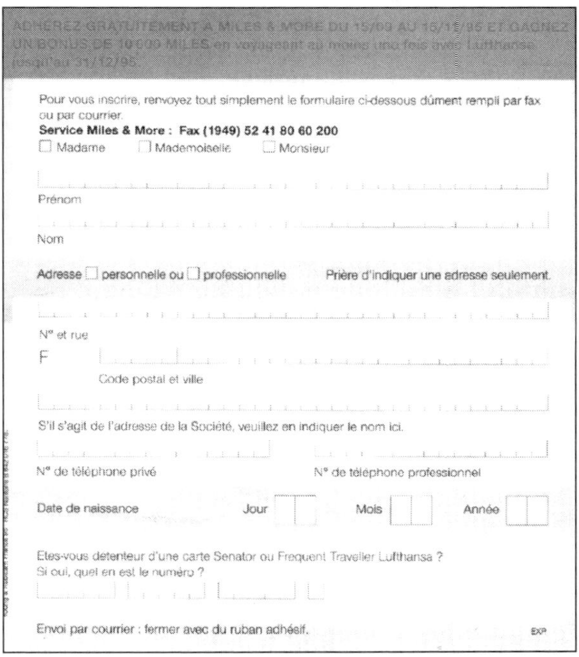

ADHEREZ GRATUITEMENT A MILES & MORE DU 15/09 AU 15/11/95 ET GAGNEZ UN BONUS DE 10 000 MILES en voyageant au moins une fois avec Lufthansa jusqu'au 31/12/95.

Pour vous inscrire, renvoyez tout simplement le formulaire ci-dessous dûment rempli par fax ou par courrier.

Service Miles & More : Fax (1949) 52 41 80 60 200

☐ Madame ☐ Mademoiselle ☐ Monsieur

Prénom

Nom

Adresse ☐ personnelle ou ☐ professionnelle Prière d'indiquer une adresse seulement.

N° et rue

F

Code postal et ville

S'il s'agit de l'adresse de la Société, veuillez en indiquer le nom ici.

N° de téléphone privé N° de téléphone professionnel

Date de naissance Jour Mois Année

Etes-vous détenteur d'une carte Senator ou Frequent Traveller Lufthansa ?
Si oui, quel en est le numéro ?

Envoi par courrier : fermer avec du ruban adhésif. EXP

§ 2. La publicité essentielle ou substantielle

366. Développée par l'agence FCA ![2] à la fin des années 1980, la publicité essentielle ne s'éloigne pas trop de la philosophie de la copy stratégie. C'est le retour à l'essentiel du produit.

Il convient donc d'isoler les déterminants de la marque ou du produit. Toute la subtilité créative consiste à faire de ce produit ou de cette marque le produit type ou la marque de référence pour modeler la conduite d'achat du consommateur. Il s'agit de donner des racines et des ailes au produit. Les racines de la marque sont ce qui va lui donner sa crédibilité et exprimer sa raison d'être sur le marché. Les ailes de la marque sont ce qui va permettre à ces produits d'aller à la rencontre de leurs consommateurs. L'encadré 60 donne une application de la publicité essentielle.

Encadré 60 : Taillefine, modèle pour la publicité essentielle

Publicité magazine : Taillefine, 1996.
Cette annonce a pour objectif de bousculer les idées reçues sur les yaourts 0 %. La couleur pour le visuel produit, visuel contenant (fruits) et le slogan (rouge), tranche avec le fond du visuel montrant une chute de rein de femme. Le positionnement de l'annonce se situe très clairement sur le registre des alicaments. Les racines de la marque résident dans le yaourt 0 %. L'annonceur joue sur le paradoxe entre 0 % et l'apport du produit (bienfaits, goût, etc.). Les ailes de la marque sont présentes à travers le fait de prendre soin de son corps. Les propos en accroche et dans le body copy sont relayés par le visuel de fond montrant le corps svelte et naturel d'une jeune femme. L'anonymat de cette dernière est garanti par un plan rapproché du buste de la jeune femme.

§ 3. Critique de la copy stratégie : la star stratégie

367. Cette approche développée par l'agence RSCG (du nom de ses associés : Roux, Séguéla, Cayzac, Goudard), remet en cause la copy stratégie et considère que le produit ou la marque doit devenir star (Séguéla, 1982). Ainsi, dans cette optique, l'imaginaire n'a pas de limite. La démarche comprend un « physique », qui reprend en gros la promesse de la copy stratégie. Ensuite intervient le caractère qui se définit comme une représentation imaginaire du produit. Le style est la façon dont le caractère va se former. Les années 1980

2. L'agence FCA ! n'existe plus. Elle a été fusionnée dans un premier temps avec BMZ. L'ensemble a été racheté par le groupe Publicis qui a abandonné l'exploitation de cette marque.

ont vu se développer des spots télévisés « mythiques » et étonnants, où la mise en scène et les images spectaculaires avaient plus de poids que le produit et son descriptif en lui-même. Les aventures de la Citroën visa GT sur un porte-avion de la marine nationale, puis sur un sous-marin et la chute spectaculaire d'un avion militaire en plein vol pour la Peugeot 205, laissent une certaine nostalgie pour cette période à des générations entières. Il semble que ce type d'approche créative soit en outre particulièrement efficace lorsque les produits présentent peu d'éléments de différenciation (Lambin *et alii*, 2005). Il est parfois nécessaire de mobiliser le concours de leaders d'opinions ou de personnes dont la renommée facilite la compréhension et l'intégration du propos (Encadré 61).

Encadré 61 : La star stratégie : application aux pneus Pirelli

Campagne télévisuelle « Power is nothing without control » pour les pneus Pirelli P6000 – 1997 (1 minute)

Descriptif spot télé :
Vue sur massif montagneux. *Travelling* avant sur une athlète qui court sur la neige (Marie-Jo Pérec). Pas de fond musical, juste le vent en fond. Explosion et musique inquiétante, sur base de guitare électrique. Cette musique sera présente pendant toute la durée du spot. En même temps visuel montrant une explosion dans la neige, faisant apparaître un monstre de glace. Tout en continuant de courir, Pérec se retourne en levant les yeux pour constater l'ampleur du danger. Les morceaux de neige, formant les éléments d'un visage inquiétant, poursuivent Pérec et finissent par s'abattre à côté d'elle au moment où elle saute et se retrouve sur l'eau. L'héroïne continue à courir sur l'eau le long des glaciers. Ces derniers, faisant apparaître le même visage inquiétant, fondent dans l'eau, créant une gigantesque lame de fond à la poursuite de Pérec. Elle s'engouffre dans un tunnel, qui s'avère être une évacuation de sécurité d'un barrage, poursuivie par l'eau et le visage inquiétant sans cesse plus proche. À la sortie, Pérec, continue à la verticale le long du barrage, alors que l'eau se jette tout droit dans une retenue d'eau. Transition avec saut de Pérec qui se retrouve sur les flancs d'un volcan. Le même visage inquiétant se dessine dans la lave qui poursuit Pérec. Nouveau saut de la championne qui se retrouve dans un désert rocailleux, puis levant la tête, elle s'engage à monter sur un pic vertical en pierre. Arrivée en haut, elle contemple le paysage, puis vérifie avec sa main l'état de sa plante de pied sur laquelle est sculptée l'empreinte de pneus. Levant les bras au ciel en guise de victoire, elle saute à nouveau. La dernière image du spot montre un pneu Pirelli en fond d'écran avec le slogan : « *Power is nothing without control* ». Puis la marque sur le pneu P6000.

Le spectacle est maintenu tout au long de ce spot et l'attention est retenue par une sorte d'approche dilatoire du sujet. Aucun mot n'a été émis pendant ce spot. On ne connaît qu'à la fin du spot le nom de l'annonceur et le lien entre ce dernier et la championne olympique est imagé. La représentation du produit est mise en scène. Il s'agit d'une création fondée sur une star stratégie.
– Physique, promesse : Les pneus Pirelli permettent de garder la maîtrise de la route ;
– Caractère : identification des performances du véhicule aux performances de l'athlète (Marie-Jo Pérec);
– Style : elle déjoue tous les terrains et tous les pièges tendus par les éléments déchaînés de la nature (feu – eau – glace).

§ 4. La publicité créative paradoxale et le modèle de disruption

368. **La publicité créative paradoxale ou publicité oblique** – Il s'agit de mettre à l'épreuve l'intelligence du consommateur. La communication est une communication différenciée au produit ou à la marque en plus de la publicité du produit. La marque représente plus que le code de l'entreprise qu'elle véhicule. Elle transmet une sorte de style qui lui est propre. Les produits sont muets. Seule la marque les fera parler (Encadré 62).

Encadré 62 : La publicité paradoxale : l'exemple de Total

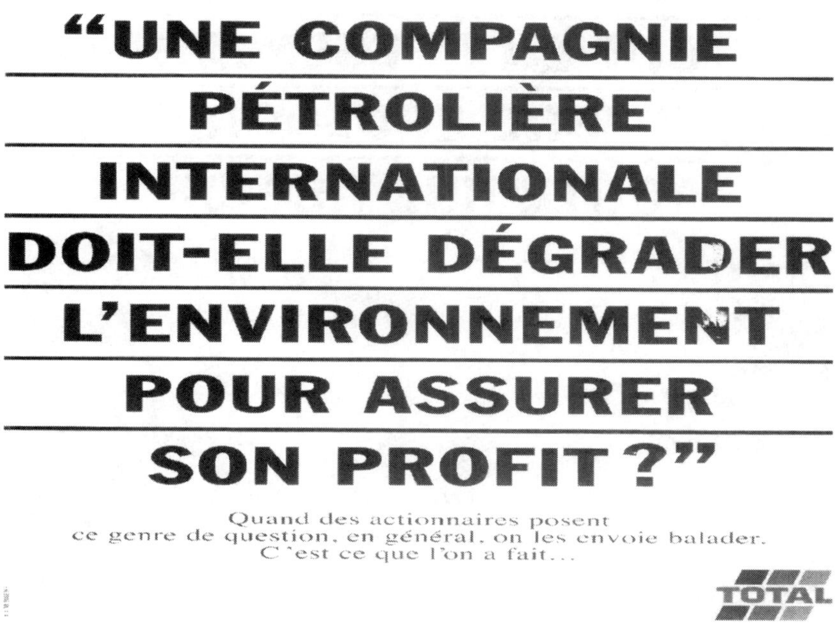

Après cette première page surprenante, une double page explicite le point de vue.

D'abord la première,

Puis la seconde.

Une compagnie pétrolière internationale doit-elle dégrader l'environnement pour assurer son profit ? ». Cette question posée par la compagnie pétrolière Total appelle des interrogations chez le lecteur. La réponse apportée en première page est sensée provoquer stupeur et interrogation. Le choix des mots et des expressions n'est pas anodin. Il permet de susciter la curiosité et de faire réfléchir le lecteur. Les valeurs de l'entreprise sont ici assimilées à l'écologie. Les compagnies pétrolières sont en général taxées de polluer l'environnement (Exxon Valdez, Amocco Cadiz, etc.). Cette publicité pour Total tente de modifier la perception que le public a de l'activité pétrolière, en mettant en évidence les activités écologiques de la marque. Le souci de fournir des preuves est constant : photos des actionnaires témoins, du site, de l'opération, échantillons divers, etc.

369. **Le modèle de disruption** – En s'intéressant aux succès publicitaires pour certaines marques, il est possible de mettre en évidence plusieurs éléments explicatifs (Dru, 1997). En premier lieu, l'identification des conventions, c'est-à-dire les habitudes figeant les pensées et les réflexions relatives à un marché donné ou à une catégorie de produit particulière, est essentielle. Ces conventions sont présentes dans le langage institutionnel des entreprises, dans leur stratégie de marketing, leur communication, ainsi que dans les comportements et attitudes des consommateurs (Lendrevie et De Baynast, 2004). Ensuite, la remise en cause des normes communément établies permet de créer une rupture : c'est la disruption. Celle-ci intervient dans la mesure où sont présentes des innovations permettant de briser les règles de niveau institutionnel, marketing, et/ ou publicitaire. En troisième lieu, la définition d'une vision (que sera le produit ou la marque dans le futur ?), permet de prendre une direction plus ou moins intuitive en rupture avec les conventions. L'encadré 63 décrit une annonce de la RATP qui illustre cette méthode.

Encadré 63 : La disruption à la RATP

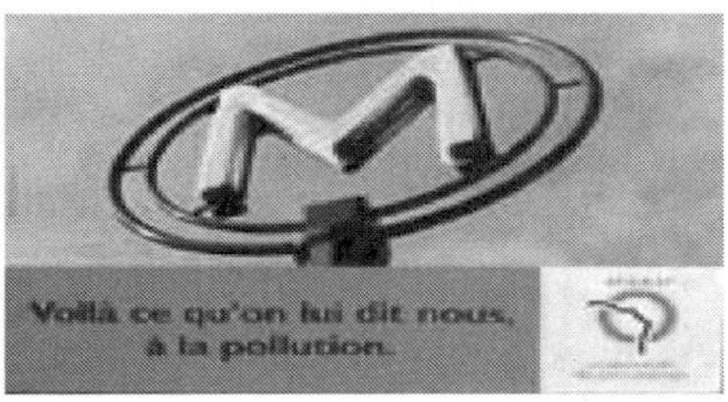

Cette annonce de la RATP crée la surprise avec un positionnement radicalement différent. Elle s'inscrit dans une logique de renouveau de l'entreprise impulsée dès le milieu des années 1990. Le changement de logo, montrait une volonté de se positionner sur un terrain écologique (couleurs, symboles, etc.). Cette annonce simple amène le lecteur à réfléchir sur des questions spécifiques d'ordre public.

Convention : Les transports en commun ont une image de contrainte et peu attractive.
Disruption : Faire de l'utilisation du métro un acte civique, militant, presque philosophique.
Vision : Le métro et plus généralement les transports en commun procurent des gains de temps et d'argent aux utilisateurs. Ils permettent également à la collectivité de limiter la pollution, impliquant ainsi un gain en termes de qualité de vie.

Depuis quelques années, certaines tendances lourdes inspirent le renouveau de la vision des entreprises (Chabert, 2001). Ainsi, le bonheur est une valeur qui traduit le retour des épicuriens dans le discours publicitaire, notamment en ce qui concerne la dimension festive (Feta Salakis, Minute Maid, etc.). De la même manière, le partage indique également un besoin de fraternité qui aboutit au développement du commerce éthique, de communautés de consommateurs, voire de sites Internet C to C (*consumer to consumer*). En troisième lieu, les besoins de protection, de sécurisation et de transparence se révèlent des sujets de choix dans les modèles de disruption. Les crises alimentaires successives ont poussé les producteurs et les marques agro-alimentaires à communiquer sur la traçabilité des produits, l'assurance qualité, ou le positionnement « alicament ». Enfin, l'association de l'ergonomie et de la fonctionnalité pousse certaines entreprises à développer des « objets amis » qui tranchent par leur audace esthétique et se révèlent incontournables dans la vie quotidienne (Renault, Apple, etc.). L'objectif du modèle de disruption peut viser à recentrer la marque et ses valeurs, ou plus modestement à modifier les perceptions des consommateurs sur la marque (Decaudin, 2000).

Section 2
Le budget de la publicité

370. Comme le souligne Joannis (1986), concernant le budget de publicité, il convient d'être conscient de la nécessité de définir ce que budget de publicité veut dire. Par exemple, il est prioritaire de savoir si les réductions temporaires de prix dans la promotion sont incluses dans le budget ou non. Il est également à souligner que la pratique de la publicité/promotion est extrêmement hétérogène d'une industrie à l'autre et donc difficilement comparable. La communication est bien souvent affublée d'un budget résiduel, c'est-à-dire d'une somme déterminée une fois que toutes les autres dépenses ont été budgétisées (Lambin *et alii*, 2005). Comme le soulignent Malaval et Décaudin (2005), la budgétisation de la stratégie de communication implique le calcul des moyens humains et budgétaires nécessaires à la réalisation de chacune des actions de communication, l'allocation des moyens sur les différentes actions et la gestion des ressources en cours de programmes. Il n'existe pas de méthode unique pour calculer le montant des budgets. Dans ce domaine personne n'a pu imposer de méthode unique. Pourtant, il existe des méthodes de fixation du budget de publicité. Ces approches, les plus courantes insistent chacune sur un point particulier. Nous verrons successivement les approches fondées sur la modélisation, sur les objectifs de la communication, et sur l'expérience.

§ 1. Le budget calculé en fonction des approches économétriques

371. **L'approche fondée sur le « rendement marginal »** – Le raisonnement consiste à déterminer le niveau de dépenses publicitaires à partir duquel son accroissement entraîne une diminution des profits. Reposant sur la notion d'élasticité, ce modèle est difficilement applicable dans la réalité. En effet, il suppose qu'il existe un lien naturel et direct entre publicité et vente, or l'objectif de la publicité peut ne pas être de vendre directement. Il peut s'agir d'améliorer l'image ou la notoriété d'une enseigne ou tout simplement d'informer le public. Ensuite, la variabilité des ventes dépend de nombreux facteurs et non de la seule publicité. Il est donc difficile d'isoler l'influence spécifique de la publicité sur les ventes. Enfin, le raisonnement marginal implique de déterminer la fonction de réponse qui lie mathématiquement les niveaux de budget et de vente. Cette estimation reste délicate.

372. **Les approches fondées sur la modélisation à partir des courbes de réponse : le modèle ADBUDG (Advertising Budget) de Little (1970)** – L'objectif est d'estimer la part de marché atteinte par le produit en fonction du budget publicitaire. Ce modèle s'applique à un marché où la demande primaire est non expansible et où la publicité exerce une action déterminante sur l'évolution des ventes ou des parts de marché. La formule de cette méthode est décrite dans l'encadré 64.

Encadré 64 : La formule du modèle ADBUG

$$\text{Pdm (t)} = \text{Pdm (min)} + [\text{Pdm (max)} - \text{Pdm (min)}] \frac{\text{Vente } \mu}{(\alpha.\text{Vente } \mu)}$$

Où
Vente : niveau des ventes à la période t
Pdm (t) : part de marché estimé à la période t
Pdm (min) : part de marché minimale si Pub = 0
Pdm (max) : part de marché maximale attendue si Pub est très élevée
μ : coefficient de la fonction de réponse calculée
α : constante (tend vers 1 si Vente très élevée ; tend vers 0 si Vente tend vers 0)

Les avantages sont de deux ordres. D'abord le modèle tient compte des caractéristiques des fonctions de réponse. C'est un modèle réactif qui intègre l'interdépendance concurrentielle (car il raisonne sur les parts de marché), la qualité de la stratégie de communication (création et diffusion), ainsi que l'influence des variables du marketing mix, autres que la publicité (au prix d'un alourdissement des calculs). Les limites du système sont atteintes au niveau de la disponibilité de l'information. La détermination des paramètres du modèle peut s'effectuer à partir de données objectives issues d'études économétriques mais impliquant un niveau d'information et d'expérimentation qui n'est pas toujours accessible.

§ 2. Le budget calculé en fonction des objectifs de communication

373. La démarche s'organise en plusieurs étapes. En premier lieu, il convient d'exprimer les objectifs quantifiés. En d'autres termes, il s'agit de déterminer et de quantifier les objectifs de communication. Par exemple, l'objectif pourra viser une augmentation du taux de notoriété spontanée de 30 % sur la cible des femmes entre 30 et 50 ans. La deuxième étape consiste à définir des moyens publicitaires adaptés. Ainsi, il convient de déterminer les moyens publicitaires nécessaires à l'obtention des objectifs fixés notamment en termes de stratégie de communication et de stratégie de diffusion. Par exemple, en termes de communication il pourra être choisi un message fondé sur l'impact visuel. Au niveau de la diffusion, le choix de la télévision pourra être caractérisé par une couverture utile[3] de 90 % et 6 ODV (Occasion de voir). Le budget constitue une phase incontournable de la démarche. La détermination

3. Sous ensemble du support correspondant à la cible visée.

d'un budget théorique consiste à estimer le montant des dépenses nécessaires à la mise en œuvre des moyens déterminés à l'étape précédente. Par exemple, un budget global peut être estimé à 6 millions d'euros. L'étape suivante consiste à effectuer des ajustements et à définir le budget final. Pour ce faire, il convient d'ajuster les objectifs, les moyens et le budget en fonction des possibilités financières que l'entreprise peut investir. Par exemple, il peut être convenu de réviser l'objectif à 15-20 % de notoriété sur la cible, de revoir à 75 % la couverture utile, de réduire à 5 ODV sur la cible, pour un budget retenu de 5 millions d'euros.

L'intérêt de cette méthode est qu'elle permet de fonder la détermination du budget sur la logique de la démarche marketing, en commençant par déterminer explicitement des objectifs de communication dont les effets sont très spécifiquement imputables à la publicité. Les objectifs sont donc définis avant la réalisation de la campagne. D'où une réflexion préalable sur la place de la publicité dans la stratégie de communication. Autre intérêt, pour le décideur : le fait qu'il puisse justifier l'usage spécifique de la publicité dans le marketing mix. Cette approche permet en outre de comparer le budget théorique aux ressources disponibles de l'entreprise, et de réviser les objectifs avec rationalité. Bien entendu, la méthode comporte des limites. Il existe en premier lieu un risque de détournement de la démarche en répartissant *a posteriori* des moyens budgétaires préalablement déterminés en fonction des moyens techniques utiles pour couvrir les objectifs recherchés. Ce risque est d'autant plus important que l'enveloppe budgétaire définie rationnellement est supérieure aux possibilités de l'entreprise. De plus, avant la campagne, il n'est pas toujours évident de quantifier certains objectifs, notamment le positionnement et l'image, ni d'évaluer formellement le rapport entre un niveau d'efficacité et la dépense nécessaire à son obtention (difficulté de connaître des éléments comportementaux –types de réaction, etc.). Enfin, il n'y a pas nécessairement de relation directe entre la réalisation de ce type d'objectif de communication et la contribution au développement des ventes. Il est donc difficile de démontrer le rendement économique de la campagne. Or, comptablement la publicité est considérée comme une dépense de fonctionnement (donc du court terme) et non un investissement. Difficile dans ces conditions de négocier le budget avec les instances financières.

§ 3. Le budget calculé en fonction de l'expérience

374. **L'alignement sur les normes du secteur d'activité économique** – L'idée est qu'il existe un budget raisonné sur un seuil minimum de dépenses publicitaires pour obtenir un minimum d'impact commercial dans un environnement concurrentiel. Le problème est que ce seuil n'est pas connu *a priori* et qu'il varie selon les produits. Deux outils peuvent aider en ce sens : la part de voix et la loi de Pekham.

375. **La part de voix ou Sov (Share of voice)** – La part de voix (SoV) est la part des dépenses publicitaire d'une marque rapportée au total des dépenses publicitaires de la classe de produit. Pour ce modèle, une hypothèse est effectuée : la part de marché d'un produit est proportionnelle à sa part de voix publicitaire.

Cela implique que l'on considère que le montant dépensé en publicité a la même efficacité quel que soit le contexte concurrentiel rencontré. Or dans la réalité, il n'en est rien. D'où des effets correcteurs qui intègrent les phases du cycle du produit. Cette pratique courante se justifie dans des secteurs liés à la grande consommation, à condition que la marque soit déjà connue et qu'elle se différencie peu de ses concurrentes. Cette méthode permet d'éviter une guerre budgétaire stérile. La contrepartie, c'est qu'elle fige les décisions et conduit à un certain conservatisme dans les stratégies de communication. L'encadré 65 illustre le modèle SoV, tout en insistant sur sa limite principale : sa relativité.

Encadré 65 : Illustration du modèle SoV : Confipote
(Source : Lendrevie, De Baynast, 2004).

Calcul de la part de voix de Confipote dans le marché des confitures. Dans ce marché, on distingue les segments suivants 1. Haut de gamme, 2. Moyen de gamme, 3. Bas de gamme, 4. Spécialités, 5. *Light*, 6. Diététique.
Confipote est un produit très particulier. C'est une sorte d'intermédiaire entre la confiture et la compote, d'où son nom. Il y a simplement moins de sucre dans Confipote dont le slogan est « Plus de fruit, moins de sucre ». On peut ranger Confipote dans le segment des spécialités, mais on peut être aussi tenté par celui des *light* ou du haut de gamme, vu la qualité et le prix de Confipote.

Hypothèse 1 : le segment de Confipote est défini comme étant celui des spécialités. Confipote étant la seule marque du segment, sa part de voix est de 100 %. Ce résultat n'a pas d'intérêt car il est bien évident que Confipote a des concurrents. Il n'est pas intéressant de calculer une part de voix sur un segment défini de façon trop étroite, sauf cas particulier d'une niche très spécifique.

Hypothèse 2 : On estime que Confipote se bat sur l'ensemble du marché de la confiture. Si on évalue les dépense de publicité de Confipote à 1,2 millions d'euros et les dépenses totales des marques de confitures à 7,6 millions sur le marché français, la part de voix de Confipote est de :

$$SoV = 1{,}2 / 7{,}6 = 15{,}7\ \%$$

Hypothèse 3 : On définit le segment de Confipote comme celui qui rassemble les spécialités, les *light*, les diététiques et le haut de gamme de type Bonne Maman. La part de voix de Confipote est alors :

$$SoV = 1{,}2 / 5{,}3 = 22{,}6\ \%$$

Avec trois définitions différentes du segment de marché, on obtient trois parts de voix qui varient dans de grandes proportions.

***376.* Le budget publicitaire en phase de lancement : la formule de Peckham** – Peckham (1981) propose une formule pour calculer le budget publicitaire de lancement en se fondant sur la part de marché que l'entreprise souhaite acquérir par comparaison avec la position des concurrents. Ainsi, pour que la marque en lancement obtienne une part de marché de x %, il faut pendant les 24 premiers mois, un volume de budget publicitaire [$Bud_{(l)}$] au moins égal à 1,5 fois la part de marché désirée [$PM_{(l)}$] du total des investissements publicitaires de la classe de produits [$DPub_{(m)}$]. Il faut ensuite maintenir une part de voix supérieure à la part de marché. L'encadré 66 apporte une illustration de la formule de Peckham.

Encadré 66 : La loi de Peckham : illustration

Bud (l) = [DPub (m). 1,5] x PM (l)

Avec :
Bud (l) : budget publicitaire de la marque pour le lancement (phase1 du cycle de vie)
DPub (m) : total des dépenses publicitaires réalisées par toutes les marques du marché appartenant à la même classe de produits
PM (l) : part de marché visée pour la marque en lancement (phase 1 du cycle de vie)

Une marque en lancement vise 10 % du marché quand l'ensemble des investissements publicitaires du secteur atteint 6,5 millions d'euros. Selon la formule de Peckham, cette marque devrait investir pendant ses deux premières années 0,975 millions d'euros pour espérer obtenir ses 10 % de Pdm : (6,5 x 1,5) x 0,10 = 0,975.

377. **L'intégration de normes internes à l'entreprise** – L'approche la plus classique et la plus répandue est fondée sur le raisonnement comptable. Elle consiste à déterminer le budget en fonction des ressources que l'entreprise pense raisonnable d'y affecter. Plusieurs types de ratios peuvent jouer un rôle dans la détermination du budget publicitaire dans le cadre d'un pilotage de la démarche. Le solde disponible permet d'affecter à la publicité toutes les ressources disponibles après intégration des charges. Il y a néanmoins un risque que le budget soit mal adapté aux besoins à la réalité du marché. Le seuil de rentabilité permet de déterminer le volume d'activité nécessaire pour récupérer la dépense publicitaire engagée (Encadré 67). D'autres ratios peuvent être pris en compte pour déterminer le budget publicitaire. Le pourcentage du chiffre d'affaires et le pourcentage de la marge, sont ainsi couramment utilisés. Par ailleurs, il peut être opportun d'intégrer les spécificités des secteurs d'activités. Ainsi le budget publicitaire d'un secteur rapporté au chiffre d'affaires du même secteur permet de ne pas faire fausse route, notamment lorsque les entreprises sont présentes sur des secteurs multiples. Si le rapport pour des produits en B to B est de 1 à 2 %, il se retrouve à près de 15 % pour certains produits en B to C (produits d'entretien).

Encadré 67 : Exemple de détermination du budget publicitaire par le seuil de rentabilité

La société Game Power lance un nouveau jeu vidéo. Le coût direct unitaire C est de 12 €. Les frais fixes F s'élèvent à 1 000 000 €. La contrainte de profit π est de 600 000 €. Le plan de marketing prévoit un prix de vente unitaire P de 45 €. Le budget de la force de vente V s'élève à 700 000 €. Le seuil de rentabilité Qr est fixé à 100 000 unités. La détermination du budget publicitaire A se fera en fonction de ces paramètres.

$A = Qr\,(p - C) - F - V - \pi$

Ainsi les dépenses publicitaires pour un seuil de rentabilité de 100 000 exemplaires est de :

$$A = [100\,000 \times 33] - 1\,000\,000 - 700\,000 - 600\,000 = 1\,000\,000\ €$$

Bibliographie

– F.M. Bass, G.C. Darral, « Testing distributed log models of advertising effect », *Journal of Marketing Research*, 9, 3, 298-308, 1972.

– F. Chabert, « Disruption, mode d'emploi », *Revue Française du Marketing*, 182, 2, 143-149, 2001.

– J.-L. Chandon, « Elaboration du plan média», *in* E. Vernette (dir.), *Publicité, théories, acteurs et méthodes*, Paris, La Documentation Française, 133-167, 2000.

– J.-M. Decaudin, « Conception d'une campagne publicitaire », *in* E. Vernette (dir.), *Publicité, théories, acteurs et méthodes*, Paris, La Documentation Française, 103-131, 2000.

– J.M. Dru, *Disruption, bousculer les conventions et déplacer le marché*, Paris, Village Mondial, 1997.

– H. Joannis, « La détermination du budget de publicité dans l'entreprise », *Revue Française du Marketing*, 110, 5, 55-66, 1986.

– H. Joannis, *Le processus de création publicitaire*, 4e édition, Paris, Dunod, 1988.

– H. Joannis, V. De Barnier, *De la stratégie marketing à la création publicitaire*, 2e édition, Paris, Dunod, 2005.

– J.P. Jones, « The unique selling proposition and usage pull », *in* J.P. Jones (Ed.), *The advertising business operations, creativity, media planning, integrated communications*, Thousand Oaks, Sage Publications, 249-252, 1999.

– J.N. Kapferer, « Publicité : une révolution des méthodes de travail », *Revue Française de Gestion*, 11, 53/54, 102-111, 1985.

– J.-J. Lambin, R. Chumpitaz, C. De Moerloose, *Marketing stratégique et opérationnel, du marketing à l'orientation marché*, 6e édition, Paris, Dunod, 2005.

– R.P. Leone, « Generalizing what is known about temporal aggregation and advertising carryover », *Marketing Science*, 14, 3, G141-G150, 1995.

– J.D.C. Little, « Models and managers, the concept of a decision calculus », *Management Science*, 16, 8, B466-B485, 1970.

– P. Malaval, J.-M. Décaudin, *Pentacom, communication : théorie et pratique*, Paris, Pearson Education, 2005.

– G. Marion, « La controverse sur les effets économiques de la publicité », *Revue Française du Marketing*, 99bis, 4, 73-82, 1984.

– D.R. Merunka, « Publicité : les nouvelles mesures d'efficacité », *Revue Française de Gestion*, 12, 58, 19-28, 1986.

– C. Michon, « L'action publicitaire : la communication par les grands médias », *in* C. Michon (Ed.), *Le marketeur, les nouveaux fondements du marketing*, Paris, Pearson Education, 303-332, 2003.

– J.O. Peckham, *The wheel of marketing*, New-York, A.C. Nielsen, 1981. (1st edition : 1972)

– R. Reeves, *Reality in advertising*, New-York, Alfred A. Knopf, 1961.

– J. Seguela, *Hollywood lave plus blanc*, Paris, Flammarion, 1982.

– A. Politz, « The dilemma of creative advertising », *Journal of Marketing*, 25, 2, 1-6, 1960.

– P. Villemus, *Comment juger la création publicitaire ?*, Paris, Editions d'Organisations, 1995.

Chapitre 3
Le contrôle de l'activité marketing

Plan du chapitre

Résumé

La lisibilité de l'activité marketing est souvent remise en question à cause d'un manque d'évaluation ou de contrôle. Pourtant ce contrôle est indispensable afin de pouvoir procéder à des actions correctrices. Il peut être envisagé au niveau de la rentabilité, de la productivité, ainsi que de la satisfaction du client. La dimension stratégique implique également la mise en place de procédures de contrôle.

378. Toute action ou toute décision dans le cadre d'une activité économique, aspire à être contrôlée afin de pouvoir évaluer si les objectifs préalablement fixés ont été atteints. Si traditionnellement les termes de contrôle de gestion ou de contrôle de performance sont très présents dans l'entreprise, le contrôle appliqué au marketing est beaucoup moins connu. Il est pourtant inévitable. Outre le fait qu'il puisse intervenir à court terme (contrôle du plan annuel), il est possible de mettre en évidence quatre types de contrôle : le contrôle de rentabilité, de productivité, stratégique et de satisfaction des clients (Tableau 50).

TABLEAU 50 – TYPES DE CONTRÔLE EN MARKETING

Nature du contrôle	Objectif	Outils
Contrôle de rentabilité	Analyser dans quelle mesure l'entreprise gagne ou perd de l'argent	Études de rentabilité par produits, zones géographiques, segments de marché, circuits de distribution, tailles de commande.
Contrôle de productivité	Évaluer et améliorer la productivité des moyens commerciaux et l'impact du niveau de dépenses	Analyse de la productivité, la force de vente, la publicité, la promotion des ventes, la distribution.
Contrôle stratégique	Analyser dans quelle mesure l'entreprise saisit les opportunités liées à l'environnement, notamment en matière de marchés, de produits et de circuits	Analyse de l'efficacité du marketing de l'entreprise. Audit marketing. Bilan des responsabilités sociales et de l'éthique de ses comportements.
Contrôle de la satisfaction des clients	Évaluer et améliorer la satisfaction des clients	Études de satisfaction des clients (SAV, enquêtes, etc.). Baromètres de clientèles. Études sur la fidélisation.

Source : Inspiré de Kotler et alii, 2006.

Le dénominateur commun entre ces quatre types de contrôles est la viabilité de l'activité. Le contrôle de rentabilité vise à analyser dans quelle mesure l'entreprise gagne ou perd de l'argent (section 1). Dans certains cas, ses conclusions peuvent aboutir à l'abandon de produits, zones géographiques, types de clientèle, etc. Le contrôle de productivité a pour objet d'évaluer et d'améliorer la productivité des moyens commerciaux et l'impact du niveau des dépenses. Cette recherche d'amélioration de l'efficience implique que les décisions soient étudiées en détail au niveau de chaque fonction (section 2). Le contrôle stratégique vise à analyser dans quelle mesure l'entreprise saisit les opportunités liées à l'environnement, notamment en matière de marchés, de produits et de circuits (section 3). L'efficacité de la démarche marketing, ainsi que son positionnement au regard de l'environnement constituent les points forts de ce type de contrôle. Enfin, le contrôle de la satisfaction des clients revêt un caractère particulier dans la mesure où il ne traduit pas directement des résultats objectifs (section 4). Cette subjectivité est néanmoins nécessaire pour appréhender la relation de la marque avec ses interlocuteurs principaux : ses clients.

Section 1
Le contrôle de la rentabilité

379. La mise en œuvre d'une stratégie marketing coûte de l'argent à l'entreprise. Cette dépense est souvent remise en question (notamment en période de doutes et de crises) par les autres services de l'entreprise dans la mesure où il est difficile de pouvoir évaluer les retombées de ces investissements. Certains travaux montrent l'acharnement que les dirigeants ont à faire en sorte que chaque unité investie dans le marketing puisse être rentabilisée (Corstjens et Merrihue, 2003). Ce contrôle peut prendre la forme d'un contrôle financier, essentiellement axé sur l'évaluation des performances des indices financiers fondamentaux, la comparaison des résultats financiers aux budgets, prévisions et indicateurs définis et l'analyse des résultats relatifs aux coûts et aux bénéfices pour différents niveaux de contrôle. Poussé à son paroxysme, cette démarche fondée sur la rentabilité vise à appliquer les techniques du ROI au marketing.

§ 1. Le contrôle financier

***380.* La mesure de la rentabilité des produits, circuits de distribution, zones géographiques et segments de clientèle** – Un certain nombre d'indicateurs clés comme les chiffres de vente, les bénéfices, les marges brutes et nettes, les coûts et le retour sur investissement permettent d'évaluer la rentabilité de l'activité. Il est bien souvent nécessaire de retravailler les données afin de pouvoir porter un réel jugement. En effet, si certains chiffres n'apportent rien en tant que tels, la ventilation de leur montant dans d'autres catégories peut constituer une information de premier plan. Il peut être par exemple opportun de redistribuer les dépenses par nature en dépenses par fonction. Par exemple, le calcul de la part des dépenses de salaires ou de loyers utilisées dans la vente ou la publicité peut permettre de calculer le coût complet de chacune des fonctions. Une fois calculé le coût complet par fonction, il peut être judicieux de calculer la rentabilité de chaque produit, de chaque circuit de distribution, de chaque zone géographique ou de chaque segment de clientèle (Encadré 68).

Encadré 68 : Calcul de rentabilité d'une zone géographique

Une entreprise dont le bénéfice est de 5 000 €, tire de son compte de résultat simplifié un certain nombre d'informations relatives aux charges. Une grande partie du montant de ces dernières sont consacrées aux charges liées aux marchandises vendues. Les charges de salaires et de loyers sont à ventiler directement dans les différentes fonctions de cette entreprise (vente, publicité et livraison). Dans un deuxième temps, il convient d'imputer les dépenses fonctionnelles aux unités étudiées, ici les zones géographiques. Les débouchés pour les produits de la société sont le département des Alpes Maritimes, la région Provence-Alpes-Côte d'Azur (PACA) et le reste de la France. Pour chaque couple fonction/zone, il est possible de calculer les coûts unitaires à partir des relevés effectués. Par exemple, en ce qui concerne la fonction vente, on a relevé 230 visites dans les Alpes Maritimes, 65 en région PACA et 5 dans le reste de la France pendant la période. Le coût moyen unitaire sera utilisé lorsqu'il s'agira d'établir le compte de résultat pour chaque zone. Partant du principe que le chiffre d'affaires est pour les Alpes Maritimes et la région PACA respectivement de 35 000 € et 15 000 €, il est dès lors possible de ventiler l'ensemble des données de manière à obtenir un résultat par zone. Au final, toutes les zones ont un résultat positif, mais la contribution des trois zones au bénéfice appelle quelques commentaires. Si l'essentiel de l'activité est réalisée sur le département des Alpes-Maritimes (63,6 % du chiffre d'affaires) la contribution au bénéfice ne représente que 40,5 %. Par contre le reste de la France, considéré comme résiduel (9,1 % du chiffre d'affaires), représente 28 % des bénéfices. Ces résultats doivent amener les dirigeants à s'interroger sur l'extension potentielle du marché sur le reste de la France.

Extrait du compte de résultat simplifié

Charges		Produits	
Salaires	10 000 €	Ventes	55 000 €
Loyers	5 000 €		
Charges Marchandises vendues	35 000 €		
Total charges	50 000 €		
Bénéfice	5 000 €	Total produits	55 000 €

Poste par nature	Montant	Vente	Publicité	Livraison
Salaires	10 000 €	6 000 €	2 000 €	2 000 €
Loyers	5 000 €	-	4 000 €	1 000 €

Zone géographique	Vente Nombre de visites	Publicité Nombre de messages	Livraison Nombre de commandes
Alpes-Maritimes	230	40	70
Région PACA	65	18	26
Reste de la France	5	2	4
Total	300	60	100
Dépenses par fonction	6 000	6 000	3 000
Coût unitaire	20 €	100 €	30 €

Extrait du compte de résultat simplifié des zones géographiques

Zone géographique	Alpes-Maritimes	PACA	Reste de la France	Total
Chiffre d'affaires	35 000 €	15 000 €	5 000 €	55 000 €
Coût des marchandises	22 273 €	9 545 €	3 182 €	35 000 €
Marge brute	12 727 €	5 455 €	1 818 €	20 000 €
Ventes	4 600 €	1 300 €	100 €	6 000 €
Publicité	4 000 €	1 800 €	200 €	6 000 €
Livraison	2 100 €	780 €	120 €	3 000 €
Bénéfice ou perte	2 027 €	1 575 €	1 398 €	5 000 €

***381.* La rentabilité des investissements de l'entreprise** – Il résulte à la fois de la rentabilité des actifs et de l'effet de levier. La rentabilité des actifs est elle-même obtenue en multipliant la marge nette, par le taux de rotation. Les éléments d'actifs sont représentés par les disponibilités, les stocks, les immobilisations, etc.

Marge nette x **Taux de Rotation** = **Rentabilité des actifs**

$$\frac{\text{Bénéfice net}}{\text{Chiffre d'affaires}} \times \frac{\text{Chiffre d'affaires}}{\text{Actif}} = \frac{\text{Bénéfice net}}{\text{Actif}}$$

L'actif net est une notion comptable, obtenue en soustrayant de l'ensemble des actifs de l'entreprise la totalité des dettes actuelles ou potentielles.

Rentabilité des actifs x **Levier financier** = **Rentabilité de l'investissement**

$$\frac{\text{Bénéfice net}}{\text{Actif}} \times \frac{\text{Actif}}{\text{Situation nette}} = \frac{\text{Bénéfice net}}{\text{Situation nette}}$$

La situation nette est le différentiel entre actifs de l'entreprise et dettes.

§ 2. Le ROME (*Return On Marketing Expenditure*) et le ROMI (*Return On Marketing Investment*)

382. Partant du principe que le marketing manque de discipline financière, les responsables managériaux des entreprises participent depuis quelques années à appliquer le concept du ROI au marketing. Le ROI marketing est défini comme le produit généré par un programme marketing, divisé par le coût de ce programme à un niveau de risque donné (Powell, 2002). Une légitimation du budget dépensé est ainsi recherchée au travers de ces systèmes ROMI où le marketing est vécu comme un investissement (alors que ce n'est pas le cas dans une logique comptable). Des enquêtes montrent que cette vision est partagée par bon nombre de professionnels du marketing (Encadré 69).

Encadré 69 : La nécessaire mise en place d'une démarche de retour sur investissement marketing
(Source : Merunka et Kazmierczak, 2005).

Étude de l'American Marketing Association et Aprimo, avril 2005.
Une étude de l'AMA (réalisée en avril 2005 sur un échantillon de 359 responsables marketing) montre que le développement et la mise en œuvre de nouvelles mesures de l'efficacité des actions et des dépenses marketing sont des objectifs prioritaires pour les entreprises. Les deux priorités assignées aujourd'hui par les responsables à la fonction marketing sont :
- l'alignement des objectifs de l'organisation et des objectifs marketing ;
- lier les programmes marketing à la performance financière.

Les procédures suivies dans les entreprises pour atteindre ces objectifs sont de :
- définir les objectifs du marketing et de l'organisation de la même manière ;
- développer les recherches quantitatives et qualitatives ;
- développer les contrôles financiers, le suivi des performances et de nouvelles métriques.

Les bénéfices attendus de la mise en place et de l'extension des procédures permettant de mieux mesurer les effets des programmes marketing sont :
- une efficacité marketing accrue, une meilleure collaboration entre les groupes fonctionnels au sein de l'entreprise (marketing/finance ou marketing/vente) ;
- un développement du chiffre d'affaires et des profits ;
- un accroissement de la valeur des marques ;
- une importance accrue et un plus grand respect de la fonction marketing dans l'entreprise.

Bien entendu l'adoption d'une démarche ROMI s'accompagne de réflexions teintées de prudence, tant au niveau de l'interprétation des résultats, que de l'orientation qui doit rester nécessairement à long terme. La tentation est grande de vouloir assurer que toute activité marketing ait un résultat économique. Une démarche de ce type peut ne pas pouvoir s'appliquer à certains cas, comme par exemple les innovations de rupture. Dans ce cas, si les risques sont importants, les revenus tirés de ces situations sont importants (Merunka et Kazmierczak, 2005).

Bien souvent, l'amalgame est fait entre investissements et dépenses. Cette association est inexacte dans la mesure où l'évaluation de la rentabilité des dépenses en capital a pour objet de faire le lien entre les fonctions marketing et financière. Le ROME est l'effet attendu d'un changement dans les dépenses. En d'autres termes, c'est le ratio du changement dans la rentabilité imputable au changement dans les dépenses marketing par rapport au changement des dépenses marketing lui-même (Shaw et Merrick, 2005). Ce ratio a le mérite d'être simple, mais il pose quelques questions de faisabilité. En effet plusieurs problèmes se posent. Il est par exemple difficile de distinguer l'impact des dépenses marketing sur la demande des autres facteurs qui jouent sur la demande. Par ailleurs, les dépenses marketing peuvent avoir des effets à long terme, ce qui reste difficile à mesurer. La vision strictement financière du marketing est manifestement insuffisante. Il ne s'agit pas de remettre en cause la valeur actionnariale et la valeur ajoutée économique, mais de diversifier les moyens pour évaluer le marketing (Ambler et Kokkinaki, 1999)[1].

Section 2
Le contrôle de la productivité

383. Le contrôle de la productivité vise à évaluer l'efficience de la planification, des processus et des activités marketing. Il cherche également à mesurer les gains de productivité résultant de l'augmentation de la production ou de la baisse des coûts. Il permet en outre d'évaluer la capacité à transférer les stratégies marketing. La mesure de la productivité, peut se révéler particulièrement ardue, notamment lorsque le résultat de l'activité est complexe à définir. Pour certaines activités, il n'existe pas de *benchmark* sur lequel une comparaison est possible. C'est particulièrement le cas dans un contexte de service (Lovelock *et alii*, 2004). En effet, dans un service s'adressant à des personnes, la mesure de la productivité peut être inadéquate. Si dans une clinique privée, il est possible de compter le nombre de patients ou de types d'opérations différentes effectuées (bien que l'état dans le quel se trouve chaque patient soit différent à l'entrée de la clinique), les résultats des traitements, ne peuvent malheureusement pas être garantis. Il en va de même pour des services associés à des biens. Il semble complexe de mesurer la productivité de l'activité d'une banque ou d'un mécanicien réparant une fuite d'huile. Si la tâche peut apparaître dans bien des cas difficile, il convient d'envisager le contrôle de productivité au niveau de deux variables du marketing mix. Ainsi, La communication et la distribution font en effet l'objet de contrôles de ce type.

§ 1. Le contrôle de la productivité au niveau de la communication

384. **Le cas de la publicité** – Si la mesure de la productivité publicitaire est souvent vécue comme difficile à mettre en œuvre, certains éléments peuvent être régulièrement contrôlés. Ainsi, le calcul du coût pour mille lecteurs touchés par média et par support, et/ ou du pourcentage de l'audience qui a vu, lu et compris le message, sont fréquemment entrepris. De même, les études sur les réactions au contenu de l'annonce, ou sur les changements d'attitudes consécutifs à l'exposition au message, peuvent aider à préciser quels sont les résultats de la publicité.

1. http://www.lesechos.fr/formations/marketing/articles/article_1_9.htm

D'autres mesures amènent des informations supplémentaires en ce sens : le calcul du nombre de renseignements suscitées par une annonce ou le coût de chaque demande de renseignements. Le souci de financiariser le contrôle, c'est-à-dire de transformer toutes les données relatives au contrôle de productivité en impact financier, s'explique par le besoin de donner une lisibilité à long terme du contrôle de productivité (Rust *et alii*, 2004). Ainsi, les consommateurs deviennent de plus en plus sensibles aux variables du marketing mix et notamment aux prix sur une longue période, en raison de la réduction de la publicité et du développement des promotions (Mela *et alii*, 1997).

***385.* Le cas de la promotion des ventes** – Le côté *push* de la communication rassemble des techniques diverses dans le but de stimuler l'intérêt du client potentiel et d'encourager l'essai et la consommation du produit et/ ou du service. Il est ainsi possible de mesurer la productivité par le pourcentage de ventes réalisées en promotion. D'autres éléments peuvent être pris en compte comme le coût du matériel PLV en pourcentage du chiffre d'affaires, le pourcentage de coupons retournés ou le nombre de demandes de renseignements consécutives à une démonstration (notamment dans les salons et foires). Ces critères de mesure ne sont pas exhaustifs. Une stratégie de conquête client s'accommode souvent d'une opération de promotion des ventes. La mesure de la productivité de la promotion des ventes est donc immédiate, ce qui est par nature moins le cas au niveau de la publicité.

§ 2. Le contrôle de la productivité au niveau de la distribution

***386.* La productivité de la force de vente** – Le pilotage de la force de vente implique de mettre en place une batterie d'indicateurs destinée à mesurer la productivité des vendeurs. Ainsi, le nombre moyen de visite par représentant et par jour ainsi que la durée moyenne d'une visite, permettent de fixer un rythme. Il en va de même des ventes réalisées en moyenne par visite et du coût moyen d'une visite.

Le tableau 51, non exhaustif, insiste sur la diversité des ratios employés dans le cadre du contrôle de productivité de la force de vente.

TABLEAU 51 – RATIOS À RESPECTER PAR LA FORCE DE VENTE CONCERNANT LA CLIENTÈLE

Types de ratio	Calcul du ratio
Ratio de prospection	$\frac{\text{Nombre de visites de prospection réalisées}}{\text{Nombre de visites de prospection prévues}}$
Ratio de visites de nouveaux clients	$\frac{\text{Nombre de visites de nouveaux clients réalisées}}{\text{Nombre de visites de nouveaux clients prévues}}$
Ratio de visites de clients confirmés	$\frac{\text{Nombre de visites de clients confirmés réalisées}}{\text{Nombre de visites de clients confirmés prévues}}$

Ratio de rotation de la clientèle	$\frac{\text{Clients perdus + clients nouveaux}}{\text{Nombre total de clients à la fin de la période considérée}}$
Ratio d'augmentation de la clientèle	$\frac{\text{Clients nouveaux}}{\text{Nombre total de clients à la fin de la période considérée}}$
Ratio de perte de clientèle	$\frac{\text{Clients perdus}}{\text{Nombre total de clients à la fin de la période considérée}}$
Ratio de taux de pénétration du secteur	$\frac{\text{Volume de ventes du secteur}}{\text{Volume du marché potentiel du secteur}}$

Source : inspiré de Zeyl et Dayan, 2003.

387. **La productivité de la distribution elle-même** – Des progrès considérables ont été effectués au niveau de la productivité des circuits de distribution et de l'organisation de la logistique. La diffusion des TIC et le développement de l'informatique ont en effet permis d'améliorer les délais de livraison, de commande et de diminuer les coûts de stockage. Pourtant, il semble que lorsque la demande est plus pressante, c'est-à-dire lorsque les ventes sont plus importantes, la productivité de la distribution se détériore entraînant une chute des ventes. Le contrôle de certains indicateurs permet de juguler ce type de problème. Le calcul du pourcentage des ventes et des bénéfices réalisés dans chaque circuit de distribution va en ce sens. De même, le calcul du coût logistique exprimé en pourcentage du chiffre d'affaires ainsi que la répartition du coût logistique entre ses différentes composantes permet de mesurer la productivité dans le cadre de l'organisation logistique. Les dysfonctionnements éventuels peuvent également être appréhendés par le pourcentage de ventes traitées correctement, le pourcentage de livraisons effectuées dans les délais prévus et le nombre d'erreurs de facturation. Le contrôle de productivité peut également intervenir au niveau du *merchandising*. Le tableau 52 décrit quelques indicateurs allant dans ce sens.

TABLEAU 52 – PRINCIPAUX INDICATEURS DE CONTRÔLE DE PRODUCTIVITÉ CONCERNANT LE *MERCHANDISING*

Indicateurs	Définition
Marge brute	Prix de vente hors-taxe – Prix d'achat hors taxe
Taux de marque	$\frac{\text{Marge brute}}{\text{Prix de vente hors taxe}} \times 100$
Bénéfice brut	Marge brute x quantités vendues
Linéaire au sol	Longueur de la présentation au sein de la gondole
Linéaire développé	Linéaire au sol x nombre de niveaux de présentation
Rendement linéaire	$\frac{\text{Bénéfice brut}}{\text{Linaire développé}}$

Cœfficient de rotation	Quantité vendue / Stock moyen
Indice de passage d'un rayon	Nombre de passages rayon / Nombre d'entrées magasin
Indice d'achat	Nombre d'achats / Nombre de passages
Indice d'attractivité	Nombre d'achats / Nombre d'entrées magasin
Indice de sensibilité linéaire	(Chiffre d'affaires du produit / Chiffre d'affaires de la famille) / (Linéaire développé produit / Linéaire développé famille)

Source : Dupuis et Benoun, 2003.

Section 3
Le contrôle stratégique

***388.* L'audit marketing** – L'insatisfaction des responsables des autres secteurs face au marketing semble due au fait que les directeurs du marketing n'accordent généralement au contrôle qu'un rôle accessoire et s'en déchargent sur le département financier (Shaw et Mazur, 1997). Cette situation n'est pas naturelle car le contrôle fait bien partie intégrante de la démarche marketing. Le contrôle stratégique consiste à évaluer les performances par rapport à la gestion de la fonction marketing, à la gestion des relations avec les partenaires et à la responsabilité sociale ainsi qu'à l'éthique de l'entreprise. Afin de mesurer les performances de la fonction marketing, l'entreprise est amenée à effectuer régulièrement un audit marketing. Pour Kotler *et alii* (2006), « *un audit marketing est un examen complet, systématique, indépendant et régulier de l'environnement, des objectifs, stratégies et activités d'une entreprise, en vue de détecter les domaines posant problème et de recommander des actions correctives destinées à améliorer son efficacité marketing* ». L'audit marketing porte sur trois domaines : les performances, l'organisation et la structure, ainsi que le fonctionnement de l'entreprise (Ollivier, 2003). L'encadré 70 revient sur la méthodologie adoptée pour effectuer un audit marketing.

Encadré 70 : Plan simplifié d'un audit marketing
(Source : Kotler et alii, 2006).

Partie 1 : L'environnement marketing

Le macro environnement

1 – La socio démographie. Dans quelle mesure les principales évolutions sociodémographiques représentent-elles une menace ou une opportunité pour l'entreprise ? Quelles actions l'entreprise envisage-t-elle face à ces solutions ?
2 – L'économie. Quels facteurs liés au revenu, à l'emploi, à l'inflation, à l'épargne ou au crédit affectent l'activité de l'entreprise ? Quelles actions l'entreprise envisage-t-elle pour prendre en compte ces éléments ?
3 – L'écologie. Les matières premières et l'énergie dont a besoin l'entreprise continuent-elles à être disponibles à un coût acceptable ? L'entreprise se soucie-t-elle de la pollution qu'elle occasionne et de la conservation de ses déchets ?
4 – La technologie. Quels sont les principaux développements intervenus dans la technologie des produits et des procédés de fabrication ? Quel rôle y a joué l'entreprise ? Quels substituts pourraient remplacer les produits actuels ?
5 – Le contexte politico légal. Quelles lois (en vigueur ou en préparation) affectent la stratégie et la tactique marketing de l'entreprise ? Quelles actions du gouvernement, des collectivités territoriales, des administrations doivent faire l'objet d'une attention particulière ? Quelles sont les évolutions en matière de contrôle de qualité, de droit social et de réglementation des produits, des prix, de la distribution, de la publicité et de la promotion ?
6 – Le contexte culturel. Quelles sont les attitudes du public à l'égard du secteur, de l'entreprise et de ses produits ? Y a-t-il des changements dans les styles de vie et les systèmes de valeur susceptibles d'affecter les marchés cibles et les moyens commerciaux ?

Le secteur d'activité

1 – Les marchés. Quelle est l'évolution du marché ? Quels sont les principaux segments et comment évoluent-ils ?
2 – La clientèle. Quels sont les besoins des clients ? Comment se déroule leur processus d'achat ? Comment les clients actuels et potentiels évaluent-ils l'entreprise par rapport à la concurrence ?
3 – La concurrence. Qui sont les principaux concurrents ? Quels sont leurs objectifs et stratégies ? Forces et faiblesses ? Comment leur part de marché évolue-t-elle ? À quoi ressemblera la concurrence à l'avenir, notamment en ce qui concerne les substituts ?
4 – Les intermédiaires. Quels sont les principaux circuits de distribution empruntés par les produits ? Quelle en est leur efficacité ? Quel est leur potentiel de développement ?
5 – Les fournisseurs. Comment la conjoncture évolue-t-elle pour les matériaux nécessaires à la production ? Y a-t-il des modifications à attendre dans les conditions de vente des fournisseurs ?
6 – Les partenaires. Quelle évolution peut-on prévoir en matière de transport ? En matière de stockage ? Et en matière de ressources financières ? Quelle est l'efficacité des agences de communication et des sociétés d'étude ?
7 – Le public. Quels publics représentent pour l'entreprise une opportunité ou une menace particulière ? Comment l'entreprise réagit-elle face à ces publics ?

Partie 2 : La stratégie marketing

1 – La mission. L'entreprise a-t-elle défini sa mission en termes de marchés à atteindre ? Cette définition est-elle claire et réaliste ?
2 – Les objectifs. Les objectifs de la direction générale et du marketing sont-ils définis de façon précise et sous une forme qui facilite la planification et la mesure des performances ? Les objectifs marketing sont-ils réalistes, compte tenu de la position concurrentielle de l'entreprise, de ses ressources et de ses opportunités ?

3 – La stratégie. La direction a-t-elle articulé une stratégie explicite face aux objectifs poursuivis ? La stratégie est-elle appropriée compte tenu du cycle de vie des produits, de la concurrence et de l'environnement ? Les critères de segmentation sont-ils bien choisis ? Les cibles sont-elles judicieusement sélectionnées ? L'entreprise a-t-elle élaboré un positionnement précis pour chaque cible ? Les ressources sont-elles bien réparties entre les différents éléments du marketing mix ? Les budgets sont-ils adéquats pour atteindre les objectifs ?

Partie 3 : Le mode d'organisation

1 – La structure. Existe-t-il un directeur du marketing de rang hiérarchique élevé coordonnant toutes les activités ayant un impact sur la clientèle ? Les activités sont-elles bien définies par fonction, produit, segment de marché et zone géographique ?
2 – Son efficacité. Y a-t-il de bonnes relations de travail entre le marketing et le commercial ? La structure fonctionne-t-elle bien ? Les chefs de produit, lorsqu'il y en a, sont-ils responsables des bénéfices ou simplement des volumes de vente ? Y a-t-il des services ou des équipes marketing qu'il faudrait davantage former, motiver, ou mieux superviser ?
3 – Les relations avec les autres services. Les relations sont-elles fructueuses entre le marketing et la production, la recherche, la finance, les achats, la comptabilité et le service juridique ?

Partie 4 : Les systèmes et procédures

1 – Le système d'information. Le système d'information fournit-il des informations exactes, suffisantes et à jour sur les différentes évolutions du marché ? Entreprend-on des études de marché chaque fois que cela est nécessaire ? Leurs résultats sont-ils exploités ? Utilise-t-on les méthodes les plus appropriées pour prévoir les ventes ?
2 – Le système de planification. Le système de planification est-il bien conçu et efficace ? La prévision des ventes et la mesure du marché potentiel sont-elles bien conduites ?
3 – Le système de contrôle. Les procédures de contrôle permettent-elles de mesurer le degré de réalisation des objectifs ? Procède-t-on à des réexamens périodiques de la rentabilité des différents produits, marchés, zones géographiques et circuits de distribution ? Procède-t-on régulièrement à une analyse des coûts marketing ?
4 – Le processus d'innovation. L'entreprise est-elle organisée de façon à recueillir, engendrer et évaluer les idées de nouveaux produits ? Entreprend-elle des tests de concepts et des analyses économiques avant de lancer un nouveau produit ? Procède-t-elle à des tests de produit et de marché ?

Partie 5 : La productivité

1 – L'analyse de la rentabilité. La rentabilité des différents produits, marchés, zones géographiques et circuits de distribution est-elle connue ? L'entreprise devrait-elle pénétrer, élargir, restreindre ou abandonner certains segments ? Quelles en seraient les conséquences financières à court et long terme ?
2 – L'analyse de productivité. Y a-t-il des activités marketing qui coûtent trop cher ? Pourquoi ? Peut-on en réduire le coût ?

Partie 6 : Les fonctions marketing

1 – Les produits. Quels sont les objectifs de chaque ligne de produit ? Sont-ils appropriés ? Sont-ils atteints ? La gamme de produit devrait-elle être élargie, vers le haut, vers le bas, ou au contraire être réduite ? Quels produits devrait-on éliminer ? Quels produits devrait-on ajouter ? Quelles sont, face à la concurrence, les attitudes de la clientèle à l'égard de la qualité des produits de l'entreprise, de leur composition, de leur *design*, du conditionnement, des marques ? Sur quels aspects de la politique de produit doit-on faire porter les efforts ?
2 – Les niveaux de prix. Quels sont les objectifs, stratégies et procédures en matière de tarification ? Dans quelle mesure les prix tiennent-ils compte des coûts, de la demande, de la concurrence ?

Comment les consommateurs perçoivent-ils les prix par rapport à la qualité ? Que sait-on de l'élasticité de la demande par rapport aux prix, des effets de courbe d'expérience, de la politique de prix des concurrents ? Dans quelle mesure les prix tiennent-ils compte des caractéristiques des distributeurs et revendeurs, des fournisseurs, du cadre réglementaire ?
3 – La distribution. Quels sont les objectifs et stratégies en matière de distribution ? La couverture du marché et le niveau de service sont-ils satisfaisants ? Quelle est la productivité des différents intermédiaires ? L'entreprise devrait-elle envisager de modifier ses circuits de distribution ?
4 – La force de vente. Quels objectifs sont assignés à la force de vente ? La taille de la force de vente est-elle adéquate compte tenu des objectifs ? La force de vente est-elle organisée selon le meilleur critère possible ? Est-elle bien encadrée ? Les systèmes de rémunération sont-ils performants ? La force de vente est-elle enthousiaste, compétente, dynamique ? Sa formation est-elle suffisante ? Les procédures de fixation des quotas et d'évaluation des performances sont-elles appropriées ? Comment les représentants de l'entreprise sont-ils perçus par rapport à ceux de la concurrence ?
5 – La publicité, la promotion des ventes, le parrainage, les relations publiques et le marketing direct. L'entreprise définit-elle de façon adéquate ses objectifs publicitaires ? Dépense-t-on assez en publicité ? Comment le budget est-il déterminé ? Les thèmes et axes choisis sont-ils appropriés ? Comment le public accueille-t-il la publicité ? Les médias sont-ils bien choisis ? Le service de publicité de l'entreprise est-il compétent ? Le budget de promotion des ventes est-il approprié ? Les techniques promotionnelles sont-elles maîtrisées ? Le budget des opérations de parrainage et de relations publiques est-il adéquat ? Est-il bien géré ? L'entreprise tire-t-elle suffisamment parti de ses banques de données et ses opérations de marketing direct ou en ligne portent-elles leurs fruits ?

***389.* Le contrôle par les actionnaires : la gestion des termes** – Les clients ne constituent pas les seuls référents de l'activité de l'entreprise. La stratégie et les résultats des entreprises sont d'abord évalués par les actionnaires, qui continueront ou non d'accorder leur confiance à la direction. La publication des résultats des entreprises implique chaque année des commentaires sur les choix effectués. La bonne gestion peut parfois être assimilée au versement de dividendes aux actionnaires. Si cette pratique permet en général de s'assurer du soutien de l'actionnariat, elle peut être en parfaite contradiction avec des projets à long terme. Toute la difficulté consiste à équilibrer les décisions à long terme pouvant parfois être non populaires et nécessitant la confiance et l'adhésion des investisseurs et les décisions de court terme, constituant des messages « concrets » de la réussite de l'entreprise ou au contraire des mesures dictées par la conjoncture économique, qui prises isolément, peuvent suggérer la présence d'une crise. Cette recherche d'équilibre nécessite de présenter des résultats non contestables dans un souci de transparence et d'expliquer les choix et les raisons qui ont poussé à ces choix. La communication financière ainsi que l'exposé de l'orientation stratégique des entreprises, sont des éléments incontournables à développer si c'est la confiance des investisseurs qui est ciblée. À cet effet, tous les canaux de communication peuvent être mobilisés et l'Internet constitue un média particulièrement bien adapté (Encadré 71).

Encadré 71 : Le rapport aux actionnaires : l'exemple de Carrefour
(Source : Rapport annuel stratégie 2003 de Carrefour.)
http://www.carrefour.com/docs/ra2003_strategie_fr.pdf

Une politique de prix agressive
L'un des événements majeurs de 2003 est le lancement dans tous nos pays d'une gamme de produits premiers prix, baptisée « N° 1 », à prix inférieur au prix du *hard discount*, et le développement de produits d'enseignes mondiaux à prix très compétitifs. Cette stratégie s'appuie sur une nouvelle donne en matière de consommation, avec des clients qui souhaitent à la fois des produits de base et des produits sophistiqués, des produits de terroirs et de grands produits mondiaux, qui allient aux meilleurs prix une qualité constante et de haut niveau. La gamme « N° 1 », dotée d'un *packaging* et d'une signalétique aisément identifiables, présente en alimentaire et en non alimentaire, comptera au total jusqu'à 1 000 références dès 2004, en hypermarchés et supermarchés. D'autre part, une gamme de produits internationaux a été lancée. Plus de 300 produits, identiques, présentés sous un même *packaging* rédigé en plusieurs langues et portant le nom de Carrefour ou de Champion, sont déjà commercialisés dans la plupart des hypermarchés et supermarchés du Groupe à des prix compétitifs par rapport à ceux du *hard discount*.

Une offre fondée sur l'optimisation des coûts et des achats
Ce positionnement *discount* repose sur une politique de réduction permanente du coût de distribution, par des démarches à la fois locales et globales. Localement, l'usage systématique de méthodes d'optimisation des coûts et la recherche par chaque magasin d'une rentabilité par rayon portent leurs fruits. Globalement, la massification des achats, les négociations internationales, les synergies logistiques et l'augmentation de la part des produits contrôlés dans les gammes permettent d'offrir aux clients à la fois les prix et le choix.

Le *discount* : une stratégie gagnante
Cette stratégie a rapidement démontré sa pertinence. En Belgique, une première campagne à la fin du mois de mars, avec des baisses de prix sur 142 produits Carrefour, a permis de multiplier leurs ventes par 4 en volume et par 3 en chiffre d'affaires, avec un impact positif sur la marge totale. En Grèce, les supermarchés Champion ont lancé une campagne de baisse de prix sur leurs produits d'enseignes. La carte de fidélité rencontre un franc succès, depuis son lancement en 2002, avec plus de 740 000 porteurs représentant près de 45 % du chiffre d'affaires. En Espagne, 300 nouveaux produits « N° 1 » ont été lancés en février dans les hypermarchés, à des prix en moyenne 7 % inférieurs à ceux des hard discounters. Résultat : la part des ventes de produits premiers prix en hypermarchés est passée de 3 % à 6 % environ. Les supermarchés leur ont emboîté le pas. En France, la gamme « N° 1 » lancée fin juin dans les hypermarchés avec 200 produits alimentaires s'est rapidement renforcée pour atteindre 1 000 références à la fin de l'année 2003. Là encore les supermarchés ont suivi le même mouvement. Cette politique de prix a été complétée par l'introduction du « Ticket Cash Carrefour » qui récompense la fidélité des clients par un système de remises différées.

L'atout de l'adaptabilité
Massification et mondialisation n'empêchent pas Carrefour d'adapter en permanence ses magasins et son offre à son environnement national et régional pour satisfaire ses clients locaux. En Argentine, le groupe a su renouveler son offre et la présentation de ses produits pour répondre à la montée des inégalités engendrée par la crise. Il a défini trois catégories de magasins dans lesquels les assortiments ont été adaptés au pouvoir d'achat de leur zone de chalandise. L'ensemble des hypermarchés a ainsi été remodelé en 2003. La même démarche est adoptée dans les supermarchés. Cette stratégie s'est traduite par des retournements significatifs de la tendance de l'activité.

La communication au rendez-vous
L'offensive sur l'offre a été soutenue par un important effort de communication : *packaging*, signalétique ont permis de mieux guider les clients vers les produits « N° 1 » et les produits d'enseignes. Les lancements se sont accompagnés d'importants programmes de promotion utilisant tous les médias possibles. Partout dans le monde, les 40 ans de Carrefour ont été fêtés et ont donné lieu à de fortes campagnes. (…)

Section 4
Le contrôle de la satisfaction du client

***390.* Pertinence et hétérogénéité du concept de satisfaction du client** – Il semble que les entreprises s'intéressent surtout à l'évaluation financière de leur succès sur le plan du marketing, plutôt qu'aux clients et à la concurrence. Or, cette façon de voir les choses est parfaitement indiquée pour évaluer le fonctionnement de l'entreprise, mais pas pour mesurer la performance du marketing, qui implique d'accorder davantage d'attention au client (Shaw et Mazur, 1997). Ainsi, il semble incontournable de s'intéresser aux motifs de satisfaction et d'insatisfaction des clients (Evrard, 1993). La difficulté de définir le concept de satisfaction tient au fait qu'il mélange à la fois des éléments objectifs et une part non négligeable de subjectivité. « *La satisfaction est une impression positive ou négative ressentie par un client vis-à-vis d'une expérience d'achat et/ ou de consommation. Elle résulte d'une comparaison entre ses attentes à l'égard du produit et sa performance perçue* » (Vanhamme, 2002). Très fréquemment, la satisfaction est envisagée comme un *continuum* allant d'une grande satisfaction à une insatisfaction importante. Certains auteurs ont montré par des études que ce *continuum* n'était pas automatique dans la mesure où augmenter la satisfaction et diminuer la dissatisfaction résultait de deux logiques différentes (Swan et Combs, 1976). Pour répondre à ces deux types de questions, de nombreuses entreprises, particulièrement dans le secteur des services, ont développé une démarche qualité sensée constituer une première étape vers la satisfaction du client (Lovelock *et alii*, 2004).

***391.* La mesure de la satisfaction du client** – Les critères pris en compte pour mesurer la satisfaction du client peuvent être multiples. Certains auteurs (Andreasen, 1977) proposent de se fonder sur trois critères pour mesurer cette satisfaction : l'objectif de l'étude (maximiser la satisfaction ou minimiser la dissatisfaction), le caractère objectif ou subjectif de la mesure et le moment de la mesure (juste après l'achat, ou un moment après, impliquant un temps de réflexion pour le consommateur). Les entreprises mobilisent différentes méthodes pour mesurer la satisfaction : boîtes à suggestions, livres de réclamation, enquêtes de satisfaction, clients mystère, analyse des clients perdus, longueur de file d'attente, nombre de plaintes, etc. (Encadré 72). Les responsables opérationnels éprouvent de réelles difficultés à agir en conséquence des résultats obtenus. Ces chiffres restent bien souvent un constat de mécontentement de la part du client sans qu'une véritable action ne soit mise en œuvre par l'entreprise pour modifier cette situation (Wilson, 2002).

Encadré 72 : Les méthodes de mesure et de suivi de la satisfaction *(Source : Kotler et Dubois, 1993).*

– Les boîtes à suggestions et livres de réclamation. Une entreprise orientée client doit inviter sa clientèle à formuler suggestions et critiques. De nombreux hôtels et restaurants tiennent ainsi un registre où l'on peut consigner ses remarques. Les hôpitaux et cliniques remettent un livret d'accueil et demandent parfois à l'un de leurs employés d'être le porte-parole des malades. De nombreuses sociétés ont mis en place un numéro vert pour faciliter l'assistance et le contact avec la clientèle. Un nombre d'idées de nouveaux produits trouvent en fait leur origine dans de tels échanges.
– Les enquêtes de satisfaction. Les boîtes à idées et les livres de réclamation ne sont pas suffisants. Certaines études montrent en effet que 95 % des clients mécontents n'expriment pas leur opinion. Ils se contentent de changer de marque ou de produit, sans que l'entreprise en comprenne la raison. Il est donc essentiel de mesurer le niveau de satisfaction, au moyen d'enquêtes périodiques. En général, on envoie ou bien on pose au téléphone un questionnaire auprès d'un échantillon représentatif de la clientèle. On demande aux personnes interrogées d'exprimer leur avis sur l'entreprise et sur la concurrence (…). Il est également utile de mesurer l'intention de ré achat qui normalement devrait être liée à la satisfaction, de même que la volonté de recommander l'entreprise ou la marque à des amis et connaissances.
– Le client mystère (…). Une autre technique, courante dans les services et la distribution, consiste à faire appel à quelqu'un pour jouer, *incognito*, le rôle d'un client en lui demandant de noter toutes ses impressions, positives et négatives. Parfois, les clients mystères simulent des situations problématiques permettant de tester la capacité de réaction du personnel. (…)
– L'analyse des clients perdus. Une entreprise devrait systématiquement contacter les clients qui ont changé de fournisseur afin d'en connaître les raisons. (…)

Bibliographie

– T. Ambler, F. Kokkinaki, « Comment évaluer le marketing ? », *in L'art du marketing*, Paris, Village Mondial, 26-30, 1999.

– A.R. Andreasen, « A taxonomy of consumer satisfaction/dissatisfaction measures », *Journal of Consumer Affairs*, 11, 2, 11-24, 1977.

– M. Burk Wood, E. Le Nagard-Assayag, *Marketing planning, stratégie, mise en œuvre et contrôle*, Paris, Pearson Education, 2005.

– M. Corstjens, J. Merrihue, « Optimal marketing », *Harvard Business Review*, 81, 10, 114-121, 2003.

– M. Dupuis, M. Benoun, « La relation fournisseur-distributeur et les outils de la distribution », *in* C. Michon (Ed.), *Le marketeur, les nouveaux fondements du marketing*, Paris, Pearson Education, 355-381, 2003.

– Y. Evrard, « La satisfaction des consommateurs : état des recherches », *Revue Française du Marketing*, 193, 4/5, 53-65, 1993.

– P. Kotler, B. Dubois, « Satisfaire la clientèle à travers la qualité, le service et la valeur », *Revue Française du Marketing*, 193, 4/5, 35-52, 1993.

– P. Kotler, B. Dubois, K.L. Keller, D. Manceau, *Marketing Management*, 12e édition, Paris, Pearson Education, 2006.

– C. Lovelock, J. Wirtz, D. Lapert, *Marketing des services*, 5e édition, Paris, Pearson Education, 2004.

– C.F. Mela, S. Gupta, D.R. Lehmann, « The long-term impact of promotion and advertising on consumer brand choice », *Journal of marketing Research*, 34, 2, 248-261, 1997.

– D. Merunka, J.-B. Kazmierczak, « Romi: une révolution dans la pensée et les pratiques en marketing », *Décisions Marketing*, 40, 9-15, 2005.

– A. Ollivier, « De la stratégie à l'action et au contrôle », *in* C. Michon (Ed.), *Le marketeur, les nouveaux fondements du marketing*, Paris, Pearson Education, 431-444, 2003.

– G. Powell, *Return on marketing investment*, New-York, RPI Press, 2002.

– R.T. Rust, T. Ambler, G.S. Carpenter, V. Kumar, R.K. Srivastava, « Measuring marketing productivity : current knowledge and future directions », *Journal of Marketing*, 68, 4, 76-89, 2004.

– R. Shaw, L. Mazur, *Marketing accountability : improving business performance*, London, FT Management Report – FT Retail & Consumer Publishing, 1997.

– R. Shaw, D. Merrick, *Retour sur investissement marketing, mesurer et rentabiliser ses opérations marketing*, Paris, Pearson Education, 2005.

– J.E. Swan, L.J. Combs, « Product performance and consumer satisfaction: a new concept », *Journal of Marketing*, 40, 2, 25-33, 1976.

– J. Vanhamme, « La satisfaction des consommateurs spécifiques à une transaction : définition, antécédents, mesures et méthodes », *Recherche et Applications en Marketing*, 17, 2, 55-86, 2002.

– A. Wilson, « Attitudes towards customer satisfaction measurement in the retail sector », *Journal of Marketing*, 68, 4, 76-89, 2004.

– A. Zeyl, A. Dayan, *Force de vente, direction, organisation, gestion*, 3e édition, Paris, Editions d'Organisation, 2003.

Index alphabétique des marques citées

(Les chiffres renvoient aux numéros de paragraphe)

Index des tableaux, figures et encadrés

(Les chiffres renvoient aux numéros de paragraphe)

Partie 1. Fondements de marketing stratégique.

Partie 2. De la stratégie à l'opérationnel : vers un marketing global.

Index alphabétique des matières

(Les chiffres renvoient aux numéros de paragraphe)

Table des matières

Composition et mise en pages :
Facompo, Lisieux

Achevé d'imprimer en août 2007
dans les ateliers de Normandie Roto Impression s.a.s.
61250 Lonrai

N° d'imprimeur : 072142
Dépôt légal : août 2007

Gualino éditeur – E.J.A.
N° éditeur : 2698

Imprimé en France